Claus Silvester Dörner
Ilse Sibylle Dörner

Das HAMBURG Kochbuch

Die feine bürgerliche Küche
der Hansestadt

Husum

Umschlagbild: Der Hafen in Hamburg um 1820

Die Deutsche Bibliothek – CIP-Einheitsaufnahme

Dörner, Claus S.:
Das Hamburg-Kochbuch : die feine bürgerliche Küche der Hansestadt / Claus Silvester Dörner ; Ilse Sibylle Dörner. – 3. Aufl. – Husum : Husum, 1998
ISBN 3-88042-651-1
NE: Dörner, Ilse Sibylle:

3. Auflage 1998

Erstausgabe unter dem Titel „Die feine hanseatische Art, Speisen zuzubereiten und Gäste zu bewirten" 1984 im Mary Hahns Kochbuchverlag, München
Graphische Gestaltung: Ilse Sibylle Dörner
Satz: Fotosatz Husum GmbH
Druck und Verarbeitung: Husum Druck- und Verlagsgesellschaft
Postfach 1480, D–25804 Husum

ISBN 3-88042-651-1

Vorwort

Bereits im Jahre 1788 erschien in Hamburg im Verlag von Johann Henrich Herold das Hamburgische Kochbuch oder die vollständige Anweisung zum Kochen insonderheit für Hausfrauen in Hamburg und Niedersachsen, verfaßt von einigen Frauenzimmern in Hamburg. Es paßt wenig zu der Vorstellung der von ihren selbstherrlichen Männern unterdrückten Frauen jener Zeit, daß eine Reihe hamburgischer Hausfrauen sich zusammentat, um in einem Verlag ein überaus interessantes und vielseitiges Buch mit Rezepten herauszubringen, in dem uns gezeigt wird, wie lebhaft die Kochkunst im hanseatisch-bürgerlichem Bereich vor mehr als 200 Jahren bereits gedieh.

Die Hamburger hatten den Vorteil, die Gewürze der Kolonien, die Früchte südlicher Länder – Apfelsinen, Zitronen und Rosinen – bereits zu einer Zeit zu importieren und zu konsumieren, in der diese im übrigen Deutschland noch fast unbekannt waren und nur an Fürstenhöfen zur Zubereitung der Speisen benutzt wurden. Weine aus Bordeaux gelangten in den hanseatischen Kellern erst zur richtigen Reife.

Die vielfältigen Verbindungen nach Übersee brachten in die hanseatische Küche auch mancherlei Anregungen. Juden, aus Spanien vertrieben, siedelten sich in Hamburg an. Sie brachten ihre unter arabischer Herrschaft weiterentwickelte Kochkunst. Das Gleiche gilt für die Hugenotten, die aus Frankreich kamen. Sie kannten bereits die besonderen Feinheiten der römischen Küche des Apicius, die über die Medici nach Frankreich gelangt waren.

So ist die hanseatische Küche nicht nur eine derbe landsmannschaftliche Küche. Die Hausfrauen der Hansestädte lernten schon vor vielen hundert Jahren mit Gerichten und Zutaten umzugehen, die in anderen Ländern Deutschlands damals noch kaum bekannt waren.

Für die Quittjes und die Neu-Hamburger noch ein Wort zur Erklärung: Ich selbst bin geborener Hamburger in der 5. Generation. Meine Urgroßmutter Emilie Weber berichtet in ihren Jugenderinnerungen über das Leben einer Hamburger Kaufmannsfamilie in den Jahren 1836–1851. Ich habe sie in dem vorliegenden Werk einige Male zitiert. Meine glückliche Jugend erlebte ich an der Alster. Mein Vater war Kaufmann, wie mein Großvater und Urgroßvater auch.

Was mich allerdings veranlaßte, gemeinsam mit meiner Tochter Ilse Sibylle, die – obwohl in Düsseldorf geboren – Hamburg von früher Jugend an als „ihre“ Stadt betrachtete, dieses Kochbuch nach alten Rezepten zusammenzustellen, war die mir überall in Süd- und Westdeutschland begegnende Voreingenommenheit gegen die Hamburger Küche. ‚Was gibt es dort schon bei euch da oben?‘, sagte man in München. ‚Aalsuppe und Labskaus.‘ Nichts gegen Labskaus. Richtig angerichtet esse ich diese Seemannsspeise gern, aber die feine Hamburger Küche hat mit Labskaus so viel zu tun wie Gold mit Messing. Ich selbst habe Labskaus zuerst anläßlich eines von der Winterhilfe im Jahre 1933 verordneten Eintopfessens kennengelernt. Im Kochbuch meiner Mutter und in alten Hamburger Kochbüchern sind Labskaus-Rezepte nicht zu finden. Die feine hamburgische Art, Speisen zuzubereiten, hat ihre Tradition und ihr besonderes Gewicht. Mit dem Verlust des bürgerlichen Selbstverständnisses wurde diese Tradition in den letzten Jahrzehnten oft unterbrochen. Aber sie hat Bestand. Bürgertum, ein Jahrtausend alt, bewährt sich in seinen Lebensformen. Eine dieser Lebensformen ist bestimmt durch gute Tischsitten, durch gutes Kochen, durch die Fähigkeit, Speisen mit Anstand zu verzehren und zu genießen – das eben ist hamburgisch.

Claus Silvester Dörner

Ilse Sibylle Dörner

Inhaltsübersicht

Teil III

Teil I

Traditionelle Feste

Wenn man in alten Chroniken der Hansestädte blättert, so ist viel die Rede von dem Kampf um die Freiheit und Unabhängigkeit, von Überfällen und Zerstörungen, von den Fehden, die die Kauffahrteischiffe mit den Wikingern, mit Dithmarschern, Friesen und Vitalienbrüdern auszufechten hatten. Von den Festen, die die Kaufleute, die Kapitäne, die Bürger feierten, auch von ihren täglichen Mahlzeiten wird nicht berichtet. Dabei sollte man doch annehmen, daß die hansischen Kaufleute, die den Handel im nördlichen Teil der damaligen Welt so umsichtig zu ordnen verstanden, daß auch die Admirale der Hamburger, Karpfanger oder Simon von Utrecht, nach errungenem Sieg über die Seeräuber manches Stück Fleisch verzehrten und eine Menge Bier und Wein durch die durstigen Kehlen rinnen ließen.

Das Hauptgericht der Bürger an Elbe, Weser und Trave wird Fisch gewesen sein.

Schon mit Ende der Wikingerzeit und der

Raubzüge der Nordmänner auf ihren schnellen leichten Ruderschiffen begann Schiffahrt und Handel zu blühen. Das war speziell der Erfindung eines Schiffstyps zu danken, mit dem nunmehr Nordsee und Ostsee mit reichlichen Warenladungen befahren werden konnten.

Die Hansekogge ist ein Musterbeispiel: Kräftige, hochbordige Schiffe, die reichlich Ladungen aufnehmen konnten und deren Türme vorn und hinten mit wehrhaften Matrosen bemannt, auch Seeräubern widerstanden.

Die klugen Kaufleute hatten schnell gemerkt, daß eine allzu rücksichtslose Konkurrenz keinem zu Nutze wäre. Sie legten ihre Höfe in Städten des Ostens und Westens zusammen und gründeten den Verband der Hanse. Brügge und Gent, Köln, Dortmund, Bremen, Hamburg und Lübeck gehörten zu den wichtigsten deutschen Hansestädten. Die Hanse reichte bis Nowgorod, bis zum norwegischen Bergen, bis nach London und Riga. In Bergen ist der Hof der Hanse heute noch erhalten.

Die jungen Kaufleute, die nach Bergen und Nowgorod geschickt wurden, lebten in fast klösterlicher Zucht. Sie durften nicht heiraten, bevor sie nicht in ihre Heimatstädte zurückgekehrt waren. Aber ähnlich wie in Klöstern gab es bei ihnen reichlich und gut zu essen und zu trinken.

Die Gildenhalle in London, die zum Stalhof gehörte, galt in der mittelalterlichen Stadt als Treffpunkt der Feinschmecker. Es war damals unter den Londonern ein geflügeltes Wort: *Let us drink the Rhenish-Wine* – als Gäste der Kaufleute gewiß, die auf diese Weise Verbindungen und Geschäfte pflegten.

In Hamburg gibt es eine Straße mit der Bezeichnung „Holländischer Brook“. Hier hatten sich holländische Kaufleute angesiedelt, und sie brachten auch die Bezeichnung „Matjes-Hering“ hierher. Matjes waren nichts anderes als „Mädchen“, „Meisjes“, „Jungfrauen“. Der Matjeshering ist ein jungfräulicher Hering.

Bier und Heringe waren es, die Hamburg im Mittelalter reich gemacht haben. Im Jahre anno 1550 gab es hier 531 Brauereien, die strengen Gesetzen unterlagen, heute nur noch fünf.

Hamburg hatte unter der Hanse , die wie eine Art EWG – natürlich mit allen dazugehörigen Nachteilen – Privilegien und Rechte vergab, das besondere Recht des Bierbrauens. Das berühmte Einbecker Bier, das später dem Bockbier seinen Namen gab, wurde hier ausgeschenkt. Es gab in Hamburg aber auch

Wein aus Franken, vom Rhein und von der Mosel. Davon wird später noch die Rede sein.

Es ist anzunehmen, daß bei soviel gutem Angebot an frischem Fleisch und Fischen, an herrlichen Gemüsen aus den Landgebieten, an Früchten aus dem Alten Land, dem heute noch größten Obstanbaugebiet Europas, die Hamburger wie auch ihre Geschäftsfreunde in den anderen Städten und den Niederlassungen der Hanse von Nowgorod bis London und Bergen, nicht nur gut gelebt, sondern auch beachtliche Kochkünste entwickelt haben.

Wir kennen das Bild mittelalterlicher Gastmähler von der Schilderung von Fürstenhochzeiten, und wir kennen die Bilder Pieter Breughels von flämischen Bauernhochzeiten. Es wurde schrecklich viel gefressen dazumal. Auf einen rechten Menüplan, auf die Abstimmung der einzelnen Speisen, war noch niemand sehr bedacht.

Auch bei den Hanseatischen Kaufleuten werden wir wohl nicht das gefunden haben, was wir uns heute unter einer feinen Tafel vorstellen. Dabei hat die Hanse für die Länder des Nordens jahrhundertelang eine bestimmende Rolle gespielt. Wenn in Dänemark ein neuer König gewählt wurde, so mußte der Rat der Stadt Lübeck gefragt werden. Über Gotland vor Schweden mit der mächtigen Stadt Visby und über die Insel Bornholm in der Ostsee regierten hanseatische Kaufleute oder Lübecker Vögte.

Mit der Schwächung der Hanse im 16. Jahrhundert, mit dem Nachlassen des Ostseehandels in der Folge der schwedischen Kriege und der Schließung der so wichtigen Niederlassung in Nowgorod verliert die bis dahin führende Stadt Lübeck an Bedeutung, während Hamburg unaufhaltsam aufsteigt.

Speisezettel und Menüpläne der hamburgischen Küche aus den Jahren 1798, 1823, 1879 und 1910 zeigen nicht nur eine außerordentliche Vielfalt, sondern auch eine große Zahl von Gängen. So weist ein Küchenzettel für feine Tafeln aus der Mitte des vergangenen Jahrhunderts 23 Gänge auf, nicht gerechnet die Suppe am Beginn und das Dessert am Ende der Tafel.

Die Kunst des Servierens, des Tischdeckens, des Aufbaues der Schüsseln, der Anordnung der Gerichte, des Legens der Servietten wurde mit dem Ende der Franzosenzeit und der Entwicklung des Bürgerstolzes in der ersten Hälfte des vergangenen Jahrhunderts in steigendem Maße gepflegt, wobei man davon absah, fürstliche Tafelsitten nachzuahmen.

So hat sich die feine hanseatische Art so recht erst in der Mitte des 19. Jahrhunderts etabliert, besonders in Hamburg ganz sicher ein wenig beeinflußt von der „feinen englischen Art", wobei aber die kulinarische Kunst der Zubereitung die Vorbilder von der Insel in vielen Gerichten übertroffen haben dürfte.

In der „Alten Stadt London“ am Jungfernstieg

In Hamburg gab die beste Gesellschaft ihre Feste, bei denen man so anspruchsvoll und exclusiv war, daß in einer Droschke vorzufahren, unerlaubt gewesen wäre. Der Luxus der Equipagen hatte aber wiederum eine praktische Seite, konnten doch sechs junge Damen im Ballstaat in einem Wagen Platz finden.

Unser Bild versetzt in ein Fest Ende der dreißiger Jahre, als die Damen kurze, weite Röcke trugen, die mit Falben und Bändern garniert waren, oder Doppelröcke und Tunicas, die à la Turque sich vorn öffneten, dazu enganliegende Taillen, meist ohne Gürtel, mit herzförmigem Ausschnitt und enganschliessenden, mit Falben und Puffen garnierten Ärmeln, als die Frauen eine Haube trugen, die Herren ihrem meist schon schwarzen Frack oft durch weiße oder graue Beinkleider und helle geblümte Seidenwesten ein festlicheres Aussehen gaben.

Der Saal, im Jahre 1832 von dem Baurath Hansen aus Altona erbaut, hatte noch keine Gasbeleuchtung. Bei dem großen Brande 1842 wurde die „Alte Stadt London“ in die Luft gesprengt, um dem Feuer nach der Seite des Gänsemarktes Einhalt zu thun. Anfänglich in einem Hause der Dammtorstraße, später in einem Hause Jungfernstieg und Gr.-Bleichen wurde das Hotel „Alte Stadt London“ noch eine Reihe von Jahren fortgeführt.

Diele eines Kaufmannshauses

Ball in einem Hamburger Bürgerhaus (1842)

Später, vielleicht ein Jahr darauf, arrangierten meine Eltern für meine größeren Geschwister einmal einen großen Ball. Das ganze Treppenhaus, sowie auch die Winden und die Geländer, welche die Luken umgaben, wurden mit rot und weißem Stoff umwunden und drapiert. Unser altes Haus war kaum wieder zu erkennen. Wie in einem Märchen, so war alles plötzlich verwandelt. Wände waren gezogen, wo sonst keine waren. Vorplätze wurden bewohnbare Räume, und die Windentaue sahen wie wunderhübsche Säulen aus. Auf den Luken waren Buffets arrangiert, kurzum, es war so feenhaft, daß ich mir selbst wie die Prinzessin im verwunschenen Schloß vorkam, in diesen wundervollen Räumen. Als aber der Abend des Balles kam, ging es mir wie dem Aschenpuddel, ich kam freilich nicht wie jenes in die Asche, dafür aber ins Bett, es kam aber kein Prinz, der mich daraus erlöste, nur die gedämpften Klänge der Musik, die zu mir herübertönten, wiegten mich in sanften Schlummer.

Emilie Weber, Jugenderinnerungen 1836-1851

Hamburger Volkstypen

In diesem Lande, das an allerlei Gewöhnlichem Überfluß hat, gibt es nun überhaupt nichts Gewöhnlicheres als die Tafelfreuden, und solange es noch Kinnbacken in Hamburg gibt – und an denen wird es niemals fehlen –, werden Diners immer an der Mode sein. Es erscheint durchaus nicht gewagt, wenn man behauptet, daß nirgends soviel diniert wird wie hier, und wenn es hier auch so manchen Hohlkopf gibt, so kann man von den entsprechenden Mägen wohl kaum dasselbe sagen. Der Eßtisch ist das einzige Schlachtfeld, auf dem die Hamburger sich auszeichnen und sich als wirkliche Helden zeigen. Als Auszeichnung müßten sie den Suppenlöffel am Ordensbande und die Gabel im Knopfloch tragen.

Der chinesische Spion in Hamburg, 1835

Die Hamburger sind gute Leute und essen gut. Über Religion, Politik und Wissenschaft sind ihre respektiven Meinungen sehr verschieden, aber in Betreff des Essens herrscht das schönste Einverständnis.

Heinrich Heine

Das Matthiae-Mahl zu Hamburg

Es gilt als das älteste Festmahl der Welt, das – so „die Zeitläufe es erlaubten" – regelmäßig im Februar eines jeden Jahres gefeiert wird – seit über 600 Jahren. Das Matthiae-Mahl ist seit 1356 aktenkundig. Zu ihm wurden von den Mitgliedern des Rats die Vertreter der Hamburg freundlich gesonnenen Mächte geladen. Damals, im Jahre 1356, waren es vierzig Gäste, im Jahre 1983 dreihundert.

Für das Festmahl wurden außer dem Schaugericht, einem vergoldeten Alsterschwan, in einem Gang Forellen, Kapaunenbraten, Rehrücken, Kalbsviertel und Mandelmilch aufgetragen. Dazu Bier und Wein in Fülle. Des Rates Musikanten boten zu den Tafelfreuden die Instrumentalbegleitung. Zur Barockzeit im Jahre 1711 komponierte der Kantor Georg Philipp Telemann eine besondere Festmusik:

Zu ergötzen die Herzen
mit Singen und Scherzen
weil Hamburgs regierender Götterkreis lacht.

Fast 300 Jahre lang durften nur Herren an den Matthiae- und Petri-Mahlzeiten des Rats teilnehmen. Erst im Jahre 1622 ließ man auch die Damen zu. Sie wurden aber nicht im großen Ratssaal, sondern in einem „Rosenkranz" genannten Nebengemach bewirtet und mußten warten, bis „die Herren sich ihrer bedienten" (zum Tanze).

Aus einer alten Rechnung geht hervor, daß zu einer der ersten Matthiae-Mahlzeiten 29 Lämmer, 9 Schafe, 5 Kapaune und 145 Hühner geschlachtet worden waren. Man verzehrte 1.000 Austern, 3.300 Eier, 4 Rehe, 2 Wildschweine und 87 Pfund Mandeln. Es ist allerdings anzunehmen, daß sich neben den zu Tische sitzenden vierzig Herren auch noch einige andere gesättigt haben.

Auch heute wird Telemanns Festmusik zum Matthiae-Mahl gespielt. Die Gäste erhalten eine Menükarte. Die einzelnen Gerichte werden nicht gleichzeitig, sondern in geordneter Folge hintereinander serviert. Die Damen brauchen nicht im „Rosenkranz" zu warten, sie nehmen gleich am Essen teil.

Neben typisch hanseatischen Gerichten kommen auch solche aus der neuen französischen Küche auf den Tisch. Im dezenten Licht der kostbaren Kronleuchter spiegelt sich das alte Ratssilber. Das Essen vollzieht sich unter den strengen Blicken des heiligen Ansgar, der als erster Erzbischof des Nordens Anno 831 in Hamburg seinen Sitz nahm und die Hamburger mit Alsterwasser taufte. Wie man auf dem Bilde sieht, waren diese Hamburger damals schon recht stolz. Sie blieben bei der Taufe aufrecht stehen und beugten nicht das Knie vor dem hohen Würdenträger der Kirche.

Familienfeste

Das Weihnachtsfest war in den Hansestädten immer das größte und wichtigste Fest des Jahres. Schon die Adventzeit war in den Familien von großem Geheimnis erfüllt. Vor jedem Adventsonntag stellten die Kinder die Schuhe vor ihre Tür. Sie wurden vom Nikolaus mit allerlei Naschwerk gefüllt, das dann am Sonntagmorgen,oft noch vor dem Frühstück, im Bett verzehrt wurde: Braune Kuchen, Weihnachtsbaumkringel, gebackene Nüsse, Zitronenplätzchen und Makronen fanden sich da, manches gekauft, manches nach alten Rezepten gebacken.

Anfang des 19. Jahrhunderts wurde der „Dom“ (heute ein Volksfest auf dem Heiliggeistfeld) noch in den mächtigen, damals schon fast 800 Jahre alten Gewölben der Domkirche abgehalten. Er war ein riesiger Weihnachtsmarkt. Dort kaufte man Spielzeug und Geschenke, aber auch Zuckerzeug, mit dem man im übrigen Jahr recht sparsam umging.

Meine Urgroßmutter Emilie Weber berichtet:

Das Hamburger Domgehen ist euch allen ja bekannt, aber ich will euch einmal erzählen, worin unser Domgehen bestand. Es gab auch schon damals auf dem richtigen Weihnachtsmarkt allerlei zu sehen. Da war ein Affentheater, ein Wachsfigurenkabinett, Buden mit Merkwürdigkeiten, Riesen, Zwergen, wilden Tieren usw., aber das bekamen wir alles nicht zu sehen, solchen Trubel liebten unsere Eltern nicht. Wir gingen mit ihnen in einige große Läden, Beinhauer, Oppenheimer auf dem Neuenwall, Spielzeugläden, Schäben auf dem Burstah und Konditor Lüdert in der Brandstwiete. Die beiden letzten Läden gefielen uns am besten. Überall wurden Weihnachtseinkäufe gemacht, und am meisten freuten wir uns, wenn es hieß: „Geht mal ein wenig nach hinten oder nach vorne und beseht euch dort die Sachen“, dann wußten wir jedesmal, daß etwas für uns eingekauft wurde. Bei Lüdert wurden die Sachen für den Tannenbaum gekauft, und da durften wir mitwählen. Ein Stückchen Kuchen wurde uns bei solcher Gelegenheit auch spendiert.

Zuletzt gingen wir mit unserer Mutter – Vater hatte sich schon vorher wieder nach Hause begeben – noch zu einem Bäcker beim Zippelhaus und bestellten dort einen ganzen Waschkorb voll brauner und weißer Kuchen, und Pfeffernüsse, auch für unsere Mädchen und Johann große Zuckerkringel.

Zur Weihnachtszeit kam sehr viel Leckeres in unser Haus. Unter anderem zwei große Marzipantorten, beide Geschenke unserer Kommis. Der eine stammte aus Lübeck und schickte einen Lübecker Marzipan, der andere war Hamburger und sandte einen mit Schokoladeguß. Weil nun zur lieben Weihnachtszeit ein solcher Überfluß an guten Sachen war, so pflegte meine liebe, sparsame Mutter etwas für die mageren Zeiten zurückzulegen.

Einst fand sie zu Ostern beim Aufräumen der Speisekammer wohlverwahrten und ganz frisch aussehenden Marzipan. Sie freute sich sehr über

Das Weihnachtsfest

diesen guten Fund, gab den beiden Mädchen, die mit ihr aufräumten, davon und behielt etwas zurück, um uns beim Nachhausekommen von der Schule damit zu erfreuen. Die Mädchen hatten ihren seltenen Leckerbissen gleich mit großem Appetit verzehrt. Aber bald nach dem Genuß desselben wurden sie beide plötzlich todkrank, so schlimm, als ob sie sterben müßten.

Meine Mutter schickte in ihrer Angst sofort Johann zum Arzt, der glücklicherweise gleich kam und Vergiftungssymptome konstatierte. Durch energische Gegenmittel gelang es ihm, die beiden Mädchen wieder herzustellen. Seit der Zeit wurden Süßigkeiten nie mehr für längere Zeit aufbewahrt.

Das Erlebnis muß über Generationen der Familie fortgewirkt haben. meine Großtante Hedwig Lohmann, eine Tochter von Emilie Weber, hatte bei Antritt einer Südamerika-Reise eine Sendung Marzipan bekommen. Sie öffnete das Bullauge des Schiffes und warf die Packung sehr zum Entsetzen ihrer Kinder ins Wasser der Elbe.

Ich selbst habe bewußt das erste Weihnachtsfest im Steckrübenwinter 1917 erlebt. Zu Naschen gab es da nicht viel, nur mal ein Brot mit Steckrübenmarmelade. Aber am ersten Weihnachtstag war meine Großmutter zu Gast, eine sehr strenge und vornehme Frau. Der Tisch im Eßzimmer wurde festlich gedeckt. Ich erinnere mich an Kerzen und an feine Kristallgläser. Wohl um auch den letzten Rest des Himbeersaftes herauszusaugen, biß ich eines dieser Gläser kaputt. Die in sauberer Rundung herausgebissene Glasscherbe behielt ich im Mund, weiß aber nicht, ob es darüber große Aufregung gab. Meine Mutter hatte die Gabe, mit solchen Situationen in Ruhe fertig zu werden.

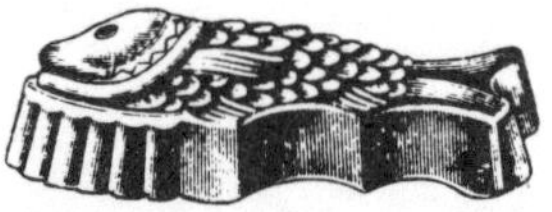

Aus späteren Jahren erinnere ich mich an den Weihnachtsmann, den ich aber prompt erkannte. Ein wenig Heidnisches haftete den hanseatischen Weihnachtsfesten ganz sicher an. Vom Christkind und seiner Geburt war kaum die Rede. Es war der Weihnachtsmann, der uns bescherte und das Weihnachtsfest mit dem aufgeputztem riesigen Tannenbaum, der in den fast vier Meter hohen Räumen des Hauses meiner Großeltern in der Hansastraße stand. Am Heiligabend wurde mittags recht einfach gegessen. Eine Brotsuppe ohne Rosinen und Eierschnee oder auch eine Erbsensuppe. Man versuchte einen Blick in das Weihnachtszimmer zu werfen, das aber streng verschlossen blieb. Es war ganz dunkel im Hause. Wir saßen beisammen und sollten eigentlich Weihnachtslieder singen. Es wurde meist nicht viel daraus, die Spannung war einfach zu groß. Dann ordneten wir uns im Flur, die Jüngsten vorneweg: das war ich bis zu meinem siebten Lebensjahr, dann erwuchs mir Konkurrenz in Gestalt meiner jüngsten Schwester. Die Türen öffneten sich, aber wir durften nicht zu den Tischen, mußten uns vielmehr im Halbkreis um unseren Vater versammeln, der nach dem Kriege aus Sibirien glücklich heimgekehrt war und an seinem geliebten Harmonium saß. Er spielte Weihnachtslieder, später aber auch Melodien des norwegischen Komponisten Grieg, den er über alles schätzte. Am Heiligabend gab es später nach Plünderung der Naschteller meist nur einfache Brote, in späteren Jahren allerdings auch Karpfen. Das große festliche Essen fand am ersten Weihnachtstage statt. Die Hauptgerichte waren in den Hansestädten wohl fast überall Gans oder Karpfen. Am Nachmittag zum Familienkaffee mit Verwandten, Tanten, Onkeln, Vettern und Cousinen, gab es dann Klöben, mit Butter beschmiert. In Bremen sagt man „Klaben“ dazu. Es ist ein dem Dresdner Christstollen ziemlich verwandtes, wenn auch nicht so schweres Gebäck. Es gab dazu noch vielerlei Kleingebäck, Schürzgebackenes, Zuckerstruven, Englischer Schnitt, Bisquitspäne, Kaneelröhrchen, gebackene Nüsse, Zitronenplätzchen, gewürztes Marzipan und gefülltes Marzipan, Anisplätzchen und noch vieles andere.

Der zweite Weihnachtstag verging nicht anders, mit Besuchen bei Verwandten, mit Mittagessen, Kaffeetrinken und einem kalten Bufett am Abend. Ich selbst war damals immer noch voller Erwartung, denn am 31. Dezember, am Silvestertag, sollte ich ja meinen Geburtstag feiern. Nicht daß ich mich zu beklagen hatte, aber ein wenig ging der Geburtstag immer unter zwischen Weihnachtsessen und Silvesterfeier. Nun, daran habe ich mich gewöhnen müssen . . .

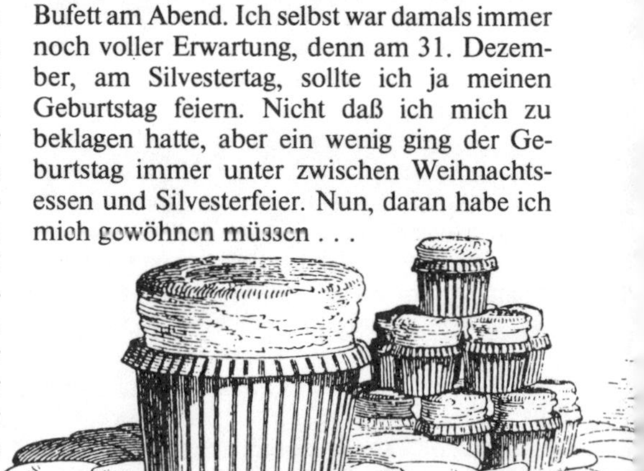

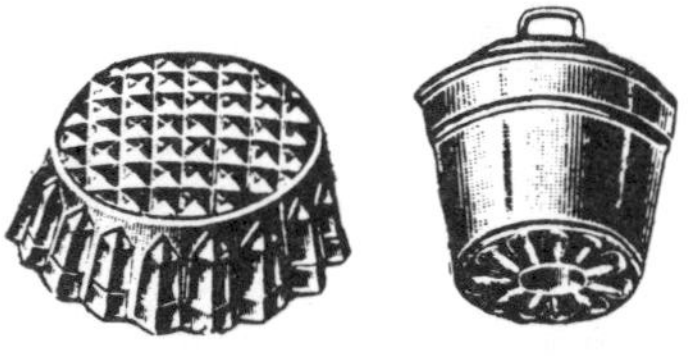

Viel Pastet und Leckerbrot
verdirbt nur Blut und Magen.
Die Köche kochen lauter Not!
Sie kochen uns viel eher tot,
ihr Herren: lassts euch sagen! –
Schön rötlich die Kartoffeln sind
und weiss wie Alabaster
Sie däun sich lieblich und geschwind
und sind für Mann und Frau und Kind
ein rechtes Magenpflaster!

Matthias Claudius, Der Wandsbeker Bote

Es dauert ziemlich lange, bis die Pasteten aufgegessen sind, und etwas anderes auf den Tisch kommt. Endlich geht die Zeit aber doch hin, und nun kommen kleine gebratene Würste und eine geräucherte Ochsenzunge und dazu Spinat, geschnittene Bohnen, junge Erbsen, die vom Sommer her aufbewahrt sind, und kleine gebratene Kartoffeln. Davon dürfen die Kinder essen, und es schmeckt ihnen vortrefflich. Dann kommt noch eine große gebratene Kalkute auf den Tisch und sechs gebratene Hähnchen, schön verziert mit kleinen Sträußchen von Petersilie. Ehe das aber gegessen wird, schlägt der Vater einigemale mit seinem Messer an ein Weinglas, und als alles still schweigt, bittet er die Leute, Wein in ihre Gläser zu gießen und mit ihm auf die Gesundheit des Bräutigams und der Braut anzustoßen.

Elise Averdieck, Roland und Elisabeth

Wer nun der Kochkunst sich widmen soll, der werde frühzeitig an Ordnung, Reinlichkeit und Pünktlichkeit gewöhnt. Man verbiete ihm Romane zu lesen: will er seinen Geist bilden, so treibe er Naturwissenschaften, Geschichte, Mathematik: sie werden seinen Verstand üben, sein Gedächtnis stärken, ihm endlich in der Kochkunst anwendbare Kenntnisse zuführen.

Joseph König/Karl Friedrich von Rumohr,
Geist der Kochkunst

Wo Handel und Wandel blühen, wird gut gegessen

Im Laufe des 16. Jahrhunderts änderte sich in Deutschland an der Speisefolge nur wenig. Mit dem wachsenden Reichtum stieg vor allem der Verbrauch an Gewürzen. Zucker und Gewürze waren teuer und daher köstlich. Bei den vornehmen Leuten besteckte man die Braten mit Nelken, bestreute fast alles, was auf den Tisch kam, mit Pfeffer, Ingwer und Muskat und auch die Braten mit Zucker, mischte in alle Füllungen Gewürze und Gewürzkräuter, wobei der Safran wegen seiner leuchtend gelben Farbe besonders geschätzt war. Zum Nachtisch wurden noch gezuckerte Gewürze gereicht. Bei dem Mahl des Rates 1502 begnügten sich die hohen Herren mit Aniskonfekt. Bei den Essen der Hansetage gegen 1600 bot man nach jeder Mahlzeit dreierlei Konfekt an, jeden Tag eine andere Auswahl. In seinen Rechnungen nannte der Ratsapotheker 60 verschiedene Konfektsorten, man möchte meinen, er habe mit der Konfektliste wetteifern wollen, die Gualtherus Ryff in seinem kleinen Apothek- oder Konfektbüchlein aufgestellt hatte, das war in der Branche das einschlägige Werk. Die Gewürze wurden kandiert oder mit Zucker vermischt als Konfekt oder Morsellen verkauft. Kandiert wurden Früchte, Zitronen- und Apfelsinenschalen, Wurzeln wie Ingwer, Kalmus, Bibernell und Cichorie

Von der Anfertigung der Speisezettel

und, für uns ein wenig überraschend, auch Pfefferkörner, Muskat und Zimt. Bei den Morsellen sah man auf schöne Farben und gab der Zuckermasse stark färbenden Blumen- oder Beerenextrakt bei. Marzipan und Konfekt in Bildform durften natürlich nicht fehlen. Der gelehrte Apotheker verkaufte seine eßbaren Bildchen unter lateinischem Namen als „corpus sine anima" (Körper ohne Seele) oder als „animalia" (Tiere). Von dem Kontorwappen (Wappen der Hansekontore), die der Apotheker lieferte, hat sich sogar die Form erhalten.

Max Hasse, Essen und Trinken in alter Zeit

Bei Gastmählern und Tafeleien in den Hansestädten wurde schon im Mittelalter eine Vielzahl von Gerichten auf den Tisch gebracht. Man liest mit einigem Erschrecken von den ungeheuren Mengen von allerlei Getier, das anläßlich solcher Feste sein Leben lassen mußte. Die Hamburger Matthiae-Mahlzeit und das Lübecker Vogtmahl sind Beispiele für recht seltsame Menüpläne. Was man da alles durcheinander aß, das ist für heutige Freunde der Kochkunst kaum zu fassen. Ganz gewiß wollte man nicht nur selbst genießen, man wollte auch die Gäste beeindrucken, Kaiser und Könige nicht selten, die sich oft wochenlang in den Mauern der Hansestädte aufhielten und an reich besetzten Tafeln gütlich taten. Sie mußten ja den Hansestädtern dankbar sein, konnten doch die bei Fuggern und Welsern tief verschuldeten Kaiser und ihre armen Ritter sich solche prächtigen Mahlzeiten nicht aus eigener Tasche leisten.

Bei Festen, besonders bei Hochzeiten, wurde um so üppiger getafelt. Hochzeitsessen hatten eine festgelegte Speisefolge: Suppe mit „Balken", Fleischklößen und Rosinen, Stückenfleisch mit Kartoffeln und Pflaumen, Schweine-, Ochsen- und Kalbsbraten und schließlich Milchreis mit Zucker und Zimt. Dazu ordentlich Rum, Weiß- und Rotwein. Vierländer Hochzeiten waren so aufwendig, daß die Obrigkeit wiederholt (und erfolglos) einschritt. Erlasse beschränkten die Zahl der Gäste auf 60 Personen (1621), die Menge des Biers auf höchstens 4 Tonnen.

Mit Maria Medici war die italienische Kochkunst nach Frankreich gekommen und dort am Hof des alleinregierenden Königs im 17. und 18. Jahrhundert zu hoher Blüte gelangt. Mit der verbesserten Kochkunst, der Verfeinerung des Geschmacks, begann auch die Gestaltung des Menüs, die Abstimmung von Suppen, Vorgerichten, Zwischengerichten, Fisch- und Fleischgerichten, Nachspeisen, Kaffee, Früchte und Käse, so wie sie heute noch üblich ist. In die Küche hanseatischer Hausfrauen fand die Menüplanung erst zum

Ende des 18. Jahrhunderts in immer stärkerem Maße Eingang und erreichte in der Mitte des 19. Jahrhunderts eine erstaunliche Vielfalt.

Während an den Fürstenhöfen der Ablauf des Menüplanes sich allein nach dem absoluten Herrscher richtete, der in gut gewärmten Schüsseln alle Speisen zuerst vorgelegt bekam. einige bevorzugte Gäste dann ebenfalls das warme Essen genießen durften, während für die übrigen nur die abgekühlten Reste blieben, wurde in den reichen Kaufmannshäusern Wert darauf gelegt, alle Gäste möglichst gleichzeitig zu bedienen. Die Hamburger machten sich gern darüber lustig, daß noch bei Kaiser Wilhelm II., der ein sehr schneller Esser war, die Bedienung in der Reihenfolge des Ranges erfolgte. Die letzten am Tische hatten meist noch gar nichts bekommen, wenn der Kaiser mit seinem Gang schon fertig war. Alles wurde dann schleunigst wieder abgetragen und nicht selten sind die Gäste vom reich besetzten Tisch des Kaisers hungrig wieder aufgestanden.

Ich erinnere mich sehr wohl an unsere Abendgesellschaften zu Hause. Meine Mutter saß oft lange über der Tischordnung. Ein oberes und unteres Ende der Tafel sollte es möglichst nicht geben. Meine Mutter selbst placierte sich in die Mitte.

Wie außerordentlich die Sorgfalt war, mit der sich hanseatische Hausfrauen der Anfertigung von Speisezetteln widmeten, zeigen die allgemeinen Hinweise aus einem berühmten hamburgischen Kochbuch des Jahres 1879.

Einige Vorbemerkungen zu den Küchenzetteln.

Die mehrseitigen Aufforderungen durch achtbare Damen, dem von mir herausgegebenen großen Kochbuche einen Entwurf der so vielfach nützlichen und gebräuchlichen Küchenzettel nachfolgen zu lassen, bestimmten mich, diesen berechtigten Ansprüchen um so lieber nachzukommen, als ich das Erscheinen der Küchenzettel als eine nützliche Ergänzung zu meinem großen Kochbuche anerkennen mußte. Mit möglichster Sorgfalt in der Auswahl der Speisen, wie mit specieller Berücksichtigung der Folgereihe derselben, als Fleisch, Geflügel, Wild, Fische, Früchte und sämmtliche Gemüse zu den verschiedenen Jahreszeiten, ließ ich es mir angelegen sein, die Küchenzettel mit aller Genauigkeit zu wählen und zusammenzustellen.

Köchin um 1800

Arrangement und Reihenfolge der Küchenzettel

für den bürgerlichen Familientisch

Erste Woche — **Monat Januar.**

No. 1. Sonntag.

Erster Gang.

Mock-Turtle-Suppe oder Bouillon mit dickem Reis oder geröstetem Brod dabei.

Zweiter Gang.

Fische. Sandarten mit Austern-Sauce oder mit klargekochter Butter und Senf (Mustard) oder mit gehackter Petersilie nebst Kartoffeln.

Dritter Gang.

Gemüse und Beilage. Geräucherte Ochsenzunge, Hammelcotelettes, Rahm-Würste oder Saucissen-Würste oder gebratene, in Scheiben geschnittene Kalbszunge mit märkischen Rüben, Karotten, Spinat, gedämpften oder gestobten Kartoffeln.

Vierter Gang.

Zwischen-Gericht. Vol aux vents (sprich Wolowang), gefüllt mit feinem Ragout von Kalbsmilch und Hahnenkämmen mit Champignons oder deutsche Pastete mit derselben Füllung nebst Champignon-Sauce dabei. Auch anstatt des Vorgehenden: Warmer oder kalter Pudding, als leichter Mandel-Pudding mit Citronen-Muß oder kalter Liqueur- oder Wein-Pudding.

Fünfter Gang.

Braten. Eine Kalkute (Puter) mit farcirtem Kropf oder Rebhühner mit eingemachten Kirschen und Sellerie-Salat.

Sechster Gang.

Dessert. Früchte, Butter und Käse.

No. 2. Montag.

Bouillon. Wenn am Sonntag mehr gekocht ist, mit in Wasser und Butter gargekochtem Reis, in der Bouillon mit Kraut und Suppenwurzel durchgekocht oder Wein- oder Milch-Suppe.

Fleisch und Gemüse. Dickgekochte, durchgeschlagene Erbsen mit gebratenen Zwiebeln darüber und panirtes, d. h. in Ei und Zwieback gekehrtes, in Butter gebratenes Ochsenfleisch oder Bratwurst oder Schweinskarbonade nebst Kartoffeln und gestobten Endivien.

Fische. Dorsche oder Hechte mit Kapern-Sauce oder auch Travemünder Sauce. Auch statt der Fische: Ragout von Kalbszungen mit Champignon-Sauce.

Braten. Gebratener Kapaun oder Küken mit Kompot von Birnen nebst Herings-Salat oder eingemachten Gurken.

Pudding. Gebackener Gries-Pudding mit Aepfeln oder eingemachten Kirschen darin.

Dessert. Früchte, Butter und Käse.

No. 3. Dienstag.

Linsen-Suppe. Die Hälfte der Linsen durchgeschlagen und die andere Hälfte ganz darin mit Kraut und Wurzeln durchgekocht. Gebratenes Weißbrod dabei.

Gemüse. Gepökeltes Rind- oder Schweinefleisch mit Meerrettig-Sauce oder Kalbfleisch-Fricadellen mit Butfeldschen Rüben, Sauerkohl oder frischen oder gebratenen Kartoffeln.

Fische. Barben oder Karauschen in Rothwein-Sauce oder abgekocht mit Butter und Senf (Mustard) nebst Kartoffeln.

Pudding. Sago-Pudding mit Wein-Sauce oder kalter Vanille-Pudding mit Schlag-Sahne.

Braten. Wilde Enten oder Rebhühner mit Kronsbeeren, eingemachten Pflaumen oder Brunnenkresse-Salat mit Eiern.

Gebackenes. Auflauf von Citronen oder sonstigen Früchten.

Dessert. Früchte, Butter und Käse.

Es ist allerdings wohl kaum anzunehmen, daß selbst in sehr wohlhabenden Familien Tag für Tag ein so vollständiges Menü bereitet wurde. Auch dieses Arrangement der Kochbuchautorinnen diente wohl eher als Anregung, als Leitlinie gewissermaßen. Es wurde jedenfalls von den Hausfrauen erwartet, daß sie die Kunst der richtigen Abstimmung der einzelnen Gerichte eines Menüs lernten und beherrschten.

Ehrfürchtig liest man, wie es auf feinen Tafeln wohlhabender Hamburger Familien aussah, die in ihren schloßartigen Villen am Harvestehuder Weg, auf der Uhlenhorst oder an der Elbchaussee residierten. 23 Gänge werden da vorgestellt, die Suppe und das Dessert nicht mitgerechnet. Hier ist noch etwas von dem etwas ungeordneten Überangebot der Renaissance und Barockzeit zu spüren. Immer wenn man glaubt, es sei nun mit einer Süßspeise das Ende erreicht, so beginnt es wieder von vorne mit Krammetsvögeln, mit Froschschenkeln, mit einem gefüllten Spanferkel und schließlich mit allerlei Wild, Geflügel, zu dem Gelees und Kompotts gereicht werden. Es ist wohl anzunehmen, daß bei diesen feinen Gesellschaften keineswegs das ganze Menü durchgenommen wurde, sondern vielmehr die Gäste die Wahl hatten, sich von den vielen Platten und Schüsseln dies oder jenes vorlegen zu lassen.

Es ist ja ohnehin kaum zu erklären, wie Hausfrauen jener Zeit ein solches Menü geplant, wie selbst erfahrene Kochfrauen und Köchinnen auf den zwar riesigen aber doch schlecht zu handhabenden Kohlenherden jener Zeit alle diese Gerichte bereitet und nacheinander zu Tisch gebracht haben.

Manchmal scheint es auch einfacher gegangen zu sein. Es gibt da einen kleinen Küchenzettel für eine Abendgesellschaft von 16 Personen, bei der auf die Suppe ganz verzichtet wird und es dann nur vier Gänge gibt. Einen Fischgang, einen Fleischgang mit entsprechenden Beilagen, einen Torten- oder Puddinggang und dann schließlich Früchte, Butter und Käse.

Kleiner Küchenzettel für eine Abendgesellschaft von 16—20 Personen.

Zwei bis drei gekochte Rinderzungen nebst Champignon-Sauce mit Saucissen und Fleischklößen-

St. Thomas oder Butterbrod-Pudding mit Bischofs-Sauce.

Rehkeulen-, Rehrücken- oder Küken-Braten mit Herings- oder Sardellen-Salat und Kompot von geschmorten Aepfeln.

Und wirklich schlicht ging es im bürgerlichen Haushalt zu, wenn keine Gäste erwartet wurden. Man aß da einfach nur Pfannkuchen mit Kopfsalat, Krabben oder Bücklinge, Brot, Butter und Käse.

Hierzu muß bemerkt werden, daß die Reihenfolge, zumindest in Hamburg, oft umgedreht wurde. Zum Mittag, zwischen zwölf und eins, wurde ein Lunch genommen, Pudding, Grütze, Pfannkuchen, Brot, Butter, auch etwas Aufschnitt, dazu Tee. Erst am Abend um sechs Uhr, wenn der Herr des Hauses aus der City ins traute Heim zurückkehrte, wurde nach dem Muster des englischen Dinner ein warmes Essen aufgetragen, um neun Uhr gab es dann noch einmal belegte Brote.

Bei Bällen und großen Gesellschaften von 50 bis 60 Personen wurde ähnlich wie heute noch üblich ein Buffet aufgebaut und prächtig geschmückt. Der Buffetplan entsprach der üblichen Reihenfolge eines Menüplanes.

Abendgesellschaft

Küchenzettel für eine Abendgesellschaft.

(Kalte Gerichte.)

Bouillon in Tassen oder Wein-Chocolade.

Ein gebratener Puter mit Consommé belegt. (Gallerte).

Gans oder Enten in Sauer-Gelée.

Ein gespickter Kalbs-, Hasen- oder Rehkeulenbraten mit Gelée belegt.

Karpfen oder Sandarten mit klarem Aspic belegt und mit Krebsschwänzen verziert.

Geräucherte Rinderzungen, kalte Fleisch-Pastete mit Mayonaisen-Sauce und Sülze mit Essig, Oel und Petersilie.

Sardellen- oder Herings-Salat.

Weißer Gelée- oder Apfelsinen-Pudding.

Chocolade-Crême.

Himbeeren- oder Mandel-Torte und kleines Backwerk.

Geschnittenes Weiß- und Feinbrod.

Früchte, Butter und Käse.

Frühstücks-Küchenzettel für 24—30 Personen.

Zwei aus den Knochen gelöste gefüllte Puter, gebraten oder à la braise zubereitet, nebst Oliven- oder Trüffel-Sauce.

Roastbeef oder Rindermürbebraten nebst Pickles-Sauce, gebratenen Kartoffeln und Pfeffer- oder Essiggurken.

Maccaroni und Parmesankäse nebst geräucherter Rinderzunge als Beilage.

Aal-Roulade mit Aspic und Remoladen-Sauce.

Reh-, Hasen-, Tauben- oder Entenbraten mit Herings- oder Sardellen-Salat und Kompots von frischem Obst und Eingemachtem.

Makronen- oder Punsch-Torte.

Offenbar war es auch üblich, gelegentlich eine größere Anzahl von Personen zum Frühstück einzuladen.

Die Kochbuchautorinnen vor über 100 Jahren wußten sehr wohl auch die Familienfeste wahrzunehmen und schlugen besondere Menüs vor für den Weihnachts- oder Heiligen Abend, für den Neujahrsabend (Silvester fehlt in dem Buch seltsamerweise), für den Fastabend (heute in den Hansestädten nicht mehr gebräuchlich), für den Osterabend und für den Pfingstabend. Ob die Autorinnen sich geirrt haben oder ob die Silvesterfeier erst später eingeführt wurde, weiß ich nicht. Im Jahre 1913 wurde meine eigene Geburt der Verwandtschaft bei einem Silvesteressen bekanntgegeben. Man soll viel gelacht und das Ganze vielleicht auch als einen Silvesterscherz betrachtet haben. Aber der Knabe Claus Silvester war eine durchaus reale Erscheinung von mehr als neun Pfund Geburtsgewicht.

Im Jahre 1910 ging es bei der Kochlehrerin so vieler Hamburger Hausfrauen, Frau H. Behnke, weniger kompliziert zu. Sie stellt uns eine Reihe durchaus nachvollziehbarer einfacher und feinerer Menüs vor.

Bouillon in Tassen mit Käsestangen

Lachsforelle kalt, garniert mit Gurken- und Tomaten-Salat, dazu Mayonnaise

Ragout von Küken mit Champignons, Schweser, Spargel mit gebratenen Austern und Sauce hollandaise

Rehrücken mit gebackenen Bananen, Schmorkartoffeln und Salat Hermelin
Kaffee, Pudding

Tassenbouillon mit Pasteten, diese gefüllt mit einem Ragout von Austern

Rehsteaks mit jungen Erbsen, Bratkartoffeln, Salzgurke

Hummer mit Mayonnaise

Vierländer Küken mit Rapunzelsalat
Erdbeereis

Krabbenaspik, garniert mit gefüllten Eiern und gefüllten Tomaten, Sardellenbrötchen, dazu Mayonnaise

Weißes Selleriepüree, garniert mit Häufchen von Erbsen

Ochsenmarkbrötchen und Kalbsteak
Obst

Frau H. Behnke, Geprüft und bewährt –
Ein Buch der Hamburger Küche

Die „geborenen" Hanseaten – in Hamburg bilden sie sogar einen eigenen Verein – kennen, wir wissen es schon, keine Brotzeit wie die Süddeutschen. Und die „gewissen" Hanseaten, die man etwa den „Zuagroasten" gleichstellen könnte, haben sich dieser Nichtgewohnheit bald angepaßt. Das soll aber beileibe nicht bedeuten, daß man ein kleines, solennes und warmes Frühstück so zwischen 10 und 11 Uhr nicht zu schätzen wußte. Jedoch das gilt eben nur für die Vergangenheit; bloß ein paar Damen der Gesellschaft haben an der Tradition des warmen Zwischenfrühstücks festgehalten und nehmen dieses mit Vorliebe ein, wenn sie zum „Shopping" in die „Stadt" fahren, womit unter „Stadt" der mittelalterliche Kern der drei Hansestädte zu verstehen ist,

Kam der Herr des Hauses nicht zum Mittagessen, dann wurde auch in den Häusern, die sich einen gewissen Aufwand leisten konnten, relativ einfach gegessen und an die Köchin keine übermäßigen Ansprüche gestellt. Um so größer waren diese, wenn man Gäste erwartete, manchmal so groß, daß man die Zusammenstellung und Zubereitung des abendlichen Diners einer „Kochfrau" übertrug,nach deren Können man sich vorher genau erkundigt hatte. Dann stand dem sonst servierenden Dienst- oder Kleinmädchen auch ein „Lohndiener" zur Seite, von dem man raunte, daß das Innenfutter seines Fracks große Taschen besäße, in denen nach beendeter Dienstleistung ganze Flaschen verschwanden.

Bibulus, So kochen Hanseaten

Kerbelsuppe mit Reis
Blumenkohlpudding mit Tomatensauce
und Pfifferlingen
Schellfischfilet mit Krebssauce und
Sauce béarnaise
Rote Grütze mit Vanillesauce

Weiße Blumenkohlsuppe
Schwesercroquettes mit gebackener
Petersilie
Roastbeef pommes frites
gebratene Zwiebeln
Frankfurter Salat
Erdbeerpudding

Graupensuppe
Omelette, gefüllt mit einem Ragout
von Kalbsnieren
Schmorbraten mit Kartoffelklößen und
Salzgurken
Schweizer Reis mit Erdbeerkompott

Kerbelsuppe mit verlorenen Eiern
Geräucherte Schweinsrippe mit
Orangensauce, Sauerkohl
Bechamelkartoffeln
Apfelauflauf

Braune Nierensuppe
mit Schwemmklößen
Kleine Käsesouflets
Fleischpudding mit Tomatensauce
Schneidebohnen, kleinen Bratkartoffeln
Apfelauflauf

Frau H. Behnke, Geprüft und bewährt –
Ein Buch der Hamburger Küche

Im Jahre 1914 brach der erste Weltkrieg aus. Bald kamen die ersten Kriegskochbücher auf den Markt. Frau Luise Holle stellte im *Praktischen Kriegskochbuch* – im Jahre 1918 – Kaisers Lieblingssuppe vor. Die meisten Gerichte beruhten auf Steckrüben, Graupen und Hafermehl. Menüs für Festlichkeiten wurden in diesen Büchern natürlich nicht vorgestellt.

Ich selbst habe im Alter von vier Jahren im Frühjahr 1918 anläßlich der Rückkehr meines Vaters aus russischer Kriegsgefangenschaft in Sibirien zum ersten Mal in meinem Leben Fleisch gegessen. Es war Pferdefleisch. Der Tisch war mit Damast, feinem Porzellan und Kristallgläsern gedeckt, aus denen Hagebuttenwein getrunken wurde.

Doch schon während der Inflationszeit, ganz sicher aber nach Schaffung der Rentenmark und später der Reichsmark, nahmen die Hamburger Kaufmannsfamilien die Sitte, im Winter eine Abendgesellschaft zu geben, wieder auf. Man wird sich im Wesentlichen der geprüften und bewährten Rezepte der Hamburger Küche von Frau H. Behnke bedient haben. Das Personal war nicht mehr so zahlreich. Eine Kochfrau mußte kommen, und Lohndiener deckten die Tafel und bedienten bei Tisch. Wenn der große Eßzimmerausziehtisch nicht ausreichte, so brachten die Lohndiener auch Platten mit, die auf Holzböcke gelegt wurden und die Tafel entsprechend verlängerten. So ging es gut nach alter Tradition bis zum Ende der zwanziger Jahre. Als dann die große Wirtschaftskrise heraufzog, die Zahl der Firmenzusammenbrüche sich von Tag zu Tag mehrte, verging der Mehrzahl bis dahin noch wohlhabender Hanseaten wohl die Lust am Feiern.

Die gute hanseatische Art der Abendgesellschaften im Familien- und Freundeskreis hat damals wohl ihr Ende gefunden und wurde erst in den fünfziger und sechziger Jahren in manchen alteingesessenen, aber auch in Neuhamburger Familien wieder belebt.

Das Hamburgische, das sei die Kunst, die Welt am Lieferanteneingang zu empfangen und ihr das Gefühl zu geben, dies sei die größte Auszeichnung, die man hier zu vergeben hat.

Siegfried Lenz, Leute von Hamburg

Abendgesellschaft in einem
Hamburger Bürgerhaus um 1840

Zuweilen wurden große Abendgesellschaften in unserem Hause gegeben. Die Vorbereitungen zu solchen Festen nahmen gewöhnlich mehrere Tage in Anspruch. Meine Mutter nahm einen großen silbernen Tafelaufsatz aus seiner schützenden Hülle und füllte die vier kleinen, von silbernen Armen gehaltenen Kristallkummen mit allerlei schönen Sachen: Geduldskuchen, Schokoladenplättchen und in Papier gewickelten Bonbons, auf welchen es einen Rebus zu raten gab.

Solche guten Dinge waren in damaligen Zeiten noch ein großer Luxus, daher durfte man nicht zu verschwenderisch sein. Meine Mutter, die für alles Rat wußte, nahm einen Wattebausch, umhüllte denselben mit rosa Seidenpapier, füllte damit den Boden der kleinen Schale aus und legte darauf erst die verschiedenen Süßigkeiten. Die mittlere große Kristallschale zierten Äpfel, Apfelsinen, Feigen und Datteln. Zuweilen wurde sie auch mit Blumen gefüllt. Wie staunten wir die gedeckte Tafel mit all den Herrlichkeiten an! Auf das Falten der Servietten verwandte man sehr viel Kunst und Sorgfalt. Wozu all die unendlich vielen Gläser, die vor jedem Gedeck standen, gebraucht wurden, ist mir damals immer ein Rätsel geblieben. Vieles tat meine Mutter als sorgsame Hausfrau selbst. Sie überließ es niemals den Aufwärterinnen, das Tischtuch aufzulegen, die Lichter in den Armleuchtern und Kronen zu befestigen, Kompott einzufüllen und die Früchte zu ordnen. Am meisten bewunderte ich immer ihre Kunst und Sorgfalt bei der Herstellung von zwei kleinen Butterlämmern, welche nebeneinander stehend, auf einem Kristallteller, die Tafel schmückten. Sie wurden mit zwei kleinen Holzformen gemacht, jedes Lamm bestand aus zwei Hälften, und es erforderte eine sehr kunstfertige Hand, diese zwei Hälften so aneinander zu fügen, daß sie ein Ganzes bildeten. Die Augen wurden dabei durch Apfelkerne bezeichnet.

Bei solchen großen Gesellschaften spielten wir Kinder gar keine Rolle. Das Vor- und Nachspiel, die Vorbereitungen und die feinen leckeren Reste waren für uns die Hauptfreuden.

Emilie Weber, Jugenderinnerungen 1836-1851

Für jede Person legt man nahezu an den Rand des Tisches einen flachen Teller. Diese Teller, welche vorher mit einem reinen Lappen nachzureiben sind, müssen von einander gleichmäßig entfernt sein, auf daß jede Person sich frei und ungenirt bewegen, auch die vorgesetzten Tischgegenstände leicht erreichen könne.

Auf den flachen Teller legt man in der Form eines Dreiecks oder zusammengerollt und in ein Band gesteckt die reine Serviette. Das Brödchen kann daneben hingelegt oder vorher der Serviette einverleibt werden, wo dann das Serviettenband natürlich wegfällt. (Vergl. die Kunst, Servietten zu legen.) Zur Seite des Tellers legt man, ganz nahe, links die Gabel, rechts Messer und Löffel, oder Messer, Gabel und Löffel, geordnet auf einem Messerbänkchen. Die Vorlegelöffel werden seitwärts dahin gelegt, wo später die Gemüseschüssel Platz finden soll, und einen Teller mit einem scharfen Tranchirmesser placirt man neben die Fleischschüssel. Hinter jeden Teller stellt man ein Wasser- und ein Weinglas hin und Wasserflaschen in entsprechender Anzahl. Salz, Pfeffer, Senf, Essig und Oel werden möglichst symmetrisch vertheilt, dann die erforderliche Anzahl von Stühlen angerückt und das Zeichen zum Vorlegen der Suppe gewärtigt, für welche ein ausreichender Stoß tiefer Teller neben der Suppenterrine in der Mitte des Tisches steht. Werden zwei Terrinen gebraucht, dann stellt man sie in den Fond des oberen und unteren Endes der Tafel, doch immerhin nur so weit von einander, daß Personen, welche in der Mitte sitzen, dieselben noch gut erreichen können.

Vorschriften zur „Mittagstafel für 14 Personen“, Hamburg 1879

Vom Tafeldecken und Servieren

Die Hansestädte waren Stadtrepubliken von alters her. Wenn die Kaufleute sich mit ihren Gästen zu Tische setzten, so setzte sich gleich zu gleich. Die Rangordnung fürstlicher und gräflicher Tafeln hatte hier keine Geltung. Gewiß war Lübeck einst von Herzog Heinrich dem Löwen gegründet worden, Hamburg war in seiner ersten Stadtbildung dem Bischof untertan, später den Herzögen von Holstein, und Bremen mußte die Macht des Erzbischofs, der sich oberhalb des Rathauses einen Dom errichten ließ, in seinen Mauern anerkennen. Doch Bürgerstolz und Bürgerselbstbewußtsein setzten sich mehr und mehr durch. Noch bis in die neueste Zeit lehnten es Bremer und Hamburger ab, Adel und Orden anzunehmen. Albert Ballin, der berühmte Gründer der Hamburg-Amerika Linie, hatte das Recht, Kaiser Wilhelm II. zu duzen, aber den ihm vom Kaiser angetragenen Adelstitel mußte er als Hamburger Kaufmann zurückweisen. Eine Absage erhielt auch Bundeskanzler Adenauer, der dem Bremer Senatspräsidenten Kaisen die höchste Stufe des Bundesverdienstkreuzes verleihen wollte.

Von der Tischordnung war schon die Rede. Als Muster einer gut geordneten Tafel werden in einem Hamburger Kochbuch in der Mitte des 19. Jahrhunderts ovale Tische gezeigt. An einer langen Tafel sollten nach Meinung der Autorin wichtige Gäste, die man auch um eine launige Tischrede bat, in der Mitte der Tafel Platz nehmen, der Hausherr dann an einem Ende, ihm zur Seite die älteste Dame unter den Gästen, die Hausfrau am anderen Ende, von wo sie alles im Blick haben konnte. Zur Einleitung ihres Kapitels über *„Das Tafeldecken und Servieren"* schreibt Sophie Charlotte Hommer in der 5. Auflage des *Illustrirten Hamburger Kochbuches:*

Anmuth, natürlicher Anstand und gesellschaftliche Bildung der Hausfrau spiegeln sich nirgends so sprechend wider, als in der Art und Weise, wie sie ihre Gäste empfängt und bewirthet, und nichts übt einen wohlthuenderen Eindruck, als eine geschmackvolle Anordnung der Stätte, welche beredtes Zeugniß geben soll von dem kundigen, häuslichen Wirken, dessen Früchte für den Gast oft zur Kette der angenehmsten Überraschungen werden. Ihre Fülle weckt Verehrung und Dank für die gelungene Fürsorge, für das sinnige Walten der Urheberin seiner vollsten Zufriedenheit, und dieser Tribut gilt: dem Genie des Hauses!

Sie geht dann weiter ein auf den Gebrauch von Silber. Auf die riesenhaften Tafelaufsätze aus Gold und Silber, die die gut gedeckte Festtafel bei den feudalen Essen des 18. Jahrhunderts schmückten, sollte nach ihrer Meinung weitgehend verzichtet werden. Schüsseln aus feinem Porzellan, so meinte sie, täten es auch.

Sehr eingehend äußert sie sich über den Gebrauch des Tischsilbers. Es sei durchaus angängig, bei größeren Gesellschaften auch versilbertes Besteck zu verwenden, allerdings dürfe dies niemals zusammen mit echtem

Silber geschehen. Ein vollständiges Grundbesteck für 12 Personen aus echtem Silber sollte allerdings in jeder Familie vorhanden sein, meint die Autorin.

Ebenso wie in der großen süddeutschen Handelsstadt Augsburg, entstanden auch in den Hansestädten, insbesondere in Bremen und Hamburg, Silberwarenmanufakturen. Die in jener Zeit entwickelten klassischen Muster werden heute häufig wieder reproduziert, so das Augsburger und das Bremer Fadenmuster, das Spatenmuster, die Muschel,die man sowohl auf Hamburger wie auch auf Augsburger Silberwaren findet.

Nicht nur im Silbergerät, im Porzellan, das man aus Meißen oder auch (damals weit teurer) aus China bezog, sondern auch in der Tischwäsche zeigten hanseatische Bürgertafeln eine hohe Kultur. Während der Tisch an gewöhnlichen Tagen mit Leinen gedeckt wurde, war für festliche Anlässe blendender Damast vorgeschrieben. Frau Hommer warnt vor allzu großem Luxus, die Feinheit und schimmernde Glätte des Tafeltuches aber demonstriert Würde und Können der Hausfrau. Das Auslegen des Tischtuches ist ihr Privileg. Sie läßt sich diese Aufgabe von niemandem abnehmen.

Auch die Servietten, natürlich ebenfalls aus Damast gefertigt, werden kunstvoll gelegt und nach dem Decken des Tisches auf den Tellern angeordnet.

Zum festen Bestandteil der Tafel gehören eine Reihe von Taburets und Schüsseln mit allerlei appetitanregenden Speisen, mit Gebäck und Obst. Auch Konfekt wurde bereitgestellt.

Klein-Mädgen
um 1815

Für das Servieren finden wir besondere Hinweise. Reichte das eigene Personal des Hauses, das zu jenen Zeiten oft recht zahlreich war, nicht aus, so gab es in den Hansestädten Vermittlungen, bei denen Lohndiener und auch tüchtige Kochfrauen gemietet werden konnten.

Gläser und Karaffen mußten in Form und Muster zusammenpassen, ausgenommen war der Weinrömer, der nur für einen feinen Rhein- oder Moselwein benutzt werden durfte. Er wurde als „Wein der Toaste" gereicht und es war üblich, daß einer der Gäste den ersten Toast auf das Wohl der Hausfrau ausbrachte, wie wohl überhaupt die Frauen des Hauses in jener hanseatischen Gesellschaft der letzten 200 Jahre eine weit größere Rolle gespielt haben, als man heutzutage oft annimmt.

Es gab übrigens im gleichen Verlag, in dem dieses *Illustrirte Hamburger Kochbuch* erschienen ist, auch Büchlein zu kaufen, in denen humoristische Originaltoaste in Prosa zu lesen waren. Wer sich also bei einem Feste zu einem Toast verpflichtet fühlte, der konnte leicht die geeignete Literatur finden. Der Toast, die gute, nicht allzu lange Tischrede, spielte in der hanseatischen Gesellschaft immer eine große Rolle. Natürlich ließen es sich die ehemaligen Schüler der Gelehrtenschule des Johanneums oder anderer jahrhundertealter berühmter Bürgerschulen nicht nehmen, ihrem Toast ein lateinisches oder auch griechisches Zitat voranzustellen.

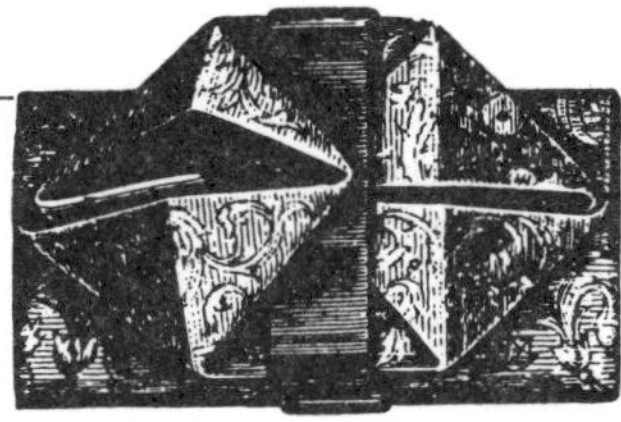

Von Interesse sind sicher noch einige Bemerkungen über die Getränke.

Für Champagner sollte man nur einen Kelch verwenden, die „würdigste und zweckmäßigste Hülle für den König unter den Weinen". Bier – so heißt es – wird nur in vertraulichen Kreisen gereicht, bei Tafeln nie oder nur auf „ausnahmsweises Verlangen" und dann in renommierten Sorten auf Flaschen gezogen. Der Tischwein wird in größeren Weinkrügen gereicht. Man schenkt selber nach. Die Krüge stehen auf der Tafel. Bei Abendessen wird vorher häufig Tee serviert, das ist wohl eine besondere hanseatische Eigenart. Man reicht dazu Sardellenbrötchen und Keks.

Zur hanseatischen Gastlichkeit, insbesondere der Hausfrauen, gehören auch Kaffee- und Teevisiten. Sie näher zu beschreiben, halten unsere Autorinnen von Kochbüchern des vergangenen Jahrhunderts für überflüssig. Bei den Leserinnen kann eine Unkenntnis dieses zum Alltäglichen gewordenen Brauches nicht angenommen werden.

Auf die Kunst des Serviettenlegens, über die beim *Tafeldecken und Servieren* schon gesprochen wurde, wollen wir aber noch in einem besonderen kleinen Abschnitt eingehen.

Eleganz, so heißt es, adelt das Gedeck und es liegt eine sinnige Auszeichnung für die Gäste darin, wenn Zeit und Mühe nicht gespart werden, den Servietten ein besonders gefälliges Äußere zu geben.

Die Kunst wurde soweit geübt, daß der Gast es kaum wagte, das entstandene zauberhafte Gebilde auseinanderzureissen und auf die Knie zu legen.

Wichtige Voraussetzung ist, daß die Servietten nicht zu sehr gestärkt und auch nicht zu trocken sind. Man besprengt sie etwas mit Wasser, bevor man mit dem Falten beginnt. Auch muß man genau wissen, wie der Faden der Serviette läuft, damit sie sich später nicht verzieht.

Einige besonders köstliche Muster werden im Bilde gezeigt. Berühmte Serviettenmuster tragen auch ihre Namen nach ihren Vorbildern. So gibt es „Wiener Würstel", eine „Bischofsmütze", eine „Pyramide", eine „Muschel", eine „gerollte Serviette" und das „Ornament".

Übrigens setzte man sich zu gleicher Zeit, wenn die Hausfrau zu Tische gebeten hatte. Auch stand man zu gleicher Zeit wieder auf, wieder auf das Zeichen der Hausfrau, nachdem das Dessert mehrfach vergeblich angeboten war. Erst nach der Tafel zogen sich die Herren zurück, um eine Zigarre zu rauchen. Um die Jahrhundertwende gab es gewiß auch schon Damen, die Geschmack an einer russischen Zigarette fanden – aber immer erst nach Aufhebung der Tafel. Keiner der Herren hätte sich erlaubt, noch bei Tische seine Importe anzuzünden.

Wenn ich mir an dieser Stelle eine persönliche Bemerkung erlauben darf: Ich wünschte, diese gute Sitte gäbe es noch!

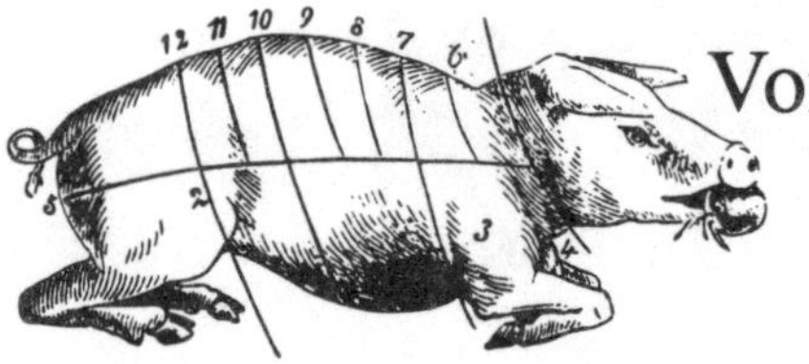

Vom Tranchieren

Unsere Ururgroßmütter in den Hansestädten pflegten für den Haushalt ganze Kalbs- oder Hammelkeulen, Hasen im Fell und Geflügel im Federkleid einzukaufen. Die richtige Kunst des Zerteilens konnten sie also nicht allein dem Schlachtermeister überlassen, sie mußten sie auch selbst beherrschen. So gab es für die Hausfrauen sehr genaue Anweisungen, jeweils mit einer recht ausführlichen Begründung. In einem hamburgischen Kochbuch aus der Mitte des vergangenen Jahrhunderts heißt es:

Anleitung zum Tranchiren.

Es ist jetzt Sitte, bei größeren oder kleineren Gesellschaften die Fleischspeisen bereits tranchirt serviren zu lassen, da die durch das Tranchiren an der Tafel entstehenden Pausen sowohl für die Gäste, als auch für den Tranchirenden selbst etwas peinlich sind. Nur im engeren Familienkreise pflegt man noch die Speisen erst bei Tische zu tranchiren, aber auch hier muß man bemüht sein, dies mit der größten Zierlichkeit und möglichst schnell zu thun. Es genügt noch nicht, daß die Speisen gut zubereitet sind; der Reiz und Genuß eines Mahles — selbst eines einfachen — wird noch erhöht durch ein geschmackvolles äußeres Arrangement.

Natürlich wollen wir in einem Buch über die „hanseatische Kochkunst“ nun nicht alle Tranchierregeln wiedergeben, die sich ja ganz gewiß nicht nur auf die Hanseaten, sondern auf jede gute Fleischküche in jedem europäischen Land beziehen.

Eine Regel, die auch heute noch ihre volle Gültigkeit hat, ihre praktische Anwendung in der Vorweihnachtszeit findet und jedem, der hanseatische Kochkunst neu zu beleben sucht, von Nutzen ist, ist die Anleitung zum Tranchieren des in norddeutschen Landen über alles geschätzten Vogels: Ich meine natürlich die Gans! Der aus der preußischen Hauptstadt Berlin stammende Spruch *Eine jut jebratne Jans is eine jute Jabe Jottes!* wurde auch in hamburgischen Familien zu früherer Zeit gern kolportiert. Großer Wert wurde auf die richtige Füllung der Gans gelegt. Sie findet auch in der folgenden Tranchieranweisung ihre Berücksichtigung. Von Gänserezepten ist allerdings an anderer Stelle die Rede.

Die gebratene Gans.

Beim Zerlegen des Geflügels müssen die Schnitte stets so ausgeführt werden, daß man genau auf die Gelenke trifft, die man dann nur einfach zu trennen hat, während die auf der anderen Seite sich anschließende Haut zu zerschneiden ist, um ein schön tranchirtes Stück zu erhalten.

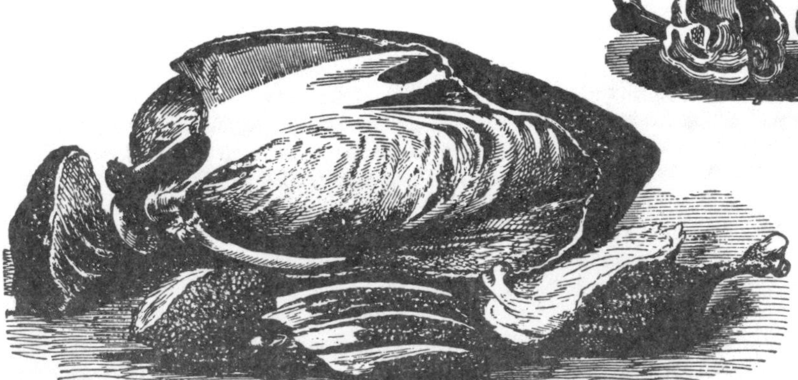

Über Bier, Wein und allerlei andere Getränke

Wenn im frühen Mittelalter die Lübecker Nowgorod-Fahrer nach beschwerlicher Reise über Gotland und der Ostseeküste folgend schließlich in ihrer von Holzpfählen geschützten Niederlassung in Nowgorod eintrafen, so mag der Durst immer größer gewesen sein als der Hunger. Getränke spielten innerhalb der Hanse und in den Niederlassungen immer eine große Rolle. Nicht nur die Erfrischung nach langer Fahrt, sondern auch zum Zwecke des Kontakts, des guten Gesprächs mit den in den Ländern der Niederlassungen herrschenden Fürsten und den ansässigen Kaufleuten. Rheinischer Wein wurde nicht nur in der Guildhall zu London zum Ausschank gebracht, auch in Norwegen, auf Gotland, in Rostock und Danzig, ja selbst im fernen Nowgorod trank man ihn gern. Eine noch wichtigere Rolle als Getränk spielte das Bier. Was München und Dortmund heute in Deutschland sind, das war zu jener Zeit Hamburg: die Biermetropole der Hanse.

Schon im Jahre 1376 gab es hier 457 Brauereien. Bei insgesamt 20.000 Einwohnern zu jener Zeit wurde Hamburg von den älteren Chronisten zu Recht als Brauer-Stadt bezeichnet. Die Brauerei war die Hauptstütze des Hamburger Handels, das Brauwesen Hauptnahrungszweig der Stadt. Der präsidierende Bürgermeister pflegte vor Verlesung der Ratspropositionen den Segen Gottes zuerst für das glückliche Brauwerk und dann erst für die Kaufmannschaft zu erbitten.

Alte Chronisten rühmen das Hamburger Bier, vornehmlich das Weißbier. Sie sagen, daß es einen weinartigen Geschmack gehabt hätte. Man unterschied Doppelbier, ordinär oder gut Bier, Schiffsbier und Nösterbier. Außerdem gab es noch „Sötbeer", ein Süßbier also, das frisch gebraut ausgeschenkt wurde. Natürlich gab es auswärts Nachahmer des Hamburger Bieres und gegen Ende des 16. Jahrhunderts verbot der Rat allen, die in Hamburg die Bereitung des Bieres erlernt hatten, *auswärts zu brauen nach hamburger Weise*. Um ein gutes Bier zu erhalten, wurde jeder Bräu, bevor er zum Ausschank gelangte, geprüft. Die Bierprobe fand anfangs an den Toren statt. Nachher in einem Gebäude der Kämmerei auf dem Hopfenmarkt. Es waren eigene Probierer angestellt und es waren in der Woche zwei Probiertage angesetzt: Dienstag und Freitag. Strenge Verordnungen wurden schon 1525 erlassen.

Aber offenbar nützten die Verordnungen nicht allzuviel. Denn inzwischen fand auch fremdes Bier in Hamburg Eingang, obwohl der Rat den Ausschank fremder Biere in der Stadt auf das Schützenhaus, das Baumhaus und das berühmte Einbeck'sche Haus beschränkte. Der Bierkonsum nahm fortwährend ab. Im Jahre 1700 brauten nur noch 182 Brauereien Orloff und schließlich wurde in Hamburg nur noch das einfache Braunbier gebraut. Bei Festlichkeiten wurde häufiger Wein getrunken, insbesondere französischer Importwein. Es

Art. 75. Von der Erlaubniß, zu brauen. — Will der Rath Orloff zum Brauen geben oder die Bursprake vor dem Rathhause oder von der Laube den gemeinen Bürgern ablesen, so soll man dazu eine Glocke läuten, die auf's Rathhaus gehängt werden soll. Eben diese Glocke soll man auch läuten bei Leistung von gerichtlichen Eiden und wenn Jemand durch Urtheil und Recht verfestet wird.

Art. 78. Vom Ausführen fremden Biers. — Der Rath will auch den Islands- und Bergenfahrern vergönnen, nach Gelegenheit der Jahreszeit und Gestalt der Schiffe roth Lübisch und Lüneburger Bier aus unserer Stadt gegen Erlegung des gewöhnlichen Zolls auszuschiffen. Doch sollen dieselben Schiffe kein anderes fremdes Bier ohne besondere Erlaubniß und Vollbort hier ausschiffen, und unterhalb Hamburgs auf der Elbe kein Bier einnehmen, es wäre denn Nothsache und die Schiffe riscirten, über die gewöhnliche Zeit auf der Elbe liegen zu bleiben. Auf diesen Fall können sie zu ihrem Bedürfniß, jedoch nicht, um damit Handel zu treiben, Getränke einnehmen. Wer dawider handelt, soll nach dem Ermessen des Raths Strafe bezahlen.

Bierführer

gab Kaffee, Tee und andere Getränke für den täglichen Gebrauch der Bürgerfamilien.

Erst am Ende des 19. Jahrhunderts fand das Bier wieder stärker Eingang. Seine Rolle als führende Brauereistadt hatte Hamburg längst ausgespielt.

Bei der Zubereitung von Speisen allerdings hat das Bier auch im vergangenen Jahrhundert besonders in Hamburg eine wichtige Rolle gespielt. Es gibt zahlreiche Rezepte nicht nur für Biersuppen sondern auch für Saucen, bei denen das Bier als wesentlicher Bestandteil verwendet wird.

Ein Wort über Weine.

Wenn man bei der Beurtheilung eines Weines gerecht sein will, darf man nie außer Acht lassen, welches Gericht demselben vorausgegangen ist. Wurde vorher etwas Süßes genossen, z. B. süße Speisen, Früchte 2c., so mundet der Wein stets etwas rauh, nach fetten und ziemlich stark gesalzenen Gerichten jedoch angenehmer und besser, als er in der That ist; desgleichen auch nach Käse, Häringen, Nüssen u. dgl. m.

Am klügsten ist es, jeder Speise, welche den Geschmack wesentlich alterirt, fernbleibend, vor dem Kosten des Weines ein wenig Brod zu kauen. Dies verleiht dem vielleicht überreizten Gaumen die richtigste Empfänglichkeit zum Prüfen von Getränken, auch soll der Wein dann weder sehr kalt noch lauwarm sein.

Die Grundbedingungen eines guten Weines sind, daß er stark und angenehm rieche, daß er gehaltvoll (also weder sauer, nach dem Einschwefeln, noch wässerig und fade) schmecke, ohne Brennen oder Zusammenziehen des Mundes zu bewirken; sondern es soll ihn beim Hinabschlürfen das Liebliche seiner Blume (Bouquet) sofort empfehlen. Erhitzt der Wein schon, mäßig genossen, das Blut, dann ist er zuverlässig kein Stiefkind von Wasser und Alkohol.

Weißwein darf nicht zu blaß, Rothwein nicht von zu auffälliger Farbe sein. — Weine welche zu Spottpreisen ausgeboten werden, erregen überall wenig Vertrauen, denn sie lassen von vornherein den Vetter Traubenzucker ahnen.

In einem Kochbuch *Hamburger Hausfrauen*, dessen 5. Auflage 1879 editiert wurde, wird dem Wein und der Pflege des Weines ein besonderes Kapitel gewidmet.

Auch über die richtige Kühlung des Champagners wird hier gesprochen. Der Grad der Kälte, wird gesagt, dürfe niemals so weit gehen, daß der Geschmack beeinträchtigt und Magenerkältungen zu befürchten seien. Nicht länger als zehn Minuten soll die Bouteille Champagner im Eiskübel gedreht werden. Von Sekt ist hier noch nicht die Rede.

Der Rathsweinkeller im Einbeckschen Haus

Der Rathsweinkeller lag schon 1270 an der Ecke der kleineren Johannisstraße und des Dornbusch's, wo die Fronte und der Eingang zur ebenen Erde war; er gehörte dem Rathe, dessen Monopol der Weinhandel war. Auf seinen zahlreichen Gewölben ward das sogenannte Einbecksche Haus erbaut, in dem außer Hamburger – bis in's 17. Jahrhundert – besonders Einbecksches Bier geschenkt wurde, von dem das Haus seinen Namen erhielt.

1787 wurde ein Theil des Kellers mit Fliesen belegt, während er bis dahin nur mit Straßensteinen gepflastert und daher oft schmutzig wie eine Gasse war. Der Keller enthielt etwa sieben Trinkstuben, außerdem gehörten zum Rathsweinkeller auch einige Säle und Zimmer des ersten Stockwerks, die zu gesellschaftlichen Zwecken benutzt wurden und zu denen aus dem Keller selbst eine Treppe hinaufführte. Die Verwaltung lag in älterer Zeit in den Händen zweier Rathsmänner, 1630 wurde eine gemischte Deputation dazu bestellt. Das Einbecksche Haus wurde schon vor der Occupation durch die Franzosen zu mannigfachen Staatszwecken benutzt; diese legten in das Gebäude den kaiserlichen Gerichtshof und verkauften die Weinvorräthe.

Bei der Restauration 1814 wurde das Haus eine „Filiale des Rathhauses", der Weinkeller wurde jedoch wieder hergestellt. 1842 beim Brande blieben die gegen Norden gelegenen Theile des Kellers erhalten, während die vorderen Gewölbe zusammengefallen waren.

R. Nehlsen, Hamburgische Geschichte nach Quellen und Urkunden

Kaffee und Tee

Kaffee und Tee erhielten wir Deutschen von den Türken. Sie konnten zwar Wien nicht erobern, aber die zahlreichen Wiener Caféhäuser verdanken ihnen ihre Existenz. Die Mode, am Nachmittag Kaffee zu trinken, erreichte schon im Laufe des 17. Jahrhunderts auch die Hansestädte. Grundstoff war der arabische Kaffee, der über die Mittelmeerländer eingeführt wurde. Bald aber bemächtigten sich die wachen hanseatischen Kaufleute auch dieses Handels. Inbesondere führten sie den Kaffee aus Brasilien und Mittelamerika ein, wo im 18. Jahrhundert große Plantagen entstanden. Heute noch werden die Kaffeesorten aus Guatemala, Costa Rica, Honduras, Nicaragua und anderen mittelamerikanischen Ländern hier bevorzugt. Die größten deutschen Kaffeeimporteure sitzen in Bremen und Hamburg.

In den Hansestädten hat sich eine eigene Art der Kaffeezubereitung eingebürgert. Das ist bereits durch die mittelamerikanischen Sorten bedingt. Nicht der türkische Mocca, nicht Melange oder der wienerische „Einspänner" werden hier geschätzt, man liebt den milderen und aromatischeren Kaffee Mittelamerikas nur mit einem Zuguß von Vollmilch oder Sahne und einem Stückchen Zucker dazu (denn Hanseaten haben es gern süß).

Noch bis in die zwanziger Jahre waren die Cafés, besonders in Hamburg, beliebte Treffpunkte der citybummelnden Damen. Das größte – der Alsterpavillon – existiert noch heute. Die meisten aber haben in den fünfziger oder sechziger Jahren aufgeben müssen. Man suchte sich andere Treffpunkte.

Mit dem Tee, dessen Import aus Indien, Ceylon und China fast ausschließlich über bremische und hamburgische Handelshäuser abgewickelt wird, hält man es gern wie die Engländer. Man trinkt den Tee zum Frühstück, zum zweiten Frühstück (Lunch) und auch nachmittags (Five o'clock tea). Man bevorzugt die kräftigen Sorten – Darjeeling, Assam und Ceylon – aber man ist wählerisch in der Auswahl. Teebeutel sind verpönt, die Zubereitung des Tees mit frischem Wasser, das sprudelnd kochen muß, wird sehr ernst genommen. Die Sorten, „first flush" oder „second flush", ob von dieser oder jener Plantage, werden von vielen Teetrinkern mit der gleichen Sorgfalt gewählt wie ein erfahrener Weintrinker seine Kreszenzen aussucht.

Zucker wird zum Tee nicht geschätzt. Man bevorzugt weißen Kandis nach dem Muster der Ostfriesen, die sich ja auf die Teebereitung ganz besonders verstehen. Der milde, weiße Kandis nimmt dem Tee nicht so viel von seinem Eigengeschmack. Manche gießen etwas Milch zum Tee, sehr selten wird auch Zitrone genommen.

Abschlußwort zum Tee

Es ist eine alte Binsenweisheit, daß heiße Getränke den Durst besser löschen als kalte. Weltmeister im Durstlöschen aber ist heißer, schwarzer Tee. Der honigfarbene, lieblich duftende See einer gefüllten Teetasse, seine süß-milde Bitternis, erfrischt und gibt neuen Schwung, denn Tee ist nicht nur ein blumig zartes Getränk für ältere Damen, er kann auch einem an stärkeres Gebräu gewöhnten Männergaumen munden, kann duftig oder deftig sein, je nach Sorte und Dosierung.

Curt Maronde, Rund um den Tee

Im Sommer aber gingen wir alle zusammen vors Brooktor. Dort hatten Hartung's, da sie keinen Garten besaßen, sich eine sogenannte Teestube gemietet. Solche Stuben vermieteten viele Gartenbewohner an die Städter, welche gern im Sommer im Freien sein wollten. Es waren verschließbare Pavillons mit ebenfalls verschließbaren kleinen Schränken, in welchen man Tassen, Teller, Messer und Butter, Kaffee und Zucker aufbewahrte. Wenn man den Abend dort zubringen wollte, so brachte man Brot mit. Heißes Wasser auf einem Teekomfort und Milch konnte man bei den Leuten bekommen, und dann bereitete man sich den Kaffee selbst. Gar oft habe ich im Sommer an solchen Kaffeestündchen teilgenommen, und herrlich schmeckte mir im Freien Kaffee und Brot.

Emilie Weber, Jugenderinnerungen 1836-1851

Heiße Getränke für kalte Abende

GROG VON RUM

In einem alten Rezept heißt es einfach: „Man nimmt hierzurecht guten Jamaica-Rum, vermengt diesen mit heißem Wasser und versüßt ihn mit Zucker. GROG VON ARRAC wird ebenso zubereitet."

An der Wasserkante gilt der Spruch:

Rum muß, Zucker kann,
Wasser braucht nicht

(so ins Hochdeutsche übertragen!)

Der Erfinder des Grogs ist nach der Überlieferung der britische Admiral Vernon, der den Spitznamen „groggram" oder „Old Groggram" trug. Er sah es nicht gern, daß die Angehörigen der Marine die ihnen zustehenden wöchentlichen Rumrationen in einem Zug hinunterkippten. Vielleicht wollte er auch nur sparen. So befahl er, das Getränk mit Wasser zu verdünnen, um die Rationen über mehrere Tage zu verteilen. Die Seeleute, die diese Sparsamkeit nicht schätzten, meinten, das sei typisch für „Old Groggram". So verbreitete sich der Spitzname an allen Küsten der Welt.

In früheren Jahrhunderten gab es aber neben dem Grog noch zahlreiche andere heiße alkoholische Getränke. Kein Wunder, wenn sich nicht nur zu Festlichkeiten die Herren oder kleine Gesellschaften auch mit Damen um die große Punschterrine versammelten.

In alten Kochbüchern findet man die Rezepte. Da ist einmal der heute noch beliebte Glühwein, auch Rotweinpusch genannt, Hoppelpoppel, Dreifuß, Nigos, Wollust, Eierpunsch, Schodoh (Chaudeau) und warmer Punsch mit oder ohne Zitronensaft. Beliebt ist auch ein heißer Teepunsch und der nahrhafte Eiergrog.

Bemerkenswert sind die großen Mengen Zuckers, die hinzugegeben werden. In Zentralheizungswohnungen ist der Bedarf für diese heißen Punschgetränke natürlich geringer, aber an einem Herbst- oder Frühjahrsabend, der besonders kühl ausfällt, kann man sich in einem fröhlichen Kreise schon die Freude machen, einmal wieder nach alter Art eine Punschterrine auf den Tisch zu stellen.

Hierzu einige alte Rezepte, die wir im Original, also auch mit den alten Mengenangaben, wiedergegeben haben. Was den Zucker angeht, so sollte man manchmal wohl zunächst etwas vorsichtiger sein, nachsüßen kann man immer noch.

No. 1406. Dreifuß.

In einen Topf gießt man 1 Flasche Rothwein, giebt dazu 2 Theelöffel voll gestoßenen Canehl, einen Theelöffel voll gestoßener Vanille und 12 Loth Zucker, kocht dieses zusammen, quirlt dann in etwas kaltem Wein 6 Eidotter ab und rührt dieses nach und nach zu dem kochenden Rothwein, läßt es noch einige Male aufkochen und servirt es.

No. 1414. Hoppelpoppel.

Es werden 4 Eidotter mit 4 Loth Zucker so lange geschlagen, bis es dicklich wird; man schlägt dann 1 Glas Arrac dazu und gießt kochendes Wasser daran, bis es schäumt. Dieses Getränk wird warm getrunken und ist ein gutes Heilmittel bei Heiserkeit.

No. 1419. Nigos.

Man reibt auf 3/4 Pfund Zucker eine Citrone ab, nimmt etwas gestoßenen Canehl und Nelken, sowie 1 Quentchen geriebene Muscatnuß, schüttet dieses zusammen in einen Topf, giebt eine Flasche Portwein oder Madeira dazu und läßt es auf Kohlen gut zugedeckt bis vor dem Kochen kommen. Man servirt es dann in Gläsern.

Nigos auf einfachere Art zu bereiten ist folgende: Ein großes Weinglas gießt man 1/4 voll Portwein oder Madeira, Zucker nach Belieben, reibt etwas Muscatnuß darüber und füllt das Glas dann mit kochendem Wasser.

No. 1432. Wollust.

Man röstet 4 Scheiben Schwarzbrod hart, legt diese dann in eine Terrine, gießt etwas recht kochendes Wasser darauf, läßt sie ungefähr 1/4 Stunde damit stehen, gießt dann 1 Flasche recht gutes Bier daran und giebt den Saft, nebst den Scheiben einer Citrone dazu und versüßt es, wenn es gut durchgezogen, mit Zucker.

1879

TEEPUNSCH

Man nimmt 4 Flaschen feinen Bordeaux und ½ l echten Jamaica-Rum. Beides stellt man aufs Feuer und läßt es bis zur Siedehitze kommen, aber nicht aufkochen. Das Gefäß bringt man auf den Tisch, stellt es auf ein Stövchen und zündet die Flüssigkeit an. Wenn die bläulichen Flämmchen völlig erloschen sind, fügt man nach Geschmack Zucker hinzu sowie 1 l frisch aufgebrühten Tee. Nochmals erhitzen bis zum Sieden, dann sogleich in die Tassen oder die Gläser geben. Gläser müssen vorher gewärmt sein. Man sollte auch silberne Löffel nicht vergessen.

An dieser Stelle sei auch noch ein Getränk erwähnt, das zwar nicht zu den typischen Getränken der Hansestädte gehört, das aber von den Hansestädtern, die ihren Urlaub gern an der Nordseeküste verbringen, hochgeschätzt wird. Horst Scharfenberg berichtet darüber in seinem Buch *Die deutsche Küche.*

PHARISÄER

„In Norddeutschland standen die Pastoren in hohem Ansehen. Das konnte aber nicht verhindern, daß es auch bittere Fehden mit Fischern und Bauern gab. Die braven Landleute meinten: «Beeter en lüttjen Seever (Rausch) as en lütt Fever». – Viele Pastoren kämpften gegen übermäßigen Schnapskonsum.

So um die Mitte des 19. Jahrhunderts gab es auch auf Nordstrand, einer der Nordfriesischen Inseln, einen sehr antialkoholischen Pastor. Ansonsten war der geistliche Herr recht leutselig und setzte sich gern zu seinen Pfarrkindern in den Krug. Dabei bereitete es ihm großes Wohlbehagen, daß alle brav nur Kaffee tranken. Eines schönen Abends jedoch hatte sich der Pastor so in Eifer geredet, daß er versehentlich seines Nachbarn Kaffeetasse ergriff. Und da merkte er, daß sich im Kaffee und unter der Sahnehaube Rum verbarg. Empört blickte er in die Runde und jammerte: «O ihr Pharisäer!»“

Pro Person:
Gut ½ Tasse Bohnenkaffee, heiß
2 bis 4 cl Rum
1-3 TL Zucker
1-2 EL steifgeschlagene Sahne

„Bohnenkaffee in Tasse gießen. Angewärmten Rum und Zucker dazu, kurz umrühren. Schlagsahnehaube aufsetzen.

Um den rechten Genuß zu haben, wird nach der Sahnezugabe nicht mehr umgerührt; man schlürft das Getränk durch die Sahne.“

EIERGROG

„Zubereitung wie Grog. Es wird zusätzlich ein Eigelb mit Zucker verquirlt, dann im Rumglas zusammen mit dem Rum verrührt und mit heißem Wasser aufgegossen. Dabei reduziert man gern den Wasseranteil, weil ja durch das Eigelb ein weiteres abschwächendes Element ins Glas kommt.
Hinweis: An der Küste hat man früher zuweilen den Rum durch Arrak ersetzt. Das ist möglich. Unmöglich ist jedoch, was findige Gastronomen zuweilen im Binnenland versuchen, den Übersee-Rum durch österreichischen Stroh-Rum zu ersetzen; das gibt nämlich einen abscheulichen Geschmack.“

Horst Scharfenberg, Die deutsche Küche

Fruchtgetränke und Bowlen

In alten Rezeptbüchern des vergangenen Jahrhunderts wird immer wieder der Borstorfer Apfel erwähnt. Man findet ihn heute nur noch in Privatgärten. Der Obstanbau im Alten Land, südlich der Elbe, hat diese Sorte völlig fallenlassen. Ich empfehle an seiner Stelle den Boskop, einen Apfel, der sich zwar äußerlich mit den kalifornischen Äpfeln ganz sicher nicht messen kann, an Charakter, Gehalt und Geschmack aber um so mehr bietet.

So bereitet man also unseren
BORSTORFER APFELTRANK
„Ein Pfund Äpfel schälen, in Viertel schneiden und zusammen mit der Schale einer Zitrone und 125 g Korinthen in 1 l Wasser aufs Feuer setzen. Langsam köcheln lassen (etwa ½ Stunde). Die Flüssigkeit wird durch ein Haarsieb gegossen und kühlgestellt. Sie kann dann mit Zucker und ein bis zwei Flaschen Mosel abgeschmeckt und gekühlt serviert werden."

BISCHOF ist ein altes Getränk.
Hier das Rezept unserer Ururgroßeltern:
„Man nimmt 2 Bouteillen weißen und 1 Bouteille guten rothen Wein, schält von einer frischen Orange die Oberfläche ganz fein ab, thut beide in den Wein und ein halbes Pfund feinen in etwas warmem Wasser aufgelösten Zucker hinzu, läßt Alles miteinander zugedeckt eine Stunde stehen, gießt es alsdann durch ein feines Haarsieb und füllt es auf Bouteillen. Dies ist ein feiner, sehr wohlschmeckender Bischof." 1830

Vielfältige Bowlen hat man in den Hansestädten schon zu Beginn des vergangenen Jahrhunderts sehr geschätzt. Zu dem Maitrank, der Waldmeisterbowle, wurden verschiedene, zum Teil recht gesundheitsschädliche Rezepte bekannt. Ein Hinweis aus meiner eigenen Erfahrung: Waldmeister muß am Tage des Pflückens verbraucht werden und darf noch nicht geblüht haben.

MAI-TRANK

„Man legt einige Kränze ausgesuchten Waldmeister in eine Terrine, hierauf 1 Pfund in Stücke geschlagenen Zucker, darauf gießt man eine halbe Flasche Rotwein und 5 bis 6 Flaschen Rheinwein, läßt es zusammen eine halbe Stunde stehen und rührt es von Zeit zu Zeit um. Beim Servieren legt man einige Blätter Waldmeister mit in's Glas." 1908

WEINBOWLE
für 8 Personen

„Solche bestehe aus 6 Flaschen besten Rothwein. Derselbe wird mit dem nöthigen Zucker aufgekocht, dann 2 Weingläser Cognac und so viel Wasser hinzugefügt, bis die gewünschte Stärke des Getränks erreicht ist.

Oder: Sechs Flaschen Moselwein, 1 Pfund Zucker und Maikräuter; oder fünf Flaschen Rothwein, eine Flasche Burgunder und Ananas.
In vorstehenden Fällen sind sechs Loth Zucker auf die Flasche Wein erfahrungsgemäß das richtige Verhältnis." 1853

Sehr vielfältig ist der KALTE PUNSCH. Man sollte ihn ganz sicher nur an Sommerabenden genießen, kann ihn aber auch zu Silvester oder ähnlichen Anlässen trinken. Es gehört dazu:
1 Flasche Rheinpfälzer oder Rheingauer
1 Flasche Haut Sauternes
1 Flasche Bordeaux
½ Flasche Champagner (man kann auch einen guten deutschen Sekt nehmen)
250-500 g Zucker, der vorher aufgelöst und dem Getränk beigegeben wird.

Das Rezept für eine ANGOSTURABOWLE stammt aus Hamburg aus dem Beginn unseres Jahrhunderts. Ebenso die ANANAS-Bowle für 12 Personen und der PUNSCH ROMAIN.

ANGOSTURABOWLE
(für Herren)
Zutaten: 2 Zitronen, ⅛ Pfund Zucker,
2 Flaschen Rheinwein, 1 Flasche Sekt,
2 Flaschen Sauerbrunnen,
2 Eßlöffel Angostura.

„2 Zitronen schneidet man in Scheiben und gibt ⅛ Pfd. Zucker, 1 Flasche Wein dazu, stellt dieses zugedeckt 1 Std. vor dem Gebrauch an einen kühlen Ort. Hierauf gibt man 1 Flasche Rheinwein, 1 Flasche Sekt, 2 Flaschen Sauerbrunnen und 2 Eßlöffel Angostura dazu. Dann stellt man die Bowle auf Eis."

ANANASBOWLE
für 12 Personen
Zutaten: 1 Ananas von 1½ Pfd.,
2 Flaschen Zeltinger, 1/16 Pfund Zucker,
1 Flasche Sekt.

„1 Ananas von 1½ Pfund wird geschält. Die Hälfte hiervon in kleine Würfel geschnitten, die andere Hälfte wird gerieben. Die Würfel setzt man nun mit ½ Flasche Zeltinger an und stellt sie an einen kalten Ort. Die geriebene Ananas setzt man ebenfalls mit 1/16 Pfd. Zucker und einer ganzen Flasche Zeltinger an und stellt diese zugedeckt 3 Std. an einen kühlen Ort. Hiernach gießt man die Flüssigkeit durch ein Sieb. ½ Flasche Zeltinger gießt man zum Schluß nochmals auf diese Ananas und giebt dies zu den Ananasstücken. Man läßt die Bowle dann noch zugedeckt 1 Std. in Eis stehen und fügt beim Anrichten 1 Flasche Sekt dazu." 1910

PUNSCH ROMAIN
für 6–8 Personen
Zutaten: 3-4 Zitronen, 1/16 Ltr. Rum,
¼ Pfd. Zucker, 1 Flasche Sauerbrunnen,
1 Flasche Sekt, 3 Eiweiß.

„Man gibt ihn hauptsächlich beim Diner vor oder nach dem Gemüsegang oder nach der Suppe. Den Saft von 3-4 Zitronen gießt man durch ein Sieb; gibt dann 1/16 Ltr. Rum, ¼ Pfd. Zucker, 1 Flasche Sauerbrunnen, 1 Flasche Sekt und den festen Schnee von 3 Eiweiß dazu und bringt das Ganze in der Eismaschine unter raschem Drehen in 40-50 Minuten ins Frieren. Man serviert Punsch romain in Gläsern, am besten mit Strohhalmen." 1910

Limonaden und Fruchtsäfte

Die geneigten Leser sind heute an die großen Getränkemärkte gewöhnt. Man kann ja alles fertig kaufen. Warum sollte man sich wohl die Mühe machen, das Obst zu pflücken oder recht teures Obst zu kaufen und zu eigenen Fruchtgetränken herzurichten? Zugegeben – sehr lohnend ist das nicht. Darum gehe ich auch an dieser Stelle nicht auf die vielen, vielen Rezepte ein, die unsere Urgroßmütter bereits in ihren Kochbüchern fanden und beschränke mich auf drei Rezepte, die ich im breiten Getränkeangebot noch nicht gefunden habe. Das erste ist die BICKBEEREN-LIMONADE. Ich gebe das Rezept so wieder wie es in dem Kochbuch steht:

„Man nimmt 3 Kannen oder 2 Pfund ausgesuchte Bickbeeren, setzt diese mit 1½ Quartier* Wasser, der an Zucker abgeriebenen Schale einer Citrone und etwas ganzen Canehl zu Feuer, läßt es ¼ Stunde kochen, rührt es dann durch ein Haarsieb, giebt den Saft zweier Citronen daran und versüßt es nach Belieben."

1853

* 1 Quartier = 9/10 Liter

Sehr reizvoll und fast vergessen ist der SCHLEHENSAFT. Vielleicht, weil die Pflükkerei soviel Mühe macht. Die Schlehen sollen nämlich nach dem ersten Frost in den holsteinischen Knicks gesammelt werden.

Nun das Rezept:

Nach dem Waschen werden die Schlehen mit kochendem Wasser übergossen, bis sie gerade bedeckt sind. Sie bleiben einen Tag stehen. Der Saft wird abgegossen, erneut aufgekocht und wieder über die Schlehen gegossen. Noch eine Nacht stehenlassen. Das wiederholt sich noch dreimal. Dann kocht man den Saft mit Zucker auf, wobei man auf einen Liter Saft 1 Pfund Zucker nimmt. Das Ganze wird auf Flaschen gezogen und kann als Extrakt für Saft verwendet werden oder auch als Sauce über Pudding und Reis gegossen werden. Mit klarem Alkohol, den man vom Apotheker bezieht, wird daraus ein reizvoller Likör.

Und nun noch ein drittes Rezept.

HOLUNDER-SIRUP

Man schneidet vom Baum die Dolden des Holunders, also die Blüten, mindestens ein Kilo soll man beisammen haben. Dazu dann etwa drei Kilogramm Zucker, vier Liter Wasser und 50 g Zitronensäure aus der Apotheke.

Zucker und Wasser werden gekocht und abgeschäumt. Die Zitronensäure vorsichtig dazugerührt. Das Ganze dann über die Holunderblüten gießen und auf Flaschen ziehen. Der Sirup kann mit Wasser verdünnt gekühlt getrunken werden, ist aber auch als heiße Sauce sehr schmackhaft.

Liköre und Alkoholfrüchte

Die Abendgesellschaften hamburger Kaufleute begannen meist um 8 Uhr.

Man saß etwa vier Stunden am vorbezeichneten Platz, aß und trank und unterhielt sich. Gegen Mitternacht wurde die Tafel aufgehoben, die Damen begaben sich in den Salon, die Herren in das Herrenzimmer.

Wir bleiben bei den Damen, denen nun zu später Stunde noch ein Likör serviert wurde. Die Liköre wurden meistens in Apotheken oder auch in „Kolonialwarenhandlungen“ eingekauft. Manche hanseatischen Frauen ließen es sich angelegen sein, ihre Liköre selbst zu bereiten. Hier eine Rarität: Der QUITTEN-LIKÖR. Das Rezept stammt aus einem über 150 Jahre alten Hamburger Kochbuch.

Reife Quitten=Birnen werden geschält und auf einem Reibeisen bis aufs Kernhaus abgerieben; dies läßt man drei Tage in einer porzellanenen Schaale stehen und giebt diese Masse alsdann in ein leinenes Tuch und preßt den Saft rein aus. Zu einem Quartier Saft giebt man ein Quartier Franzbranntwein, drei Viertelpfund Zucker, ein Quentchen Coriander, ein Loth Caneel und dreißig Stück bittere Mandeln, welches alles klein gestoßen werden muß; alsdann wird alles in eine große Bouteille gethan, welche drei Wochen in der Sonne stehen und täglich umgeschüttelt werden muß, vorher muß aber jedesmal der Kork gelüftet werden, damit die Bouteille nicht zerspringt; nach dieser Zeit filtrirt man ihn auf kleinere Flaschen. Von den übrig gebliebenen Schaalen, Kernhäusern und Andern, kann man noch Gelée kochen.

Der Rumtopf ist wohl ein Kind unserer Zeit, aber man hatte schon zu Anfang des vergangenen Jahrhunderts gern Früchte in Branntwein eingelegt und sie dann bei passender Gelegenheit als Beilage zu anderen Gerichten oder auch einfach als Kompott serviert.

Das kann man natürlich ebenso mit Pfirsichen und Zwetschgen machen. In dem Kochbuch einer Bremer Hausfrau fand ich ein Rezept für „Friesische Bohnensuppe“, das sie sich wohl von Bekannten aus Ostfriesland mitgebracht hatte. Man nimmt dazu einen Tontopf, füllt ihn gut zur Hälfte mit Genever, gibt dazu eine ganze Menge Kluntjes (weißen Kandis) und reichlich Rosinen. Das Ganze verschließt man und läßt es stehen. Sind gute Freunde zu einem Umtrunk versammelt, soll etwas Besonderes gefeiert werden, so versammelt man sie um den Tontopf und füllt mit dem Rosinengenever die kleinen runden Zinnschalen mit dem kurzen Griff, die für die Nordseeküste so typisch sind.

Zum Gebrauch dieses Buches

Die Rezepte dieses Buches stammen aus alten Kochbüchern. Sie wurden so umgesetzt, daß sie mit heutigen Mitteln zuzubereiten sind. Manche Rezepte werden Sie nicht kochen können, weil es die Zutaten nicht mehr oder nur zu unerschwinglichen Preisen gibt. Die Elbe und die Weser waren einst fischreiche Ströme, so fischreich, daß die aus dem Holsteinischen kommenden Dienstmägde sich ausbedungen, nicht häufiger als zweimal in der Woche Lachs essen zu müssen. Das ist vorbei. Das gleiche gilt für Krebse und Austern. Niemand würde heute auf den Gedanken kommen, aus Austern eine Suppe oder eine Sauce zu bereiten. Austern sind so teuer, das auch der Feinschmecker sie nur im Dutzend zu festlichem Anlaß genießen mag.

Ebenso ist es mit den Trüffeln, die offenbar vor hundert Jahren noch leicht und in großen Mengen zu kaufen waren. Wir haben trotzdem einige solcher Austern- und Trüffelrezepte in unsere Sammlung aufgenommen, um der Vielfalt hanseatischer Küche in den letzten zwei Jahrhunderten gerecht zu werden.

Bewußt wurde darauf verzichtet, alle Gerichte nach der heute oft üblichen Art auf vier Personen einzurichten. Es gibt eine Reihe von Speisen, die sich einfach nicht dazu eignen, sie auf diese Zahl zu beschränken, die man also auch heute wirklich nur bereiten sollte, wenn ein größerer Gästekreis sich einfindet.

Um den ursprünglichen Reiz der alten Rezepte zu bewahren, haben wir diese zu einem Teil im genauen Originaltext zum Abdruck gebracht. Viele Wörter wurden vor hundertfünfzig oder zweihundert Jahre mit einem „th" geschrieben, bei „gibt" findet man ein „ie", auch finden Sie die Bezeichnung „Neuloth", die bereits eine Angleichung an die heute üblichen Gramm-Bezeichnungen bedeutet.

Die Zutaten zu den Rezepten sind von den erfahrenen Köchen, die bei der Zusammenstellung der Texte geholfen haben, nach heutigen Gesichtspunkten aufgeführt. Die alten Kochbücher enthalten keine gesonderten Angaben von Zutaten.

1 altes Loth = $1\frac{2}{3}$ Neuloth = 16,6 Gramm
2 alte Loth = $3\frac{1}{3}$ Neuloth = 33,3 Gramm

Wenn Sie in den nachfolgenden Rezepten die Bezeichnung „Neuloth" finden, so ist es ganz einfach, sie auf Gramm umzurechnen – 10 Neuloth sind 100 Gramm!

Teil II

Eine Auswahl von REZEPTEN

1776 – 1913

Gehaltvolle Suppen

Zum zweiten Frühstück pflegte man früher in den Hansestädten eine Bouillon zu reichen. Zur Hauptmahlzeit des Tages, die in vielen Haushalten erst am Spätnachmittag eingenommen wurde, gab es eine „gehaltvolle Suppe“. Die Bouillon aß man mit Schwemmklößchen, Fadennudeln oder auch Sternchennudeln. Dazu wurde geröstetes Weißbrot auf den Tisch gestellt. Allerlei Gemüse gab man gern in die Fleischbrühe. Knochen und Reste der Hauptgerichte wurden zu herzhaften Wild- und Geflügelsuppen verarbeitet. Hanseatische Hausfrauen waren keine Verschwender. Krebs- und Hummersuppen blieben – wie heute – festlichen Gelegenheiten vorbehalten. Auch die Oxtailsuppe gehörte – ebenso wie die Schildkrötensuppe – zu den mehr feierlichen Gelegenheiten.

Eine große Rolle spielten die Fruchtsuppen, kalt oder heiß genossen, Fliederbeersuppe mit Schwemmklößchen beispielsweise und andere entsprechend den Jahreszeiten und Ernten. Man dickte sie gern mit Sago an. Im Sommer verwandelten sie sich in die berühmten „Kaltschalen“ – in älteren Kochbüchern „Kalte Schalen“ genannt.

Zum Ende unserer Einführung kommen wir auch gleich auf den Anfang der Rezepte, auf die berühmteste, bei manchen Fremden auch berüchtigste Suppe der Hanseaten, die Hamburger oder Bremer „Aalsuppe“.

Ihr Ursprung liegt im Dunkeln. Seit altersher pflegte man in Holstein eine Suppe zu essen, die man auch „saure Suppe“ oder „Specksuppe“ nannte. In diese Suppe tat man alles hinein, was gerade verfügbar war, Aal Kruut, das steht im Plattdeutschen für „alle Kräuter“. Der holsteinische Gastronom Paul Lenz schrieb darüber:

Bekanntlich wurde beim Einbruch des Winters das Schwein geschlachtet, die Wurst fertiggemacht, Speck und Schinken gepökelt und geräuchert. Um Ostern schnitt man den Schinken an. Je höher die Sonne stieg, desto kleiner wurde der Schinken. Was übrig blieb, war der Schinkenknochen, selbstverständlich nicht mehr sehr frisch und angenehm riechend. Deshalb wusch ihn die Bauersfrau mit Essig und Salz ab, wässerte ihn, setzte ihn mit viel Wasser und Essig auf und kochte ihn tüchtig. Im Garten suchte sie alles vorhandene Gemüse zusammen, nahm Möhren, Erbsen, Kohlrabi, Blumenkohl, Spargel – so sie hatte, gab Zwiebellauch und eine Handvoll Kräuter dazu – die Aalkräuter – und gab alles in die Suppe. Die genaue Zusammensetzung blieb das wohlgehütete Geheimnis jeder Familie, von Generation zu Generation mündlich weitergegeben. Vom Dachboden holte die einfallsreiche Köchin

die vom Winter übriggebliebenen Backpflaumen und die auf Bindfäden getrockneten Äpfel und Birnen, kochte sie mit hinein in die Suppe, gab Weizenklöße dazu und – wenn vorhanden – ganz kleine neue Kartoffeln. Was dann als köstlicher Eintopf auf den Tisch kam, war die heute noch gepriesene Holsteiner Schinkenknochensuppe.

Daß später auch Aale in die Suppe kamen, ist nach dieser Version den Finkenwerder Fischersfrauen zu verdanken, die die auf dem Altonaer Fischmarkt nicht verkauften zu kleinen Aale in ihre Suppe schnitten.

Andere Leute behaupten, daß erst französische Soldaten, die aus Marseille stammten und als Besatzung unter Marschall Davoust in Hamburg anno 1806 ihre geliebte Marseiller Fischsuppe vermißten, sich Aale aus den Hamburger Fleeten angelten und sich so ihre Fischsuppe „à la Hambourg", unter Hinzunahme landesüblicher Zutaten, also Gemüse und Backobst, bereiteten.

Gegen diese Darstellung spricht eindeutig die Tatsache, daß bereits in einem 1788 in Hamburg erschienenen Büchlein eine „Aalsuppe einiger Frauenzimmer aus Hamburg" geschildert wird. Dort heißt es:

„Man setze einen Topf Wasser zu Feuer, wenn es kocht, thut man Habergrütze nebst ein wenig Salz und Butter hinein, und rühre es so lange, bis die Grütze gut ist. Dann reibe man sie durch ein Haarsieb. Hierauf setze man den Haber-Schleim in einen großen Suppentopf mit Bouillon, oder Wasser auf das Feuer, wenn es stark kocht, so habe man in Bereitschaft: in kleine Würfel geschnittene Petersilien-Wurzeln, wie auch gelbe Wurzeln und ausgepahlte Erbsen, die nicht zu klein sind, von jedem ohngefähr gleich viel. Dieses thut man nun in den Suppentopf, doch so, daß die Suppe nicht aus dem Kochen kömmt, denn alle Gemüse und Kräuter bleiben weit grüner und werden eher mürbe, wann das Wasser oder Bouillon, worinn es gekocht wird, im beständigen Kochen erhalten wird. Hierauf thue man abgeschälte und in Viertel geschnittene Birnen hinein. Dann lasse man so viel Ahle von mittlerer Größe, wie an der Suppe seyn sollen, im kochenden Wasser und Essig aufquillen, und zu allerletzt kann man sie in der Suppe gahr kochen lassen; vorher aber wird Timian, Mairan, Petersilie und ganz Colla gehackt und in die Suppe geschmissen. Die Klösse, die noch mit in der Suppe gekocht werden, bestehen aus feinem Waitzenmehl,

welches ja nicht feucht sein muß. Nach dem man viel Mehl nimmt, muß man auch den Topf wählen, worinn man ohngefähr halb Butter und halb Wasser stark kochen läßt. Dann streuet man Salz unter das Mehl, und gießt das kochende Wasser und Butter dazu, rühre sie wohl durch, setze sie mit einem Kessel in die kochende Suppe, und lasse sie eine viertel Stunde kochen. Zuletzt gieße man etwas Essig in die Suppe, so ist sie fertig."

Das war 18 Jahre vor Beginn der französischen Besatzung, die den Hamburgern so viel Leid brachte. Karl Friedrich Freiherr von Rumohr, der sächsische Adelige, der das erste deutsche Buch über den *Geist der Kochkunst* verfaßte, schrieb über die Aalsuppe:

Im nördlichen Deutschland ist eine sonderbare Suppe beliebt, welche man die Aalsuppe nennt, aber ebensowohl die vier Jahreszeiten oder die vier Elemente benennen könnte. Ohne den üblichen Beisatz von etwas Salbei würde das benannte Gericht schwerlich genießbar sein, eben weil diese starke, hervorsprechende Würze der chaotischen Mischung doch einen bestimmteren Ton gibt.

Das war 1830. Aber schon 1801 – ebenfalls vor der französischen Besatzung – schrieb der praktische Arzt Johann Jacob Rambach:

Die Zusammensetzung der Aalsuppe ist so abentheuerlich, daß sie einem Ausländer fast ebenso lächerlich syn muß als das Rezept zur römischen Suppe des Doktors im Peregrine Pickle. Sie besteht aus Haferschleim, Fleischbrühe oder auch nur Wasser, Petersilienwurzeln, gelben Wurzeln (Möhren), grünen Erbsen, Birnen, zerschnittenem Aal, Mehlklößen, Salbei, Basilikum, Zellerie, Majoran, Tymian, Essig, Zucker und wohl gar noch gedörrten Pflaumen. Dieß Gemenge ist für den Hamburger ein äußerst wohlschmeckendes Gericht, und wird deswegen gewöhnlich allein, ohne weitere Zukost, aufgetragen. So mannigfaltig ihre Zusammensetzung ist, so habe ich doch niemals Nachtheil von ihr geseh'n, ob sie gleich fast immer bis zum Uebermaß gegessen wird.

Nach soviel Theorien nun die Praxis. Wir beginnen unseren Rezeptteil mit einem Aalsuppenrezept, das sowohl der Tradition als auch der Anwendbarkeit in heutigen Zeiten entspricht.

Aal, Fisch und Schalentiere

Aalsuppe in vier Töpfen gekocht

1. Topf:
1 Katenschinkenknochen (mit reichlich Fleisch), 2½ l Wasser, 100 g Erbsen, 100 g grüne Bohnen, 100 g Blumenkohl, 100 g Wurzeln, 100 g Petersilienwurzeln, 100 g Porree

2. Topf:
200 g Backpflaumen ohne Stein, 50 g Rosinen, 250 g Kochbirnen, ½ l Wasser

3. Topf:
1 grüner Aal, Salz, ¼ l Weißwein, 8 Pfefferkörner, Salz Essig, Zucker, Petersilie, Majoran, Bohnenkraut, Salbei, Thymian

4. Topf:
¼ l Milch, 30 g Butter, 1 unbehandelte Zitrone, 75 g Grieß, 2 Eier, Salz, Zucker

Den Schinkenknochen drei Stunden kochen, das Gemüse zugeben. Backpflaumen und Rosinen in Wasser einweichen, die ungeschälten Kochbirnen zufügen und weichkochen.
Den Aal abziehen, in Stücke schneiden, salzen, in einem dritten Topf mit Weißwein und Pfefferkörnern 10 Minuten dünsten. Knochen aus der Brühe nehmen. Schinkenfleisch lösen und in die Suppe geben. Dann das Backobst samt Kochwasser zur Schinkenbrühe hinzufügen und mit Salz, Zucker, Essig und reichlich gehackten Kräutern abschmecken.
Für die Grießklößchen Milch, Butter und spiralförmig abgeschälte Zitronenschale zum Kochen bringen, Zitronenschale herausnehmen. Grieß hineinschütten und zu einem Kloß rühren. Eier zugeben und mit Salz und Zucker abschmecken. Mit einem nassen Löffel Klößchen abstechen und mit dem Aal zusammen ganz zum Schluß in die Suppe geben und noch zehn Minuten ziehen lassen.

„Ob die Reisenden vergangener Jahrhunderte die Stadt an der Elbe nun mit freundlichem oder eher abschätzigem Blick betrachteten, in einem sind sich alle einig: «Hamburg ist die Stadt des Genusses wie Wien», schreibt Carl Julius Weber. Nur sei alles etwas derber, etwas herzhafter. Die Elbe lieferte Lachse, die Nordsee Austern und Hummer, die Ostsee Dorsche, Holstein das zarte Kalbfleisch, den kräftigen Rinderbraten, die Lüneburger Heide Wildbret und Westfalen seinen saftigen Schinken. Durch den Handel über See kamen der Russische Kaviar, Westindische Schildkröten, die Vogelnester aus dem Chinesischen. Portugal und Frankreich sandten Südfrüchte und ihre kostbaren Weine. «Man kann zu Hamburg die Speisekarte vielerlei Nationen durchprobieren, am liebsten aber ißt man Hamburgisch, und die Krönung hamburgschen Speisens ist die Aalsuppe.» So vielerlei sind ihre Zutaten, daß dem Fremden es leichter scheint, zu sagen, was nicht in diesen Suppentopf gehört, als sich die Zutaten zu merken. Immerhin hier seien sie aufgezählt:

Für 6 Personen nimmt man einen Aal von etwas 1½–2 Pfund; die Haut wird abgestreift, man nimmt den Aal aus, schneidet ihn in zweifingerbreite Stücke und läßt ihn eingesalzen zwei Stunden stehen. – ½ Pfund mageres Rindfleisch wird mit 3 l Wasser zugesetzt, geschäumt und eine Stunde langsam am Kochen gehalten. Nun gibt man eine Untertasse feingewürfelter Möhren, ebensoviel Sellerie und Petersilienwurzeln dazu. Sauerampfer, Kerbel, Petersilie, Estragon, Salbei und Thymian werden gehackt und ebenfalls an die Suppe gegeben, die man noch eine Stunde leise weiterkochen läßt, ehe man etwa 100 g grüne Erbsen, ein paar Blumenkohlröschen und etwas Portulack beifügt. – Unterdessen hat man ein Pfund kleine, feste Birnen geschält, vom Kernhaus befreit und mit zwei Streifchen Zitronenschale in einem viertel Liter Weißwein und einem Eßlöffel Zucker gedünstet. Man hält sie in einer Terrine warm. – Der Aal wird mit etwas Wasser, Essig, zwei Schalotten, mit Pfeffer, einem Lobeerblatt, Nelken und Salbei etwa eine Viertelstunde gekocht, die Brühe durch ein Sieb gestrichen, mit dem Aal in die Suppe gegeben, die man mit zwei Eigelb legiert und über die Birnen gießt. – Wer sie sämiger wünscht, kann mit brauner Schwitze binden, meist werden noch kleine Schwemm- oder Semmelklößchen dazu gegeben und der Geschmack durch den Saft einer Zitrone und einen Schuß Weißwein abgerundet."

Katharina Steiner, Kleine Bettlektüre für weltoffene Hanseaten

Fischsuppe nach einem Rezept aus der Franzosenzeit

1,5 kg Muscheln, 1 kg verschiedene Fische und Fischköpfe (Heringe, Makrelen, Schollen, Dorsche, Schellfisch, Hechte usw.)
4 Hummerkrabben (im Originalrezept 4 Langusten), gekocht und aus der Schale genommen
4 Tomaten, 3 Zwiebeln, 2 rohe Kartoffeln, 1 Petersilienwurzel, 1 Porreestange, 2 Knoblauchzehen, 2 Lorbeerblätter, 5 Senfkörner, 5 Wacholderbeeren, 3 Nelken, etwas Thymian, wenig Safran, 250 g Krabbenfleisch, 1 grüner Aal, 2 Zitronenscheiben mit Schale (unbehandelt), 2 Orangenscheiben mit Schale (unbehandelt), 2 cl Olivenöl, 1 Glas herber Weißwein, Pfeffer, Salz

Die gut gewaschenen Muscheln mit Fischen und Fischköpfen, dem kleingeschnittenen Gemüse und den Gewürzen in einen großen Topf geben, mit kochendem Wasser oder heißer Brühe auffüllen und alles so lange ziehen lassen, bis die Schalen der Muscheln aufspringen (etwa 20 Minuten). Fischsuppe durch ein Sieb gießen. Muschelfleisch aus der Schale lösen, Fischfleisch kleinschneiden. Aal in Stücke schneiden, das Krabbenfleisch und die Zitronen- und Orangenschalen in die Brühe geben und alles noch einmal 20 Minuten ziehen lassen.
Die Fischsuppe mit einer hellen Mehlschwitze sämig machen, etwas Olivenöl und den Wein unterrühren und mit Pfeffer und Salz kräftig abschmecken.

Krebssuppe

10 frische Flußkrebse, 75 g Butter, 1 l gute Fleisch- oder Fischbrühe, 500 g Gemüse: Porree, Spargel, Blumenkohlrößchen, junge Erbsen, Sellerie, 1 TL Mehl, 2 Eigelb, geriebene Muskatnuß

Flußkrebse sollen heutzutage in der wieder sauberen Alster unter den Ufersteinen zu finden sein. Sicherlich führt sie während der Saison jedes gute Fischgeschäft.
Sie werden 10 Minuten in Salzwasser abgekocht. Dann bricht man das Fleisch aus Scheren und Schwänzen und entfernt die Därme. Alle schönen roten Schalen werden gesäubert. im Mörser fein zerrieben und mit der Butter vermischt durch ein Haarsieb gestrichen (Krebsbutter). In der gut abgeschmeckten Brühe das feingeschnittene Gemüse garen, so daß es noch Biß hat.
Das Mehl in der Krebsbutter anschwitzen, mit der Brühe auffüllen und aufkochen. Das kleingeschnittene Krebsfleisch zugeben, kurz ziehen lassen. Dann die Suppe mit Eigelb legieren und mit Muskat abschmecken. Nach Belieben kann man, wie im „klassischen" Rezept vorgesehen, auch die mit feiner Fleisch- oder Fischfarce gefüllten Krebsnasen, sowie kleine Klößchen derselben Farce mit in die Suppe geben.

Krebspain

12 Flußkrebse, Salzwasser, 50 g Butter, ½ EL Mehl, ⅛ l süßer Rahm, Salz, 3 Eidotter

Krebse 10 Minuten in Salzwasser kochen. Dann das Fleisch aus den Schalen brechen. Von letzteren die schönen Roten im Mörser zerstoßen oder sehr fein hacken. Mit der Butter anschwitzen, bis diese eine schöne rote Farbe angenommen hat. Die Masse durch ein Haarsieb in einen anderen Topf streichen. Mehl in der Krebsbutter anschwitzen, Rahm zugeben und bei mäßiger Hitze 1-2 Minuten quellen lassen. Nun das feingehackte Krebsfleisch zugeben, mit Salz abschmecken und in die etwas abgekühlte Mischung die Eidotter einrühren. Die Masse in einer gefetteten Form im Wasserbad im nicht zu heißen Ofen stocken lassen. Nach dem Erkalten in Streifen schneiden und als Einlage für alle weißen Suppen verwenden.

Muschelsuppe mit Milch

25 lebende Miesmuscheln, 500 ml Milch (oder Milch mit Sahne gemischt), 300 ml Wasser, 150 g frischer Speck, 1 mittelgroße Zwiebel, 3-4 Kartoffeln, 1 kleines Lobeerblatt, 1 Thymianstengel, weißer Pfeffer aus der Mühle, Salz, 30 g Butter

Die Miesmuscheln gut abbürsten und Bart entfernen. 3-4 Minuten in kochendem Wasser ziehen lassen, bis sich die Schalen öffnen. Das Fleisch auslösen, feinhacken, abgedeckt zur Seite stellen. Das Wasser durch ein feines Sieb schütten und aufbewahren.

In einem schweren Topf den feingewürfelten Speck hellbraun braten. Speckwürfel herausnehmen und die gehackte Zwiebel in dem Fett andünsten. Das Muschelwasser zugießen, die in Würfel geschnittenen Kartoffeln, Lorbeerblatt und Thymian zugeben und mit Pfeffer und Salz abschmecken. Etwa 20 Minuten bei geringer Hitze köcheln lassen, die Milch oder Milch-Sahne zugeben und noch 5 Minuten ziehen lassen.

Die Muscheln mit den Speckwürfeln in die Suppe geben und etwas Butter zufügen. Nochmals erhitzen und mit Röstbrot servieren.

Hamburger Austernsuppe

400 g Kalbsbein, 250 g Hecht, 1 Bd. Suppengemüse, 1 Zwiebel, 1 kleines Lorbeerblatt, Salz, Saft einer halben Zitrone, 1 l Wasser, 100 g Margarine, 2 EL Mehl, 9 Austern, 1 Glas Sekt, 1 Eigelb, 2 EL Rahm oder Crème fraîche, Cayennepfeffer

Kalbsbein, Fisch, Suppengemüse, Zwiebel, Lorbeerblatt, Salz und Zitronensaft im Wasser kochen lassen, bis der Fisch gar ist. Margarine und Mehl hell anschwitzen, mit der Brühe auffüllen, nochmals 20 Minuten auf kleiner Flamme kochen lassen. In der Zwischenzeit die Austern aus der Schale brechen. Mit ihrem Saft und dem Sekt in einem kleinen Topf erhitzen, aber nicht kochen. Dann den Bart von der Auster entfernen, die Suppe mit Eigelb und Rahm legieren, mit Cayennepfeffer abschmecken. Zum Schluß die Austern mit dem Sud dazugeben.

Hamburger Krabbensuppe

1 kg Nordseekrabben (in der Schale), 1 Bd. Suppengrün, 2 EL Butter, 250 g Spargel, 200 g ausgepalte junge Erbsen, 1 Prise Zucker, 20 g Mehl, ¼ l süße Sahne, ¼ l trockener Weißwein, 2 TL Krebsbutter, Salz, Curry, etwas Zitronensaft

Korrekt werden Nordseekrabben Garnelen oder Granat genannt. Sie zu pulen erfordert ein wenig Übung.

Krabben schälen, die Schalen in ¾ l kaltes Wasser geben, 5 Minuten kochen lassen. Suppengrün putzen, waschen, kleinschneiden und in Butter andünsten. Die Krabbenschalenbrühe durch ein Sieb gießen, zugeben. Alles 30 Minuten kochen, dann durchseihen. In der Zwischenzeit den geputzten Spargel und die Erbsen in wenig Salzwasser mit 1 Prise Zucker garen, so daß sie noch Biß haben.

Mehl und etwas Sahne in einem Topf glattrühren. Übrige Sahne mit Weißwein und Brühe zugeben und unter Rühren zum Kochen bringen. Krebsbutter und Spargelwasser zugeben. Die Suppe mit Salz, Curry und Zitronensaft abschmecken. Spargel, Erbsen und Krabben in die Suppe geben und erhitzen, aber nicht kochen lassen.

Hechtsuppe mit Klößchen
für 6 Personen

1 kg Hecht mit Kopf und Flossen, 2 l Wasser, Salz, 1 Zwiebel, 1 Möhre, 1 Stange Porree, 1 Stück Sellerie, 1 Lorbeerblatt, 1 Thymianzweig, 10 Pfefferkörner, 3 Dillstengel, 30 g Butter, 2 EL Mehl, 2 Eidotter

In Stücke geschnittenen Fisch, geputztes zerkleinertes Gemüse, Kräuter und Gewürze mit Wasser und Salz aufsetzen. Den aufsteigenden Schaum abschöpfen, dann die Brühe 30 Minuten simmern lassen. Mehl in Butter anschwitzen, mit durchgeseihter Brühe auffüllen. Suppe mit Eigelb abrühren und abschmecken.

Für die Klößchen Hechtfleisch im Mörser oder Mixer pürieren, würzen, mit Rahm verrühren und zuletzt den Eischnee unterziehen. Dabei alles möglichst kalt verarbeiten, eventuell in einer auf Eis stehenden Schüssel. Mit einem Teelöffel Klößchen von der Masse abstecken und vorsichtig in der heißen aber nicht kochenden Suppe garziehen.

Über Fische

Es dürfte mehrere Jahrzehnte her sein, daß man in der Elbe Lachse gefangen hat. Die Bremer waren mit ihrem Lachs noch einige Zeit besser daran. Dann machten die Industrieabwässer auch die Weser zu einem nicht nur an Lachsen, sondern auch an anderen Fischen leeren Fluß. Zäh hielten sich nur die Aale. Noch heute werden sie in Elbe und Weser und auch in der Trave in Reusen gefangen. Fisch direkt aus dem Meer bekommen daher auch die Bremer und Hamburger nicht mehr. Am frischesten sind noch die sogenannten Ewerschollen, zu denen sich ein paar Rot- und Seezungen und die kleinen Butte aus den Flüssen selbst gesellen. Sie werden von Ewern aus dem Küstenbereich der Nordsee gefangen. Es sind motorisierte Fahrzeuge von 10 bis 15 Metern Länge mit einem Rauminhalt von durchschnittlich 50 bis 70 cbm. Die Ewerfischer fahren Hamburg und Bremen vielfach direkt an, und nicht nur die Großfischmärkte in Bremerhaven und Cuxhaven. Wer Frühaufsteher ist, kann am Sonntagmorgen um sechs Uhr auf dem Altonaer Fischmarkt seine Schollen billiger und dazu noch »springlebendig frisch« direkt von Bord eines Ewers kaufen. Was den Hamburgern und Bremern die Schollen und andere Plattfische sind, das sind den Lübeckern bis zu einem gewissen Grade die Schellfische von der schleswig-holsteinischen Ostseeküste.

Bibulus, So kochen Hanseaten

Wild- und Geflügelsuppen

No. 133. Rebhühner-Suppe.

Für acht Personen nimmt man 3 Rebhühner, bratet sie, nachdem man sie in üblicher Weise dazu vorbereitet hat, am Spieße halbgar, schneidet von dem Brustfleisch und den Keulen längliche Streifen und stößt das übrige Fleisch nebst den Knochen in einem Mörser recht fein. Das Zerstoßene läßt man mit der zur Suppe nöthigen Bouillon, einem Pfund mageren Kalbfleisch oder einem halben Pfund in Scheiben geschnittenen rohen Schinken, etwas Wurzelwerk, Petersilie und dem nöthigen Salz 1½ Stunden tüchtig kochen, gießt darauf die Suppe durch ein Haarsieb, legt die Fleischscheiben hinein und läßt dies zusammen noch eine halbe Stunde kochen; feine Fleisch-Klößchen giebt man in der letzten Viertelstunde ebenfalls an die Suppe, nimmt diese vom Feuer und zieht sie, nachdem man 2 Glas Madeira hinzugefügt hat, mit mehreren Eidottern ab.

Jägersuppe von Rebhühnern
für 12 Personen

6 ältere Rebhühner (küchenfertig vorbereitet)
1 EL Salz, 2 Bd. Suppengemüse, 1 Lorbeerblatt, 3 Pimentkörner, 10 Pfefferkörner,
250 g Linsen, ½ EL Mehl, ½ EL Butter, Pfeffer, Salz, 1 EL frische Butter

Die gewaschenen Rebhühner mit dem kleingeschnittenen Gemüse und den angegebenen Gewürzen in 3 l kaltem Wasser aufsetzen und im geschlossenen Topf 2 Stunden langsam kochen, dann abseihen.
Die über Nacht in 1 l Wasser eingeweichten Linsen mit dem Quellwasser weichkochen, dabei nach und nach die entfettete Rebhuhnbrühe zugeben. Wiederum durchseihen und

6 EL der Linsen als Suppeneinlage zurückbehalten, ebenso das in Streifen geschnittene Fleisch von 3 Hühnern.
Restliche Linsen, abgelöstes Rebhuhnfleisch sowie das Gemüse (ohne Gewürzkörner und Lorbeerblatt) durch ein Sieb streichen oder im Mixer pürieren.
Mehl in Butter anschwitzen, mit Pürree und Brühe glattrühren, erhitzen und abschmecken. Eventuell vor dem Anrichten noch 1 EL frische Butter unterschlagen.

Klare Hasensuppe

1 kg Hasenklein, 60 g Butter, 100 g magerer Speck, 3 große Zwiebeln, 1 Stange Porree, 3 große Möhren, 1 Petersilienwurzel, einige Schinkenschwarten, 1 Lorbeerblatt, 2 Nelken, 2 Gläser Rotwein, Pfeffer, Salz, 2 EL gehackte Kräuter (Thymian, Petersilie, Liebstöckel, Schnittlauch)

Hasenklein in Butter und gewürfeltem Speck kräftig anbraten. Mit 1½ l Wasser aufgießen. Das geputzte, in kleine Würfel geschnittene Gemüse, die Schinkenschwarten, das Lorbeerblatt und die Nelken auf eine Zwiebel gespickt zugeben. Die Suppe 90 Minuten bei mittlerer Hitze kochen lassen. Danach die Speckschwarten, die gespickte Zwiebel und das Hasenklein aus der Suppe nehmen. Allzuviel Fett abschöpfen. Das Hasenfleisch von den Knochen lösen, in mundgerechte Stücke schneiden und wieder in die Suppe geben. Die Suppe mit Rotwein abschmecken und eventuell salzen und pfeffern. Mit frischen Kräutern bestreut sehr heiß servieren.

Bremer Hühnersuppe

1 Suppenhuhn, ca. 1,5 kg, mit Innereien, 1½ l Wasser, etwas Milch, 1 Bd. Suppengrün, 100 g Weißbrotkrumen, 1 Ei, Pfeffer, Salz, ½ Blumenkohl oder 250 g frischer Spargel, 1 EL Butter, 1 EL Mehl, 125 ml süßer Rahm oder Schlagsahne, 2 Eigelb

Das gewaschene Huhn vierteln, mit Herz und Magen in Salzwasser aufsetzen. Leber in etwas kalte Milch legen. Sobald das Wasser kocht, das geputzte und in Stücke geschnittene Suppengemüse zugeben. Kochen lassen, bis das Hühnerfleisch gar ist und sich leicht von den Knochen lösen läßt. Huhn und Innereien herausnehmen und das enthäutete Brustfleisch in Streifen schneiden. Das übrige Fleisch mit der Leber im Mörser fein zerstoßen, mit Weißbrotkrumen (Paniermehl) und dem Ei zu einem glatten Teig verarbeiten. Abschmecken. Die Suppe durch ein Sieb gießen, mit dem in Röschen zerpflückten Blumenkohl oder dem geschälten, in Stücke geschnittenen Spargel aufkochen und 20 Minuten garen lassen. Nach 10 Minuten kleine Klößchen vom Fleisch-Leber-Teig zugeben und garziehen lassen. Die weiche Butter mit Mehl in einer Tasse zu einem Kloß kneten, unter die Suppe rühren und noch einmal kurz aufkochen. Dann das Brustfleisch zugeben und die Suppe mit dem in Rahm verquirlten Eigelb legieren.

Fleischsuppen

Windsorsuppe
für 25 Personen

7 Pfund schieres Ochsenfleisch,
1½ Eßl. Salz, 20 Pfefferkörner, 6 Liter lauwarmes Wasser, etwas Suppenkraut, 2 Eßl. Tapioka,
⅛ Ltr. Madeira, ⅛ Pfd. Ochsenzunge, ⅛ Pfd. Trüffeln, ⅛ Pfd. Pistazien

„7 Pfund schieres Ochsenfleisch schneidet man in Würfel, bräunt es im geschlossenen Topfe 30 Min. mit 1 Eßlöffel Salz und 20 Pfefferkörnern. Ist das Fleisch in dieser Zeit nicht braun genug, legt man den Deckel beiseite und läßt den Fleischsaft vollständig einschmoren, gießt hiernach 6 Ltr. lauwarmes Wasser auf das Fleisch, gibt etwas Suppenkraut dazu, läßt die Brühe dann recht langsam 15 Minuten kochen, gibt dann, um den Geschmack zu heben, 1 Teelöffel Liebig und ⅛ Ltr. Madeira dazu. Die Suppe darf mit dem Wein nicht mehr kochen. Beim Anrichten ist sie durch ein Sieb zu gießen, und als Einlage in die Suppe ⅛ Pfd. abgekochte, in Streifen geschnittene Ochsenzunge, ⅛ Pfd. in Streifen geschnittene Trüffeln, und ⅛ Pfd. Pistazien zu geben. Letztere setzt man bedeckt mit kochendem Wasser an, kocht sie einmal auf, zieht hiernach die Haut ab und schneidet die Pistazien einmal durch.“

1910

Echte Oxtailsuppe

1 großer Ochsenschwanz (vom Schlachter in Stücke teilen lassen),
2 EL Butter, reichlich Suppengemüse, 1 EL Mehl, 2 Gläser Rotwein, 2 l Wasser,
3 Lorbeerblätter, Pfeffer, Salz, geröstete Weißbrotscheiben

Das Fett vom Ochsenschwanz herausschneiden und ausbraten. Butter zugeben und die Ochsenschwanzteile mit dem zerkleinerten Suppengemüse scharf anbraten. Mehl über das Gericht stäuben, mit Rotwein löschen, Wasser auffüllen.
Lorbeerblätter zugeben, mit Pfeffer und Salz abschmecken und alles 2 Stunden kochen lassen. Den Ochsenschwanz aus dem Topf nehmen, die Brühe durch ein Sieb geben, das Fleisch von den Knochen lösen und wieder in die Suppe geben. Kurz vor dem Servieren noch einmal erhitzen. Geröstete Weißbrotscheiben dazu reichen.

Nierensuppe
für 6 Personen

4 Schweinenieren, 2 Zwiebeln, 50 g Butter, 200 g Champignons, ¾ l Fleischbrühe, ¼ l süße Sahne, 2 EL Speisestärke, 1 Glas Madeira, ½ Bd. Petersilie, geröstete Weißbrotwürfel

Nieren, wenn nötig, häuten, längs halbieren, Röhren, Sehnen und Fett entfernen, dann 60 Minuten wässern. Dabei das Wasser zwei- bis dreimal erneuern. Nieren trockentupfen, in feine Streifen schneiden. Zwiebel fein hacken, in Butter 5 Minuten glasig dünsten. Champignons putzen, blättrig schneiden und mit den Nierenstreifen zu den Zwiebeln geben. Alles 5 Minuten durchschmoren. Heiße Fleischbrühe aufgießen und weitere 5 Minuten kochen lassen. Sahne angießen, Suppe kräftig mit Pfeffer und Salz würzen. Speisestärke mit Madeira anrühren. Suppe damit binden. Mit gehackter Petersilie bestreut servieren. Weißbrotwürfel dazu reichen.

Mockturtlesuppe
(Falsche Schildkrötensuppe)

für 12 bis 14 Personen

30 g Butter, 1 Zwiebel, 2 Möhren, 500 g Kalbshaxe, 1 kg Rindfleisch (Hinterhesse), 2 Kalbsfüße, in 2 Teile gespalten, 4 l Brühe, 2 Nelken, 10 Pfefferkörner, 1 Lorbeerblatt, 1 EL Mehl, 4 EL pürierte Tomaten, 1 Schalotte, 1 Stengel Thymian, 1 Stengel Bohnenkraut, 1 Stengel Basilikum, 1 Stengel Majoran, 1 Zweig Rosmarin, 1 Zweig Salbei, 100 ml Madeira, 60 g Champignons, 6 hartgekochte Eier

Die Hälfte der Butter in einem schweren Topf zerlassen. Zwiebel, Möhren (in Scheiben geschnitten), die Kalbshaxe, das in Stücke geschnittene Rindfleisch und die abgebrühten und abgespülten Kalbsfüße zugeben. 4 EL Wasser angießen, den Deckel auflegen und bei schwacher Hitze 30 bis 40 Minuten dünsten, bis das Fleisch hellbraun geworden ist. Brühe oder Wasser angießen und Nelken, Pfefferkörner und Lorbeerblatt hinzufügen. Zum Kochen bringen, den Topf bis auf einen Spalt bedecken und etwa 3 Stunden bei sehr schwacher Hitze garen. Die Kalbsfüße herausnehmen, das Fleisch von den Knochen lösen, auf eine Platte legen und mit einem Gewicht beschweren, damit es beim Abkühlen zusammengedrückt wird. Die Brühe passieren und entfetten; sowohl das Rind- als auch das Kalbfleisch entfernen. Die restliche Butter in einem großen Topf zerlassen, Mehl hineinrühren und die Brühe sowie die pürierten Tomaten zufügen. Bei schwacher Hitze etwa 30 Minuten simmern lassen, dabei die Haut entfernen, die sich auf der Suppe bildet.
In der Zwischenzeit die Schalotte mit Kräutern und Madeira in einen kleinen Topf zugedeckt

5 Minuten simmern lassen. Das Fleisch der Kalbsfüße in kleine Würfel schneiden und in einen Topf legen. Den mit den Kräutern aufgekochten Madeira durch ein Sieb gießen, die in Scheiben geschnittenen und kurz in Butter gewendeten Champignons zugeben und mit dem gehackten Eigelb garniert servieren.

Anmerkung:
Die Gewürze für eine klassische Schildkrötensuppe sind Basilikum, echter Thymian, Lorbeerblatt und Majoran, die alle nach Möglichkeit frisch sein sollten; bei diesem Rezept kommen noch Salbei, Bohnenkraut und Rosmarin hinzu. Die für eine Schildkrötensuppe charakteristischen Kräuter sollen die Kalbsfüße wie Schildkröte schmecken lassen.

Graupensuppe

750 g Hammelknochen mit Fleisch,
1½ l Wasser, 1 Bd. Suppengrün, 2 Zwiebeln, 1 Lorbeerblatt,
1 EL schwarze Pfefferkörner, 100 g Perlgraupen, Salz, 1 TL Butter, etwas geriebene Muskatnuß,
1 Tasse feingehackte Kräuter wie Schnittlauch, Petersilie, Selleriegrün und Porree

Hammelknochen waschen, mit kaltem Wasser bedecken und zum Kochen bringen. Abschäumen. Suppengrün putzen, kleinschneiden, Zwiebeln fein würfeln. Gemüse mit Zwiebeln, Lorbeerblatt und Pfefferkörnern in die Hammelbrühe geben. Bei geringer Hitze 2 Stunden kochen lassen. Die Brühe durch ein Sieb gießen, mit den Perlgraupen und etwas Salz noch 1 Stunde kochen lassen. Dann mit Butter und Muskat abrunden. Das Fleisch inzwischen vom Knochen lösen, die Häute abschneiden. Fleisch in kleine Stücke schneiden und sobald die Graupen gar sind mit den Kräutern in die Suppe geben.

Vor allem Hamburg entwickelte sich zu einer durch und durch kosmopolitischen Stadt, in der die Einheimischen – das galt auch für die Küche – ebenso gaben und nahmen wie die Hinzugezogenen und Fremden. Wäre es anders, könnten wir von einer besonderen Küche der Hansestädte nicht sprechen.

Bibulus, So kochen Hanseaten

Gemüse- und Kräutersuppen

Frische Suppe

„Das Gemüsesuppenkochen haben die Norddeutschen von alleine – und nicht wie am Rhein von den französischen Besatzungstruppen – gelernt. Ursprünglich wurde die «Frische Suppe» nur mit dem darin zur Aromatisierung gekochten Suppengrün angereichert. Die Veredelung durch Gemüse begann im vorigen Jahrhundert, so kann man sie getrost altehrwürdig nennen. Bei offiziellen Anlässen oder zu privaten Festessen ist in Schleswig-Holstein heutzutage die «Frische Suppe» nicht wegzudenken."

750 g Suppenfleisch, einige Markknochen,
1 bis 2 Bund Suppengrün (Petersilie, Möhre, Sellerie), Salz, 750 g feine Gemüse
wie grüne Bohnen, Erbsen, Kohlrabi, Möhren, Spargel,
¼ l Wasser, Salz, 1 Eßl. Butter, knapp 200 g Mehl, 1 Ei, 1 Eigelb, etwas geriebene Muskatnuß

„Fleisch und Knochen nach gründlichem Waschen in etwa 1½ l kaltem Wasser mit dem Suppengrün aufsetzen und 1½ Stunden schwach brodelnd kochen. Abseihen und salzen. Auf gut 1 l Brühe einkochen. Eventuell entfetten. Gemüse kleinschneiden, waschen und in der Brühe gerade eben gar kochen.
Zu Suppenklößchen (in Schleswig-Holstein und gerade für die «Frische Suppe» auch «Mehlmusklößchen» genannt) den Viertelliter Wasser mit etwas Salz und der Butter zum Kochen

bringen. Mehl hineinschütten, rühren, bis sich ein Kloß gebildet hat. Vom Feuer nehmen, leicht abkühlen lassen und dann erst das ganze Ei, anschließend noch das Eigelb in den Teig rühren. Mit Muskatnuß abschmecken. Mit zwei Teelöffeln kleine Klößchen abstechen und in etwa 5 Minuten auf der leicht siedenden Suppe garziehen lassen."

Horst Scharfenberg, Die deutsche Küche

KÜRBISSUPPE MIT MILCH

1 kg Kürbis 100 g Butter 1-1½ Ltr. Milch
schwarzer Pfeffer, Salz, evtl. 200 g Reis oder Reisflocken

„Man nimmt einen oder mehrere Kürbis, nachdem sie groß sind, schält und schneidet sie in Stücken, läßt sie mit etwas Wasser in einem schwarzen Topfe kochen, in welchem man, um vor dem Anbrennen sicher zu seyn, einen irdenen Teller unter die Kürbis legt. Wenn sie mürbe sind, so werden sie durch einen Durchschlag gerieben, mit einem Stück Butter und so viel aufgekochter Milch und etwas Salz durchgekocht, daß es gehörig sämig wird. Der, dem der Geschmack der Kürbis zu strenge ist, kann Reis oder Reisblumen in der Milch mürbe kochen, und solche zu dem Kürbis nehmen, welches schmackhafter ist." 1788

SUPPE MIT ENGLISCHEM SELLERIE
für 6 Personen

1½ Pfd. schieres Ochsenfleisch oder Knochenreste, 2½ Ltr. kaltes Wasser
1 Eßlöffel Salz, 10 Pfefferkörner, 1 Eßlöffel Sago, ½ englischer Sellerie

„Diese Suppe ist auch für feinere Diners zu verwenden. 1½ Pfund schieres Ochsenfleisch oder Knochenreste setzt man mit 2½ Ltr. kaltem Wasser, 1 Eßlöffel Salz und 10 Pfefferkörnern an, kocht das Ganze im geschlossenen Topf 2 Stunden. Man gießt die Brühe durch ein Sieb, füllt das Fett ab, bringt dann die Brühe ins Kochen, gibt 1 Eßlöffel Sago dazu, kocht die Suppe hiermit 10 Minuten und gießt sie beim Anrichten durch ein Sieb. Von ½ englischen Sellerie schält man die Knolle und die Rippen, schneidet das Ganze in recht feine Streifen, setzt den Sellerie mit ½ Ltr. kochendem Wasser an und kocht ihn langsam 1 Stunde. Man gießt ihn beim Anrichten mit dem Wasser in die fertige Suppe." 1855

Anm.: Mit englischem Sellerie ist Bleichsellerie gemeint, der heutzutage ohne Knolle im Handel ist. Man nimmt also eine ganze Staude und kann die Blättchen als Garnierung verwenden oder gehackt über die Suppe streuen.

TOPINAMBURSUPPE

1 Suppenhuhn, 1-1½ kg oder schieres Ochsenfleisch,
2½ l Wasser, 1 EL Salz, 1 Lorbeerblatt, 4 Nelken auf 1 Zwiebel gespickt,
500 g Topinambur, 30 g Mehl, 2 Eidotter, ⅛ l Sahne

Das küchenfertige Suppenhuhn oder Ochsenfleisch mit kaltem Wasser und Salz aufsetzen, abschäumen, gespickte Zwiebel zugeben und langsam 2 Stunden kochen lassen. Zwiebel, Huhn oder Fleisch herausnehmen und anderweitig verwenden. ¼ l der Brühe abfüllen, Topinambur schälen und in Stücke schneiden. ¼ der Menge zurückbehalten. Die übrigen in der Brühe 1 Std. weichkochen, dann durch ein Sieb passieren. Mehl in Butter anschwitzen und mit der Suppe ablöschen und mit Eidotter legieren.
In der Zwischenzeit hat man die restlichen Topinambur in der abgefüllten Brühe weichgekocht. Sie werden nun zur Suppe gegeben und das Ganze wird abgeschmeckt. Vor dem Servieren geschlagene Sahne unterziehen.

Topinambur = Erdäpfel oder Erdartischocke; in Hamburg seit langem bekannt, heute nur im gut sortierten Gemüse- oder Feinkosthandel zu erhalten.

ROTE BETESUPPE

750 g Ochsenbein oder Rinderbrust, 2 Zwiebeln, Öl zum Anbraten
1 kg frische Rote Bete, ca. 1 l Wasser, 300-400 g Kartoffeln,
Pfeffer, Salz, 50 g Butter, 1 EL Mehl

Rindfleisch würfeln, in heißem Öl mit den kleingeschnittenen Zwiebeln anbraten. Wenn das Fleisch gut gebräunt ist, die geputzte und in Würfel geschnittene Rote Bete zufügen und mit Wasser auffüllen. Dabei kann auch der Ochsenbeinknochen mitkochen, der später entfernt wird. Dann die geschälten, gewürfelten Kartoffeln zugeben und noch 20 Minuten weiterkochen. Mit Pfeffer und Salz abschmecken. Zum Schluß mit einer hellen Schwitze aus Butter und Mehl binden.

KARTOFFELSUPPE, süßsauer

1 kg Kartoffeln, 1 Lorbeerblatt, 4 Gewürzkörner (Piment), 4 weiße Pfefferkörner,
3 große Zwiebeln, 1½ l Wasser, 250 g durchwachsener Speck,
Zucker, Essig, Salz, 1 Bd. Petersilie

Die geschälten und in Stücke geschnittenen Kartoffeln mit dem Lorbeerblatt und den Gewürz- und Pfefferkörnern sowie den feingewürfelten Zwiebeln in Wasser aufsetzen und weichkochen.In der Zwischenzeit den kleingeschnittenen Speck auslassen und dann zu den Kartoffeln geben. Alles noch einmal aufkochen und mit Zucker, Essig und Salz abschmecken. Mit gehackter Petersilie bestreut servieren.

STECKRÜBENSUPPE

750 g Hammelfleisch, nicht zu fett, kaltes Wasser,
1 gestr. TL Kümmel, 1 kg Steckrüben, 1 mittelgroße Porreestange,
1 kleines Lorbeerblatt, 2 Brühwürfel, Pfeffer, Salz
Für die Klöße:
200 bis 250 g Mehl, 1 Prise Salz, 1 Prise Muskatnuß
1 Prise Zucker, 1 bis 2 Eier

Das Fleisch in einem Topf mit Wasser bedecken, mit Kümmel etwa eine Stunde kochen lassen. Die geschälten, in Würfel geschnittenen Steckrüben, die in Scheiben geschnittene Porreestange,das Lorbeerblatt und die Brühwürfel zugeben, nochmal 20 Minuten kochen lassen. In der Zwischenzeit Mehl in eine Schüssel geben, mit den Gewürzen und den Eiern zu einem glatten Teig verarbeiten. Mit einem kleinen Löffel Klöße abstechen, in die Suppe geben. Die Klöße nicht mehr kochen, nur ziehen lassen, bis sie oben schwimmen. Mit Pfeffer abschmecken.

TOMATENSUPPE

500 g Markknochen, 500 g Rinderkraftknochen, 2 l Wasser,
2 Stengel Liebstöckl, Salz, 1 kg Tomaten, 500 g gemischtes Hackfleisch,
1 altbackenes Brötchen, 1 Ei, Pfeffer, Salz, geriebene Muskatnuß
3 Scheiben Weißbrot, etwas Butter, 1/8 l Schlagsahne

Die Knochen mit reichlich Wasser aufsetzen und zwei Stunden kochen. Liebstöckl (auch getrocknet), mit Salz und den zerschnittenen Tomaten zu der Brühe geben und auf kleiner Flamme eine weitere Stunde kochen lassen. Die Brühe durch ein Sieb streichen.
Aus Hackfleisch, dem eingeweichten, ausgedrückten Brötchen und dem Ei einen glatten Teig kneten,mit Pfeffer, Salz und Muskat abschmecken. Kleine Klöße formen und in der Tomatensuppe garziehen lassen.
Weißbrot in Würfel schneiden und in Butter rösten. Sahne steifschlagen, Suppe auf vorgewärmten Tellern anrichten, mit einigen Brotwürfeln und einer kleinen Sahnehaube servieren.

BREMER BOHNENSUPPE

500 g weiße Bohnen, 1½ l Wasser, 250 g durchwachsener Räucherspeck, 4 Kartoffeln, 1 Möhre, ½ Stange Porree, ¼ Sellerieknolle, 1 EL Butter, 1 EL Mehl, Pfeffer, Salz, Petersilie

Die Bohnen über Nacht einweichen. Am nächsten Tag in dem kalten Wasser zum Kochen bringen. 15 Minuten kochen lassen. Rüucherspeck im Ganzen, die feingewürfelten Kartoffeln und die kleingeschnittenen Gemüse zugeben und auf kleiner Flamme garen. Wenn die Kartoffeln weich sind, aus Butter und Mehl eine Mehlschwitze bereiten, mit etwas Brühe löschen, kurz aufkochen lassen, alles in die Brühe rühren. Mit Pfeffer und Salz abschmecken. Vor dem Servieren mit Petersilie bestreuen.

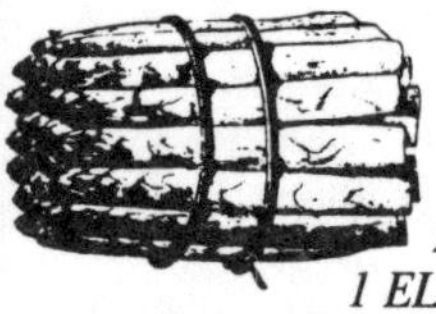

VIERLÄNDER SPARGELSUPPE

250 g frischer Spargel, 1½ l Wasser oder leichte Fleischbrühe, 1 EL Mehl, 1 EL Butter, 1 Tasse Schlagsahne, 2 Eigelb, Salz, Muskat, 2 cl Weinbrand, Kerbel, Petersilie

Spargel schälen, waschen und in Stücke schneiden, in Wasser oder Fleischbrühe kochen. Aus Butter und Mehl eine helle Schwitze bereiten, mit heißer Brühe löschen. Topf vom Feuer nehmen, und die Suppe mit den in Sahne verrührten Eigelb binden. Mit Salz und Muskat abschmecken. Weinbrand unterrühren, mit gehackten Kräutern überstreuen.

GRÜNE SPARGELSUPPE
für 12 Personen

2 Bd. grüne Spargelspitzen, 1 großes altes Suppenhuhn im Gewichte von 3-4 Pfd. oder 4 Pfd. Kalbfleisch, 3½ Ltr. Wasser, 1 Eßl. Salz, 6 Eidotter, 65 g Butter

„Zu der Brühe nimmt man ein großes altes Suppenhuhn von 3-4 Pfd. oder 4 Pfd. Kalbfleisch, setzt das Fleisch mit 3½ Liter Wasser und 1 Eßlöffel Salz an und kocht die Brühe 3 Stunden recht langsam im fest geschlossenen Topf. 6 Eidotter und ⅛ Pfd. feinste Butter rührt man mit der Schneerute 5-10 Min., quirlt die entfettete, kochende Suppe beim Anrichten hiermit ab und gießt sie nochmals durch ein Sieb. Als Einlage sind die zarten jungen Enden vom Spargel (Köpfe) zu nehmen; diese schneidet man in kleine Stücke, setzt sie mit ½ l kochendem Wasser und einer Messerspitze Natron an, kocht sie im geschlossenen

Topf 15 Minuten und gießt sie hiernach auf ein Sieb zum Abtropfen; die grün aussehenden Spitzen werden in die Suppe gelegt. Die Suppe ist vor dem Anrichten mit 1 Eßlöffel abgekochtem, gesiebtem Spinat zu färben.“ 1910

KASTANIENSUPPE
für 6 Personen

1 altes Suppenhuhn, 2½ l kaltes Wasser, 1 TL Salz,
250 g Kastanien, 2 Eidotter, ⅛ l Madeira oder ⅛ l Weißwein, ⅛ l Schlagrahm

„Ein altes Suppenhuhn setzt man mit 2½ l kaltem Wasser an, tut 1 Teelöffel Salz hinzu und läßt es im geschlossenen Topf 2 Std. kochen. Man zieht die äußere Schale von ½ Pfd. Kastanien ab, setzt diese mit kaltem Wasser bedeckt an und läßt sie 10 Minuten kochen. Dann wird die Haut von den Kastanien entfernt, läßt diese noch in der Brühe langsam 1 Std. kochen. Das in Streifen geschnittene Brustfleisch des Huhnes wird als Einlage der Suppe verwandt. Das übrige Fleisch hackt man fein und streicht es mit den Kastanien und der Brühe durch ein Sieb. Beim Anrichten quirlt man die Suppe mit 2 Eidottern ab und gibt nach Geschmack ⅛ l Madeira oder ⅛ l Weißwein dazu, sowie den festen Schnee von ⅛ Ltr. Schlagrahm.“ 1910

RUMFORDSCHE SUPPE

500 g gelbe Erbsen über Nacht eingeweicht,
350 g Speck, 250 g Perlgraupen, 50 g Butter, 1 l Bouillon, 250 g gekochte Kartoffeln,
1 Bd. Petersilie, Salz, 2 Eidotter, 2 Scheiben Graubrot, etwas Butter, 1 Zwiebel

„Man nehme 1 Pfund gelbe Erbsen, koche sie (im Einweichwasser) mit Schweinefleisch oder Speck nicht zu dick und rühre sie, wenn sie gar sind, durch ein Sieb; während dessen kocht man ebenfalls ½ Pfund Graupen mit einem Stück Butter recht weich und gießt so viel Bouillon, wie man zur Suppe nöthig hat und die durchgerührten Erbsen daran. Nun schneidet man einen Teller voll geschälter und gekochter Kartoffeln in Würfel, giebt sie in eine Casserole, fügt gehackte Petersilie, die zusammengemengten Erbsen und Graupen, nebst Salz hinzu und lasse dieses zusammen aufkochen. Hierauf zieht man die Suppe mit mehreren Eidottern ab, giebt das gekochte Schweinefleisch oder den Speck zerschnitten hinein und richtet sie, nachdem man sie noch einmal hat aufkochen lassen, mit geröstetem Brot und gebratenen Zwiebeln an. Da diese Suppe schon durch die Erbsen und das Fleisch einen kräftigen Geschmack erhält, so braucht auch die Bouillon, welche man dazu verwendet, nur schwach zu sein.“ 1853

RÜBCHENSUPPE

4 kleine weiße Mairüben, 2 gelbe Wurzeln, 3 Petersiliewurzeln, 1 Stange Porree, ½ Knolle Sellerie, 2 l kochende Knochenbouillon, 1 TL feingehackte Petersilie

„Sämtliche Zutaten werden geschält, in kleine Würfel geschnitten, dann mit 2 Ltr. kochender Knochenbouillon von Schweinebraten oder Hammelfleisch oder Schinken oder Zungenbrühe angesetzt, 1 Stunde im geschlossenen Topf gekocht. Die Brühe muß vorher entfettet sein. 1 Kochlöffel Mehlschwitze rührt man mit dieser Suppe aus. Beim Anrichten gibt man an die Suppe 1 Teelöffel feingehackte Petersilie. Auch kann als Einlage Eierstich, bereitet von 3 ganzen Eiern, verwendet werden.“ 1910

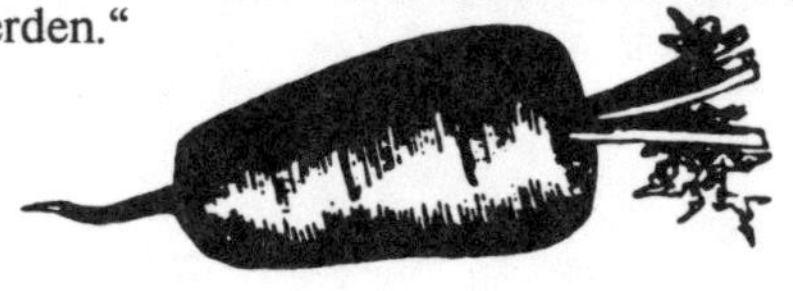

ERBSENSUPPE VON FRISCHEN GRÜNEN ERBSEN

250 g ausgepahlte frische Erbsen, 2 EL Butter, 1 l Fleischbrühe, 1 Bd. Petersilie, 1 Tasse süße Sahne, 1 Prise Salz, 1 Prise Muskatnuß

Die Erbsen auf kleinster Flamme in Butter andünsten und mit der Fleischbrühe löschen. Petersilienbündel in die Brühe hängen und 1 Stunde sanft kochen lassen. Petersilie herausnehmen und die Erbsen durch ein Sieb streichen. Brühe mit Sahne andicken und mit Salz und Muskatnuß würzen.

SAURE SUPPE AUF KATENSCHINKEN

2 kg Knochen und Schwarten eines Räucherschinkens, 3 l Wasser, 2 Möhren, ½ Sellerieknolle, 1 Stange Porree, 1 Petersilienwurzel, 100g grüne Erbsen, 8 Blumenkohlröschen, 1 TL frischer Estragon, 1 TL Pimpinelle, 1 TL Kerbel, 1 TL Majoran, 1 TL Thymian, 1 TL Basilikum, 50 g getrocknete, eingeweichte Birnen, 50 g getrocknete, eingeweichte Pflaumen, 50 g getrocknete, eingeweichte Apfelringe, ½ Tasse Weinessig, 2 EL gehackte Petersilie

Knochen, Schwarten und Fleischreste des Räucherschinkens ohne Salz in 3 Liter kaltem Wasser aufsetzen und 90 Minuten auskochen lassen. Knochen und Schwarten herausnehmen, die Brühe etwas erkalten lassen. Gemüse kleinschneiden, Kräuter feinhacken. Alles in der Schinkenbrühe 1 Stunde bei geringer Hitze kochen lassen. Die eingeweichten Trockenfrüchte in die Brühe geben. Mit Essig abschmecken und vor dem Servieren mit Petersilie bestreuen.

SAUERAMPFERSUPPE
für 6 Personen

500 g Sauerampfer, 80 g Kerbel, 2 alte geschälte Rundstücke,
1½ l heiße Bouillon, 1 TL Salz, 3 Eidotter

„1 Pfd. Sauerampfer, ⅛ Pfd. Kerbel wird 3-4mal in reichlichem Wasser gewaschen, dann im Tuche ausgedrückt und feingehackt. 2 alte, geschälte Rundstücke, die vorher im Ofen etwas geröstet werden, setzt man mit 1½ Ltr. heißer Bouillon an. Diese von Knochenresten bereitete Brühe läßt man mit dem Sauerampfer, dem Kerbel und dem Brot 10 Min. kochen, schmeckt die Suppe mit 1 Teelöffel Salz ab und quirlt sie beim Anrichten mit 3 Eidottern ab. Hiernach wird die Suppe durch ein Sieb gestrichen. Als Einlage dienen verlorene Eier, oder Reis, oder Eierstich.“ 1910

KERBELSUPPE

1 mittelgroße Sellerieknolle, 1 EL Butter, etwas Mehl, 1½ l Fleischbrühe, reichlich Kerbel,
3 Eidotter, etwas Sahne, 1 EL Butter, 1 Prise Muskat, Salz

Sellerie in Scheiben schneiden, in etwas Butter leicht anbräunen. Etwas Mehl darüberstäuben, mit Fleischbrühe auffüllen und bei mittlerer Hitze kochen lassen, bis die Sellerie schön weich ist.
Den feingehackten Kerbel in die Suppe geben und alles noch 15 Minuten bei geringer Hitze köcheln lassen.
Eidotter, Sahne und etwas Butter nach und nach unterrühren, und die Suppe mit einer Prise Muskat und etwas Salz abschmecken. Die Suppe wird folgendermaßen serviert:
„Man richte sie über feine Scheiben von Milchbrod oder Semmel, welche zuvor im Ofen gelbgeröstet oder in Butter gelbgebraten sind, ab.“

KERBELSUPPE AUF ANDERE ART

„Man setzt für sechs Personen ½ Pfund gut abgebrühten Reis zu Feuer, gießt das zur Suppe nöthige Wasser und ein Stück Butter hinzu und läßt ihndamit ein Stunde gehörig kochen; nun giebt man Wein und Zucker zur Suppe und macht sie, nachdem man Mehl- oder Brodklöße darin gargekocht hat, mit gebranntem Mehl sämig.“ 1808

Fruchtsuppen

No. 100. Kirschen-Suppe.

Von getrockneten Kirschen rechnet man für drei Personen gefähr ¼ Pfund, stößt sie in einem Mörser fein und setzt sie n kaltem Wasser zu Feuer; haben sie 1—1½ Stunden gekocht, so reibt man sie durch ein Haarsieb, bringt sie mit Zucker, Zimmet und Citronenschale wieder in's Kochen, macht sie mit ein wenig Kraftmehl oder mit weißer Mehlschwitze sämig und giebt die Suppe mit geröstetem Brod oder kleinen Kartoffelklößen auf.

PIKANTE APFELSUPPE MIT SHERRY

5 Äpfel, 3 EL Butter, 1½ EL Mehl, 2 Tomaten, 2 EL Zwiebelwürfel, 1 l Bouillon, Pfeffer, Salz, 2 EL gehackte Petersilie, 1 Weinglas Sherry

Äpfel schälen, vierteln, Kernhaus entfernen und in dünne Scheiben schneiden. Diese sofort in Salzwasser legen, damit sie sich nicht verfärben. In einem Topf die Butter zerlassen, Mehl darin anbräunen und die abgezogenen Tomaten und Zwiebelwürfel zugeben. Mit Bouillon ablöschen und die abgegossenen Äpfel einlegen. Sie sollen fast zerkochen. Suppe mit Pfeffer, Salz und Petersilie abschmecken und ganz zum Schluß den Sherry zugeben.
Die Suppe kann sowohl kalt als auch warm serviert werden.

APRIKOSEN-KÜRBISSUPPE
für 6-8 Personen

500 g entsteinte Aprikosen, 500 g Eierkürbis, geschält und entkernt, 1 EL Tapioka, 1 l Wasser, etwas Zucker, 2 EL Zitronensaft, 1 EL Weinbrand

Aprikosen, Eierkürbis und Tapioka mit Wasser in einem geschlossenen Topf bis zu 30 Minuten simmern lassen. Die Zutaten müssen sehr weich sein. Die Suppe durch ein Sieb streichen und das Pürree mit Zucker süßen. Mit Zitronensaft und Weinbrand abschmecken und sehr heiß servieren.

FRUCHTSUPPEN sind in der hanseatischen Küche sehr beliebt, wie die Rezepte in den alten Büchern beweisen. Und sie wurden durchaus nicht nur als süßes Dessert sondern auch als pikante Vorspeise gereicht.
Zur Nachahmung sehr empfohlen.

APRIKOSENSUPPE
für 5 Personen

15-20 Aprikosen, 1 l Wasser, 1 Zimtstange, ½ Zitronenschale, abgerieben, 125 g Zucker, 250 g Zucker, ½ Flasche Weißwein, 1 EL Maisstärke

„Für 5 Personen schneidet man 15-20 Aprikosen in Hälften, schlägt die darin enthaltenen Steine auf, zerstößt die Kerne ganz fein und gibt diese mit den Aprikosen, 1 Liter Wasser, etwas ganzem Zimmet, Citronenschale und ¼ Pfund Zucker zu Feuer. Sind die Aprikosen ganz weich gekocht, so rührt man sie durch einen Durchschlag, fügt noch ½ Pfund Zucker, eine halbe Flasche Weißwein und ½ Liter Wasser hinzu und läßt dies zusammen noch einmal aufkochen; ist die Suppe nicht sämig genug, so rühre man sie mit einem Löffel voll Kraftmehl ab. Dann richtet man sie über in Scheiben geschnittene Aprikosen oder geröstete Semmelschnitten an.“ 1910

Anmerkung:
Mit Kernen sind die weichen Keimlinge in den Steinen gemeint, die nach Bittermandel schmecken und Blausäure enthalten! Wahlweise Bittermandelaroma verwenden.

BIRNENSUPPE
für 6 Personen

1 kg feste Birnen, 1 l Wasser, 1 l Weißwein, 2 Zimtstangen, 100 g Zucker, 250 g Grieß, Schale von 1 (unbehandelten) Zitrone, 1 Prise Salz, ½ l Weißwein

„Für 6 Personen schält man 2 Liter Birnen, befreit sie von den Stielen und, nachdem man sie in Stücke geschnitten hat, von den Kerngehäusen und setzt sie mit 1 Liter Wasser und ½ Liter Wein, nebst 10 Neuloth Zucker und etwas ganzem Zimmet zu Feuer; sobald es gut kocht, gibt man die Birnen hinein, läßt sie weich werden, nimmt dann die Hälfte der Birnen heraus und legt sie in die Suppen-Terrine; die Suppe rührt man durch ein Sieb, setzt sie wieder zu Feuer, fügt ½ Pfund Grieß, welches man mit Wasser eben gerührt hat, feingehackte Citronenschale, den etwa noch fehlenden Zucker, das nöthige Salz und noch ½ Liter Weißwein hinzu und läßt sie gut durchkochen. Vor dem Anrichten gibt man geröstetes Weißbrod oder kleine Zwiebelklöße hinein.“ 1879

BIRNENSUPPE MIT KARTOFFELKLÖSSCHEN

1 kg Birnen, 1½-2 l Wasser oder 1 l Wasser und ½-¾ l Weißwein, 3-4 EL Essig, Zucker nach Geschmack, 500-600 g gekochte Pellkartoffeln (vom Vortag), 1 Ei, Salz, 50 g Kartoffelmehl, 100 g durchwachsener Speck

Die geschälten, in Stücke geschnittenen Birnen mit Wasser (Wein), Essig und Zucker aufsetzen und kochen, bis sie zerfallen.
Die abgepellten Kartoffeln durch den Fleischwolf drehen oder zu Brei stampfen, mit Ei, Salz und Kartoffelmehl zu einem glatten Teig rühren. Hiervon kleine Klöße formen, diese in die Suppe geben und 15 Minuten ziehen lassen. Den Speck in kleine Würfel schneiden, in der Pfanne ausbraten, in die Suppe geben und umrühren.

HOLUNDERBEERSUPPE MIT ÄPFELN UND GRIESSKLÖSSCHEN

2 Äpfel (Herbstprinz), Zitronensaft, 500 g Holunderbeeren, etwas Zitronenschale, 2 EL Sago, Zucker, 1 Schuß Rum
Für die Grießklößchen:
¼ l Milch, 30 g Butter, etwas Zitronenschale, 75 g Grieß, 1 Ei, Salz, Zucker, Salzwasser

Äpfel schälen und in dünne Scheiben schneiden. Sofort mit Zitronensaft beträufeln. Holunderbeeren mit der Gabel grob abstreifen, mit den kleingeschnittenen Apfelschalen und Zitronenschale in 1 l Wasser etwa 5 Minuten kochen. Anschließend durch ein Sieb streichen. Saft aufkochen, unter Rühren Sago einstreuen, bei geringer Hitze 15 Minuten kochen lassen.
Apfelscheiben in die Suppe geben und garziehen. Suppe mit Zucker und einem Schuß Rum abschmecken.
Grießklößchen separat zubereiten. Milch mit Butter und Zitronenschale aufkochen. Grieß hineinrühren, von der Herdplatte nehmen, etwas abkühlen lassen. Ei, Salz und Zucker untermischen. Kleine Klößchen von der Masse abstechen und in Salzwasser garziehen lassen. Klößchen in der Holunderbeersuppe anrichten.

MÖHREN-ORANGENSUPPE
für 6 Personen

750 g Möhren, in Scheiben geschnitten, 4 große Orangen, 80 g Butter, 4 mittelgroße Zwiebeln, 1½ l Brühe, 8 EL Sahne, frisch gemahlener Pfeffer, Salz

Butter in einem Topf bei schwacher Hitze zerlassen und die in Scheiben geschnittenen Möhren und Zwiebeln unter Rühren zugeben. Abgedeckt 5 Minuten dünsten. Brühe zufügen,

zum Kochen bringen, abgedeckt 15 Minuten simmern lassen. Etwas abkühlen lassen und Gemüse und Brühe im Mixer pürieren. Orangensaft zugießen und einige Sekunden mischen. Suppe wieder in den Topf geben und die Sahne unterrühren. Mit Pfeffer und Salz abschmecken und langsam nochmals erhitzen, aber nicht mehr kochen lassen.
Orangenschale in schmale, dünne Streifen schneiden, 5 Minuten im Wasser simmern lassen, gut abtropfen und vor dem Servieren auf die Suppe streuen.

SUPPE VON GETROCKNETEN HAGEBUTTEN

100 g getrocknete Hagebutten (Reformhaus),
1 l Wasser (evtl. über Nacht einweichen), Schale von 1 Zitrone, 1 Zimtstange, ½ l Weißwein,
2-3 Zwieback, Zucker, evtl. 2 Eidotter (oder mit Schneeklößchen servieren)

„Man nimmt Hagebutten, läßt sie in Wasser weich kochen, rührt sie durch ein Haarsieb, setzt sie dann wieder aufs Feuer und giebt etwas geriebene Citronenschale, einige Stücke Kaneel und einige Gläser Wein dazu. Man kann auch wohl gleich mit den Hagebutten einige kleine Zwiebäcke durchkochen lassen; Zucker giebt man nach Geschmack zu der Suppe, und rührt sie kurz vor dem Anrichten mit einigen Eidottern ab.“ 1913

Hagebuttensuppe
1 1/4 ℔ Hagebutten, 1 1/2 l Wasser, 1 Stck. Citronen-schale, Zimmt, 1 Eßl. Zucker, 10 g Kartoffelmehl, Weißwein!
die Hagebutten werden 1 Tg. Wasser gelegt und Zucker

Bier- und Weinsuppen

BRAUNBIERSUPPE

*1 Flasche Braunbier oder Malzbier, ¼ l Wasser, Saft einer Zitrone,
1 Kaneelstange (Stangenzimt), 1 Stück unbehandelte Zitronenschale, 100 g Zucker,
30 g Butter, ¼ l Milch oder Sahne, 30 g Mehl, 1 Eigelb
Schneeklößchen:
2 Eiweiß, 1 EL Zucker, 1 Prise Salz*

Bier mit Wasser, Zitronensaft, den Gewürzen, Zucker und Butter langsam zum Kochen bringen. Mehl mit Milch glattrühren und mit der Suppe aufkochen. Mehl mit Eigelb verquirlen und unter die Suppe rühren.
Für die Schneeklößchen Eiweiß mit Zucker und Salz sehr steifschlagen und vor dem Servieren kleine Bällchen davon in die Suppe geben.

BIERSUPPE MIT BROTKLÖSSEN
für 8 Personen

4 l Braunbier, 1 Zimtstange, Schale von 1 unbehandelten Zitrone,
750 g Zucker, 2 EL Stärkemehl
Für die Klöße:
500 g geriebenes Brot (Paniermehl), 100 g Butter, 6 Eidotter, 80 g Zucker,
2-3 EL MIlch oder Sahne, abgeriebene Zitronenschale, 50 g Succade,
5 g Zimt, gemahlen, 3 Eiweiß

Für 8 Personen setzt man 4 Liter Bier zu Feuer, giebt, sobald es geschäumt ist, ganzen Zimmet, Citronenschale, 3/4 Pfund Zucker und, wenn es kocht, 2 Löffel voll Kraftmehl, das man vorher mit etwas Bier oder Wasser glatt gerührt hat, unter stetem Rühren hinzu. Die dazu gehörigen Klöße werden folgendermaßen zubereitet: Man zerreibt ein halbes altes Feinbrot, giebt nach und nach 10 Neuloth zu Schaum gerührte Butter, 6 Eidotter, 8 Neuloth Zucker, einige Löffel Milch, feingehackte Citronenschale und Succade; 1/2 Neuloth gestoßenen Zimmet und 3 zu Schaum gerührte Eiweiß hinzu, arbeitet Alles gehörig durcheinander und setzt davon Klöße auf ein mit Butter bestrichenes Backblech; donn backt man sie eine Viertelstunde in einem mäßig heißen Ofen, zieht die Suppe mit einigen Eidottern ab und legt die Klöße hinein.

SUPPE VON PERLGRAUPEN UND WEIN

„Die Perlgraupen muß man vorher in Wasser ein wenig dick und mürbe kochen, denn so viel Wein, daß er stark genug wird! Zu einem halber Pfunde Graupen kann ein Quartier Wein genommen werden, denn feingehackte Citronschalen, gestoßenem Zimmet und Cardamom, Zucker, daß es süß genug davon wird, ein Stückchen Butter, Salz und sauber gewaschene Corinthen, alles zusammen daran gethan und durchgekocht, daß es sich wieder sämet oder legiret, und denn zuletzt mit ein paar Eyerdottern abgerühret, so ist es recht. Die Corinthen muß man zu allerletzt an die Suppe thun, damit selbige nicht schwarz werden.“ 1830

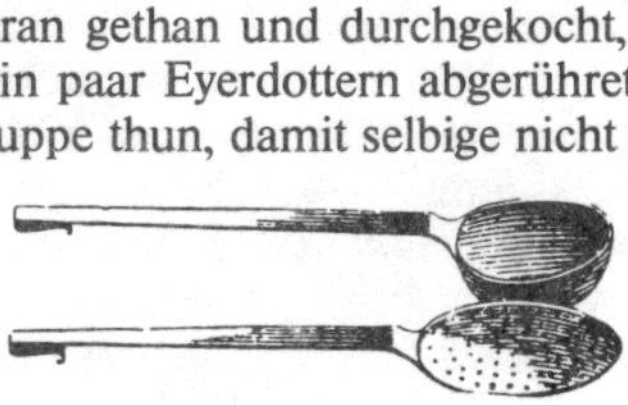

WEINSUPPE

„Wie in Bremen, so gab es auch in der Hansestadt Lübeck eine Schaffermahlzeit. Diese Tradition wird heute noch vom «Nautischen Verein» mit seinen «Nautischen Essen» fortgeführt. Beliebter war aber bis 1802 der «Schüttingschmaus», zu dem sich die wohlhabenden Mitglieder des «Schonenfahrercollegiums» alljährlich versammelten. Eine ganze Woche lang wurde gefeiert. Den Auftakt des ersten Festmahls bildete eine «Weinsuppe». Im ausgehenden 18. Jahrhundert gab es zahllose Weinsuppenrezepte; Weinsuppen waren äußerst beliebt, besonders in Norddeutschland.
Hier ist ein teures Rezept, bei dem man sich sogar Reis als Einlage leistete. Aber die Schonenfahrer brauchten wahrscheinlich nicht zu sparen. Das Rezept stammt aus einem 1794 in Lübeck verlegten Kochbuch."

200 g Reis, 1 Flasche Wein (in den Hansestädten meist Rotwein),
1 kleine Prise Salz, 5 Eßl. Zucker, andere Gewürze nach Geschmack, 80 g Korinthen

„Man koche den Reis erstlich in Wasser gar, daß er ein wenig dicke wird, denn gießt man Wein daran, auch klein gehackte oder geriebene Citronenschalen, Salz, Zucker, zerstoßenen Zimmet und Cardemom, nebst einem Stückchen Butter, solches noch ein wenig zusammen durchgekocht und zuletzt mit ein paar Eyerdottern abgerühret. Item: Man kann auch Corinthen darein thun."

WEINSCHAUMSUPPE

1 Flasche Rotwein, 16 Eier (8-10 tun's auch),
125 g Würfelzucker, 1 unbehandelte Zitrone, 1 Zimtstange, Suppenmakronen

„Auf 1 Flasche Wein rechnet man 16 ganze Eier, welche man mit einer Drahtruthe in einem passenden Gefäß so lange schlägt, bis sie zu Schaum werden. Dann gießt man nach und nach und unter beständigem Quirlen den Wein hinzu, vermischt dieses mit dem Safte und der auf Zucker abgeriebenen Schale einer Citrone, einem Stück Zimmet und dem etwa noch fehlenden Zucker und läßt es über gelindem Feuer und beständigem Schlagen langsam zu Schaum werden; sobald dieser eben aufkochen will, nimmt man ihn vom Feuer und richtet ihn als Suppe mit kleinen Makronen an." 1908

BETTELMANNSSUPPE

4 dicke Scheiben Schwarzbrot, 30 g Butter, 1 Flasche Wein (oder ½ Wein, ½ Wasser), Zimt und Nelken, gemahlen, ½ abgeriebene Zitronenschale, 75 g Zucker, 2 Eidotter

„Man schneidet Schwarzbrod in Würfel, röstet die Hälfte davon in Butter, giebt es mit der andern Hälfte in einen Topf und läßt es, nachdem man halb Wein und halb Wasser darauf gegossen hat, ganz zerkochen. Dann wird alles durch einen Durchschlag getrieben, mit gestoßenem Zimmet, Nelken, feingeschnittener Citronenschale und Zucker vermischt und mit zwei Eidottern abgezogen.“ 1830

WEINSUPPE MIT PUMPERNICKEL

1 unbehandelte Zitrone, 125 g Würfelzucker, 1 Flasche Rotwein, 4 Scheiben Pumpernickel, Zimt, Muskat, 3 Eidotter

„An einer Citrone reibe man ¼ Pfund Zucker ab und setze ihn mit 1 Flasche Rothwein nebst etwas Wasser, einer Untertasse voll geriebenem Pumpernickel, Zimmet und geriebener Muscatnuß zu Feuer. Kocht die Suppe, so nehme man sie vom Feuer, ziehe sie mit einigen Eidottern ab und lasse sie vor dem Anrichten noch eine Weile kochen.“ 1908

Wein=Suppe mit einem Berg von geriebenem Brodte.

Man reibt zuvor ein gutes Theil ausgesichtes Rockenbrodt, auch so man will etwas Weißbrodt darunter, solches in Butter wohl abgeschwitzt und gebraten, zuletzt ein wenig Zucker darunter gethan, und denn, weil es noch warm ist, als einen Berg in die Suppenschüssel zusammen gedrückt, denn zwey Theil Wein und den dritten Theil Wasser genommen und mit Zucker, gestoßenem Zimmet und Cardemom aufgekocht, denn mit so vielen Eyerdottern, als nöthig sind, abgerührt und angerichtet. Item: Von Bier kann es eben auch so gemacht werden, und in das gebratene Brodt können auch Corinten eingethan werden. Auch kann man den Berg mit in Striemeln geschnittenen Mandeln bestecken.

Es muß hervorgehoben werden, daß der rote Bordeauxwein ein notwendiges Lebensbedürfnis in den nördlichen Gegenden des deutschen Reiches ist und niemals durch Weine von Rhein und Mosel ersetzt werden könne.

Lübecker Weinhandel um 1878

Milchsuppen

Empfehlung der Reinlichkeit.

Das, was jedem Koche und jeder Köchin zuerst verdient empfohlen zu werden, ist die Reinlichkeit. Es ist das erste, wodurch sie sich und ihre Kunst, und ihre Speisen empfehlen. Ein Gerichte, was unsern Gaum an sich weniger reizt, wird uns darum schon, vor einem andern, wohlschmeckender, weil es aus saubern und reinlichen Händen kömmt. Umgekehrt verliert oft die beste Kunst, und das reizbarste Gerichte, den Wohlgeschmack und erweckt Ekel. Darum, wer kocht, der sorge für die beste Reinlichkeit seiner Speisingredienzien selbst, seiner Geräthschaften, seiner Gefäße, und eben so sehr für die Reinlichkeit seines eigenen Leibes und seiner Kleider. Man schließt mit Recht von dem einen auf das andere, und Reinlichkeit verschafft dem Koche die erste Empfehlung.

1800

SAGOSUPPE

100 g Perlsago (Tapioka), 1 Zimtstange, 1 abgeriebene Zitronenschale,
2 l Milch oder 1½ l Rotwein, Zucker nach Geschmack

„Den Sago muß man mit warmen Wasser ethliche mal wohl waschen, und nach Proportion und Gutdünken etwas kochend Wasser darauf gießen, er muß etwas lange kochen und fleißig gerühret werden, und gleich im Anfange etwas ganzen Zimmet und von einer Citrone die braune Schale mit daran thun, wenn es denn recht mürbe und etwas dick eingekocht ist, so thut man so viel Zucker und rothen Wein daran, daß es recht süß und kräftig davon werden kann, und damit wieder ein wenig durchgekocht, daß es eine gute sämige Suppe wird, so es nöthig thut ein wenig gesalzen, so ist es recht. Man richtet sie an mit gerösteten Semmelscheiben, Zwieback oder Zuckerplätzchen.“ 1830

BUTTERMILCHSUPPE MIT SPECK- UND GRIESSKLÖSSCHEN

400 g durchwachsener Speck, etwas Wasser, 1½ l Buttermilch, 10 Backpflaumen, 2 EL Haferflocken, Zucker nach Geschmack, ½ l Milch, 250 g Grieß, 1 Ei, Salz, 1 EL Mehl

Den in Scheiben geschnittenen Speck mit wenig Wasser fast weichkochen. Die Buttermilch zugießen und unter Rühren aufkochen. Jetzt die am Abend vorher eingeweichten Backpflaumen in die Suppe geben und kochen, bis der Speck gar ist. Zum Schluß die Haferflocken einrühren, nochmals aufkochen und mit Zucker abschmecken.
Für die Klöße die Milch aufkochen, den Grieß zugeben und ständig rühren, bis der Brei sich vom Topfboden löst, dann sofort vom Feuer nehmen. Mit Ei, Salz und Mehl zu einem glatten Teig verarbeiten, Klößchen abstechen und diese in der Buttermilch garziehen lassen.

HOLUNDERBLÜTENSUPPE MIT SCHWÄNCHEN

1 l Milch, 4 große Blütendolden vom schwarzen Holunder, etwas abgeriebene Zitronenschale, 60 g Zucker, 2 EL Weizenpuder, 3 Eier, Zimtzucker

Milch aufkochen, Holunderblüten zusammenbinden und an einem Kochlöffel aufgehängt 5 Minuten in der Milch mitkochen, so daß nur die Blüten in die Milch getaucht sind. Diese dann vorsichtshalber durchsieben, mit Zitronenschale und Zucker wieder aufkochen und mit dem angerührten Weizenpuder binden. Die Eier trennen. Eiweiß zu steifem Schnee schlagen. Mit den Eidottern die Suppe legieren. Auf Teller verteilen, mit Zimtzucker bestreuen und kleine Eiweißschwänchen aufsetzen.

MILCHSUPPE MIT ZWIEBELN

500 g weiße Gemüsezwiebeln, 60 g Butter, 1 l Milch, Salz, 4 Weißbrotscheiben, etwas Butter, 125 g Frühlingszwiebeln

„Man nimmt ein gutes Theil von den weißen Zwiebeln, solche in Scheiben geschnitten und etwas in Butter gebraten, denn gießt man gekochte Milch darauf und läßt sie damit kochen, und denn geröstete Semmelscheiben mit ein wenig besonders gekochter Milch mitonniret und denn die Zwiebelmilch darüber her gegeben, einige Zwiebeln kochet man ganz und garniret damit die Schüssel.“ 1853

SCHOKOLADENSUPPE

1 l Milch, 80 g Blockschokolade, 1 Päckchen Vanillezucker, ½ TL Zimt, 2 Eidotter, 1 EL Mehl (oder Saucenbinder), 4 Weißbrotscheiben, etwas Butter

„Zu 1 Liter kochender Milch schüttet man 8 Neuloth geriebene Chocolade, etwas Vanille, gestoßenen Zimmet und den noch fehlenden Zucker, quirlt das Ganze mit 2 Eidottern und etwas Mehl ab und bringt die Suppe mit gelbgerösteten Semmelschnitten zu Tisch.“
1879

MILCHSUPPE MIT MANDELN

1 l Milch, 1 Zimtstange, 75 g Zucker, 200 g geschälte Mandeln, 3 Bittermandeln oder Bittermandelaroma, 1 Prise Salz, 3 Eidotter, Suppen- oder Mandelmakronen

„Hierzu setzt man Milch mit ganzem Zimmet und Zucker zu Feuer, stößt 20 Neuloth süße und einige bittere Mandeln mit ein wenig Milch zu Brei, giebt sie nebst etwas Salz an die heiße Milch und läßt diese beinahe zum Kochen kommen; dann wird die Suppe mit einigen Eidottern abgerührt und mit Makronen angerichtet.“ 1853

SÜSSE GRAUPENSUPPE

1 EL Butter, 125 g Graupen, 50 g Korinthen, Schale einer unbehandelten Zitrone, 1 Zimtstange, 1½ l Wasser, 50 g Zucker, Saft ½ Zitrone

Auf kleiner Flamme Butter schmelzen und unter ständigem Rühren die Graupen zugeben. Die gereinigten, aufgeweichten Korinthen, etwas Zitronenschale, die Zimtstange und das Wasser darübergeben und alles etwa eine Stunde lang bei mittlerer Hitze kochen. Vor dem Servieren Zucker und Zitronensaft zufügen und alles noch einmal kurz aufkochen lassen. Dies ist die echte, süße Graupensuppe.

Kaltschalen

APFELSINENKALTSCHALE

4 unbehandelte Orangen, 375 g Würfelzucker, 1 Fl. Weißwein

Auf ¾ Pfund Zucker reibt man die Schale von 4 Apfelsinen ab, drückt den Saft der Apfelsinen durch ein Haarsieb zu dem Zucker, kocht die Schale in ½ Liter Wasser aus, siebt es durch und läßt es mit dem zurückgebliebenen Saft und dem Zucker noch einmal aufkochen. Nachdem man es hat erkalten lassen, rührt man es mit einer Flasche Weißwein gut durch und richtet es mit leichtem Zuckergebäck an.

BICKBEERENKALTSCHALE

1 kg Bickbeeren, 1 Zimtstange, 1 Schale von unbehandelter Zitrone, 150 g Zucker, 1 Fl. Rotwein, 4 Scheiben Weißbrot, etwas Butter

„Wenn die Bickbeeren gereinigt und gewaschen sind, werden sie mit Zucker, ganzem Zimmet, Citronenschale und wenig Wasser zu einem Mus gekocht. Ist dieses abgekühlt, so wird es durch ein Sieb getrieben, mit einer Flasche Rothwein vermengt und mit geröstetem Weißbrod kalt zur Tafel gegeben." 1830

KIRSCHENKALTSCHALE

1½ kg Schattenmorellen, ½ l Wasser, 1 Zimtstange, 500 g Zucker, ½ l Rotwein, 100 g Würfelzucker, 1 unbehandelte Zitrone, Suppenmakronen oder Biskuits

„Von 3 Liter sauren Kirschen zerstößt man die Hälfte mit den Kernen in einem Mörser, läßt das Zerstoßene ½ Stunde mit Wasser und etwas ganzen Zimmet durchkochen und rührt es darauf durch ein Haarsieb; die andere Hälfte der Kirschen befreit man von Kernen und Stielen, setzt sie mit wenig Wasser und dem nöthigen Zucker zu Feuer, läßt sie eben aufwellen und giebt sie zu dem Durchgerührten in die Terrine. Nun gießt man den nöthigen Rothwein darüber, fügt die auf Zucker abgeriebene Schale einer Citrone hinzu und richtet das Ganze mit Biscuits oder Makronen an." 1908

BIERKALTSCHALE
für 6 Personen

2 l Bier, 300 g Zucker, 300 g Korinthen, 300 g Schwarzbrot, etwas Butter, 1 Zimtstange, 1 unbehandelte Zitrone

„Für sechs Personen nehme man 2 Flaschen Weiß- oder Braunbier, vermische es mit 30 Neuloth Zucker, ebenso viel gut gewaschenen Corinthen, gerösteten Schwarzbrodwürfeln oder geriebenen Schwarzbrod, ganzem Zimmet, Citronenschalen und Citronenscheiben, rühre Alles gut durcheinander und lasse es auf Eis oder an einem sehr kühlen Ort recht kalt werden.“ 1830

MILCHKALTSCHALE MIT EIERKLÖSSEN

¼ l Sahne, 4 Eier, 20 g Butter, 1 Prise Salz, 1 l Milch, 100 g gemahlene Mandeln, Zucker nach Geschmack

„In 1 Tasse Sahne quirlt man 4 ganze Eier glatt, giebt es zusammen mit einem Stück Butter und ein wenig Salz in eine Casserole und läßt es über gelindem Feuer gerinnen. Während man die daraus entstandene Masse erkalten läßt, kocht man Milch mit einigen feingestoßenen Mandeln auf, sticht mit dem Löffel kleine Klöße von der Eiermasse und legt diese beim Anrichten in die erkaltete Milch.“ 1853

WEINKALTSCHALE MIT MANDELN

200 g Mandeln, 1 Fl. Weißwein, ½ l Wasser, 4 Nelken, 1 Zimtstange, 1 TL Maisstärke, 4 Eidotter, 1 unbehandelte Zitrone, 125 g Würfelzucker

„Nachdem man 20 Neuloth abgeschälte süße Mandeln mit einigen Tropfen Wasser zu Brei gestoßen hat, setzt man sie mit einer Flasche Weißwein, ½ Liter Wasser, 4 Nelken, etwas ganzem Zimmet und dem nöthigen Zucker zu Feuer und läßt dieses zusammen langsam kochen. Nun quirlt man einen Theelöffel voll Kraftmehl mit vier Eidottern und ein wenig Wasser glatt, giebt es unter beständigem Rühren an die kochende Suppe, gießt diese durch ein Sieb und vermischt sie mit dem Safte und der auf Zucker abgeriebenen Schale einer Citrone.“ 1879

VANILLENKALTSCHALE MIT MILCH

1 Vanillestange, 1 l Milch, ½ l Sahne, 200 g Zucker, 7 Bittermandeln oder Bittermandelaroma, abgeriebene Zitronenschale, 3 Eidotter

„Man stößt ein Stück Vanille mit einigen Tropfen Milch zu Brei, giebt dies in 1 Liter Milch, fügt ½ Liter Sahne, 20 Neuloth Zucker, 7 Stück zu Brei gestoßene, bittere Mandeln, etwas Citronenschale und das nöthige Salz hinzu und läßt es bei gelindem Feuer durchkochen; dann zieht man die Suppe mit einigen Eidottern ab und richtet sie nach dem Erkalten mit Sahnen-, Mandel- oder Sago-Klößen an.“ 1853

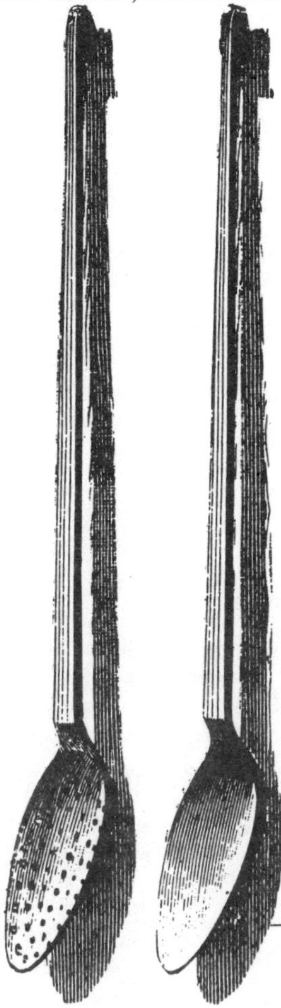

No. 911. Mandel-Klöße.

Zu 12 Neuloth süßen Mandeln nimmt man 10 Stück bittre, stößt sie zusammen recht fein, rührt 4 Eier, 2 Löffel voll gestoßenen Zncker, 2 Löffel voll geschmolzener Butter und 8 Neuloth Semmelkrumen dazu, streicht eine Tortenpfanne mit Butter aus, legt die aus der Masse geformten Klöße hinein und läßt sie bräunlich backen.

No. 916. Rahm-Klöße.

Man bringt ¼ Liter guter Sahne mit 4 Neuloth Butter, etwas Salz und Muskatnuß in's Kochen und rührt nach und nach 10 Neuloth feines Mehl hinzu, bis das Ganze zu einem steifen Teige geworden ist, den man nach dem Verkühlen mit einigen Eiern abzieht. Dann legt man den Teig auf ein mit Mehl bestreutes Brett, sticht mit dem Löffel mittelgroße Klöße davon ab und läßt diese in kochender Milch gar werden. Nun rührt man ganz dicke Sahne mit geriebenem Parmesankäse, zu Schaum gerührter Butter und ein wenig Salz zu einer dicklichen Masse, überzieht damit die Klöße halbfingerdick, beträufelt sie mit Butter und backt sie im Ofen goldgelb. Entweder giebt man diese Klöße in die Suppe oder man legt sie auf eine Schüssel, bestreut sie mit Zucker nnd übergießt sie mit brauner Butter.

No. 918. Sago-Klöße.

Je nach Art der Suppe, zu welcher die Klöße bestimmt sind, kocht man den gereinigten Sago in Wein oder Bouillon unter beständigem Rühren zu einem dicken Gelee, läßt ihn auf einer flachen Schüssel verkühlen und sticht mit dem Löffel kleine Klöße davon ab, die man in die angerichtete Suppe legt.

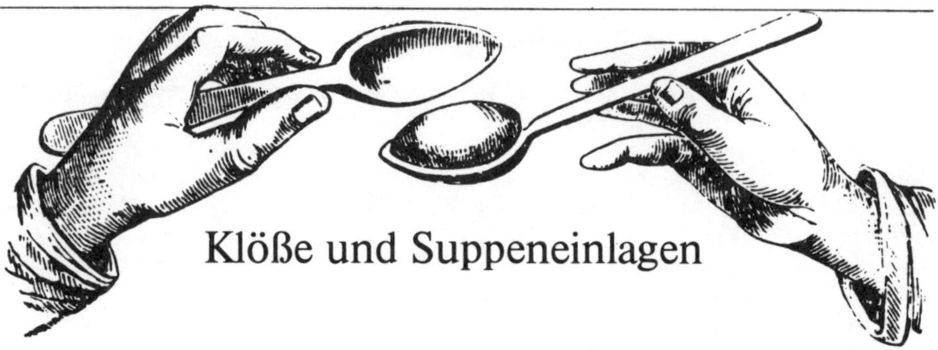

Klöße und Suppeneinlagen

MARKKLÖSSE
für 10-12 Personen

65 g feingehacktes Ochsenmark, 1 gerieb. Rundstück, 1 EL feingehackte Petersilie, 1 Msp. Salz, Muskat, 1 Eidotter

Sämtliche Zutaten verrührt man gut miteinander; dann formt man kleine Bälle, legt sie in einen flachen Topf, gießt kochendes Wasser darauf und läßt sie 5 Min ziehen. (Oder in klarer Brühe garziehen lassen).

GRÜNE SCHWEMMKLÖSSE
für 6-10 Personen

65 g Mehl, 65 g Butter, 1/8 l Wasser, 1 EL Spinat, 2 l Wasser, 1 geh. EL Salz, 2 Eier

Man verwendet sie als Einlage zur Fleischsuppe. 1/8 Pfund Mehl und 1/8 Pfund Butter schwitzt man im Topfe unter Rühren 5 Min., gießt dann 1/8 Ltr. Wasser dazu und rührt den Teig noch 3-5 Min. auf mäßigem Feuer, bis die Masse glatt vom Topfe läßt, dann stellt man den Teig 30 Minuten zum Erkalten beiseite, und gibt nun unter tüchtigem Rühren die Eier dazu. Ganz zuletzt einen Eßlöffel Spinat. 2 Ltr. Wasser bringt man mit 1 gehäuften Eßlöffel Salz ins Kochen, formt dann mit einem Teelöffel Klöße und setzt diese in das langsam kochende Wasser. Man läßt sie recht langsam 10 Min. kochen. Inzwischen werden sie mit einem breitem Schaumlöffel einmal umgelegt. Kocht das Wasser während dieser Zeit zu stark, werden die Klöße unansehnlich.

EIERSTICH
für 6 Personen

3 ganze Eier, ½ TL Salz, 3 EL kalte Milch oder kalte Bouillon, evtl. frisch gehackte Kräuter

3 ganze Eier schlägt man in einer Kumme 5 Minuten, ½ Teelöffel Salz und 3 Eßlöffel kalte Milch oder kalte Bouillon werden dazugegeben. Dann gießt man diese Masse durch ein Sieb in eine Kumme, die vorher mit Butter ausgestrichen wurde (frisch gehackte Kräuter daraufgeben). Die Kumme stellt man fest zugedeckt in einen Topf mit Wasser und läßt das Ganze 30 Minuten im nicht zu heißen Ofen stehen.

KÄSEKLÖSSE
für 12 Personen

65 g Mehl, 65 g Butter, ⅛ l Wasser, 2 ganze Eier, 1 EL geriebener Käse, 1 TL Salz

„⅛ Pfund Mehl und ⅛ Pfd. Butter werden unter Rühren 5 Minuten im Topf geschwitzt, dann wird ⅛ Ltr. Wasser dazu gegossen und 5-10 Minuten gerührt, bis die Masse vom Topfe losläßt. Dann stellt man die Masse 30 Minuten zum Erkalten beiseite, gibt dann nach und nach 2 ganze Eier, 1 Eßlöffel geriebenen Käse, 1 Teelöffel Salz dazu. Nun formt man runde Klöße, legt sie in kochendes Salzwasser und kocht sie ohne Deckel 5 Minuten.“ 1908

KLEINE EIERKLÖSSE ODER SCHILDKRÖTENEIER
für 6 Personen

3 hartgekochte Eidotter, ½ EL frische Butter, 1 rohes Eidotter, ½ TL Weizenmehl

3 hartgekochte Eier werden verrührt, ½ Eßlöffel frische Butter, 1 rohes Eidotter, ½ Teelöffel Weizenmehl gibt man dazu, verrührt alles glatt, formt kleine Klöße, legt diese auf einen tiefen Teller, gießt beim Anrichten rasch kochendes Wasser über die Klöße, bis sie gut bedeckt sind und läßt sie mit dem Wasser 1 Minute stehen, dann gießt man es ab und gibt die Klöße in die angerichtete Suppe.

Fleisch, Wildbret und Geflügel

Fleischgerichte haben in der Küche der Hanseaten immer eine besondere Rolle gespielt. Bei den Gastmählern, die die Lübecker anläßlich der hansischen „Tagfahrten" ausrichteten, wurde den Gästen fast ausschließlich Fleisch von Rindern, von Haus- und wilden Schweinen, von Hühnern, Gänsen und Enten, ja auch von Schwänen und allerlei anderem Geflügel vorgesetzt. Über meinen Großvater wurde mir erzählt, er habe an jedem Tage zur Hauptmahlzeit ein großes Roastbeef verzehrt und dazu eine Flasche Bordeaux getrunken. Ich habe ihn selbst nicht mehr kennengelernt, er starb schon neun Jahre vor meiner Geburt, ziemlich jung – im Alter von 52 Jahren.

Im *Illustrirten Hamburger Kochbuch* in der 5. Auflage von 1879, werden sehr genaue Anweisungen zur Behandlung des Fleisches beim Braten gegeben. Was man damals „am Spieße braten" nannte, wird heute durch den Begriff des „Grillens" ersetzt. Aber auch das Braten im Ofen war bekannt, obwohl es ja Gasöfen und elektrische Öfen damals noch nicht gab. Die Autorinnen des Kochbuchs, Louise Richter und Sophie Ch. Hammer, schreiben:

Das ganze Verfahren beim Braten besteht aus zwei verschiedenen Arten, wovon eine jede ihre eigenen Vor- und Nachtheile hat, das Braten am Spieß und das Braten im Ofen. Der Spießbraten ist äußerst saftig und schmackhaft, erfordert aber zu seiner Bereitung viel Räumlichkeit und Feuerung und giebt fast keine Jüs. Der Ofenbraten, welcher heutzutage der bekanntere und gebräuchlichere ist, kann zwar leichter mißrathen und hat nicht den feinen Geschmack, giebt aber bei richtiger Behandlung eine recht wohlschmeckende Jüs und ist in den, nicht so wie früher ausgedehnten Küchen der Jetztzeit bequemer zu bereiten.

Das Feuer zum Spießbraten richte man schon eine halbe Stunde bevor man mit dem Braten anfängt, her, und zwar legt man, falls man keinen besonderen Bratheerd hat, einige Ziegelsteine auf den Kochheerd und legt darüber das Feuer an, jedoch so, daß es von unten her recht viel Zug erhalte und in der Mitte nur ganz schwache, an den Seiten dagegen bedeutend stärkere Flammen schlage. Hat das Feuer die richtige Hitze erlangt, so befestige man den Braten mit dem nöthigen Gleichgewicht an den Spieß, stelle eine Pfanne zum Auffangen des abtropfenden Fettes auf, begieße den angelegten Braten mit zerschmolzener und abgeklärter Butter und salze ihn. Erst nachdem das Salz völlig in das Fleisch eingezogen ist, fahre man mit dem Begießen fort, weil es sonst wieder theilweise in die darunterstehende Pfanne laufen und auf diese Weise die wenige Jüs verderben würde. Nun lasse man den Braten unter öfterem Begießen mit Butter und unter unausgesetztem Drehen gar werden; das Feuer unterhalte man mit einer gleichmäßigen starken Hitze, bis der Braten schon eine gute Farbe bekommen hat, von da an lasse man es allmählich schwächer und schwächer werden. Die in der Pfanne befindliche Jüs kocht man mit Bouillon oder Wasser los.

Auch beim Ofenbraten muß man erst das Feuer zu dem richtigen Hitzegrad bringen, ehe man den Braten einsetzt. Ist das Feuer in vollem Gange, so setze man ein paar Ziegelsteine in den Ofen, damit der Braten von unten her nicht eine allzu große Hitze erlange, dann lege man denselben in die mit einer Roste versehene Bratpfanne, begieße ihn mit Butter, bestreue ihn mit Salz und setze die Pfanne in den Ofen auf die Ziegelsteine. Nun unterhalte man das Feuer in einer gleichmäßigen Hitze bis zur Hälfte der Bratzeit, welche bei dem betreffenden Recepte angegeben ist und lasse von da ab das Feuer schwächer werden. Man begieße den Braten in der ersten Zeit fleißig mit abgeklärter Butter und mache nur eine Ausnahme mit denjenigen Braten, welche fett genug sind, um in ihrem eigenen Fette zu braten, wie Gänse- und Schweinebraten; diese setze man nur mit ein wenig Wasser in den Ofen und begieße sie später mit ihrem eigenen Fett. Sobald die Jüs bei einem Braten allzusehr eingebraten ist, gieße man ein wenig Wasser oder Bouillon nach; besser ist es jedoch, wenn man das Nachgießen so viel wie möglich vermeidet, weil es den kräftigen Geschmack des Fleisches und der Jüs beeinträchtigt. Auch kehre man einen Braten niemals um, sondern gebe sich Mühe, das Feuer so in der Gewalt zu haben, daß man es in kürzester Zeit nach jeder beliebigen Richtung hin wirken lassen kann. Die Jüs kocht man mit Bouillon oder Wasser von der Pfanne los, gießt sie durch ein Sieb, nimmt nach einer Weile das Fett ab und kocht sie mit etwas weißer Mehlschwitze dünnsämig.

Heute ist das alles etwas leichter und einfacher. Die Kunst liegt im Einkauf. Gewiß mußten sich unsere Urgroßmütter manches Mal mit dem zähen Fleisch älterer Tiere abplagen. Mit dem wässerigen, schnell schrumpfenden Fleisch von Mastboxen-Kälbern und schnell hochgefütterten herzkranken Schweinen hatten sie nichts zu tun. Damals wurden die Schweine noch in den Sachsenwald getrieben und mästeten sich mit Eicheln. Die Kälber sprangen auf der Weide herum, die Schafe auf den Deichen – wie auch heute wieder.

Eine besondere Rolle hat für Hanseaten immer das Beefsteak gespielt. Der Einfluß der Engländer, die Beefsteak und Roastbeef über alles schätzen, war in Hamburg immer spürbar. Unter Beefsteak versteht man in Hamburg durchaus nicht nur das Filet-Steak – hochgeschätzt ist besonders das Kluft-Steak, das zwar nicht so zart ist wie das Filet, dafür aber umso kräftiger im Eigengeschmack. Es gibt noch heute in Hamburg neben all den Blockhaus-Lokalen ein spezielles Steakhaus, nämlich Lembcke in der Nähe des Hauptbahnhofes. Hier gibt es noch Steaks nach alter Hamburger Art zubereitet.

Vom Rind

Die größte Kunst eines Hamburger Schlachters ist es, Beefsteaks so abzuhängen und zu schneiden, daß sie zart wie Filets werden, aber im Gegensatz zu diesen einen kräftigeren Geschmack haben. Der in Hamburg ansässige Dichter Detlev von Liliencron besang die Stadt und ihr Fleisch in poetischer Weise so:
Am besten wird gegessen in der Welt
in Hamburg, diesem edlen Beefsteakhorte.
Prosaischer drückt es der Hamburger Volksmund aus:
Das beste Gemüse ist ein Beefsteak.

BEEFSTEAK AUF DEM ROST GEBRATEN

„Man schneidet von einem Steertstück dünne Scheiben, klopft selbige stark mit einem Messer, bestreut sie mit Salz, gestoßenem Pfeffer und Nelkenpfeffer, legt sie dann auf den Rost und läßt sie beim öfteren Umwenden gahr braten.“ 1830

BEEFSTEAK MIT ZWIEBELN

4 Beefsteaks aus der Kluft (à 200 g), Pfeffer aus der Mühle, 250 g Zwiebeln, 2 EL Butter, Salz, 1 EL Öl

Die Beefsteaks mit Pfeffer einreiben und bei Zimmertemperatur liegenlassen. Die Zwiebeln in Ringe schneiden, in Butter andünsten, etwas Salz darüberstreuen. Öl in einer schweren Pfanne erhitzen. Die Beefsteaks darin auf jeder Seite anbraten. Hitze verringern und Fleisch 8 bis 10 Minuten braten, dabei gelegentlich wenden. Salzen und auf vorgewärmte Teller legen, Zwiebeln darübergeben. Bratfond mit wenig Wasser loskochen und über die Zwiebeln geben. Mit Gemüse und Salzkartoffeln servieren.

BEEFSTEAK À LA MOSER

1 EL Butter, 4 Beefsteaks, 3 Zwiebeln, 750 g Pellkartoffeln, Pfeffer, Salz, 125 ml Wasser

Butter in einer Pfanne erhitzen, die Steaks darin 3 Minuten von beiden Seiten braten. Die in Ringe geschnittenen Zwiebeln in einer großen Kasserolle mit etwas Fett weichdünsten, nicht bräunen. Die Hälfte der in Scheiben geschnittenen Kartoffeln auf die Zwiebeln legen, darauf die Steaks legen, mit etwas Pfeffer und Salz bestreuen. Die restlichen Kartoffelscheiben darüberschichten, nochmals würzen. Den Steakfond mit wenig Wasser loskochen, über die Kartoffeln gießen. Eventuell noch etwas Butter darübergeben. Abdecken und im Backofen bei mittlerer Hitze 30 Minuten schmoren lassen.

BEEFSTEAKROULADEN

4 Scheiben Beefsteak à 200 g, Pfeffer aus der Mühle, Salz,
4 TL Sahnemeerrettich, 1 große Tomate, 1 Zwiebel, 1 kleines Glas Kapern, 1 Apfelsine,
4 Weintrauben, 4 Scheiben gekochter Schinken, etwas Öl

Die Beefsteakscheiben flachklopfen, pfeffern und salzen und mit Sahnemeerrettich bestreichen. Jedes Fleischstück mit einer viertel Tomate, dünnen Zwiebelscheiben, abgetropften Kapern, einer Apfelsinenscheibe und einer entkernten Weintraube belegen. Darauf die Schinkenscheibe geben. Rouladen aufrollen, mit Zahnstochern feststecken. Die Rouladen in heißem Fett scharf anbraten, etwas Wasser zugeben und 1½ bis 2 Stunden schmoren lassen.

ROASTBEEF (RINDERBRATEN)

1-2 kg Roastbeef, schwarzer Pfeffer, Salz, ca. 60 g Butter, 125 ml Bouillon

Das Nierenstück mit dem Filet oder ein dickes Stück vom Mürbebraten wird von den großen Fetteilen befreit, geklopft und auf beiden Seiten mit Salz eingerieben. Dann kehrt man es in geschmolzener Butter um, legt es auf eine in der Pfanne befindliche flache Bratenleiter oder auf einen Dreifuß, damit es nicht zu starke Hitze empfängt, gießt etwas heiße Bouillon hinzu und bratet es bei mäßiger Oberhitze und unter häufigem Begießen mit der eigenen Sauce so lange, bis es eben durchgebraten ist, den ursprünglichen Saft aber noch nicht eingebüßt hat, was je nach der Größe des betreffenden Bratens 1½-2 Stunden dauert.

KRUSTE FÜR ROASTBEEF

„Man mischt gestoßenen Zwieback, 4 Eidotter und etwas Parmesankäse durcheinander, bestreicht das Fleisch, wenn es gahr ist, einen Finger dick damit, und läßt es unter einem Tortendeckel etwas braun werden. Zur Sauce giebt man Bouillon und eine gute Portion Parmesankäse.“ 1853

KRÄUTERROASTBEEF

1 kg Roastbeef mit Schwarte, 2 Knoblauchzehen, Salz, 1 Zwiebel, ½ Gläschen grüner Pfeffer, 2 Bd. Petersilie, Basilikum, Thymian, 2 TL französischer Senf, 1 TL Selleriesalz, 6 EL Öl

Schwarte kreuzweise einschneiden. Die Schnitte sollten bis aufs Fleisch gehen, damit die Gewürze gut einziehen können, aber auch nicht zu tief, damit nicht zuviel Saft verlorengeht. Knoblauchzehen in Scheiben schneiden und mit Salz fein zerreiben. Zwiebeln, grünen Pfeffer und die Kräuter feinhacken. Alles mit Senf, den restlichen Gewürzen und dem Öl zu einer pastenartigen Masse verarbeiten. Diese auf die Fettschwarte des Roastbeefs und auf die Seiten verstreichen. Fleisch mit der Schwarte nach oben auf den Bratenrost legen. Fettpfanne unterstellen. Im Ofen bei 220 Grad je nach Dicke des Fleischstücks 40 bis 45 Minuten braten. Abgekühlt in nicht zu dünne Scheiben schneiden.

ROASTBEEF MIT SALZKRUSTE

1 kg Roastbeef, 350 g grobes Meersalz

Das Fleischstück rundherum befeuchten, in Salz wälzen, wieder mit Wasser bespritzen und das restliche Salz möglichst gleichmäßig fest andrücken. Im Backofen bei mittlerer Hitze braten, das Fleisch danach eine Stunde stehenlassen. Danach läßt sich die Kruste abheben, das Fleisch ist wunderbar aromatisch.

EIERKUCHEN ZU RINDERBRATEN

Wahrscheinlich kam die Idee aus England, zum Braten eine gebäckähnliche Beilage herzustellen. Was dort der Yorkshire-Pudding ist, wurde in deutschen Hafenstädten zum Eierkuchen. Eine sehr interessante und wohlschmeckende Beilage, die es verdient, der Vergessenheit entrissen zu werden. Ein Originalrezept, das kurz vor der Jahrhundertwende aufgeschrieben wurde:

4 Eier, Salz, 1 EL Mehl, 6 EL Sahne, 1 EL Butter, Bratenfett

„Die Eier mit dem Salz gut verquirlen. Mehl mit Sahne zu einem Brei rühren, dann mit den Eiern vermischen. Eine Pfannkuchenpfanne mit Butter ausstreichen, erhitzen, den Teig hineingeben. Im Ofen backen. Mehrmals einige Löffel vom heißen Bratenfett über den Eierkuchen träufeln, damit dieser aufgeht und schön braun wird.
Den Eierkuchen erst 20 Minuten vor Ende der Garzeit des Bratens in den Ofen geben, da er sofort serviert werden sollte." 1898

OCHSENFILET, GARNIERT

2 kg Fleisch, 60 g Butter, 625 ml Rahm, 500 g Morcheln, ½ TL Salz, Weizenmehl, junge Erbsen, Karotten, große Bohnen, Blumenkohl

„1 Filet von 2 kg muß recht fein im Faden sein. Das gespickte Filet belegt man mit 1 Kochlöffel Butter und brät es im nicht zu heißen Ofen unter fleißigem Begießen und Umlegen im ganzen 45 Minuten, in den letzten 10 Minuten muß der Ofen heißer werden. Dann gießt man ½ Ltr. sauren Rahm über das Filet. Nach den 10 Minuten gießt man die Sauce vollständig ab, legt das Filet auf eine Platte und gießt in die leere Pfanne noch ¼ Ltr. Rahm. Unter immerwährendem Rühren kocht man den angebratenen Fleischsaft los. Diese Flüssigkeit gießt man zu der Rahmsauce, gibt die geputzten Morcheln und dann nach Geschmack ½ Teelöffel Salz an die Sauce und macht sie nun, wenn nötig, mit etwas angerührtem Weizenmehl sämig. Auch wird die Sauce schmackhafter, wenn man beim 1. Aufkochen das Fett abnimmt und sie noch 3-4 Min. ohne Deckel langsam kochen läßt. Nachdem der Braten aus dem Ofen, deckt man den Braten mit einem Tuche zu und stellt ihn 10 Min. beiseite. Würde man ihn sogleich anschneiden, läuft der Saft aus. Auch muß der Braten einmal in dieser Zeit auf die andere Seite gelegt werden, damit der Fleischsaft besser durchzieht. Beim Anrichten legt man das tranchierte Filet auf einen Brotsockel und umlegt ihn mit gedünsteten Gemüse und garniert mit neuen gestobten Vierländer Kartoffel."

1910

STEERTSTÜCK, GESCHMORT
für 8 Personen

2 kg Steertstück (Schwanz-Keulen-Stück), Pfeffer und Salz, 2 EL Butter, 1 Bund Suppengrün, 2 Zwiebeln, 1-2 EL Mehl, 1 Glas Rotwein

Das Steertstück mit Pfeffer und Salz einreiben, von allen Seiten in Butter scharf anbraten, etwas Wasser auffüllen und abdecken. Das Fleisch langsam garschmoren. In der letzten halben Stunde das kleingeschnittene Suppengrün und die grobgehackten Zwiebeln zugeben und mitschmoren lassen.
Das Fleisch herausnehmen und warmstellen. Bratenfond durchseihen, mit Mehl andicken und mit dem Rotwein löschen. Weitere 10 Minuten bei mittlerer Hitze ziehen lassen, nicht mehr kochen. Sauce getrennt zum Braten reichen.

KRÄUTERSCHMORBRATEN

1 kg Rindfleisch (Fehlrippe, Unter- oder Oberschale),
75 g Mehl, 3 EL Rindertalg, 100 g Schalotten, 1 Bd. Petersilie, Thymian, Basilikum,
1 Röhrchen Kapern, 60 g Butter, 125 ml Bouillon, Pfeffer, Salz, Zitronensaft

Fleisch in Form binden. Mehl in das Fleisch hineinklopfen, bis es keines mehr aufnimmt. Talg in schwerer Casserolle auslassen, das Fleisch darin von beiden Seiten insgesamt 30 Minuten braunbraten. Fleisch herausnehmen, Fett aus der Pfanne gießen. Butter schmelzen, gehackte Schalotten, Kräuter und Kapern darin andünsten, mit Bouillon ablöschen. Fleisch pfeffern und salzen, wieder in die Kasserolle zu den Kräutern geben und ca. 75 Minuten weichschmoren.
„Vor dem Anrichten gebe man ein wenig Citronensaft daran, doch darf das Fleisch nicht zuviel Sauce haben."

EIN KLOPS VON RINDFLEISCH

600 g Ochsenlende, 40 g Butter, ⅛ l Wasser oder Bouillon,
4-6 dünne Scheiben von 1 unbehandelten Zitrone, 1 Glas Rotwein

„Man nehme ein mageres Stück Rindfleisch, schneide es in dünne Scheiben, klopfe sie mit dem Rücken des Hackmessers recht mürbe, thue sie in einen Tiegel, nehme ein wenig Butter dazu, lasse es mit ein wenig Salz und so viel Wasser, daß es über dem Fleische steht, auf Kohlen sachte schmoren, thue auch Citronenscheiben und ein Glas Wein dazu. Es muß ganz braun aussehen, und kann in zwei Stunden gut seyn." 1853

RINDFLEISCH-NIERENPIE MIT AUSTERN

1 kg Rindfleisch (Fehlrippe), 300 g Rinderniere, 12 bis 18 Austern,
schwarzer Pfeffer aus der Mühle, Salz, 30 g Butter, 175 g Zwiebeln, 1 EL Mehl,
175 g Champignons, Rinderbrühe, Worcesterhire- oder Sojasauce,
1 Paket Tiefkühlblätterteig, 1 Ei

Das Fleisch in Würfel, die Niere in Scheiben schneiden, Fett und Haut entfernen. Fleisch mit Pfeffer und Salz würzen und in Butter schnell anbraten. Mehl unterrühren und kurz anschwitzen, bis es das Fett aufgenommen hat. Die Austern mit ihrer Flüssigkeit, die in Scheiben geschnittenen Champignons und so viel Flüssigkeit zugeben, bis die Sauce cremig ist. Mit Pfeffer und Salz und etwas Worcestershire- oder Sojasauce abschmecken. Die Mischung

in eine Pie-Form geben. Den Rand mit einem Teigstreifen belegen, anfeuchten, einen Teigdeckel auflegen. Mit Teigblättern garnieren und mit dem verquirlten Ei bestreichen. Im Backofen bei 150 bis 170 Grad 2 Stunden backen. Sollte der Teigdeckel braun werden, mit Pergamentpapier abdecken.
Man kann die Zubereitung etwas variieren, indem man die Füllung 1 Stunde im geschlossenen Schmortopf gart und einige Zeit oder über Nacht abkühlen läßt. Die Füllung dann in die Form geben, mit Teig belegen und 30 Minuten bei 190 Grad backen. Bei der ersten Zubereitungsart kann sich das Aroma besser entfalten. Bei der zweiten läßt sich die Garstufe des Fleisches leichter feststellen. Rindfleisch ist sehr oft verschieden zäh und benötigt daher unterschiedliche Garzeiten.
Rindfleisch und Nieren können auch durch in Stücke geschnittenes Kaninchenfleisch und etwas fetten Speck ersetzt werden. Bei einem ausgewachsenen Kaninchen muß dabei die Garzeit etwas länger sein.

SENATORENTOPF

1 kleines Kalbs-, Rind- und Schweinefilet, 4 EL Butter, 1 EL Mehl, Pfeffer, Salz, 250 g frische Pfifferlinge, 50 g Butter, 1 Zwiebel, 4 kleine geschälte Tomaten, 1 TL Petersilie

Filets pfeffern und salzen, in Mehl wenden und in heißem Fett auf beiden Seiten kurz anbraten. Pfifferlinge in Butter weichdünsten, die feingehackte Zwiebel und die Tomaten zugeben, mit Pfeffer und Salz abschmecken und mit andünsten. Die Filets in einer Kasserolle mit Bratenfond übergießen, Pfifferlinge, Zwiebeln und Tomaten darübergeben, mit gehackter Petersilie bestreuen und im Ofen kurz aufwärmen.

RINDERSCHMORBRATEN MIT ROTEN RÜBEN

1 kg Rindfleisch, mager (Hüfte oder Mittelbug), 2 EL Rindertalg, 1 Zwiebel, 125 ml Rotwein, 4 EL Rotweinessig, 8 Wacholderbeeren, 8 Pigmentkörner, 2 TL Zucker, 8 kleine rote Rüben, Pfeffer aus der Mühle, Salz, 2 EL saure Sahne, 2 TL Senfpulver, 2 EL Meerrettich

Das Rindfleisch in 2 bis 3 cm große Würfel schneiden. Talg in einem Schmortopf zerlassen, Fleischwürfel darin von allen Seiten braun braten, herausnehmen. Die Hitze reduzieren, Zwiebelringe zugeben und weichdünsten. Wein und Essig angießen und zum Kochen bringen. Die zerdrückten Wacholderbeeren und Pigmentkörner, Zucker, Fleisch und die geschälten und halbierten roten Rüben zugeben. Mit Pfeffer und Salz abschmecken und abgedeckt im Backofen bei 170 Grad 1½ Stunden schmoren. Vor dem Servieren saure Sahne, Senfpulver und geriebenen Meerrettich unterrühren.

HAMBURGER SAUERBRATEN

750 g Rindfleisch aus der Keule, 500 ml Wasser, 250 ml Weinessig, 1 Zwiebel, 1 Mohrrübe, 1 Stück Sellerie, 1 Petersilienwurzel, 3 Pigmentkörner, 3 Pfefferkörner, 1 Nelke, 1 Lorbeerblatt, Salz, 50 g Speck, Schmalz, 125 ml Sahne, 1 TL Mehl

Fleisch kurz waschen und in einen Steintopf legen. Wasser, Essig, die in Scheiben geschnittene Zwiebel mit dem grobgehackten Gemüse und den Gewürzen aufkochen und abkühlen lassen. Über das Fleisch geben und 3 bis 5 Tage ziehenlassen. Das Fleisch aus der Beize nehmen und abtrocknen. Braten mit Speckstreifen spicken, in heißem Schmalz von allen Seiten anbräunen und mit etwas verdünnter Marinade aufgießen. Im Backofen bei 220 Grad in 1½ bis 2 Stunden garen, dabei häufig begießen. Die Sauce mit dem in Sahne angerührtem Mehl binden und abschmecken. Sauerbraten in Scheiben geschnitten mit der Sauce übergossen servieren.

GEPÖKELTE OCHSENBRUST

750 g gepökelte Ochsenbrust, 1½ l Wasser, 1 große Zwiebel, 1 Lorbeerblatt, 5 Pfefferkörner, 5 Pigmentkörner, 1 Petersilienwurzel, 1 Stange Lauch (100 g), 1 Bd. Petersilie, 120 g geriebener Meerrettich, 6 EL Sahne

Ochsenbrust mit kaltem Wasser abspülen und abtropfen lassen. Wasser mit der geschälten Zwiebel, dem Lorbeerblatt und den Gewürzen aufkochen, Ochsenbrust zugeben und zum Kochen bringen. Mehrmals abschäumen. Petersilienwurzel und Lauch zugeben und 1½ Stunden bei mittlerer Hitze kochen lassen. Fleisch in Scheiben schneiden und mit etwas Brühe übergossen warmstellen. Feingehackte Petersilie mit Meerrettich und Sahne mischen und über das Fleisch geben. Sofort servieren.
Als Beilagen schmecken Kronsbeer- oder Kürbiskompott, Senfgurken oder Rote Bete, auch geschmorte Birnen. Und in jedem Fall Salzkartoffeln. Vorher schmeckt eiskalter Klarer und dazu ein Glas Bier.

HAMBURGER STEAK, GARNIERT

600 g Beefsteakhack, Pfeffer, Salz, 4 Eigelb, 2 EL Butter, 4 Toastscheiben, Butter, 3 große Zwiebeln, 3 große Tomaten

Das Beefsteakhack mit Pfeffer und Salz würzen, nach und nach die Eigelb zugeben, alles gut vermischen. 4 Steaks daraus formen. Butter auslassen und das Fleisch darin kroß braten. Toastscheiben mit Butter bestreichen, Steaks darauf anrichten und mit geschmorten Zwiebeln und Tomatenscheiben garnieren.

Vom Kalb

KALBSBRATEN MIT SAHNE

1,5 kg Kalbsbraten (Rücken- oder Sattelstück mit 1 Niere ohne Nierenfett und ohne Lendchen – vom Schlachter vorbereiten lassen), 1 l Buttermilch zum Einlegen, ½ l Rahm (Crème fraîche), ⅛ l Bouillon, 60 g Butter, Zitronensaft, Pfeffer, Salz

„Das Rippenstück oder den Nierenbraten, den man hierzu verwendet, legt man mehrere Tage vor der eigentlichen Zubereitung in saure Milch, trocknet ihn ab und läßt ihn in einer Pfanne mit Butter nebst ein wenig Wasser eine Stunde braten. Hierauf läßt man den Braten, indem man nach und nach 4-5 Tassen dicke Sahne hinzugießt, vollends gar und goldbraun werden, rührt die Bratenjüs mit dicker Sahne und Bouillon von der Pfanne los, kocht sie, nachdem man sie noch mit etwas Citronensaft geschärft hat, kurz ein und gießt die Hälfte davon in eine Sauciere und die andere Hälfte über den Braten.“ 1908

KALBSFILET, GETRÜFFELT
für 10 Personen

2 kg Kalbsfilet, 125 g Trüffeln, Fleischfett, 500 ml Knochenbrühe, Maizenamehl, ½ TL Salz

„Die Trüffeln in das Fleisch schieben, das Filet mit einem Bindfaden zusammenschnüren, mit viel Fleischfett ansetzen und im nicht zu heißen Ofen 45 Minuten braten. Dabei oft begießen und einige Male umdrehen. Das Fett abgießen, Knochenbrühe über das Fleisch geben und 5 Minuten bei mittlerer Hitze im Ofen braten. Die Brühe abgießen und entfetten. mit etwas angerührtem Mehl andicken, mit Salz abschmecken. Die Sauce soll dunkel sein, pikant und kräftig schmecken.“ 1910

MALTRÄTIERTE KALBSKEULE

1,5 kg Kalbskeule, ½ l Essig, 1 l Wasser, 1 Zwiebel, 4 Nelken, 3-4 Thymianzweige, 2 Lorbeerblätter, 5 Pimentkörner (englisches Gewürz), 5 Pfefferkörner, 250 g Sardellen, ½ l gutes Olivenöl, 1 Zitrone

„Das Fleisch wird vom Knochen abgelöst und alle Häute und Sehnen entfernt, in warmem Wasser abgewaschen und stark geklopft. Man rollt es, so fest es irgend geht, und umwickelt es mit Bindfaden. Diese Rolle kocht man 2-3 Stunden in ½ l Essig und 1 l Wasser, gespickter Zwiebel, Thymian, Lorbeerblätter, englischem Gewürz und Pfefferkörnern. Zugedeckt abkühlen lassen. Am besten 2 Tage vor Gebrauch bereiten. Zum Gebrauch schneidet man das Fleisch in dünne Scheiben, die man wieder aneinander legt und gießt folgende Sauce darüber: ½ Pfund Sardellen, feingewiegt, ½ Pfund feines Öl und Saft von einer Zitrone, die Sauce muß weiß und dicklich sein, (einige Zeit rühren). Dies gießt man dick auf das Fleisch und zwar am besten einige Stunden vor dem zur Tafel geben.
Das ganze hat Ähnlichkeit mit frisch geräuchertem Lachs! (Es ist bequem als Eingangs- oder Zwischengericht, da man es vorher alles zubereiten kann)."

Aus dem handgeschriebenen Kochbuch meiner Mutter 1908

KALBSFRIKASSEE

750 g Kalbfleisch, 40 g Butter, 3 EL Mehl, 250 ml Brühe, ¼ bis ½ Knolle Sellerie, geriebene Muskatnuß, Salz, evtl. etwas Knoblauch, etwas Maggi

Das in Würfel geschnittene Fleisch in Butter von allen Seiten gut anbraten. Mit Mehl bestäuben. Mit Brühe auffüllen und 45 Minuten bei geringer Hitze schmoren. Die geschälte feingewürfelte Sellerie hinzugeben und noch 15 bis 20 Minuten garen. Mit den Gewürzen abschmecken.

KALBSFRIKANDEAU

1,5 kg Kalbfleisch, 150 g gekochter Schinken in Scheiben, 150 g fetter Speck in dünnen Scheiben 5 Scheiben durchwachsenen Speck, 1 Zwiebel, 1 Möhre, schwarze Pfefferkörner, Wacholderbeeren, 1 l Kalbsbrühe, 2 Kalbsfüße, zerhackt, 250 ml Weißwein, 3 Zitronenscheiben, 100 ml Weinessig, Salz

Kalbfleisch häuten und rundherum klopfen. Im Abstand von etwa 3 cm fingerdicke Löcher einstechen und abwechselnd mit einer Scheibe zusammengerolltem Schinken und einem

Streifen fetten Speck füllen. In eine Schmorpfanne nacheinander durchwachsenen Speck, die in Scheiben geschnittene Möhre und die Gewürze geben, darauf die Kalbsbrühe gießen und die zerhackten Kalbsfüße darüber verstreuen. Weißwein und Weinessig angießen, die Zitronenscheiben hineinlegen. Etwas Salz überstreuen. Das Fleisch drauflegen und gut abgedeckt drei Stunden bei geringer Hitze garen lassen. Einige Male begießen. Nicht kochen, da das Fleisch sonst hart wird.
Vorsichtig herausnehmen und abkühlen lassen. Bratensaft durch ein Sieb passieren, Fett entfernen. Das abgekühlte Kalbfleisch mit dem Bratensaft begießen, bis es mit einem braunen Gelee überzogen ist. Den übrigen Bratensaft auf einem Teller erstarren lassen, in kleine Stücke schneiden und den Kalbsbraten damit garnieren.

KALBSSTEAK „ALSTERPAVILLON"

4 Kalbsrückensteaks, Butter zum Braten, 4 Scheiben gekochter Schinken, 250 g frische Champignons, 250 g Spargelspitzen, 250 g feine Erbsen, 4 kleine Blätterteigpasteten, Pfeffer, Salz, Sauce Hollandaise

Steaks mit etwas Pfeffer bestreuen und in Butter von beiden Seiten anbraten. Salzen und warmstellen. In einem anderen Topf die in Scheiben geschnittenen Champignons und den gewürfelten Schinken zusammen dünsten. Spargelspitzen und Erbsen getrennt zubereiten. Sauce Hollandaise vorbereiten. Die Schinkenchampignons und Spargelspitzen schichtweise auf den Steaks verteilen, mit Sauce Hollandaise überziehen und im Ofen kurz überbacken. Die erhitzten Pasteten mit den Erbsen füllen und zu den Steaks servieren.

LÜBECKER SCHWALBENNESTER

4 Scheiben Kalbfleisch à 150 g, 4 Scheiben roher Schinken, 4 Scheiben Speck, 4 Eier, Olivenöl, 2 EL Weizenmehl, 2 EL saure Sahne, Salz

Jede Fleischscheibe mit einer Scheibe Schinken und einer Scheibe Speck sowie einem hartgekochten, gepellten Ei belegen. Von der schmalen Seite her aufrollen und mit einer Bratennadel oder Zwirn zusammenhalten. In erhitztem Olivenöl von allen Seiten gut anbraten. Etwas heißes Wasser zugeben, die Rouladen etwa eine Stunde schmoren lassen, dabei gelegentlich wenden und verdampfende Flüssigkeit ersetzen. Bratennadeln oder Zwirn entfernen, Fleisch in Hälften schneiden und auf einer Fleischplatte anrichten. Warmstellen. Bratensatz mit etwas Wasser auffüllen, mit angerührtem Mehl binden. Saure Sahne unterrühren, mit Salz abschmecken und getrennt zum Fleisch reichen.

SPANFERKEL, GEBRATEN

1 Spanferkel, ca. 5 kg, ausgenommen, Lunge, Herz und Leber, 2 altbackene Semmeln, 3 Eier, 200 g Schalotten, 100 g Butter, evtl. 1 Knoblauchzehe, 100 g geröstete Haselnüsse und 125 ml Sherry, Thymian, Basilikum, Pfeffer, Salz, geriebene Muskatnuß oder Macis (Muskatblüte), 200 g Butter, 2-3 Bd. Petersilie, 250-500 ml Bouillon, Mehlschwitze

„Ein 14 Tage altes Spanferkel wird, wenn man es nicht schon gleich vom Schlachter vorbereitet erhält, geschlachtet, gereinigt und durch einen Ausschnitt am Bauche ausgenommen. Die Augen sticht man aus, trocknet das Ferkel sauber ab, bereitet eine Farce, indem man Lunge, Herz und Leber des Ferkels weich kocht, fein hackt und mit eingeweichter und wieder trocken ausgedrückter Semmel, einigen Eiern, feingewiegten Chalotten, geschmolzener Butter, gehacktem Thymian, Basilikum, Pfeffer, Salz und Muscatblüthe durchrührt und füllt mit der Farce den Bauch des Ferkels. Dieses setzt man nun mit nach unten gebogenen Füßen auf die in der Pfanne befindlichen Röste, befestigt es in dieser Stellung und läßt es bei starker Ofenhitze braten. Anfangs begießt man es mit etwas heißem Wasser, wischt den Saft, den es ausschwitzt, mit einem Tuche stets sauber ab und bratet es später unter häufigem Begießen mit Butter braun und knusprig. Beim Anrichten garnirt man das ganze Ferkel, hauptsächlich aber Kopf und Ohren, mit Büscheln grüner Petersilie und steckt links und rechts eine Citrone in den Rüssel. Man bereitet die Sauce, indem man den Bratensatz mit ein wenig Bouillon von der Pfanne losrührt und mit etwas weißer Mehlschwitze und reichlich Jüs sämig kocht.“ 1879

KASSELER IM TEIG

700 g Kasseler ohne Knochen, 2 Gläser trockener Weißwein, ½ Tasse Tomatenpüree, 125 g geriebener Käse, Majoran, Basilikum, Pfeffer, Salz, 300 g Tiefkühlblätterteig, 1-2 Eigelb

Das Fleisch in Weißwein ca. 40 Minuten dünsten (nicht kochen lassen), dann im Wein erkalten lassen und herausnehmen. Tomatenpüree und geriebenen Käse in den Weinsud geben und unter Rühren aufkochen lassen, mit Gewürzen abschmecken. Blätterteig auftauen und zu 2 Teigplatten (etwas über Fleischgröße) ausrollen. Backblech mit Wasser abspülen und eine Teigplatte auflegen, mit Tomaten-Käse-Mischung bestreichen. Fleisch mit der Fettseite nach oben auflegen und rundherum mit der Mischung bestreichen. Zweite Teigplatte auflegen, die Ränder der Teigplatte mit Wasser bestreichen und fest zusammendrücken. Zwei Pergamentpapierröllchen formen und in die Oberseite des Teiges stecken, damit der Dampf entweichen kann. Man kann auch aus den Teigresten kleine Verzierungen ausstechen und diese aufsetzen. Teig mit Eigelb bestreichen. Im Backofen bei 200 Grad auf der zweituntersten Schiene 40 Minuten backen.

Vom Schwein

SCHWEINEFILETS, WIE WILD ZUBEREITET

600 g Schweinefilet in dicken Scheiben, ¼ l Essig, Saft und Schale von 1 unbehandelten Zitrone 3 Pimentkörner, 2 Lorbeerblätter, 1-2 Zwiebeln (in Scheiben), Salz, 5 Wacholderbeeren, 100 g Butter, ⅛ l Fleisch- oder Wildbrühe (statt Jüs oder Fond)

„Die von Haut und Fett befreiten Filetscheiben läßt man mehrere Tage in einer Marinade von Essig, Citronensaft, Citronenschale, Gewürz, Lorbeerblättern, Zwiebeln, Salz und einigen Wacholderbeeren liegen, spickt sie recht fein und legt sie mit einem kleinen Theil der Marinade in eine Casserole; ist die Marinade ziemlich eingekocht, so gießt man so oft braune Butter hinzu und läßt diese immer wieder einkochen, bis die Filets darin langsam gar geworden sind; die entfettete Sauce kocht man mit etwas Jüs, womöglich Wildfleischjüs durch und giebt sie zu den Filets." 1879

SCHWEINENACKEN, PIKANT

1 kg Schweinenacken, 3 EL Öl, 4 mittelgroße Zwiebeln, ½ Sellerieknolle, 4 mittelgroße Wurzeln, 2 Scheiben Schwarzbrot, 3/8 l Rotwein, ¼ l Wasser, Salz

Vom Schlachter den Knochen aus dem Schweinenacken auslösen lassen. Das Öl stark erhitzen, das gewürfelte Fleisch darin rundherum anbraten. Kleingewürfelte Sellerie, Wurzeln und Zwiebeln zufügen und anschmoren. Mit Wasser und Rotwein auffüllen, das gebröselte Schwarzbrot zugeben, salzen und kurz aufkochen lassen. Alles in eine feuerfeste Form geben, im Backofen bei guter Mittelhitze 45 Minuten backen. Nach Bedarf noch etwas Flüssigkeit zufügen.

KRÄUTERRIPPCHEN MIT SCHWIPS

350 g Backpflaumen ohne Stein, ¾ l Portwein, 1 EL Butter, 750 g dicke Schweinerippe, 4 EL Sojasauce, 2 EL Curry-Ketchup, 1 Messerspitze Knoblauchpulver, 1 Messerspitze Ingwerpulver, 2 TL Sherry dry, 1 TL Majoran, 1 TL Thymian, 1 TL Rosmarin, 1 TL Basilikum, ½ TL Oregano

Backpflaumen in Portwein drei bis fünf Stunden einlegen, dabei abdecken. Schweinerippchen in längliche Streifen schneiden (evtl. vom Schlachter machen lassen), in einer Marinade aus Sojasauce, Curry-Ketchup, Knoblauchpulver, Ingwerpulver und Sherry einige Stunden ziehenlassen. Dabei mehrmals wenden. Die gut durchgezogenen Rippen mit den getrockneten Kräutern rundum bestreuen. Im Grill von jeder Seite in 6 bis 7 Minuten knusprig braun braten. (Im Backofen bei höchster Stufe dauert das etwas länger.)
In der Zwischenzeit die auf Haushaltspapier abgetropften Pflaumen in 1 EL Butter in der Pfanne kurz erhitzen. Die fertigen Rippchen auf einem Servierteller geben und die Pflaumen darum verteilen. Als Beilage schmeckt Kartoffelpüree mit gebratenem Speck und Zwiebelringen.

GEFÜLLTER SCHWEINEBAUCH

1kg magerer Schweinebauch, Pfeffer, Salz, 250 g Backpflaumen ohne Stein, 3 bis 4 Äpfel, einige Gewürznelken, 1 Becher saure Sahne

Vom Schlachter eine Tasche in den Schweinebauch schneiden lassen. Das Fleisch von innen pfeffern und salzen. Die eingeweichten Pflaumen und die geschälten, in Stücke geschnittenen Äpfel in die Tasche geben und diese zunähen oder zustecken. Die Fettseite mit einem scharfen Messer kreuzweise einritzen und mit Nelken spicken. Das Fleisch auf die Bratenpfanne des Backofens geben, mit etwas kochendem Wasser übergießen und 90 Minuten im heißen Ofen braten lassen. Den Bratensatz entfernen und mit saurer Sahne verfeinern.

FLEISCHROLLE

300 g Rinderrouladenfleisch (1 Scheibe), 250 g Schweinefilet, 200 g Kalbsfilet, Pfeffer, Salz, Majoran, Pflanzenfett zum Braten, 5 Schalotten, 1 Lorbeerblatt, 1 Stück geräucherte Schweineschwarte, 1 EL Rum, 125 ml Sahne

Das Fleisch pfeffern und salzen, die ebenfalls gewürzten Filets darauflegen und mit etwas Majoran bestreuen. Die Rolle von der schmalen Seite her aufrollen und mit Küchenzwirn umwickeln. In heißem Fett von allen Seiten braun anbraten. Schalotten schälen und mit Lorbeerblatt und Schwarte zugeben, Rum darübergeben und mit etwas Wasser aufgießen.

Abgedeckt 1½ Stunden schmoren lassen. Lorbeerblatt und Schwarte herausnehmen, den Bratensatz mit Sahne binden und nochmals abschmecken.

HEISSE SCHINKENBRÖTCHEN

4 Rundstücke (runde Brötchen), ⅛ l Milch, 200 g feingewürfelter, gekochter Schinken, 4 Eier, ½ Tasse geriebener Käse, 2 EL Butter

Rundstücke in der Mitte durchschneiden und aushöhlen. In jede Hälfte etwas Milch gießen und einziehen lassen. Auf die unteren Hälften Schinkenwürfel verteilen, jeweils ein Ei darüberschlagen und Käse darüberstreuen. Die oberen Hälften darauflegen und die zusammengeklappten Rundstücke mit geschmolzener Butter einpinseln. Auf einem Backblech etwa 8 Minuten im Backofen bei 150 Grad backen.

RUNDSTÜCK WARM
für 1 Person

1 Rundstück, 125 g kalter Schweinebraten in Scheiben, 1 Tasse Bratensauce, 1 saure Gurke, 1 Tomate

Rundstück in der Mitte durchschneiden, beide Hälften mit Fleisch belegen und mit heißer Bratensauce übergießen. Gurkenscheiben und Tomatenachtel darauf verteilen.
Der Reiz dieses einfachen Gerichtes liegt gerade in der Mischung von kaltem Fleisch und heißer Sauce.

Wildbret

Betrachtet man Rezepte aus alten Kochbüchern, so fällt auf, daß Fleisch und insbesondere Wild vor dem Braten noch gekocht wird. Das erscheint uns heute als fragwürdige Methode, denn wir wollen ja den rosig zarten Schimmer im Fleisch sehen und schmecken.

Bedenkt man aber, daß früher das Wild schon lange gelagert, transportiert und nochmals gelagert wurde, bevor es in den Topf gelangte, so kann man sich vorstellen, mit welchem „haut gout“ die damaligen Köche zu kämpfen hatten. Müssen wir heute auch in bezug auf Schlachtfleisch eher darauf achten, daß wir nicht ein allzu frisches, blutiges, d.h. ungenügend abgehangenes Stück bekommen, so stand man früher vor dem Problem, den strengen Geschmack leicht angegangener Ware zu beseitigen oder auch zu übertönen.

Obendrein gab es keine so perfektionierte Fleischbeschau und Kontrolle, so daß das Kochen und die langen Garzeiten auch aus gesundheitlichen Gründen notwendig waren. Bei den hier im Original übernommenen Rezepten sei es ins Belieben des erfahrenen Kochs gestellt, die Bratdauer entsprechend dem eigenen Geschmack abzukürzen.

HIRSCHRÜCKEN, GEBACKEN

„Man wasche den Rücken recht sauber, stutze ihn an allen Seiten gut zu, umschnüre ihn mit Bindfaden und koche ihn in Wasser mit Wurzelwerk, einer Zwiebel, Gewürz und einigen Lorbeerblättern weich. Dann bereitet man aus geriebenem Brod, Zucker, gestoßenen Zimmet, Nelken, feingehackter Citronenschale und geschmolzener Butter einen glatten Teig, trocknet den Rücken ab, bestreicht ihn mit zerschlagenem Ei und dann 2 Finger dick mit dem Teig und backt ihn in einer Pfanne mit geschmolzenem Fett im Ofen gelbbraun. Beim Anrichten begieße man den Braten mit einer Frucht- oder Wein-Sauce, zu deren Bereitung man auch etwas Schwarzbrodrinde verwende.“ 1879

NEUES REZEPT:

Beize:

½ l Buttermilch, 5 zerdrückte Wacholderbeeren, 3 Pfefferkörner, 1 Lorbeerblatt, Saft und Schale von ½ unbehandelten Zitrone

Braten:

2 kg Hirschrücken, 100 g durchwachsener Speck, Pfeffer, Salz, 30 g Butter

Kruste:

300 g Semmelbrösel,1 EL Zucker oder Honig, ¼ TL Zimt, 1 Msp. Nelken, gemahlen, Schale von ½ Zitrone, 60 g Butter, 1 Ei

Den gehäuteten Hirschrücken in der Beize 24 Stunden marinieren. Herausnehmen und abtrocknen. Speck in Streifen schneiden, im Bräter auslassen. Speckstreifen herausnehmen und den mit Pfeffer und Salz eingeriebenen Rücken im Speckfett anbraten. Dann mit Butterflöckchen und Speckstreifen belegen und 30 Minuten garen, dabei ab und zu mit Bratfond begießen. In der Zwischenzeit die Zutaten für die Kruste zu einem glatten Teig verarbeiten. Den abgetropften Rücken (Speckstücke entfernen) mit dem Teig bestreichen und nochmal 30 Minuten im Ofen überbacken. Derweil aus dem entfetteten Bratensatz mit Sahne und Wein eine Sauce bereiten.

HIRSCHKEULE MIT BLUMENKOHL

1 Hirschkeule, ca. 1,5-2 kg, 100 g fetter Räucherspeck

Beize:

½ l Rotweinessig, ¼ l Wasser, 1 Petersilienwurzel, 2 Möhren, 1 Zwiebel in Scheiben, Thymian, Rosmarin, 1 Lorbeerblatt, 3 Pimentkörner, 3 Pfefferkörner, (alles zusammen einmal aufgekocht und heiß über die Keule gegossen) 300 g Butter, ¼ l Bouillon, 2-3 EL Mehl, 1 großer Blumenkohl

„Die sauber gewaschene und gespickte Hirschkeule läßt man mehrere Tage in einer Marinade von Essig, Kräutern, Wurzeln und Gewürz liegen, legt sie darauf in ein passendes Gefäß und kocht sie mit einem Theile der Marinade kurz ein; dann fügt man 30 Neuloth zerschmolzene Butter hinzu und schmort die Keule bei starkem Feuer unter fleißigem Begießen gar. Nun rührt man die Jüs mit einer halben Tasse Bouillon von dem Gefäß los, vermische sie nach dem Entfetten mit brauner Butter und koche sie mit 2-3 Eßlöffeln voll glattverquirltes Mehl sämig. Vorher kocht man Blumenkohl in Bouillon oder Salzwasser gar, schneidet darauf die einzelnen Röschen von einander und schichte sie rings um die auf der Schüssel liegende Keule, worauf man Alles mit der Sauce übergießt.“ 1908

REHRÜCKEN, GEBRATEN

1-2 Rehrücken, 100 g Speck, 40 g Butter, 2 Zwiebeln, 2 Karotten, ¼ l Rotwein, Pfeffer, Salz, 5 Wacholderbeeren, 1 Saucen-Lebkuchen, ¼ l saure Sahne

Rehrücken enthäuten, mit Speckstreifen spicken und mit Butter bestrichen im Ofen anbraten. Die grob zerkleinerten Zwiebeln und Karotten zufügen, mit etwas Rotwein angießen, mit Pfeffer und Salz und den zerdrückten Wacholderbeeren würzen. Unter häufigem Begießen mit dem Bratensud bei mittlerer Hitze garen, je nach Größe 40 bis 50 Minuten.
Den Bratenfond mit Rotwein aufgießen, mit Lebkuchen andicken und durch ein Sieb passieren. Saure Sahne zufügen und alles etwas einkochen lassen. Süßsauer abschmecken.

REHBRUST, ÜBERBACKEN

1-1,5 kg Rehbrust, 3 Zwiebeln, 3 Lorbeerblätter, Salz, evtl. 1 Bouquet garni, 300 g Schwarzbrot, 5 Nelken, im Mörser zerstoßen, Saft von 1 Zitrone, evtl. auch etwas abgeriebene Schale, 150 g Butter

„Die Brust wird sauber abgewaschen, mit so vielem Wasser zu Feuer gesetzt, daß sie ganz damit bedeckt ist und, nachdem man sie abgeschäumt hat, mit einigen Zwiebeln, etwas Salz und Lorbeerblättern gar gekocht. Dann nimmt man sie heraus, legt sie auf eine Schüssel, bestreut sie 2 Finger hoch mit geriebenem Schwarzbrod, welches man mit gestoßenen Nelken vermischt hat und drückt Zitronensaft darüber. Hierauf legt man die Brust in eine Tortenpfanne, giebt reichlich Kohlen auf den darüber liegenden Deckel und bratet sie unter fleißigem Begießen mit brauner Butter in 2 Stunden recht braun.“ 1908

RAGOUT VOM REH MIT SÜSSER BRÜHE

750 g Rehfleisch aus der Keule, 60 g Butter, ¼ l Wein, 2 EL Essig, 4 Scheiben von 1 unbehandelten Zitrone, Pfeffer, Salz, gemahlenes Piment, gemahlene Nelken, 1 Prise Zimt, 60 g Zucker

„Man schneide das abgebratene Wild in kleine Stücke, einen Finger lang und dick, nachher mache man braune Butter und schwitze das Fleisch so lange darin, bis es Couleur bekommt, dann gieße man die Butter herunter und mache andere braune Butter daran; nachher gieße man Wein und Essig darauf, nebst Citronen, feinem Gewürz und Zucker, damit lasse man es kurz einkochen und richte es an.“ 1879

REHSTEAK DIANA

8 aus dem Filet geschnittene Rehsteaks, Pfeffer, Salz, 3 EL Butter, 4 geröstete Weißbrotscheiben, Salmi von Wildabfällen, Sauce Diana

Die daumendick geschnittenen Steaks etwas mit dem Handballen weichdrücken, gründlich mit Pfeffer und Salz einreiben und in heißer Butter auf beiden Seiten nicht ganz durchbraten. Warmhalten. Die gerösteten Weißbrotscheiben mit dem Wildsalmi bestreichen. Die Steaks darauflegen, mit der Sauce Diana überziehen.

SALMI VON WILDABFÄLLEN

300 g sehr fein gehacktes und durch den Wolf gedrehtes Wildfleisch, Pfeffer, Salz, 3 Tassen dukle Mehlschwitze, 2 feingehackte Schalotten, ½ Tasse Weißwein

Das Wildfleisch pfeffern und salzen. Die braune Mehlschwitze würzen, das Fleisch und die Zwiebeln hineingeben. Langsam unter häufigem Rühren etwa 10 Minuten auf ein Drittel der Flüssigkeit einkochen lassen. Mit dem Wein abschmecken. Ist die Farce noch zu dünnflüssig, noch etwas einkochen lassen.

DIANASAUCE:
Pfeffersauce mit ungesüßter Sahne, winzigen Eiweißwürfeln und Trüffelsplitterchen vollenden.

WILDSCHWEINKEULE

2 kg Wildschweinkeule, 1 Flasche Rotwein, 2 Bd. Suppenkraut, 4 Wacholderbeeren, 4 Gewürznelken, 8 Pfefferkörner, 4 Pimentkörner, 125 g Speck, 2 EL Senf, ¼ l Fleischbrühe, ⅛ l saure Sahne, 40 g Mehl

Die Wildschweinkeule in einem hohen Topf mit dem Wein übergießen. Ein Bund geputztes Suppenkraut und die Gewürze zugeben. Fleisch darin zwei Tage ziehen lassen. Keule aus der Beize nehmen, abtrocknen und mit Senf, Salz und Pfeffer einreiben. Gewürfelten Speck in der Bratenpfanne des Backofens auslassen, Fleisch darin anbraten. Nach 30 Minuten das zweite Bund Suppenkraut und nach und nach ¼ l Wein von der Beize und Fleischbrühe zugießen. Wildschweinkeule bei guter Mittelhitze noch 90 Minuten braten. Zwischendurch öfter mit Bratensaft begießen. Das Fleisch warmstellen. Bratensaft zu einem halben Liter Flüssigkeit auffüllen, kurz durchkochen und durch ein Sieb passieren. Mit saurer Sahne und Mehl binden, abschmecken.
Braten mit Rosenkohl umlegt anrichten. Sauce extra reichen. Dazu schmecken Kartoffelklöße.

WILDSCHWEINBRATEN
für 6 Personen

1500 g Wildschweinfleisch aus der Keule
Für die Beize:
1 l Buttermilch, 1 Bd. Suppengrün, 6 Wacholderbeeren, 1 Lorbeerblatt, 2 Pfefferkörner, 2 Pimentkörner, Saft einer Zitrone, ¼ l Rotwein
Außerdem:
weißer Pfeffer, Salz, 60 g Schweineschmalz, ¼ l Fleischbrühe aus Würfeln, ¼ l Rotwein, 30 g Butter, 30 g Mehl, 60 g ungesüßtes Hagebuttenmark, 1 EL Zitronensaft, 1 kleiner Becher saure Sahne
½ Bd. Petersilie

Wildschweinfleisch unter kaltem Wasser waschen. Abtrocknen. Sehnen und Fett mit einem scharfen Messer abschneiden.
Für die Beize Suppengrün putzen, waschen und feinschneiden. Mit Buttermilch, zerdrückten Wacholderbeeren, Lorbeerblatt, Pfeffer- und Pimentkörner, Zitronensaft und Rotwein in einer großen Schüssel mischen. Fleisch darin zugedeckt 24 Stunden kaltstellen. Aus der Beize nehmen und mit Haushaltspapier abtrocknen. Mit Pfeffer und Salz einreiben.

Schmalz in einem Bräter erhitzen. Fleisch darin von allen Seiten in etwa 10 Minuten braun anbraten. Mit Fleischbrühe und Rotwein begießen. Zugedeckt bei schwacher Hitze eine Stunde schmoren lassen. Fleisch aus dem Topf nehmen und warmstellen. Bratenfond durch ein Sieb gießen, ½ l abmessen und wegstellen.
Butter erhitzen, Mehl darin unter Rühren etwa 3 Minuten bräunen. Mit dem Bratenfond löschen. Fünf Minuten kochen lassen, dabei gelegentlich umrühren. Mit Hagebuttenmark, Zitronensaft, Pfeffer und Salz abschmecken. Zum Schluß die saure Sahne unterrühren. Sauce erhitzen, aber nicht mehr kochen.
Petersilie waschen und abtropfen lassen. Das in Scheiben angerichtete Fleisch damit garnieren. Sauce getrennt reichen. Dazu schmecken Apfelrotkraut und Semmelknödel sowie als Getränk ein Beaujolais.

FRISCHLINGSRÜCKEN
für 10 Personen

1 Frischlingsrücken, Pfeffer und Salz, 125 g fetter Speck in dünnen Scheiben, 1 EL Wacholderbeeren, ½ l Wasser, ⅛ l Rotwein, 1 gehäufter TL Stärkemehl, etwas Körnchenbrühe

Den gut enthäuteten Frischlingsrücken mit Pfeffer und Salz einreiben, mit Speckscheiben umwickeln und ohne Fett in der Pfanne in den auf 250 Grad vorgeheizten Backofen geben. Sobald sich Sauce bildet, die Wacholderbeeren zugeben und das Fleisch regelmäßig mit der Sauce begießen. Etwa 1 Stunde unter öfterem Wenden braten. Dann die Hitze auf 200 Grad herunterschalten und das Fett aus der Pfanne abschöpfen. Wasser und Rotwein mischen und über das Fleisch gießen. Heiß werden lassen. Das vorher abgeschöpfte Fett erhitzen, wieder über den Rücken gießen und diesen noch 5 Minuten braten.
Rücken herausnehmen und 10 Minuten mit einem Tuch zugedeckt an einem warmen Platz stehenlassen, damit sich der Fleischsaft konzentriert und beim Tranchieren nicht ausläuft. Den Bratenfond aus der Pfanne in einen Topf gießen, zum Kochen bringen, mit Stärkemehl binden, pikant abschmecken und noch 5 Minuten kochen lassen. Anstelle dieser Sauce kann man auch Orangensauce reichen.

SCHWARZWILDBRET

750 g Wildschweinfleisch (Keule oder Rücken), 1 Glas Rotwein, 1 EL Essig, 1 Zwiebel, 100 g Schalotten, 3 Nelken, 5 schwarze Pfefferkörner, ⅛ l saure Sahne, Pfeffer, Salz

„Das wildpret reinigt man, kocht es mit einem Glas Rothwein, etwas Essig, Wasser, Zwiebeln, Chalotten, Nelken, schwarzem Pfeffer und Lorbeerblättern gar, rührt gebranntes Mehl dazu und streicht das Ganze durch ein Haarsieb. Dann legt man das Fleisch wieder in die Casserole, gießt die Brühe darüber, rührt saure Sahne damit durch und läßt dies zusammen noch eine Weile kochen.“ 1830

HASE, GEBRATEN
für 4-6 Personen

1 Hase, 1 TL Salz, 1 TL Butter, ½ l saurer Rahm

„Einen großen Hasen rechnet man für 4-6 Personen. Die Hinterläufe hackt man ab, brät sie mit 1 Teelöffel Butter unter fleißigem Begießen im nicht zu heißen Ofen 10 Minuten. Der gespickte Rücken wird dann mit in die Pfanne gelegt und ebenfalls mit 1 Teelöffel Butter belegt. Man brät beides unter weiterem Begießen und Umlegen noch 15 Minuten, gießt nach und nach ½ Liter sauren Rahm über den Braten und läßt ihn hiermit noch 10 Minuten im Ofen. In den letzten 10 Minuten muß der Ofen recht heiß sein. 1 Teelöffel Salz nach Geschmack gibt man an die Sauce, wenn nötig, macht man sie mit etwas ausgerührtem Weizenmehl sämig. Kleine Hasen werden 30 Minuten gebraten.“ 1910

HASENKEULEN IN RAHMSAUCE

4 Hasenkeulen, 16 dünne Speckscheiben, 150 g Bratfett, 2 Zwiebeln, 1 Bd. Suppengrün, 2 Möhren, Öl, 1 Becher saure Sahne, 2 EL Tomatenmark, 1 EL Mehl, Lorbeerblätter, Pfefferkörner, Wacholderbeeren, Rotwein, Johannisbeergelee, 1 Orange

Hasenkeulen enthäuten und vom Fett befreien. Kurz abwaschen und abtrocknen, mit Pfeffer und Salz bestreuen und mit dünnen Speckscheiben umwickeln.
Fett in einem Bräter erhitzen, die Hasenkeulen darin 45 bis 60 Minuten – je nach Alter – braten. Nach kurzer Zeit heißes Wasser nach Bedarf zufügen und die Keulen ständig mit der Flüssigkeit begießen.

Je nach Anzahl der Keulen die Sauce separat herstellen. Grundrezept:
Kleingehackte Zwiebeln, Suppengrün und Möhren in etwas Öl anrösten. Tomatenmark, Lorbeerblätter und Wacholderbeeren zufügen. Mehl überstäuben, anbräunen und kaltes Wasser auffüllen. Ca. 20 Minuten kochenlassen, abschmecken. Dann unter ständigem Rühren saure Sahne, 2 TL Johannisbeergelee, einen kräftigen Schuß Rotwein und etwas Pfeffer zufügen. Bratensud von den Hasenkeulen zugeben und alles durch ein Sieb streichen. Bis zum Anrichten der Hasenkeulen warmstellen.
Hasenkeulen von den Speckscheiben befreien umd mit einer Orangenscheibe und einem Tupfer Johannisbeergelee verziert sofort servieren.

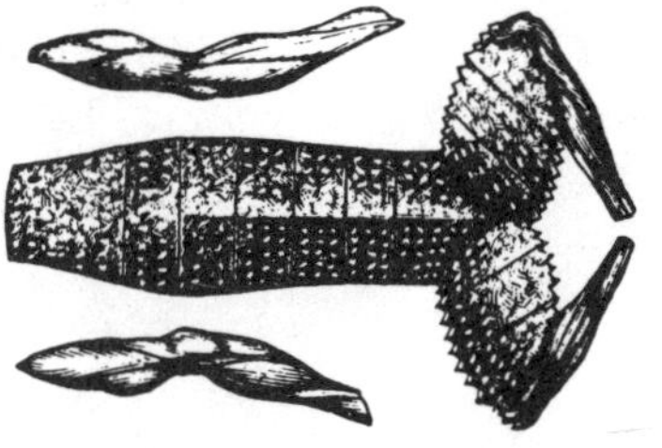

HASENSALMI

Hasen- oder Geflügelreste, ½ Kochlöffel Mehlschwitze, ⅛ l Bouillon, 1 Kochlöffel Butter, 1 TL Salz, 1/16 l Madeira

„Man verwendet Rest von Hasen oder Wildgeflügel, trennt das Fleisch von den Knochen und hackt ungefähr ½ Pfund recht fein. ½ Kochlöffel Mehlschwitze rührt man mit ⅛ l Bouillon aus, gibt das Fleisch dazu und streicht das Ganze durch ein Sieb. Nach Geschmack gibt man 1 Kochlöffel Butter und 1 Teelöffel Salz dazu, oder auch 1/16 Ltr. Madeira oder Rotwein. Das Salmi stellt man 30 Minuten vorm Anrichten auf eine runde Platte und legt dreieckig geschnittene, in Butter geröstete Brotscheiben herum. Das Gericht wird zum Frühstück verwendet. Man kann auch die frische Leber vom Hasen mit dazu nehmen." 1910

RUNDE PLÄTZCHEN ODER BRISSOLS GEFÜLLT, VON HASEN

2 Hasenrücken à 400 g, 4 EL feines Olivenöl, 2 EL Rotweinessig, 200 g Kalbsbrät aus fein gewürzten Bratwürsten, 60 g Butter

„Man häute den Hasen ab, löse das Rückenfleisch aus und schneide runde Scheiben davon; hernach marinire man sie eine Stunde in Provenceöl und Weinessig ein, klopfe nun die Platten dünne aus, bestreiche sie mit ein wenig Kalbfleischfarce, und lege dann wieder eine solche Platte oben auf; hierauf lasse man Butter in einer Tortenpfanne zergehen, thue die gefüllten Brissols hinein und lasse sie gahr werden." 1879

VI. Von der Zubereitung alles wilden und zahmen Geflügels, sowohl zum Kochen, als zum Braten.

No. 1. Allgemeine Regel.

Allem zahmen Geflügel oder Federvieh, nachdem es gepflückt worden ist, es sey jung oder alt, wild oder zahm, muß man, ehe man es ausnimmt, die Brust zierlich einschlagen, die Flügel bei dem ersten Gliede abhauen, dann hinten am Halse die Haut in der Länge aufschneiden und den Kopf herausnehmen, daß die Haut vorne ganz bleibt, sodann unten eine Oeffnung machen und das Eingeweide zierlich ausnehmen. Bei jungen Tauben und Vögeln, die ausgenommen werden sollen, kann man das Eingeweide herausdrücken; dann steche man drei oder mehrere auf die dazu erforderlichen dünnen eisernen Spieße und halte sie über brennende Kohlen, daß die kleinsten Federn und Spielen völlig davon absengen; hiemit muß man geschwinde verfahren, damit besonders, was gekocht werden soll, nicht zu heiß und die Haut nicht zu schrumpflich werde, weil sie im Kochen leicht springt. Was gespickt werden soll, kann schon ein wenig steifer seyn, weil es besser zu spicken ist; nachher drücke man die Keulen auf beiden Seiten nieder, daß die Brust zierlich in die Höhe geht, dann steche man ein hölzernes Spiel durch die Keulen, daß es eine ansehnliche Form bekömmt. Von Gänsen und Enten, wie auch von allem, was in Ueberfluß soll, schneide man Kopf und Hals ab, doch muß man die Haut zurückschieben, daß sie sich über den Knochen herzieht, sonst wird es unansehnlich. Von Fasanen, Berghühnern und Wachteln schneide man die Köpfe, ehe sie gesengt und gewaschen werden, mit den Federn ab und lege sie beim Anrichten wieder an; alles, was weiß bleiben soll, wird gleich nach dem Sengen mit einem weichen Tuche abgewischt und mit Butter oder Speck beschmiert.

1 8 3 0.

Von der Zubereitung allen Geflügels

Die Zubereitung von Geflügel hat für die hanseatische Küche immer eine besondere Rolle gespielt. Von den Regeln „eine Gans zu braten" ist in allen Hanseatischen Kochbüchern die Rede. Man kaufte damals nicht tiefgefrorene Hähnchen aus der Massentierhaltung sondern lebendige oder erst kurz vorher geschlachtete Hühner und Gänse. Da gab es natürlich entsprechende Regeln, so die allgemeine Regel über die Zubereitung aus einem alten in Hamburg erschienene Kochbuch.

Herbert Rathmann, Verfasser des Buches „Ich bin ein Reinbeker" schreibt:
„Eine gute Tunke ist das Wichtigste zum Sonntagsbraten. Nach dem Garen des Fleisches wird die Flüssigkeit eingekocht und das überflüssige Fett abgenommen. Es wird Gewürz (zerschnittene Zwiebeln, Wurzeln, Paprika, Wacholderbeeren u.a.) und angerührtes Mehl hineingegeben und langsam braungeröstet. Erst dann wird Brühe und Wasser hinzugetan und alles aufgekocht, bis sich jeder Bodensatz gelöst hat. Bei Rahmtunke kommt noch saurer Rahm und eventuell etwas Zitronensaft daran. Zur Verfeinerung ein Stückchen Butter, die jedoch nicht mitgekocht werden darf!"
Wenn es um „Hamburger Spezialitäten" in der Küche ging, waren die Rezepte meiner Mutter ganz probat:
„Eine Vierländer Junggans wird ausgenommen, gewaschen und innen wie außen gesalzen. Etwas Beifuß wird in die Gans gefügt, dann wird sie mit wenig Fett im heißen Ofen 1 bis 1½ Stunde gebraten. Die Tunke wird ein wenig abgebunden. Beigabe ist Kopf- oder Gurkensalat."
„Handelt es sich um einen jungen Fasan, so wird er mit Speckscheiben umwickelt und im Topf ¾ bis 1 Stunde gebraten. Nicht zu lange, denn er soll saftig bleiben. Man prüft durch einen Stich in die Fasanenbrust. Wenn kein Blut mehr heraustritt, ist er speisefertig. Man bereitet Rahmtunke. Als Beilage: Weinkraut und Apfelmus."
Gut muß die Ware sein, dafür war meine Mutter ständig eine Garantin! Qualität war im übrigen das Kernstück ihrer Rezepte, die sich sonst durch Einfachheit und eine gewisse Naturnähe auszeichneten.
Entgegen einer verbreiteten Ansicht vertrat meine Mutter den Standpunkt, daß im Fachgeschäft keine tranig oder fischig schmeckende Wildente verkauft werden dürfte.
„Die genießbaren Arten sind Stock-Ente, Grau-Ente, Löffel-Ente und Krick-Ente. Richtig zubereitet, sind sie wahre Leckerbissen! Ihrem Alter gemäß müssen sie zwischen ¾ und 3 Stunden gebraten werden. Sie werden, nachdem sie sauber entfiedert sind, nur mit heißem Wasser abgebrüht. Dann kommen sie in Speckfett und in einen gut schließenden Topf, in welchen sie unter Zusatz von Pfefferkörnern, Wacholderbeeren und Wurzeln gebraten werden. Die Tunke sollte mit Rahm zubereitet werden. Beilage dazu ist Sauer-, Rot- oder Wirsingkohl, auch Teltower Rübchen passen vorzüglich."

Ich habe die Neigung für Kochen, Gästebewirtung sowie Essen und Trinken von meiner Mutter geerbt. Unter ihrer Anleitung habe ich schon als kleiner Junge die ersten Kuchen gebacken und Puddinge angerührt. Die Brüder wurden vom Vater in Hof und Garten angelernt, wenn die Tagesarbeit im Geschäft beendet war. Ich lernte dagegen in der Küche bei meiner Mutter Suppen und Saucen zubereiten und saftigen Braten anzurichten. Vielleicht hätte ich Hotelkoch werden können, ging aber in eine Banklehre und wurde Industrie-Kaufmann. Auf vielen Reisen habe ich in jenen Jahren erfahren, daß man auch in anderen Ländern gut zu essen weiß! Wenn es mir ausgezeichnet schmeckte, versäumte ich nie, in den Restaurants oder Hotels bei Madame oder Monsieur in die Küche einzudringen und nach den Rezepten zu fragen. Damals gehörte es für mich dazu, daß ich die frisch erworbenen Kenntnisse ausprobieren mußte, um dann den Freunden zuhause mit meiner Kochkunst zu imponieren.
Wenn ich heute von einer Reise zurückkehre, sehne ich mich aber in erster Linie nach einem Gericht aus „Mutters Küche". Dann fühle ich mich wieder ganz zu Hause.

Als besondere hanseatische Rezepte gelten die verschiedenen Anweisungen für Küken, so als erstes das „Bremen Kükenragout". Als besondere Spezialität werden heute in guten Hamburger Gaststätten die „Vierländer Stubenküken" angeboten. Die Vier- und Marschlande, also die Elbmarschen flußaufwärts der Stadt, zu Hamburg gehörig seit einigen hundert Jahren, boten und bieten die Versorgung der Hamburger mit frischem Gemüse, mit Blumen, aber auch mit Frühgeflügel. Die Hühner wurden dort reichlich gefüttert, auch mit Fischen, die noch vor achzig Jahren zum Laichen die Elbe hinaufzogen. Die wohlgenährten Vögel brüteten früher als die Hühner auf den Bauernhöfen Holsteins. Man nahm die Küken in die warme Stube und zog sie dort auf – so entstand die Bezeichnung „Stubenküken".

Die Vierlande, das von Norder- und Süderelbe umschlossene Marschengebiet im Südosten Hamburgs und am Rande des Sachsenwaldes sind die Heimat einer kulinarischen Spezialität: das Hamburger Stubenküken. Ihr Aufenthaltsort ist die Tenne, von der aus man die Stuben erst betritt. Niemals ist es ihnen vergönnt, wie ihre älteren Artgenossen, im Freien nach Würmern, Käfern und anderem Kleingetier zu picken und zu scharren. Sie sollten zwar nicht fett, aber schön fleischig werden und doch zart bleiben. Sie bekommen Mais und anderes Körnerfutter, das in Milch aufgeweicht wird, und ehe sie ihren 75. Lebenstag erreicht haben, werden sie geschlachtet, gerupft, ausgenommen und wandern in die Bratpfanne.

Bibulus, So kochen Hanseaten

BREMER KÜKENRAGOUT
für 8-10 Personen

1 Zwiebel, 1 Bd. Suppengrün (Möhre, Porree, Sellerie, Petersilienwurzel), 1 l Wasser, Salz, 2 küchenfertige Küken (Hähnchen), max. 500-600 g, 1 Kalbszunge, 1 Kalbsmilch (Bries), 125-250 g Ragoutwürstchen (wahlweise feine Kalbfleischwürste oder Cocktailwürstchen), 150 g kleine Champignons, 250 g Spargelstücke, 80 g Butter, 80 g Weizenmehl, etwa ¾ l Kükenbrühe, 1 EL Zitronensaft, 40 g Krebsbutter, 1-2 Eigelb, 3 EL Weißwein

Die Zwiebel schälen und vierteln, mit dem in Stücke geschnittenen Suppengrün in 1 l gesalzenes Wasser geben und aufkochen lassen. Die Küken gut waschen, die Zunge vom Schlund befreien, beides zugeben, zum Kochen bringen und bei mittlerer Hitze garkochen. Die Küken aus der Brühe nehmen, die Haut abziehen, das Fleisch in Stücke schneiden. Die Zunge herausnehmen, mit kaltem Wasser übergießen und die Haut abziehen, Zunge in Scheiben schneiden. Die Kalbsmilch mehrere Stunden wässern, dann mit kochendem Wasser übergießen, damit sie erstarrt. Die Blutäderchen entfernen. Die Kalbsmilch in kochendes Salzwasser geben und garkochen. Aus dem Wasser nehmen und in Scheiben schneiden. Die Ragoutwürstchen 10 Minuten in kochendem Wasser ziehen lassen, herausnehmen und kleinschneiden. Champignons in etwas Butter dünsten. Spargelstücke in Salzwasser mit einer Prise Zucker und etwas Butter garen (evtl. Dosenprodukte zu Hilfe nehmen). Die Butter zerlassen und das Mehl unter Rühren so lange darin erhitzen, bis es hellgelb ist. Damit keine Klumpen entstehen, die Kükenbrühe nach und nach zugießen und mit einem Schneebesen durchschlagen. Die Sauce zum Kochen bringen und zehn Minuten bei mittlerer Hitze ziehen lassen. Mit Salz, Zitronensaft und Krebsbutter abschmecken und mit dem verquirlten Eigelb verrühren. Fleisch, Champignons und Spargelstücke unter die Sauce heben. Mit Butterreis servieren.

VIERLÄNDER STUBENKÜKEN

4 Stubenküken (junge Hähnchen von 200 bis 250 g), 125 g Hähnchenleber, 125 g gekochter Schinken, 10 g Mehl, 40 g Butter, 4 EL Sahne, 1 Ei, Salz, 30 g Trüffeln aus der Dose, 2 EL Madeira, ½ EL Weinbrand, 8 dünne Scheiben Frühlingsspeck, 200 ml Sahne

Stubenküken waschen und gut abtrocknen. Hähnchenleber und Schinken im Mixer sehr fein pürieren. Mehl und etwas Butter in einem Topf erhitzen, mit 4 EL Sahne verrühren und aufkochen lassen. Vom Feuer nehmen, mit dem Hähnchenleberpüree und dem Ei vermischen, mit etwas Salz abschmecken.
Trüffeln in feine Streifen schneiden. In der restlichen Butter andünsten, dann den Saft aus der Dose zugeben. 5 Minuten schmoren lassen. Madeira und Weinbrand zugeben und etwas abkühlen lassen. Trüffeln mit der Leberfarce mischen, Küken damit füllen und

zunähen. Speckscheiben auf die Brüste legen und mit Garn befestigen. Die Küken mit der Brust nach oben im Backofen bei 200 Grad 45 Minuten garen.
Die Speckscheiben abnehmen und mit der Sahne und dem Trüffelsahnefond etwas einkochen lassen. Die Küken in der Zwischenzeit noch 15 Minuten braten, damit die Brüste hellgelb werden, mehrere Male mit dem Bratenfond beträufeln. Auf einer Platte warmstellen. Den Bratfond mit etwas Wasser löschen und in die Sahne geben, wieder aufkochen lassen, bis die Sauce leicht sämig ist. Abschmecken und durch ein Sieb streichen. Stubenküken mit Erbsen, Spargel und neuen Kartoffeln servieren.

EIDAMERKÄSE MIT KÜKEN UND REIS GEFÜLLT
für 6 Personen

3 Küken, 1 Halbkugel Edamer Käse, 125 g Reis, 1 Zwiebel, 1 l Wasser, 1 TL Salz, 10 Pfefferkörner, 70 g Butter

„Die Kücken werden mit einer Speckscheibe belegt, angesetzt im heißen Ofen, unter fleißigem Begießen und Umlegen 40 Minuten gebraten. Nach dieser Zeit zieht man die Haut ab und trennt das Fleisch von den Knochen. Die Knochen werden mit dem Wasser, der Zwiebel, Salz, Pfefferkörnern angesetzt und im geschlossenen Topf eine Stunde gekocht. Dann gießt man sie durch ein Sieb. ¼ Pfund Reis wird dreimal gewaschen, mit der Hälfte der Brühe angesetzt und 15 Minuten gekocht. 1 Kochlöffel Mehlschwitze rührt man mit der übrigen Brühe aus, läßt die Sauce einmal aufkochen und legt dann das Fleisch der Kücken in die Sauce. Der Käse wird ausgehöhlt, das Innere feingehackt, die Hälfte von diesem Käse mit dem Reis gemischt. Den Käse stellt man in eine Auflaufform, füllt abwechselnd den Reis und die Kücken mit der Sauce in den Käse, streut zuletzt über den Reis den letzten Käse. Obenauf legt man 4 Teel. Butter. Im heißen Ofen 30 Minuten backen.“ 1910

GEFÜLLTER KAPAUN

1 Kapaun, 1250 g, küchenfertig, 50 g fetter Speck, 2-3 Zwiebeln, 300 g Schweinefleisch, Kapaun-Leber und -Magen, 40 g Semmelmehl, 3 Eigelb, 3 EL Sahne, 1 EL Sherry, Salz, Muskatnuß, Nelkenpulver, 1 EL Trüffelwürfel nach Geschmack, 50 g fette Speckscheiben, 30 g Butter, 1 Bund Suppengrün (Möhre, Porree, Sellerie, Petersilienwurzel), 1 TL Tomatenmark

Den Kapaun mit kaltem Wasser abwaschen und mit Küchenkrepp gut abtrocknen. Speck in feine Würfel schneiden, in einer Pfanne auslassen und die feingehackten Zwiebeln darin goldgelb andünsten. Das Schweinefleisch durch den Wolf drehen, Magen und Leber des Kapaun kleinschneiden, alles mit der Zwiebel-Speck-Mischung, Semmelmehl, Eigelb, Sahne

und Sherry gut vermischen. Die Füllung mit Salz, einer kleinen Prise Muskat und etwas Nelkenpulver abschmecken und die Trüffel unterheben. Den Kapaun innen und außen salzen, füllen und zunähen. Die Keulen und Flügel festbinden. In einer Pfanne den fetten Speck auslassen, Butter zugeben, den Kapaun hineinlegen und im Backofen bei 240 Grad etwa 50 Minuten garen. Wenn der Bratensatz bräunt, das in Würfel geschnittene Suppengrün zugeben, kurz andünsten lassen und etwas heißes Wasser angießen. Den Kapaun zwischendurch immer wieder mit dem Bratensatz begießen und verdampfendes Wasser ersetzen, nach und nach etwa ¾ Liter.
Den garen Kapaun aus der Pfanne nehmen, die Fäden lösen und die Brust aufschneiden. Füllung herausnehmen und in Scheiben schneiden. Kapaun zerlegen, zusammen mit der Füllung auf einer vorgewärmten Platte anrichten und warmstellen.
Den Bratensatz loskochen, nach Bedarf etwas Wasser angießen, durch ein Sieb streichen und mit Tomatenmark verrühren. Etwas einkochen lassen. Mit Butterkartoffeln und Spargel servieren.

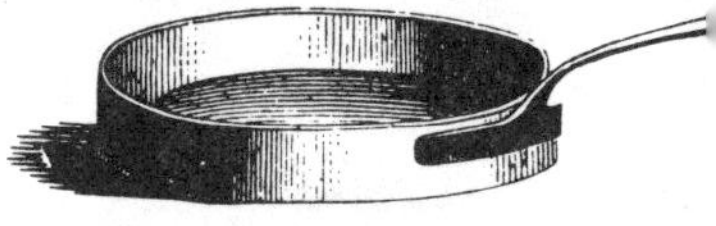

HÜHNCHEN MIT SARDELLEN

1,5 kg Hühnchen, 8 Sardellenfilets, 100 g frischer durchwachsener Speck, 2 EL Petersilie, 4-5 Lauchzwiebeln, Pfeffer, frisch geriebener Muskat, 4-5 Scheiben fetter Speck, 10 cl Kalbs- oder Schinkenbrühe

Das Hühnchen mit kaltem Wasser kurz abwaschen und trockentupfen. Die Sardellenfilets säubern, abtrocknen und feinhacken, Speck sehr fein würfeln, Petersilie und Lauchzwiebeln feinhacken. ¾ der Sardellen mit Speck, Petersilie und Lauch mischen, mit Pfeffer und Muskat würzen. Das Hühnchen damit füllen. Die Hühnchenbrust mit dünnen Speckscheiben belegen und festbinden. 30 Minuten im Backofen bei 220 Grad braten. Dann die Temperatur auf 170 Grad herunterschalten und weitere 30 Minuten garen. Die Speckstreifen 15 Minuten vor Ende der Garzeit entfernen. Bratensaft entfetten, die restlichen Sardellenwürfel mit der Brühe vermischen, in die Pfanne geben und den Bratensatz loskochen.

HÜHNER EN RAGOUT MIT MORCHELN UND PISTAZIEN

2 bis 2,5 kg Huhn, in Portionsstücke geschnitten, 30 g Butter, Pfeffer und Salz, 10 cl Weißwein, 125 g Morcheln, gewaschen und geputzt, 100 g Pistazien gehackt, 20 cl Sahne

„Eine Bratpfanne mit der Butter ausstreichen, die Hühnerstücke hineingeben und mit je einer Prise Pfeffer und Salz würzen. Bei schwacher Hitze etwa 30 Minuten braten. Die Stücke werden bald eine schöne, goldbraune Farbe annehmen. Den Wein hinzufügen, etwas einkochen lassen. Dann die Morcheln und Pistacien in die Pfanne geben. Die Sahne unterziehen, nochmals 10 bis 15 Minuten leicht kochen lassen und heiß servieren.“ 1908

CURRYHUHN

1 Huhn, 1 Bd. Petersilie, 1 Lorbeerblatt, 1 EL Butter, 1 Zwiebel, 2 EL Mehl, Curry, 3/8 l Hühnerbrühe, 1 EL Kapern, 1 Eigelb, 150 g Champignons, Salz, weißer Pfeffer aus der Mühle, 1 EL Curry, 1 TL Zitronensaft, 125 ml Sahne

Petersilie in das Huhn geben und dieses in reichlich gesalzenem Wasser mit einem Lorbeerblatt eine Stunde kochen. Das Huhn herausnehmen, abkühlen lassen, enthäuten, Fleisch von den Knochen lösen und kleinschneiden. Butter in einem Topf erhitzen, die feingewürfelte Zwiebel darin andünsten. Mehl und etwas Curry darüberstäuben. Mit der heißen Hühnerbrühe aufgießen und mit einem Schneebesen kräftig durchschlagen. Die Kapern zufügen und bei schwacher Hitze unter ständigem Rühren die Sauce einkochen lassen, bis sie leicht sämig wird. Mit Eigelb legieren. Champignons in etwas Butter andünsten, mit dem Hühnerfleisch in die Sauce geben und mit Salz, Pfeffer, Curry und Zitronensaft abschmecken. Mit Reis und frischem Salat servieren.

HÜHNER, MARINIERT

2 junge Hähnchen, 1/8 l Essig, 1/8 l herber Weißwein, 3 Nelken, 1 Zweiglein Rosmarin, Pfeffer, Salz, 1/2 TL Thymian, gerebelt, 1 Lorbeerblatt, zerbröckelt, 1 Zwiebel in Scheiben, 2 Eier, Semmelbrösel und Mehl zum Panieren, 200 g Butter, 1 Bund Petersilie, 1 Zitrone

„Man schneidet die Hühner der Länge nach von einander und klopt sie recht platt; dann kocht man Essig mit Nelken, Rosmarin, Pfeffer und Salz, gießt ihn auf die Hühner, thut Thymian, Lorbeerblätter und Zwiebeln daran und läßt es 2 Stunden stehn; nachher zieht man die Hühner durch geschlagene Eier, bedeckt sie mit einem Theil geriebenen Weißbrod und einem Theil feinem Mehl, backt sie in Butter gar und richtet sie, mit Petersilie und halben Zitronenscheiben garnirt, an." 1853

POULARDE MIT SCHINKENMUS UND GÄNSELEBER

ein kaltes Gericht für 10 bis 12 Personen

1 französische Poularde (5-7 Pfd.), 1 1/2 Pfd. frische Gänseleber, 1/2 Pfd. gekochten Schinken, 3/4 Pfd. frische Trüffeln, 1/2 Kochlöffel Mehlschwitze mit 1/8 l Schlagrahm ausrühren, 2 Teelöffel Salz, 1 Teelöffel Pfeffer, 1 Eßlöffel Madeira, 2 Eier, 1 Ltr. Aspik, 1 Teelöffel Macis

„Hierzu nimmt man eine französische Poularde im Gewicht von 5 bis 7 Pfd. Sie wird entknöchelt. 1 1/2 Pfd. frische Gänseleber wird durch ein Sieb gestrichen; 1/2 Pfd. gekochten Schinken gibt man 2 mal durch die Fleischmaschine. Dann mischt man ihn mit der Leber;

3/4 Pfd. frische Trüffeln werden gebürstet und gewaschen, dann schält man sie; die Schale hackt man recht fein. Die Trüffeln schneidet man in etwa 12 Stücke und gibt sie mit der feingehackten Schale an die Farce. ½ Kochlöffel Mehlschwitze rührt man mit ⅛ Ltr. Schlagrahm aus, mischt die Farce mit der dicklichen Rahmsauce und nun gibt man 2 Teelöffel Salz, 1 Teelöffel Pfeffer, 1 Teelöffel Macis und 1 Eßlöffel Madeira dazu und nachdem alles gut verrührt ist, 2 Eier (ganze). Nun füllt man die Farce in die Poularde; man kann auch 6 Scheiben von den Trüffeln unter die Haut schieben. Die Poularde wird zugenäht, dann in Speckscheiben, darüber Pergamentpapier gewickelt und fest verschnürt; hiernach im nicht zu heißen Ofen 1½ Std. gebraten, unter fleißigem Begießen und Umlegen, im eigenen Fett. In den letzten 10 Min. löst man die Speckscheiben von der Brustseite, macht den Ofen etwas heißer, damit die Poularde hellbraun wird. Nun läßt man sie im Fett vollständig erkalten. Man muß sie 6-10 Std. vor dem Gebrauch oder am Tage vorher fertig halten. Nach dieser Zeit tranchiert man die Poularde, legt sie wieder zusammen und nun übergießt man sie mit 1 Ltr. kalten flüssigen Aspik. Hierbei stellt man die Platte schräg an ein offenes Fenster. Man kann Cumberlandsauce dazugeben und um die Poularde den übrigen, feingehackten, kalten Aspik legen."

1910

HUHN MIT PFLAUMENFÜLLUNG

Füllung:
500 g große Backpflaumen, 250 g Semmelbrösel, 60 g abgezogene Mandeln, Pfeffer, Salz, 1 EL Petersilie, Majoran, Thymian, Schnittlauch, gemischt, 60 g Rindernierenfett, 150 ml Rotwein
1 Suppenhuhn, 2-2,5 kg, 150 ml Weinessig, 2 EL brauner Zucker, 1 Zitrone, 1 Bd. Petersilie
Sauce:
1 EL Maisstärke, ¼ l Hühnerbrühe, Schale und Saft von 2 Zitronen, Pfeffer, Salz, 2 Eier

Backpflaumen entsteinen und einweichen. 6 für die Garnierung aufheben, die übrigen mit den Semmelbröseln, den grobgehackten Mandeln, Pfeffer und Salz, den feingehackten frischen Kräutern, dem zerkleinerten Rindernierenfett und dem Rotwein vermischen. Bauchhöhle und Brust des Huhns damit füllen und festnähen. Weinessig mit Zucker, Zitronenvierteln und der Petersilie aufkochen, das Huhn darin bei geringer Hitze 4 Stunden garziehen und in der Brühe erkalten lassen.
Für die Zitronensauce Maisstärke mit der abgekühlten und entfetteten Hühnerbrühe zum Kochen bringen. Schale von 1 Zitrone abreiben, Zitrone auspressen und den Saft zur Hühnerbrühe geben. Mit Pfeffer und Salz abschmecken, die abgeriebene Zitronenschale zugeben und etwa zwei Minuten kochen lassen. Etwas abkühlen lassen. Die Eier gut aufschlagen, in die Sauce rühren und solange weiterrühren, bis sie dick und cremig ist, dabei nicht aufkochen lassen. Das kalte Huhn mit der abgekühlten Sauce überziehen, mit abgeriebener Zitronenschale, den Zitronenvierteln, halbierten Pflaumen und Petersilienstengeln garnieren.

GEWÜRZTES HUHN IN MILCH

1 TL Koriandersamen, 30 g frische Ingwerwurzel, 1 TL Kardamom, ¼ TL gemahlene Nelken, schwarzer Pfeffer aus der Mühle, Salz, 1 Suppenhuhn, etwa 2 kg, 2 Zitronen, 2,5 l Milch, 2 Eier, Pistazien oder geröstete Mandeln

„Die Koriandersamen muß man 2 bis 3 Minuten im Backofen rösten, den Ingwer schälen und beides mit dem Kardamom und dem Nelkenpulver im Mörser fein zerstoßen (die Kardamomkapseln entfernen). Pfeffer und Salz hinzufügen. Das Huhn rundum mit einer Gabel tüchtig einstechen, mit Zitrone abreiben und mit einem Teil der Gewürzmischung einreiben. So soll es 1 bis 2 Stunden stehenbleiben.
Die Milch mit der restlichen Gewürzmischung zum Kochen bringen, über das Hähnchen gießen und bei schwacher Hitze etwa 2½ Stunden garen, zuerst zugedeckt auf der Herdplatte, dann ohne Deckel im Backofen. Das Huhn herausnehmen, sobald es weich ist, und abkühlen lassen.
Nach dem Erkalten das Fleisch von den Knochen lösen und in gleichmäßige Stücke schneiden. Von der Kochflüssigkeit ½ l abmessen und erhitzen; dann durch ein Sieb zu den zwei verquirlten Eiern geben. Im Wasserbad erhitzen, bis die Sauce dick ist. Die Fleischstücke damit überziehen.
Mit Pistazienhälften, gerösteten Mandeln und Zitronenvierteln garniert kalt servieren."

Aus dem handgeschriebenen Kochbuch meiner Mutter

PASTETE AUS HÄHNCHEN, SCHINKEN UND KALBFLEISCH
für 6 Personen

2 Hähnchen, je 1 kg, Pfeffer aus der Mühle, Salz, 200 g Katenschinken, gewürfelt, 2 dünne Kalbsschnitzel, 1 Schalotte, 4 Eier, hartgekocht, 200 ml Hühner- oder Kalbsbrühe, Tiefkühlblätterteig, 1 Ei

Das Hähnchenfleisch von den Knochen lösen, mit Pfeffer und Salz würzen. Den Boden einer Pastetenform mit Schinkenwürfel belegen. Das feingeschnittene Kalbfleisch darüber verteilen. Mit Schalottenwürfeln bestreuen und mit Pfeffer und Salz würzen. Dann zuerst das dunkle Hühnerfleisch in die Form legen, darauf die Brust- und Flügelstücke. Die hartgekochten Eier vierteln, in die Hohlräume verteilen. Die Brühe darübergießen. Blätterteig auftauen lassen, etwas ausrollen. Den Rand der Form mit etwas Wasser anfeuchten, einen Teigstreifen auf den Rand legen. Diesen Streifen wiederum anfeuchten und den Teig über die ganze Form verteilen und andrücken. Überschüssigen Teig abschneiden. Die Pastete mit Teigstücken garnieren und die Oberfläche mit dem mit etwas Wasser verquirltem Ei bestreichen. Im Backofen bei 180 Grad 1 Stunde garen. Die Pastete mit Pergamentpapier bedecken, sobald der Teig goldbraun ist.

Von einer Indianischen Henn

PUTER AUF ENGLISCH

1 kleiner junger Puter, 2 Putenlebern, evtl auch das Herz, 100 g fetter Speck,
1 Zwiebel oder 75 g Schalotten, je 1 Bund Petersilie und Basilikum, 20 g Butter,
Muskatnuß, gerieben, Pfeffer, Salz
Evtl. zusätzlich:
50 g Pistazienkerne gehackt, 100 g Sahnequark oder Schichtkäse

„Selbigen macht man die Haut auf der Brust sauber los und nimmt Putenlebern, thut frischen Speck dabei, gehackte Zwiebeln, Petersilie, Basilikum, geriebene Muscatennüße und gestoßenen Pfeffer, dieses hackt man ganz fein; in währendem Hacken thut man ein Stück frische Butter dabei.
Wenn es ganz feingehackt ist, füllt man die Puter zwischen Haut und Brust damit an; nachher beschmiert man ein Papier mit Butter, bindet es um die Puter und bratet sie am Spieße gahr.“ 1830

Anmerkung:
Die Füllung kann man sehr gut verarbeiten, indem man sie durch den Fleischwolf dreht (2 mal). Statt am Spieß wird der Puter ebensogut im Bräter gar. Aus dem Bratensatz läßt sich eine beliebige Sauce bereiten.

PUTER MIT AUSTERNÜBERGUSS

„Selbige müssen sehr vorsichtig am Spieße, nachdem sie gespickt sind, gebraten werden, damit sie nicht zu braun werden; dann macht man ein wenig weiß gebranntes Mehl und rührt es mit ganz kräftiger Bouillon von Hühnern eben und thut gehörig Salz, Muscatenblumen und den Saft von einer Citrone und die dünne gelbe Schale dazu; die Austern läßt man in ihrem Jüs auf dem Feuer steif werden, dann schüttet man sie auf das Sieb und läßt die Brühe davon mit der Sauce durchkochen. Kurz vor dem Anrichten wirft man die Austern dazu mit einem Stück frischer Butter, dann richte man die Puter an und den Uebergnß darüber. Man kann auch die Puter mit Austern füllen.“ 1853

GESOTTENER PUTER MIT AUSTERN
für 3-4 Personen

1 Babyputer, 2,5 kg, 40 frische Austern ohne Schale, 200 ml Sahne, 3 Eigelb, 1 TL zerstoßene Muskatblüten (nach Belieben)

Den Babyputer binden. Die Austern von den Bärten befreien und mit ihrem Saft in die Bauchhöhle geben. Einige Austern zurücklassen. Die Öffnungen zunähen. Den Puter in ein irdenes Gefäß geben, dieses in einen Topf mit kochendem Wasser stellen. Mindestens zwei Stunden kochen lassen. Den Saft, der sich von Austern und Puter gebildet hat, in einen Saucentopf gießen, Sahne, Eigelb und die übriggelassenen, im eigenen Saft gedünsteten Austern hineinrühren. Die Sauce erhitzen, nicht kochen lassen. Etwas Sauce über den Puter ziehen, den Rest getrennt reichen. Nach Geschmack eine Prise zerstoßene Muskatblüten mit der Sahne und dem Eigelb zur Sauce geben.

GEFÜLLTER PUTER

1 Puter, bratfertig, 8 EL Butter, 1 große Zwiebel, 500 g Bratwurstfülle, 1 Bd. Petersilie, 250 g Semmelbrösel, Pfeffer aus der Mühle, Salz, Thymian, Muskatnuß, 100 g dünne Scheiben durchwachsener Speck, 2 EL zerlassene Butter

Puter waschen, abtrocknen und mit wenig Salz einreiben. Butter in einer Pfanne schmelzen, Zwiebelwürfel darin goldgelb rösten, Bratwurstfülle, feingehackte Petersilie, und Semmelbrösel zugeben und alles gut durchschmoren lassen. Mit Pfeffer und Salz, Thymian und frisch geriebener Muskatnuß abschmecken.

Puter füllen und zunähen. Brust mit Speckscheiben belegen und festbinden. Haut mit zerlassener Butter bestreichen und auf einem Rost über einer Fettpfanne im Backofen bei 200 Grad braten. Pro Kilogramm Fleisch rechnet man 40 bis 50 Minuten Garzeit. Alle 15 bis 20 Minuten den Puter mit Bratensaft beträufeln. Nach etwa 3 Stunden die Speckscheiben entfernen, damit die Puterbrust braun und knusprig wird.

PUTER-LEBER-HERZSAUCE

100 g Puterleber, 100 g Puterherz, 20 g Butter, 1 Zwiebel, Bratensaft vom Puter, 125 ml Sahne, 2 cl Sherry, Pfeffer aus der Mühle, Salz, etwas Muskatnuß

Leber und Herz im Mixer fein pürieren. Butter schmelzen, die sehr fein gewiegte Zwiebel darin andünsten. Das Püree und den Bratensaft vom Puter zugeben und alles kräftig durchschmoren. Mit Sherry, Pfeffer, Salz und geriebener Muskatnuß würzen. Unter Rühren schmoren, bis die Sauce sämig ist. Separat zum Puterbraten servieren.

Von der Gans

„Die Gans is een kamischen Vagel – för een toveel und för twee to wenig!“ läßt Fritz Reuter einen seiner Mecklenburger sagen.

Die städtischen Hanseaten, besonders die Lübecker und Hamburger, übernahmen zwar für ihre Küche gern auch die deftigen Rezepte aus dem Mecklenburger Land. Aber der urbane Mensch lebt ja nicht ständig an der frischen Luft und sein Appetit ist entsprechend kleiner. Eine gutgebratene Gans reichte in den Hansestädten als Hauptgericht für eine ganze Familie. Es wurden ja regelmäßig auch recht nahrhafte Füllungen verwendet. Die norddeutsche Vorliebe für Süßsaures kam dabei ebenfalls wieder zum Durchbruch. In Rum eingelegte Rosinen und Boskopäpfel gehörten ebenso zur Füllung wie die Gänseleber, recht fein gewiegt, gewürztes Rindfleisch und noch manches andere.

Ein besonderer Trick kluger Hausfrauen sei hier verraten: Die gut gerupfte und ausgenommene Gans wird am Abend vor dem Braten in einen mit leicht gesalzenem Wasser gefüllten Topf gelegt, den Bauch voller Suppengemüse. Man läßt einmal aufkochen und stellt dann die Gans in ihrem Topf über Nacht in einen kühlen Raum.

Aus der Brühe kann man mit weiteren Zugaben später noch eine köstliche Sauce bereiten.

Die Gans bleibt der Erfahrung nach beim Braten saftiger, weil sie einen Teil des Fettes schon während des Kochvorganges verloren hat.

Es war gute Sitte in hanseatischen Familien, die fertig gebratene Gans erst den Familienmitgliedern oder auch den Gästen vorzuzeigen, bevor der Hausherr sie vor aller Augen kunstvoll zu tranchieren begann.

GÄNSEBRATEN NACH ART MEINER GROSSMUTTER
für 6-8 Personen

1 Gans, ca. 4,5 kg, 6 Scheiben durchwachsener Speck, 1¼ l Weißwein,
3 l kräftige Gänse- oder Kalbsbrühe, 500 ml Weinessig, ¼ TL Pimentkörner, 2 Lorbeerblätter,
Majoran, Bohnenkraut, 1 Bd. Frühlingszwiebeln oder entsprechend viele Schalotten,
250 g Champignons, etwas Butter, 1 Zitrone, 2-3 Anchovis, 30 g Butter, 1 Zitrone

Die Gans mit den Speckscheiben belegen und bei 190 Grad im Backofen etwa 1 Stunde halbgar braten. Dann in einen Topf legen, der den Braten gerade eben faßt. Weißwein und soviel Brühe zugeben, daß die Gans bedeckt ist. Essig, Piment, Lorbeerblätter, die feingehackten frischen Kräuter und die Frühlingszwiebeln zufügen. Bei geringer Hitze eine weitere Stunde garen lassen. Das zarte Fleisch auf einer Platte anrichten. Champignons in Scheiben schneiden und in etwas Butter andünsten, Anchovis zerstoßen, die Zitrone schälen, in Stücke schneiden. Champignons, Zitrone und die Anchovis zu der Flüssigkeit geben und zu einer Sauce verkochen. Den Topf von der Hitze nehmen und die gebräunte Butter unter Rühren zugeben. Gans mit Zitronenscheiben garniert servieren.

GÄNSEBRATEN NACH ART MEINER MUTTER

1 Gans, 1 Apfel, ½ Sellerieknolle, 1 große Stange Porree, 3 Möhren, 1 Petersilienwurzel, 1 Bd. Petersilie, 125 ml Sahne, Bohnenkraut, Majoran, 2 EL Mehl, Pfeffer, Salz, Muskat, etwas Rotwein

„Man braucht einen Topf, in den die Gans gerade hineinpaßt. Die ausgenommene Gans wird mit dem geputzten und grob zerkleinerten Gemüse gefüllt und mit dem Rest des Gemüses in kaltem Wasser aufgesetzt. Der Vogel muß fast ganz mit Wasser bedeckt sein. Einen Teelöffel Salz und etwas Pfeffer zugeben. Nach dem Aufkochen noch 15 Minuten bei schwacher Hitze auf dem Feuer lassen. Dann muß die Gans (am besten über Nacht) im Sud abkühlen. Das ausgekochte Fett kann man nun sehr leicht abschöpfen.
Die Gans aus der Brühe nehmen, abtrocknen, eventuell füllen und in der Bratröhre 2 bis 2½ Stunden knusprig braun braten. Inzwischen den Gänsesud abseihen und auf 1 Liter einkochen lassen. Mit Mehl und Sahne zu einer hellen Sauce binden und mit Bohnenkraut, Majoran und Muskat abschmecken. Zusätzlich wird aus dem entfetteten Bratenfond unter Zusatz von Rotwein eine braune Gänsesauce bereitet."

Aus dem handgeschriebenen Kochbuch meiner Mutter

GEFÜLLTE GANS
für 8-10 Personen

Eine Gans im Gewichte von 8-10 Pfund, 3 Pfd. Prinzäpfel, ¼ Pfd. Rosinen, ⅛ Pfd. Zucker, 1 gehäufter Teelöffel Salz, ⅛ Ltr. Wasser, 2 Eßlöffel geriebenes Brot, 1½ Ltr. Wasser, 1 gehäufter Teelöffel Salz, 1 gehäufter Teelöffel Mondamin, 1 Eßlöffel kaltes Wasser

„Eine Gans im Gewichte von 10-12 Pfund rechnet man für 8-10 Personen. 3 Pfund Prinzäpfel werden geschält, in Viertel geschnitten, vom Gehäuse befreit, dann kleingeschnitten. ¼ Pfd. Rosinen werden 2-3mal mit heißem Wasser gewaschen, mit den Äpfeln und ⅛ Pfund Zucker und 1 gehäuften Teelöffel Salz gemischt. Die Füllung setzt man mit ⅛ Liter Wasser an, kocht sie langsam 15 Minuten, mischt die Masse mit 2 Eßlöffel geriebenem Brot und füllt sie in die Gans. Diese wird dann zugenäht. Man setzt die Gans ohne Butter an und brät sie langsam 1 Std. unter fleißigem Begießen und Umlegen. Das Fett gießt man ab. Magen, Flügel und Halsstücke setzt man vorher mit 1½ Ltr. Wasser, 1 gehäuften Teelöffel Salz an, kocht die Brühe langsam 2 Stunden. Diese Brühe gießt man über die Gans, wenn das Fett abgefüllt ist, und läßt die Gans mit der Brühe noch ¼ Stunde braten unter öfterem Begießen. Die Brühe gießt man dann ab, und füllt das vorherige Fett wieder über die Gans. Mit dem Fett läßt man die Gans noch ¼ Stunde im Ofen, inzwischen wird sie öfter begossen. Das Fett gießt man deshalb über die Gans, damit die Haut kroß wird. Die abgegossene Brühe wird entfettet, und nochmals ins Kochen gebracht. 2 gehäufte Teelöffel Mondamin rührt man mit 1 Eßlöffel kaltem Wasser aus, gießt es unter Rühren an die Sauce und kocht die Sauce hiermit noch 5-10 Minuten.“ 1910

GEFÜLLTE GANS AUF ANDERE ART

1 Gans, 250 g Eßkastanien, Maronen, ¼ l Fleischbrühe, 500 g Boskop-Äpfel, 125 g Rosinen, 200 g Mandeln, 125 g Semmelbrösel, 125 g Zucker, Pfeffer, Salz, Majoran nach Belieben

„Es ist fast überall Sitte, die Gans vor dem Braten zu füllen. Man nimmt dazu entweder Sauerkohl und garnirt auch später den Braten damit, Kastanien oder Borsdorfer Aepfel oder man bereitet eine Farce, indem man ½ Pfund ächte Kastanien von den Schalen befreit, in Bouillon oder Butter weichdämpft, ¾ Liter gut Borsdorfer Aepfel wäscht und nach Belieben in Scheiben schneidet, ¼ Pfund große Rosinen wäscht, von den Kernen befreit und aufquellt, 2 Neuloth süße Mandeln aus den Schalen brüht und in Streifen schneidet, ¼ Pfund Weißbrod reibt und alles zusammen mit ¼ Pfund Zucker und etwas Salz durcheinandermischt, worauf man es in den Rumpf der Gans füllt, den Hals wieder zunäht und die Gans wie in obiger Weise bratet. Man kann diese Farce nach Belieben auch noch mit gut verlesenen und gewaschenen Corinthen vermischen.“ 1879

* heute besser Boskop-Äpfel

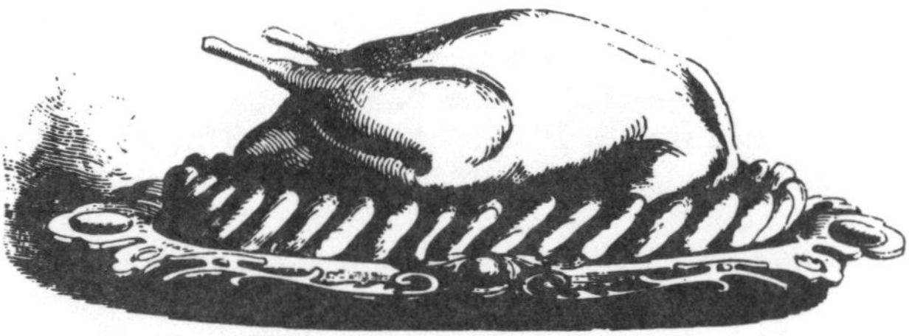

GÄNSE-WEISSSAUER

„Nachdem die Gänse in Stücke geschnitten sind, wässert man sie aus und läßt sie in kochendem Wasser noch einmal aufkochen. Hierauf wird das Fleisch rein ausgedrückt und entweder mit gutem Weinessig und gewaschenen, geraspelten und in ein Tuch gebundenen Hirschhorn oder mit etwas Essig und der Brühe von 2 gespaltenen Kalbsfüßen weichgekocht. Hat man das Fleisch mehrmals abgeschäumt, so giebt man Nelken, Pfeffer, Gewürz, Lorbeerblätter, Zwiebeln und etwas Salz daran, läßt es, sobald es gar ist, verkühlen und legt es in steinerne oder gläserne Gefäße. Dann füllt man das Fett von der Brühe ab, läßt sie mit Citronenzucker und Essig noch einmal aufkochen, gießt sie durch ein Haarsieb und füllt sie über das Fleisch. Soll das Weißsauer lange aufbewahrt werden, so schmilzt man die Gefäße mit Talg, Wachs oder dergleichen zu und bewahrt sie an einem kühlen Ort. Man thut sehr wohl, wenn man die Brust der Gans ausschneidet und besonders in eine Kruke packt, da sie im Winter ein sehr gutes Essen ist, wenn man sie eben dann mit einem Stück Butter und etwas von der Gallerte bratet, so kann man sie zu Sauerkohl, Hülsenfrüchte und dergleichen geben. Die Keulen giebt man kalt mit Gallerte auf, oder man macht sie warm und richtet sie, nachdem man etwas weiße Mehlschwitze daran gerührt hat, mit Mehlkößen an. Außerdem kann man sie auch noch mit abgeschälten und in Viertel geschnittenen Birnen kochen.“ 1879

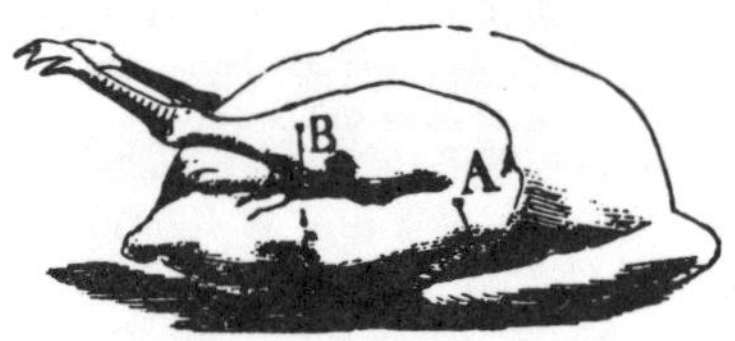

GOOSKÜÜL SÖÖTSUUR

4 ganze Gänsekeulen, 250 ml Weinessig, 4 EL Zucker, 2 große Zwiebeln, 2 Lorbeerblätter, 1 EL Senfkörner, ¼ TL Zimtpulver, 1 TL Salz, 50 g Butter, 1 EL Zucker, 2 TL Maisstärke, mit etwas Wasser verrührt

Die Gänsekeulen in eine Mischung aus Essig, 4 EL Zucker, Zwiebeln, Lorbeerblätter, Senfkörnern, Zimtpulver und Salz legen, mit Wasser bedecken und aufkochen lassen. Zwei Stunden bei geringer Hitze weiterkochen lassen. Die Gänsekeulen herausnehmen und abgedeckt abkühlen lassen. Die Brühe kühlstellen und ruhen lassen, bis das Fett erkaltet ist. Die Keulen in einer schweren Pfanne in Butter braunbraten, mit einem Teil des Zuckers bestreuen. Gänsefett von der Brühe abschöpfen und zu den Keulen in der Pfanne geben. Den restlichen Zucker zufügen und bei schwacher Hitze karamelisieren lassen. Die Keulen auf einer heißen Platte anrichten. Von der Essigbrühe etwa 350 ml in den Topf geben. Mit der angerührten Maisstärke binden. Die Sauce einige Minuten ziehen lassen, dann über die Gänsekeulen gießen. Mit Bratkartoffeln servieren.

GEFÜLLTER GÄNSEHALS
für 4 Personen

1 Gänsehals, 1 Gänseleber, 1 mittelgroße Zwiebel, 1 EL gehackte Petersilie, getrockneter Salbei, Pfeffer, Salz, 3 EL Semmelbrösel, 2 Eier, 125 g Gänsefett

Die Haut vom Gänsehals abziehen (Knochen für die Brühe verwenden). Die feingehackte Gänseleber mit der gewürfelten Zwiebel, gehackter Petersilie, Salbei, Pfeffer und Salz und Semmelbröseln vermischen. Mit den verquirlten Eiern binden und die Haut mit dieser Mischung füllen. An beiden Enden zunähen und in ausgelassenem Gänsefett im Backofen bei 190 Grad 40 Minuten braten. Häufig begießen. Die Fäden entfernen und den Hals vor dem Servieren in Scheiben schneiden.

GÄNSELEBER FINKENWERDER ART

450 g Gänseleber, 250 ml Milch, Pfeffer, Salz, 2 mittelgroße Äpfel, 1 Zwiebel, 125 g frische Champignons, 1 Bd. Petersilie, 6 Scheiben Weißbrot, etwas Mehl, 1-2 Eier, Paniermehl, 60 g Butter, 3 Scheiben durchwachsener Speck, Majoran, 4 cl Rotwein oder Madeira, 125 ml Sahne

Gänseleber 90 Minuten in Milch legen. Abtrocknen und in 1 cm dicke Scheiben schneiden. Mit Pfeffer und Salz würzen. Die Äpfel waschen, Kerngehäuse ausstechen und in 1 cm dicke Scheiben schneiden. Zwiebel und Champignons kleinschneiden, Petersilie hacken, die Weißbrotscheiben toasten.
Die Leber in Mehl wälzen, durch die verquirlten Eier ziehen und in Paniermehl wenden. Butter erhitzen, Gänseleber darin goldbraun braten, warmstellen. Apfel- und Speckscheiben, Zwiebeln, Champignons, Petersilie und eine Prise Majoran anbraten, Äpfel und Champignons sollen festbleiben. Pilze, Äpfel und Speck herausnehmen, den Bratensatz mit Rotwein oder Madeira ablöschen, abschmecken mit frisch gemahlenem Pfeffer und Salz. Vor dem Anrichten die Sahne unterziehen. Je 1 Scheibe Weißbrot auf den Teller legen, darauf 1-2 Scheiben Leber, wiederum 1 Scheibe Brot und obendrauf die Äpfel, dann den Speck und die Pilze. Zuletzt den Bratensatz aus der Pfanne darübergeben.

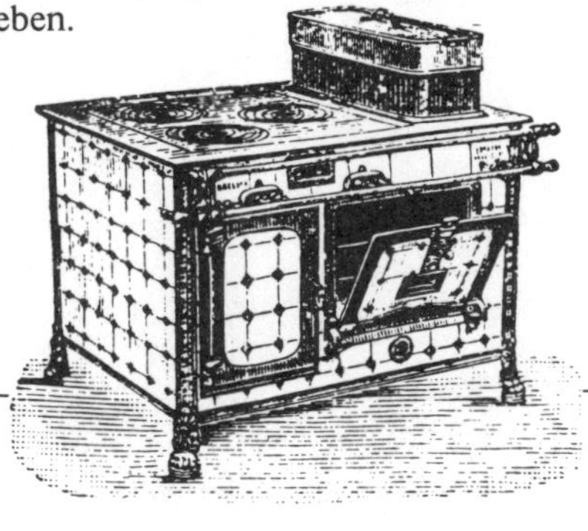

Von zahmen

VIERLÄNDER ENTE
für 2-3 Personen

1 Ente, ca. 1,5-2 kg, mit Leber und Magen, Pfeffer, Salz, Majoran, 1 kg Kochäpfel, 1 mittelgroße Zwiebel, 250 g roher, gewürfelter Schinken, 2 Eier, 2 EL Semmelbrösel, 4 EL Wasser, mit 2 TL Salz vermischt, 125 ml saure Sahne

Die Ente innen und außen mit Pfeffer, Salz und Majoran einreiben. Leber und Magen feinhacken, mit Apfelstückchen, Zwiebelwürfeln, Schinken, den verquirlten Eiern und Semmelbröseln vermischen. Die Ente damit füllen und zunähen. Mit der Brustseite nach unten in einen mit kaltem Wasser ausgespülten Bräter legen. Die Ente mit etwas Wasser beträufeln und bei 180 Grad im Backofen 60 bis 70 Minuten braten. Nach etwa 15 Minuten der Garzeit die Ente umdrehen. Häufig mit dem Bratensatz beträufeln, unterhalb der Flügel und Keulen einige Male einstechen. Sobald der Bratensaft anfängt zu bräunen, noch etwas Wasser zufügen. Nach einer Stunde das gesalzene Wasser über die Ente gießen, damit die Haut knusprig wird, weitere 10 Minuten braten, die Ente aus dem Backofen nehmen und tranchieren. Den Bratensatz entfetten, mit Wasser löschen und loskochen. Mit saurer Sahne binden und mit etwas Salz und Majoran abschmecken.

ENTE MIT LÜBSCHER FÜLLUNG

500 g säuerliche Äpfel, 125 g Rosinen, Entenfett, 1 Glas Weinbrand, 250 g Weißbrotwürfel, Salz, 1 Prise Zimt, ¼ l Weißwein, 1 Vierländer Ente, ca. 2 kg

Äpfel ungeschält in Stücke schneiden. Rosinen ausquellen lassen. Beides in Entenfett andünsten. Mit Weinbrand flambieren, dann Brotwürfel zugeben und mit Salz und Zimt abschmecken. Soviel Weißwein zugeben, daß eine geschmeidige Masse entsteht. Ente damit füllen und wie gewohnt braten.

und wilden Enten

ORANGENENTE

1 Ente mit Leber, Salz, 4 cl Orangenlikör, weißer Pfeffer aus der Mühle, 4 ungespritzte Orangen, ⅛ l Sahne, Pfeffer, Salz, 20 g Butter, Fleischextrakt

Möglichst eine Vierländer Flugente verwenden, da die gefrorenen Mastenten oft sehr fett sind. Die ausgenommene Ente waschen, mit Salz einreiben und im heißen Backofen 15 bis 20 Minuten anbraten. Wenig Wasser in die Bratpfanne geben, damit die Bratröhre trocken bleibt und die Ente schnell bräunt.

Orangenlikör mit ½ TL weißem Pfeffer verrühren. Die Ente während der Garzeit (je nach Größe 60-90 Minuten) häufig mit dem Likör bestreichen. Kurz vor Ende der Garzeit die Ente mit Salzwasser beträufeln und bei großer Hitze knusprig braun braten, warm stellen. Bratensatz sorgfältig entfetten, mit dem Saft von drei Orangen vermischen und erhitzen. Die Schale von einer Orange in hauchdünne Scheiben schneiden, zu der Sauce geben. Die Entenleber mit der Gabel musig verrühren, ebenfalls zugeben. Sauce unter Rühren durchschmoren, mit der Sahne ablöschen. Mit Pfeffer, Salz und Fleischextrakt abschmecken und einkochen, bis die Sauce sämig ist. Die geschälte Orange in Scheiben schneiden, diese halbieren und in Butter andünsten. Ente damit garnieren. Sauce getrennt dazu reichen.

KRICKENTEN, GEBRATEN

Die vorbereiteten Krickenten mit Pfeffer und Salz einreiben und mit Speckscheiben umwickeln. In heißer Butter anbraten. Im Backofen bei 200 Grad 30 bis 50 Minuten garen. Dabei häufig mit Fond begießen und etwas Zwiebel und einige zerdrückte Wacholderbeeren zugeben. Vor dem Anrichten die Sauce entfetten, mit etwas Brühe aufkochen und mit Zitronensaft abschmecken. Salat oder junges Gemüse dazu reichen.

BREMER WILDENTE
für 2-3 Personen

1 Wildente, Pfeffer, Salz, 125 g geräucherter Speck in Scheiben, 2 EL Butter, 2-3 Scheiben geröstetes Weißbrot, 2 Handvoll Trauben, ⅛ l saure Sahne

Die Wildente muß im Gegensatz zu anderem Wildgeflügel frisch, also nicht abgehangen sein. Wenn sich beim Ausbraten des Fettes aus dem Bürzel kein unangenehmer Geruch entwickelt, dann ist die Ente nicht tranig, die Haut kann mit verwendet werden. Die bratfertige Wildente mit Pfeffer und Salz würzen, mit Speck umwickeln und in Butter im Backofen bei 200 Grad braten. Häufig mit Fett beträufeln. Die Ente halbieren und von Knochen befreien. Schenkel und Brust in Scheiben schneiden, auf die Weißbrotscheiben legen und mit in Butter geschwenkten Trauben und den Speckscheiben belegen. Bratenfond mit saurer Sahne ablöschen und die Sauce getrennt dazu reichen.

WILDENTE IN ROTWEIN

1 Wildente, 1 Glas Wasser, 1 Glas Essig, 2 Gläser Rotwein, 1 Schuß Cognac, 1 Zwiebel, 1 gelbe Rübe, 1 Petersilienwurzel, 1 Stück Sellerie, etwas Zitronenschale, einige Pfefferkörner, einige Pimentkörner, 3 Lorbeerblätter, etwas Salz, Pfeffer und Salz, 50 g Butter, 2 EL Milch, etwas Brühe, ⅛ l Rotwein

Die Ente vorbereiten. Wasser, Essig, die in Scheiben geschnittene Zwiebel, die Rübe, Petersilienwurzel, Sellerie, Zitronenschale, Pfeffer- und Pimentkörner, Lorbeerblätter und etwas Salz aufkochen, Wein und Cognac zugeben und nochmals kurz aufkochen. Die Beize erkalten lassen, über die Ente gießen, so daß diese ganz bedeckt ist. Ente 3 bis 4 Tage in der Beize liegen lassen. Die Ente herausnehmen, leicht mit Pfeffer und Salz würzen und in der heißen Butter anbraten. Etwas Beizflüssigkeit und die Zwiebeln aus der Beize zugeben, die Ente während des Dünstens oft wenden. Zum Servieren in Portionsstücke teilen und warmstellen. Für die Sauce die beim Teilen der Ente übriggebliebenen Stücke und die Zwiebel feinwiegen, Entenleber feinhacken und in dem Saucenfond dünsten. Etwas Mehl darüberstreuen, mit Brühe und Wein auffüllen, aufkochen lassen, durch ein Sieb geben und die Entenstücke nochmals darin aufkochen lassen. Mit Salzkartoffeln und Rotkohl servieren.

Wildgeflügel

Birkhuhn und Auerhahn sind fast augerottet. Außer wilden Enten und Tauben bleiben die Fasane das einzige noch einigermaßen häufig anzutreffende Wildgeflügel Norddeutschlands. Durch die Verwendung von Herbiziden am Rande der holsteinischen Knicks, haben aber auch die wildlebenden Fasane einen Teil ihrer Lebensbasis verloren; dabei sind Fasane nicht menschenscheu, sie können auch gut in der Nähe menschlicher Siedlungen leben und es ist zu hoffen, daß sie bei entsprechenden Maßnahmen des Naturschutzes wieder zunehmen werden.

GESCHMORTE TAUBEN
für 6 Personen

6 Tauben mit Leber und Herz, 65 g Butter, 125 g Champignons, Pfeffer aus der Mühle, Salz, 100 g Zwiebeln, 200 g Reis, 350 ml Hühnerbrühe, 1 Möhre, 1 Zwiebel, 100 ml trockener Weißwein, 100 ml Wasser

Die Tauben vorbereiten. Für die Füllung 15 g Butter in einem Topf zerlassen, Champignons feinwürfeln, hinzufügen und unter Rühren braten, bis die Pilzflüssigkeit verdunstet ist. Mit Pfeffer und Salz abschmecken, die gehackten Lebern und Herzen zufügen und bei mittlerer Hitze unter ständigem Rühren 2 Minuten braten.

35 g der Butter zerlassen, gehackte Zwiebeln zufügen und andünsten. Reis unterrühren, bis alle Körner mit Butter bedeckt sind. Brühe zugießen, aufkochen. Abgedeckt bei schwacher Hitze 20 Minuten garen lassen. Die Pilzmischung zufügen und abschmecken. Die Tauben mit dieser Masse füllen und festbinden. Tauben mit Pfeffer und Salz würzen.

Die restlichen 15 g Butter in einem großen Schmortopf erhitzen, die Tauben darin von allen Seiten anbraten. Die gewürfelte Möhre und Zwiebel in den Topf geben, bei mittlerer Hitze 15 Minuten schmoren. Wein und Wasser angießen, abgedeckt noch 30 Minuten bei geringer Hitze garen lassen. Tauben anrichten, Bratensaft durch ein Sieb passieren und über die Tauben gießen. Sofort servieren.

GEFÜLLTE TAUBEN

„Die Tauben werden entknöchelt, die Leber gibt man mit 1/16 Pfd. Trüffeln durch die Maschine. 1 geschältes Rundstück weicht man 1 Minute in reichlich lauwarmem Wasser ein, drückt es gut aus und gibt es zum Schluß mit durch die Maschine. 1 Ei gibt man in diese Farce und etwas Salz, streicht sie durch ein Sieb, füllt die Farce in die Tauben und näht sie zu. Nun legt man sie in die Pfanne, entweder mit 1 Löffel Butter oder belegt jede Taube mit einer Speckscheibe, brät sie 30 Minuten, begießt sie inzwischen mit ¼ Liter saurem Rahm. Die Sauce wird mit Salz abgeschmeckt und, nur wenn nötig, mit etwas ausgerührtem Weizenmehl sämig gemacht.“ 1910

TAUBENPASTETE

2 junge Tauben, Salz, 3 Nelken, 1 Zwiebel, 2 EL Butter, Pfeffer aus der Mühle, 2 EL gehackte Petersilie, 1 TL gehackter Thymian, 2 Eier, hartgekocht, 150 ml Sahne, 2 EL Crackerbrösel, 1 Paket Tiefkühlblätterteig

Tauben in einem Topf mit kochendem Wasser bedecken, Salz und die mit Nelken bespickte Zwiebel zugeben, weichkochen. Die Tauben herausnehmen, abtropfen lassen und mit Küchenkrepp abtrocknen. In jede Taube 1 TL Butter, Pfeffer und Salz sowie etwas Petersilie und Thymian und ein hartgekochtes Ei geben. Tauben in einer Backform, ca. 10 cm hoch, mit Kochflüssigkeit begießen, die restliche Butter und Sahne zufügen. Mit Crackerbröseln, den restlichen Kräutern und etwas Salz bestreuen, einige Teigstücke zugeben und mit Blätterteig abdecken. Im vorgeheizten Backofen bei 180 Grad 30 bis 40 Minuten backen.

GEFÜLLTER FASAN

1 junge Fasanenhenne, 100 g frische Champignons, etwas Trüffel, 100 g Butter, 50 g durchwachsener Speck, Fasanenleber und -herz, 2 cl Weinbrand, Semmelbrösel, 100 g Speck in dünnen Scheiben, Pfeffer, Salz, Rosmarin

Fasanenhenne vorbereiten. Champignons in Scheiben schneiden, Trüffel feinhacken und beides in etwas Butter andünsten. Den feingehackten Speck und die ebenfalls zerkleinerten Innereien zugeben, 2 cl Weinbrand und so viel Semmelbrösel untermischen, daß eine lockere Masse entsteht. Mit Pfeffer und Salz und etwas Rosmarin abschmecken. Den Fasan füllen, Öffnung zunähen. Fasan mit Speckscheiben umwickelt in der Butter braten. Herausnehmen und warmstellen. Bratensauce aufkochen und bei großer Hitze um die Hälfte einkochen, mit Weinbrand, Pfeffer, Salz und Rosmarin abschmecken. Mit Kartoffelbällchen, geschmorten Tomaten und gedämpfter Chicoree servieren.

REBHÜHNER ZU BRATEN

„Nachdem man die Rebhühner gepflückt, ausgenommen und dressirt hat, wird die Brust entweder gespickt oder mit dünnen, etwas gesalzenen Speckplatten umwunden. Dann bratet man die Rebhühner unter beständigem Begießen mit Butter schnell am Spieße gar, oder man läßt sie in einer Pfanne mit brauner Butter in einer Stunde hellbraun und fertig braten, während welcher Zeit man öfters eine Mischung von Jüs und saurer Sahne hinzugießt."

1879

REBHÜHNER MIT AUSTERN GEFÜLLT

8 Rebhühner mit Leber, 16 frische Austern, 2 hartgekochte Eier, 100 g Semmelbrösel, Muskat, Pfeffer, Salz, 4 EL Milch oder Sahne, 2 EL zerlassene Butter, 16 dünne Speckscheiben

„Man muß sich beim Zurichten der Rebhühner, die zu füllen sind, sehr in Acht nehmen, daß man sie nicht zerreiße. Man hackt die Leber der Rebhühner, ausgelöste Austern und hartgekochte Eier recht fein, rührt dies mit ein wenig geriebenem Weißbrod, etwas geriebener Muscatnuß, Pfeffer, Salz, Milch und geschmolzener Butter gut durch, füllt es in die Rebhühner, näht sie zu und bratet sie, oben und unten mit Speck belegt, 1-1½ Stunden langsam gar. Beim Anrichten giebt man eine Sardellen-Sauce darüber." 1853

Vom Schwan seindt viererley Speiß zu machen.

Der Rucken warm abgebraten.

2. Kalt in Pasteten mit seiner zugehörung / die Federn oben auff die Pasteten gemacht.

3. Gebraten vnd kalt lassen werden.

Hammel und Lamm

HAMMELKEULE MIT KAPERNSAUCE

1 Hammelkeule ohne Knochen, ca. 1000 g, 1 Zwiebel, Saft einer Zitrone, 1/8 l Weinessig, 1/4 l Wasser, 2 Knoblauchzehen, 1 Lorbeerblatt, 4 Gewürznelken, 1 Bd. Petersilie, 5 Stengel Dill,
1 1/2 l Wasser, Salz, 1 Bd. Suppengrün, 1 Zwiebel, 1 Lorbeerblatt,
40 g Butter, 40 g Mehl, 1/4 l heiße Fleischbrühe, 1/8 l saure Sahne, Saft einer Zitrone, Pfeffer, Salz, 1 Röhrchen Kapern, 1/2 Bd. Petersilie

Hammelkeule häuten, unter kaltem Wasser abspülen und mit Haushaltspapier trockentupfen. Für die Beize Zwiebel schälen und im Mixer pürieren oder sehr feinreiben. Durch ein Leinentuch in eine flache Schüssel drücken. Zitronensaft, Weinessig und Wasser untermischen. Die mit viel Salz zerdrückten Knoblauchzehen, das zerstoßene Lorbeerblatt und die Gewürznelken sowie die feingehackten Kräuter zugeben. Hammelfleisch darin zugedeckt 24 Stunden ziehen lassen. Mehrmals wenden.
Wasser in einem großen Topf erhitzen, salzen. Hammelkeule darin 20 Minuten kochen. Suppengrün in große Würfel schneiden, Zwiebel vierteln, alles mit dem Lorbeerblatt zum Fleisch geben. Weitere 30 Minuten kochen. Hammelkeule herausnehmen, warmstellen. Brühe durch ein Sieb gießen.
Butter erhitzen, Mehl unterrühren und durchschwitzen. Mit 250 ml heißer Hammelfleischbrühe ablöschen. 8 Minuten kochen lassen. Saure Sahne und Zitronensaft unterrühren, mit Pfeffer und Salz abschmecken. Zum Schluß die Kapern mit der Flüssigkeit unterrühren. Sauce nochmals erhitzen, aber nicht mehr kochen lassen.
Hammelfleisch in dicke Scheiben schneiden, mit der Kapernsauce begossen auf einer Platte servieren.
Dazu schmecken junge Brechbohnen und Kartoffelklöße oder Salzkartoffeln, als Getränk Bier oder ein kräftiger roter Landwein.
Die restliche Brühe kann man mit Einlage als Vorsuppe servieren.

HAMMELKEULE MIT SARDELLENSAUCE

1 kg Hammelkeule ohne Knochen, Schale von 1/2 Zitrone in Streifen, 8 Sardellenfilets zum Spicken, etwas Öl zum Braten, 1/2 l weiße Grundsauce (evtl. auf Fischbasis), 2 EL Butter, 1 EL Sardellenpaste, 4 Sardellenfilets, feingehackt, Zitronensaft, Pfeffer

„Die Hammelkeule wird geklopft, von der Haut befreit, mit Citronenschalen und ganzen Sardellen zierlich gespickt und langsam gar gebraten. Dann bereitet man eine gute Sardellen-Sauce und richtet die Keule darin an.“ 1908

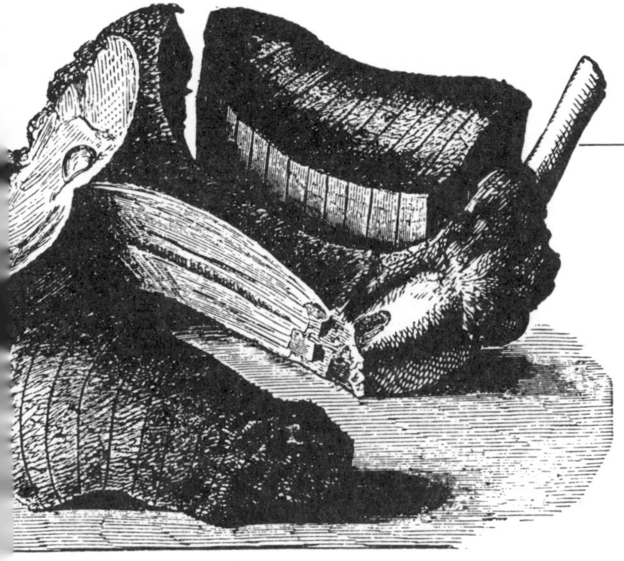

Anmerkung zur Herstellung der Sauce:
Bratensaft der Keule sorgfältig entfetten, mit etwas Wasser oder Weißwein loskochen und mit weißer Sauce aufgießen. Gehackte Sardellenfilets unterheben und mit Zitronensaft und Pfeffer abschmecken.

HAMMELFLEISCH MIT KÜMMELSAUCE

1 kg Hammelfleisch (Brust), 50 g Butter, 1 kleines Bd. Suppengrün, 2 Zwiebeln, 1 Lorbeerblatt, 5 Pimentkörner, Salz, 1 Prise Majoran, 2 EL Kümmel, etwas Mehl, 1 bis 1½ Tassen Fleischbrühe, 2 EL Mehl, 2 EL Butter

Das Fleisch mit Pfeffer und Salz einreiben, Thymian darüberstreuen, von allen Seiten kurz anbraten. Fleischbrühe und Gewürze zugeben, abgedeckt 90 Minuten sanft schmoren lassen, nach einer Stunde das feingewürfelte Suppengrün und die feingehackte Zwiebel zugeben und evtl. noch etwas Brühe zugießen.

LAMMFLEISCH IN PAPILLOTEN

750 g Lammfleisch zum Braten, 2-3 Zwieback oder Semmelbrösel, 2-3 Schalotten, ½ Bd. Petersilie, Pfeffer aus der Mühle, Salz, Muskat, 40 g Butter, Pergamentpapier

„Man schneidet das Fleisch in dünne Scheiben, kehrt diese in gestoßenem Zwieback, gehackten Chalotten, gehackter Petersilie, gestoßenem Pfeffer, Salz und Muscatnuß um, bestreicht Schreibpapier mit Butter, wickelt das Fleisch hinein, läßt es langsam gar braten und giebt es in dem Papier zu Tische.“ 1808

LAMMKEULE, OSTFRIESISCH
für 6-8 Personen

1 Lammkeule, ca. 2 kg, Pfeffer aus der Mühle, Salz, 2 EL Senf, ¼ l Brühe, 2 Zwiebeln, 1 EL Mehl, 5 EL süße Sahne

Fleisch vom Fett befreien. Die Keule mit Pfeffer und Salz ordentlich einreiben, dann von allen Seiten mit Senf bestreichen. Das abgeschnittene Lammfett feinhacken und in einem Bräter auslassen. Die Keule darin von allen Seiten scharf anbraten, mit der Brühe ablöschen. Zwiebeln halbieren, in die Sauce legen. Die Keule im Backofen bei 200 Grad abgedeckt etwa 2 Stunden schmoren lassen. Während der Garzeit immer wieder mit kaltem Wasser begießen.

Keule herausnehmen und warmstellen. Fond durch ein Sieb streichen. Mehl mit Sahne verrühren, Sauce damit binden, mit Pfeffer und Salz abschmecken.

Dazu schmecken grüne Bohnen mit Petersilie.

LAMMFLEISCH MIT TRÜFFELN

1 kg Lammbraten, 60 g Butter, 1 EL Mehl, 3 Zwiebeln, 2 Lorbeerblätter, 1 Kräutersträußchen aus Thymian, Salbei, Petersilie o.ä., 100 g Trüffeln oder Morcheln (Dose) mit Flüssigkeit

„Das Lammfleisch in Stücken gehauen, so groß oder klein als man es haben will, solches ausgewässert und blanchiret, denn nach Proportion ein gutes hochbraunes Mehl gemacht. Zwiebeln und Lorbeerblätter darein gethan, denn auch das Lammfleisch, und solches ein wenig durchgeschmohret, denn kochend Wasser, Salz und ein Bündchen feiner Kräuter daran und damit gekocht, wenn es meist gar ist, so thut man eingemachte Trüffeln und Morcheln daran, wer es kennet und hat, der kann auch einige Scheiben Acia mit daran thun, denn kurz einkochen lassen, daß nicht mehr Brühe darauf ist, als nöthig thut, so ist es recht. Oder man kann das Lammfleisch fein spicken, vorher an einen Spieß braten, und denn eben so, wie jetzt gezeiget, verfertigen.“ 1776

HEIDSCHNUCKENBRATEN
für 6-8 Personen

1 Heidschnuckenkeule, entbeint, 1 l Buttermilch, 2 Zwiebeln, 1 Bd. Suppengrün, 150 g Butter, Pfeffer aus der Mühle, Salz, einige Pimentkörner, Fett 2 EL Stärkemehl, 125 ml saure Sahne

Die Heidschnuckenkeule 24 Stunden in Buttermilch ziehen lassen, mehrmals wenden. Abwaschen und mit Küchenkrepp abtrocknen. Die kleingehackten Keulenknochen, die grob-

Acia = In Weinessig eingelegte Melonen, Gurken und Sellerie, scharf gewürzt

gehackten Zwiebeln und das gewürfelte Suppengrün in Butter andünsten, mit ½ l Wasser auffüllen, mit Pfeffer, Salz und den Pimentkörnern würzen und garkochen. Die Keule in eine tiefe Pfanne legen, mit heißem Fett übergießen und im Backofen bei 200 Grad braten, bis beim Hineinstechen mit der Nadel kein Blut mehr herausfließt. Herausnehmen und warmstellen. Den Bratenfond mit Knochenbrühe auffüllen, mit etwas Stärkemehl und Sahne binden.

HEIDSCHNUCKENRÜCKEN
für 12 Personen

1 gespickter Heidschnuckenrücken im Gewichte von 6 Pfd.,
½ Kochlöffel Butter, ½ Ltr. fetter, saurer Rahm, 1 Teelöffel Salz

„Ein gespickter Heidschnuckenrücken im Gewichte von 6 Pfd. wird mit ½ Kochlöffel Butter angesetzt, im nicht zu heißen Ofen unter fleißigem Begießen und Umlegen 45 Minuten gebraten, dann das Fett vollständig abgegossen, ½ Ltr. fetter, saurer Rahm über den Braten getan und der Braten hiermit noch 15 Min. unter öfterem Begießen im Ofen gelassen. Die Sauce wird, wenn nötig, mit wenig ausgerührtem Mehl sämig gemacht und mit 1 Teelöffel Salz abgeschmeckt. Es empfiehlt sich, daß die Fleischseite jetzt zu unterst in die Pfanne und 1 Tuch über den Braten gelegt wird und die Pfanne 10 Min. über kochendes Wasser gestellt wird. Würde man den Braten anschneiden, sowie er aus dem Ofen kommt, wird der Fleischsaft auslaufen, und das Fleisch grau und trocken werden.“ 1910

HAMMELKARBONADE A L'ANGLAISE

Pro Person:
2-4 Hammelkarbonaden, Pfeffer aus der Mühle, Salz, 100-150 g Butter

„Kleine Karbonaden werden geklopft, ausgestutzt und mit Salz und Pfeffer bestreut, worauf man sie so vorgerichtet eine halbe Stunde in zerlassener Butter liegen läßt, damit sie recht mürbe werden. Darauf lasse man sie einige Minuten in Butter braten, kehre sie jedoch sehr häufig um und lasse sie niemals länger als eine Minute auf einer Seite braten; auch darf man sie nur mittels eines flachgehaltenen Messers umwenden, weil durch das Hineinstechen mit der Gabel der Saft ausfließen würde. Giebt man die Karbonaden nicht als Beilage, so richtet man sie mit geschälten Kartoffeln und brauner Butter oder Zwiebel-Sauce an und muß überhaupt dafür sorgen, daß sie so heiß wie möglich auf den Tisch kommen.“
1910

Zungen, Ragouts, Innereien und Fleischresteverwertung

RAGOUT VON SCHWESER, ZUNGE, CHAMPIGNONS UND ERBSEN
für 4-6 Personen

1 Küken (Hähnchen von 400-600 g), 1 kleine Schweser, 6 bis 12 Krebse, ¼ Pfd. frische Champignons, 1 Liter Wasser, 1 Teelöffel Salz, 1 Zwiebel, 6 Pfefferkörner, Mehlwasser, 1 Teel. Butter, Zitronensaft, rote Krebsbutter von 6 Krebsen, 1 geh. Kochlöffel Mehl, 1 Eidotter, 5 Ltr. Erbsen

„Man nimmt ein Küken, eine kleine Schweser, 6-12 Krebse, ¼ Pfd. frische Champignons. Das Küken wird, mit einer Speckscheibe belegt, im heißen Ofen 30 Minuten gebraten und öfters begossen. Man zieht dann die Haut ab und trennt das Fleisch von den Knochen. Die Knochen setzt man mit 1 Ltr. Wasser, 1 Teel. Salz, 1 Zwiebel und 6 Pfefferkörnern an, kocht die Brühe im geschlossenen Topf 1 Stunde, legt die Schweser dazu und läßt sie fest zugedeckt recht langsam ½ Stunde ziehen. Hiernach legt man die Schweser in kaltes Wasser und zieht die Haut ab, schneidet sie in Scheiben und legt diese zum Küken. Die Champignons werden geputzt und dann in ausgerührtes Mehlwasser gelegt. Sind alle vorbereitet, spült man sie ab und setzt sie mit 1 Teelöffel Butter und Citronensaft an, dämpft sie im geschlossenen Topf 5 Minuten. Durch starkes Kochen werden die Champignons zäh. Die rote Krebsbutter setzt man mit 1 geh. Kochlöffel Mehl an und schwitzt sie unter Rühren 3 Minuten. Die Brühe, die man bis auf ½ Ltr. eingekocht hat, wird durch ein Sieb dazugegossen. Salz nach Geschmack. Sollte sich die Butter von der Sauce trennen, muß die Sauce rasch mit 1 Eidotter abgequirlt werden. Kükenfleisch und Schweser legt man in die Sauce. Fest zugedeckt stellt man das Ragout 30 Minuten vorm Anrichten in einen Topf mit kochendem Wasser. Man kann statt der Champignons 1 Pfd. frischen Spargel geben oder einen Kranz Erbsen herumlegen. Blätterteig oder auch Reisrand ist verwendbar.“ 1910

RAGOUT VON GERÄUCHERTER OCHSENZUNGE
für 6-8 Personen

1 Ochsenzunge, 1 große Schweser, ½ Pfund Perlsaucischen, ½ Pfd. Champignons, 2½ Pfd. Gänseleber, 4 Liter kaltes Wasser

„Verwendet man die Ochsenzunge als Gemüsebeilage, nimmt man eine Zunge für 6-8 Personen, nimmt man dagegen die Zunge zum Ragout, so genügt eine Zunge für 12-14 Personen. Man gebraucht außerdem zu dem Ragout eine große Schweser, ½ Pfund Perlsaucischen, ½ Pfund Champignons. Statt der Champignons kann auch 2½ Pfund frische Gänseleber genommen werden. Die mildgesalzene Ochsenzunge wird mit 4 Ltr. kaltem Wasser angesetzt und im geschlossenen Topf 3 Std. langsam gekocht. Durch starkes Kochen wird die Zunge hart. Es ist gut, wenn der englische Dampfkocher hierzu verwendet wird. Hat man keinen Kocher, ist es ratsam, wenn die Zunge zugedeckt in den Bratofen gestellt wird; auch ist es empfehlenswert, wenn frische Fettabfälle in das Wasser getan werden. Während der Kochzeit muß die Zunge einmal im Topfe umgelegt werden. Man legt die weichgekochte Zunge in kaltes Wasser und zieht die Haut ab.“ 1910

RAGOUT IN MUSCHELSCHALEN

„Kalbsmilch, Kalbszunge und Rindergaumen werden blanchirt und in Bouillon weichgekocht; außerdem macht man Krebse und kleine Fisch- oder Kalbfleischklöße in Salzwasser gar, schwitzt Champignons und Morcheln in Butter weich und verkocht eine kräftige Coulis mit ein wenig weißer Mehlschwitze, etwas Citronensaft, Sardellenbutter, Pfeffer und Salz zu einer dicken Sauce. Nun schneidet man die Kalbsmilch, die Kalbszunge, den Rindergaumen, die Champignons, die Morcheln sowie übriggebliebenes Bratenfleisch in Würfel, legt es nebst den Klößen und den Krebsschwänzen in die Sauce, schwenkt Alles behutsam durcheinander und läßt es bei mäßigem Feuer zu einem dicken Ragout einkochen. Dieses zieht man mit mehreren Eidottern ab, füllt es in Muschelschalen, bestreut es mit feingeriebenem Parmesankäse und träufelt etwas Sardellenbutter darüber. Hierauf lasse man die Muscheln so lange im Ofen backen, bis das Ragout auf der oberen Seite eine gelbbraune Farbe angenommen hat.“ 1908

Perlsaucischen oder Saucissen = kleine fingerlange Würstchen aus Schweinefleisch und Trüffeln, mit weißem Pfeffer gewürzt

RAGOUT ZU BEREITEN
für 15-20 Personen

1 kg Fleisch oder Geflügel ohne Knochen, 1 l Bouillon, 750 g Hackfleisch, 1 Ei, Salz, Pfeffer, gehackte Zwiebeln nach Belieben, 10-12 Flußkrebse, 1 Rindergaumen, 1 Rindermaul, 1 Kalbszunge, 1 Schweinsmaul, 10-15 Sardellenfilets, Schale von 1 unbehandelten Zitrone, 750 g Cocktailwürstchen, 250 g Champignons, 100 g Pistazien, braune Mehlschwitze, Zitronensaft, evtl. Spargel und Austern

„Um ein Ragout zu bereiten, nimmt man für 15-20 Personen irgend ein beliebiges Stück Fleisch oder Geflügel, reinigt dasselbe gehörig, setzt es mit kaltem weichen Wasser auf starkes Feuer und läßt es beinahe zum Kochen kommen. Dann nimmt man es heraus, läßt es in Bouillon garkochen und nimmt es vom Feuer. Nun macht man von ¾ Pfund gehacktem Fleisch kleine Klöße, füllt man eben solchem Fleisch 10-12 Krebsköpfe, reinigt einen Rindergaumen, ein Rindermaul, eine Kalbszunge und ein Schweinsmaul gehörig, schneidet es in kleine Stücke, hackt Sardellen und Citronenschale recht fein und kocht dies Alles nebst ¾ Pfund Saucissen, einer Hand voll Champignons und einigen Pistazien in der Bouillon schnell weich; dann macht man das Ganze mit braungebranntem Mehl sämig, drückt Citronensaft daran und richtet das Ragout mit Austern, gekochtem Spargel oder Krebsschwänzen an.“ 1908

KALBFLEISCHRAGOUT

1 kg Kalbskeule ohne Knochen, 250 g durchwachsener Speck, in dünne Streifen geschnitten, ¼ l kochendes Wasser, ¼ l Jüs (Fleischbrühe), 250 g Champignons, 50 g Trüffel, 200 g Artischockenböden, Kräutersträußchen aus Thymian, Rosmarin, Estragon,Petersilie, Saft einer Zitrone

„Man nimmt eine Kalbskeule, schneidet die Haut ringsherum sauber davon, haut sie in zwei Finger breite Scheiben, schlägt sie mit der Fläche eines Hackmessers platt und gleich und spickt sie mit Mittelspeck. Nun bedeckt man den Boden einer Casserole mit dünngeschnittenen Speck, legt die Kalbfleischscheiben darauf und setzt es zugedeckt auf gelindes Kohlenfeuer, bis sich daraus gezogene Jüs braun ansetzt; dann nimmt man das Fleisch heraus, thut einen Löffel voll Mehl in das Fett, damit es braun wird und gießt, so viel wie nöthig ist, halb kochendes Wasser und Jüs darauf. Hat dieses eine Stunde gekocht, so streicht man es durch ein Haarsieb, legt das Fleisch wieder in die Casserole, gießt das Durchgestrichene darauf und kocht es mit Champignons, Trüffeln, feinem Gewürz, Artischockenböden und einem Gebinde feiner Kräuter langsam gar; hierauf füllt man das Fett sauber ab, drückt den Saft einer Citrone daran und richtet es so an. Auf dieselbe Weise kann man auch von übriggebliebenen Kalbsbraten ein Ragout machen.“ 1853

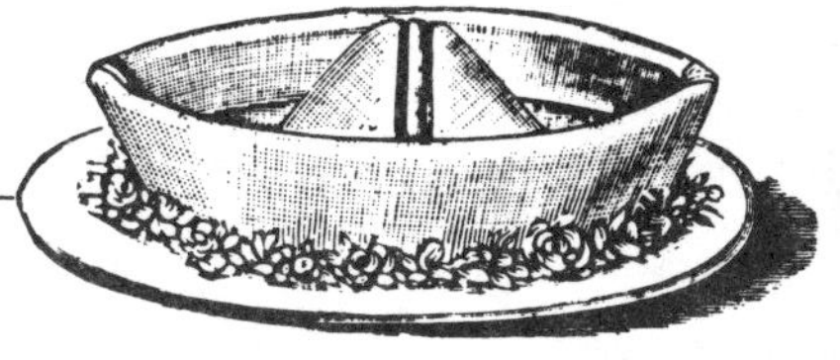

NIERENRAGOUT
für 3 Personen

1 Kalbsniere, 1 Teelöffel Salz, ½ Teelöffel Pfeffer, 1 Eßlöffel Mehl, ½ Ltr. Wasser, ½ Kochlöffel Mehlschwitze, 1/16 Ltr. Madeira, 4-5 Oliven oder ¼ Pfund Champignons

„Ein Frühstücksgericht. Eine Kalbsniere wird gewaschen, mit 1 Teelöffel Salz, ½ Teelöffel Pfeffer und mit 1 Eßlöff. Mehl bestreut, dann im geschlossenen Topf unter öfterem Umlegen in ca. 30 Minuten gebräunt im eigenen Safte. Ist die Niere in dieser Zeit nicht braun genug, legt man den Deckel beiseite und läßt den Fleischsaft vollständig einschmoren. Nun gießt man ½ Ltr. Wasser darauf und dämpft sie recht langsam 1 Stunde. Durch starkes Kochen wird die Niere hart. Nach dieser Zeit rührt man ½ Kochlöffel Mehlschwitze mit dieser Brühe aus; dann gibt man nach Geschmack 1/16 Ltr. Madeira oder 4-5 Oliven, oder ¼ Pfd. Champignons dazu. Die Sauce muß dunkel aussehen; nun gibt man die in Scheiben geschnittene Niere dazu und läßt sie in der Sauce heiß werden. Man richtet das Gericht in einem Reisrand an.“ 1910

KALBSNIERENSCHNITTEN

2 kleine Kalbsnieren, vorbereitet, 2 Eier, 40 g Semmelbrösel, Feinbrot in Scheiben, etwas Mehl, Butter zum Braten, Zimtzucker

„Man hackt die Nieren mit etwas Citronenschale ganz fein und rührt 2 Eier und etwas geriebenes Brod dazu. Dann schneidet man Brodscheiben, bestreicht sie fingerdick mit obiger Masse, bestreut sie dünn mit Mehl und backt sie in Butter goldgelb. Sind sie fertig, so bestreut man sie mit Zucker und Zimmet.
Dieses Gericht läßt sich auch von Kalbsleber oder anderem Fleisch bereiten und giebt man wohl junge Erbsen oder anderes frisches Gemüse dazu.“ 1879

NIERENSCHNITTEN

1 Kalbsniere, ½ TL weißer Pfeffer, 1 TL Salz, etwas Mehl, ½ l lauwarmes Wasser, etwas Mehlschwitze, 1 EL Madeira, 1 Spritzer Worcestershiresauce, 4 längliche Brötchen, 2 EL geriebener Käse, 1 EL Butter

Die Nieren von Sehnen und Harnsträngen befreien und waschen. Mit Pfeffer und Salz sowie etwas Mehl einreiben und mit dem daran anhaftenden Fett 30 Minuten im eigenen Saft abgedeckt bei geringer Hitze dämpfen. Sollte sie nicht braun werden, den Deckel abnehmen und den Fleischsaft völlig einschmoren lassen. Das lauwarme Wasser zugeben und weitere 30 Minuten auf kleinster Flamme dämpfen. Die Flüssigkeit auf ein Viertel einkochen lassen. Mit der Mehlschwitze verrühren, mit Madeira und Worcestershiresauce pikant abschmecken. Die Niere herausnehmen, kleinhacken und mit dem Rest der Sauce vermischen. Diese Masse auf die mit Butter bestrichenen Brötchenhälften streichen, Käse darüberstreuen und im Backofen bei 250 Grad 5 Minuten überbacken.

LEBER HAMBURGER ART

4 Scheiben Kalbsleber, Mehl, 4 EL Butter, 1 Tasse Rosinen,
2 EL Senffrüchte, Pfeffer, Salz

Die Leberscheiben in Mehl wenden und im heißen Fett von jeder Seite zwei bis drei Minuten braten. Auf einer Platte warmhalten. Die am Vortag eingeweichten Rosinen und die kleingeschnittenen Senffrüchte in dem Fett kurz erhitzen. Über die Leber geben. Vor dem Servieren mit wenig Pfeffer und Salz bestreuen. Die Leber wird besonders zart, wenn man sie vor dem Zubereiten einige Zeit in Milch legt.

SCHWESERPAIN MIT GEFÜLLTEN TAUBEN
für 6 Personen

1 gr. Schweser, 1/8 Ltr. kaltes Wasser, 1 Zwiebel, 6 Pfefferkörner, etwas Salz,
2 geschälte Rundstücke, 2 ganze Eier, 75 g Trüffeln, 500 g frische Champignons, 4-6 Tauben

„Man gibt dieses Gericht als Mittelschüssel bei einem Diner oder auch als Frühstück. 1 große Schweser wird 1-2 Stunden vor dem Gebrauch mit reichlich kaltem Wasser gewässert, damit die Schweser weiß wird. Das Wasser muß oft erneuert werden. Nun setzt man die Schweser mit 1/2 Liter kaltem Wasser, 1 Zwiebel, 6 Pfefferkörnern, etwas Salz an, bringt sie im geschlossenen Topf zum Kochen; dann läßt man die Schweser 1/2 Std. langsam kochen. Durch starkes Kochen wird sie krümelig und verliert den guten Geschmack. Hiernach legt man die Schweser in kaltes Wasser, zieht die Haut ab und streicht das Ganze durch ein Sieb. 2 geschälte Rundstücke werden 1-2 Min. mit lauwarmem Wasser eingeweicht, fest ausgedrückt und zuletzt ebenfalls durch das Sieb gestrichen. Diese Schwesermasse rührt man nun gut zusammen, gibt 1 Teelöffel Salz nach Geschmack dazu; dann 2 ganze Eier. Hat man Eiweißreste, so nimmt man nur 4 Eiweiß. Diese Masse füllt man in eine mit Butter ausgestrichene Randform; stellt den Rand zugedeckt, bis zur Hälfte mit Wasser in einen Topf und stellt den Topf 30 bis 50 Min. in den nicht zu heißen Ofen. Will man die Farce zu dem Pain bessermachen, so kann man den Inhalt einer 1/8 Pfunddose Trüffeln, feingehackt, zwischen die Farce geben. Man hält den Pain 30 Min. vor dem Anrichten fertig; beim Anrichten füllt man in die Mitte die gedämpften Champignons mit weißer Rahmsauce,

obenauf legt man die tranchierten, farcierten Tauben. Über das Ganze gießt man eine bräunliche, kräftige Taubensauce, bereitet aus den Knochenresten der Tauben.“ 1910

SCHWESER, GEBACKEN

2 große Kalbsschweser (Bries), Kräutersträußchen (Thymian, Rosmarin, Petersilie, Sellerie), Saft von 1 Zitrone, 2 Eiweiß, 50 g Semmelbrösel, 50 g Mehl, Butter zum Braten, 1 Bd. Petersilie (fritiert), Zitronenscheiben

„Diese Schweser koche man mit feinen Kräutern fast gar, lege sie hernach in eine Serviette und lasse sie zugedeckt erkalten. Dann drücke man den Saft einer Citrone darüber, ziehe sie durch geschlagenes Eiweiß, bestreue sie mit halb feingeriebenem Brod und halb Mehl und backe sie in Butter aus. Beim Anrichten garnire man sie mit gebackener Petersilie und Citronenscheiben.“ 1853

KALBSFÜSSE, GEBACKEN

2 Kalbsfüße, Pfeffer, Salz, Piment, Lorbeerblatt, 2 Zwiebeln, 1 Ei, 50 g geriebener Parmesan, Butter zum Braten
Marinade:
6 EL Essig, 3 EL Öl, Pfeffer, Salz, 1 Zwiebel, gehackt

„Hat man die Kalbsfüße weißgebrüht, so putzt man sie sauber ab und kocht sie im Wasser mit Salz, Gewürz und Zwiebeln ziemlich weich. Dann nimmt man sie aus der Brühe, spaltet sie quer durch, beseitigt sämtliche Knochen und wälzt die einzelnen Fleischstücke, nachdem man sie in einer Marinade von Essig, Oel, Pfeffer, Salz und Zwiebeln eine Stunde hat liegen lassen, in Ei und geriebenem Parmesankäse. Dann backt man sie in einer Pfanne mit Butter goldgelb.“ 1879

RINDERHERZ, GESCHMORT

2 Rinderherzen, 1 Bd. Petersilie, 2 Zwiebeln, 2 EL Butter, 2 Möhren, ½ Sellerieknolle, 1 Lorbeerblatt, 5 Pfefferkörner, Pfeffer, Salz, ½ Tasse süße Sahne, etwas Milch

Die Herzen in der Mitte aufschneiden und gründlich auswaschen. 1 Stunde in Milch legen. Dann Adern und Sehnen entfernen, in jedes Herz einige Zweige Petersilie und einige Zwiebelscheiben legen, pfeffern und salzen und die Herzen wieder zunähen oder zusammenklappen.

Butter in einer Pfanne erhitzen, die Herzen darin von allen Seiten gut anbräunen. Herzen mit Zwiebelringen, den grobgehackten Wurzeln und Sellerieknolle, dem Lorbeerblatt und den Pfefferkörnern in eine Kasserolle legen, etwa ½ l kochendes Wasser zugießen und bei geringer Hitze abgedeckt im Backofen 2 bis 2½ Stunden schmoren lassen.
Sahne zu der Sauce geben und gut vermischen. Als Beilage schmecken Kartoffelpüree mit gerösteten Zwiebelringen und grüner Salat.

RINDERZUNGE

1 gepökelte Rinderzunge (etwa 1,5 kg), 1 Bd. Suppengrün, 1 abgezogene Zwiebel, 2 EL Weinessig, 2 Lorbeerblätter, 10 Pfefferkörner, 5 Gewürznelken, Butter zum Anbraten

Von der Zunge den Schlund abschneiden und die Zunge so lange waschen und bürsten, bis der Schleim entfernt ist. Etwa 1 Stunde in kaltem Wasser stehenlassen. 1 l Wasser mit Suppengrün, Zwiebel, Essig und den Gewürzen zum Kochen bringen, die Zunge zugeben und garkochen. Die Zunge herausnehmen, sobald die Spitze beim Hineinstechen weich ist. Die Haut abziehen. Die Zunge längs halbieren und in der zerlassenen Butter von allen Seiten goldbraun braten. (Aus der Brühe eine Vorsuppe zubereiten.)

GERÄUCHERTE OCHSENZUNGE IM MANDELTEIG

1 geräucherte Ochsenzunge, 300 g guter Mürbeteig, 125 g gemahlene Mandeln, 1 Prise Zucker, 2 Eier

„Wenn selbige gahr ist, läßt man sie in der Brühe so kalt werden, daß man nur kaum die Haut abziehen kann; dann rollt man ein Stück Butterteig aus, aber nicht so fett, mit einem Viertelpfunde gemahlner Mandeln und ganz wenig Zucker durch, legt dieses zierlich um die Zunge, doch so, daß sie ihr Façon behält, kerbt mit einer Messerspitze allenthalben über den Teig, bestreicht es über und über mit geschlagenen Eyern und backt sie in der Tortenpfanne gelbbraun.“ 1808

SCHWARZSAUER

750 g dicke Rippe vom Schwein, 4 Schweineschwänze, 2 Schweinepfoten, 8-10 Pfefferkörner, 2 Lorbeerblätter, Weinessig und Wasser, ¾ l Schweineblut

Das Fleisch in einen Topf geben. Man nimmt Essig nach Geschmack und gießt soviel Wasser auf, daß das Fleisch gut bedeckt ist. Dann Pfefferkörner, Lorbeerblätter zugeben,

bei kleiner Flamme solange kochen, bis das Fleisch gar ist. Das Fleisch mit einer Schaumkelle herausnehmen. Etwas von der heißen Brühe in einer Schüssel mit einem viertel Liter Blut gut verrühren, dann in die heiße, aber nicht mehr kochende Flüssigkeit unter ständigem Rühren gießen. Das restliche Blut dazurühren, das Fleisch dann in die fertige Suppe geben. Mit Salz und Pfeffer nochmals abschmecken.
Als Beilage: Salzkartoffeln und Grießklößchen.

FLEISCHPUDDING

500 g Reste vom Braten
oder 500 g Suppenfleisch (Quer-, Hochrippe oder Keule)
oder je 125 g Rinder-, Schweine- und Kalbshack,
2 altbackene Brötchen, Salz, 1 EL geriebene Zwiebel, Pfeffer, 2 Eier, etwas Butter, Semmelbrösel

Das durchgedrehte Fleisch mit den in lauwarmem Wasser eingeweichten Brötchen, Salz, Zwiebel und Pfeffer sowie den Eiern vermischen und gut durchkneten. Eine feuerfeste Form mit gutschließendem Deckel mit etwas Butter ausstreichen, mit Semmelbröseln leicht bestäuben. Die Fleischmasse hineinfüllen. Form gut verschlossen in ein Gefäß mit heißem Wasser stellen und im vorgeheizten Backofen bei 150 Grad garen.

Anmerkung:
Was man auch verwendet, gibt man vorher durch den Fleischwolf, auch das Hackfleisch.

APFELFLEISCH
für 6 Personen

3/4 Pfd. Fleischreste, in Würfel geschnitten, 1 Pfd. Äpfel, geschält, 1/8 Ltr. Wasser,
1 Lorbeerblatt, 1 Eßl. gewaschene Rosinen, 2 Kochl. Zucker, 1 Teelöffel Salz

Man verwendet dazu Suppenfleisch, schneidet 3/4 Pfund Fleischreste in Würfel, auch die Fettstücke, schält 1 Pfund Äpfel und schneidet sie in Scheiben und setzt das Ganze mit 1/8 Liter Wasser an. Dazu gibt man 1 Lorbeerblatt, 1 Eßlöffel gewaschene Rosinen, 2 Kochlöffel Zucker, 1 Teelöffel Salz und läßt es zugedeckt 40 Minuten langsam schmoren. Als Unterlage verwendet man Kartoffelmus. Das Fleisch wird als Frühstücksgericht genommen."
1910

WIE MAN FRISCHEN FISCH ERKENNT

Ein guter, vertrauenswürdiger Fischhändler ist Goldes wert! Aber bei allem Vertrauen kann man durch ein wenig Kontrolle Sachverstand beweisen und gerät dadurch gar nicht erst in Gefahr, minderwertige Ware „angedreht" zu bekommen.

Ein frischer Fisch hat klare, gewölbte Augen. Milchige Verfärbung oder stumpfe, eingedrückte Oberfläche des Auges deutet auf eine längere Lagerung. Die Haut ist feucht und glatt. Zeigt sie sich trocken, ist auch die Schleimschicht zerstört (Schleimschicht ist

Fische, Schal- und Krustentiere, Austern

wichtig für alle blau zu kochenden Fische), dann liegt der Fisch schon länger, als ihm gut tut.

Bei ganzen Fischen, die bereits geköpft und ausgenommen sind, bittet man den Händler, das Stück am Schwanzteil zu packen und senkrecht hoch zu halten. Ein frischgeschlachteter Fisch bleibt steif stehen. Je weiter er sich zur Seite neigt, desto älter ist er.

Auch Filets sollten möglichst steif und elastisch sein und feucht aussehen. Trockene, weiche Stücke haben zu lange auf einen Käufer warten müssen.

Räucherfisch sieht glänzend und fett aus, wenn er frisch ist. Schmierige Stellen deuten an, daß der Zersetzungsprozeß begonnen hat.

Krustentiere sollen feste, unverletzte Panzer haben. Nordseekrabben müssen knackig rascheln, wenn sie abgewogen werden. Sieht man gleich mehrere Tiere mit zerdrückten, matschigen Schalen, dann sollte man besser von einem Kauf absehen.

Muscheln und Austern müssen fest verschlossene Schalen haben. Je mehr geöffnete Schalen vorhanden sind, desto größer ist beim Verbrauch der Ausschuß.

„LABENDIGE SCHULLEN"

„Labendige Schullen" – das war der Ruf Finkenwerder Fischfrauen auf den Hamburger Märkten, insbesondere auf dem noch heute sehr beliebten Altonaer Fischmarkt. Aber nicht nur Schollen, auch Karpfen, Lachse, Zander, Hechte und Schellfische wurden vor hundert Jahren noch gern lebendig eingekauft und bis zum Gebrauche in kaltem Wasser in einem Holzfaß aufbewahrt.

Es wurde allerdings vor dem Gewitter gewarnt. Man sollte dann die Fische aus dem Wasser nehmen und sie in ein feuchtes Gefäß legen, weil das Gewitter auf das Wasser einen starken Einfluß ausübt und die Fische darin matt werden und häufig sterben. Auch sollte man während des Aufbewahrens für eine zeitgemäße Fütterung sorgen.

Über die Zubereitung der Fische heißt es in einem alten Kochbuch:

Karpfen, Lachse, Zander, Hechte, Schellfisch u. dgl. barbiert man, d.h. man schneidet die Schuppen streifenweis in der Richtung von dem Schwanze nach dem Kopfe ab, ohne die Haut jedoch zu zerreißen. Dann schneidet man den Bauch der Länge nach auf, nimmt die Eingeweide heraus, zerschneidet die unter dem Rückgrat befindliche Haut, kratzt das Innere sauber aus, schneidet die Kiemen heraus und wäscht die Fische sorgfältig in kaltem Wasser. Auf dieselbe Weise verfährt man mit fast allen größeren Fischen, welche ganz bleiben und ihre zarte weiße Farbe behalten sollen. Schleie und solche Fische, deren Schuppen sehr viel Schleim zeigen, werden vor dem Abschuppen eine Minute in siedend heißes Wasser getaucht, weil sich die Schuppen dann bedeutend leichter entfernen lassen.

Mit den Barsen oder Barschen verfährt man, indem man die stacheligen Flossen stutzt und

die Schuppen mittelst eines kleinen Reibeisens abreibt. Sollen die Fische nicht ganz, sondern in Portionsstücken auf die Tafel kommen, so macht man unterhalb der Kiemen einen Querschnitt in den Bauch, holt durch diese Oeffnung die Eingeweide behutsam heraus, wäscht die Fische sauber und zertheilt sie in beliebig große Stücke, deren jedes aus einem Theil der Brust und des Rückens bestehen muß und die man nochmals gehörig reinigt, bevor man sie mit den nöthigen Zuthaten zu Feuer setzt. Aale reibt man tüchtig mit Sand oder Salz ab, um dadurch die schleimige Glätte zu beseitigen; dann hält man den Kopf des Aales mit einem Tuche in der linken Hand fest, betäubt ihn, indem man ihn mit dem Schwanze mehrmals kräftig gegen den Tisch schlägt und tödtet ihn dadurch, daß man mittelst eines kräftigen Längenschnittes den Schwanz spaltet. Nun befestigt man ihn dicht unter dem Kopfe an einem Bindfaden, den mam mit der Schlinge an einen Nagel hängt, macht mit einem spitzen Messer unterhalb der Seitenflossen rings um den Aal einen Einschnitt bis auf das Fleisch, streift die dadurch losgelöste Haut bis zum Schwanz hin ab und schneidet sie da mit dem Messer los. Hierauf schlägt man den Kopf ab, nimmt den Aal aus, kratzt das Innere bis auf die Gräten sauber aus und schneidet ihn in mehrere Stücke. Kleinere Aale reibt man ebenfalls mit Salz ein, kocht sie aber, ohne die Haut abgezogen zu haben und verfährt im Uebrigen mit ihnen wie mit den großen Aalen. – Verschiedene Fische, z.B. Lachse, Hechte ec. müssen zur Herstellung gewisser Speisen aus den Gräten geschnitten werden, was auf folgende Weise geschieht: Den ungeputzten Fisch nimmt man durch einen Querschnitt am Bauche aus, macht zu beiden Seiten des Rückgrats einen tiefen Längenschnitt vom Kopf bis zum Schwanz, bringt nun das Messer dicht unter dem Kopfe durch den Bauch in den Einschnitt und fährt damit das Rückgrat bis zum Schwanz entlang. Mit der andern Seite verfährt man ebenso, nimmt das so losgetrennte Rückgrat mit Leichtigkeit heraus, entfernt auch die Bauchgräten und löst die Haut von den beiden Hälften des Fisches vorsichtig ab, worauf man ihn weiter zum Kochen vorbereitet.

Will man Fische blau kochen, so hat man vor allen Dingen darauf zu achten, daß sie nichts von dem darauf haftenden Schleime einbüßen; sie werden nicht abgeschuppt, sondern nur ausgenommen, was am besten auf einer Porzellan-Schüssel geschieht, weil solche den Schleim nicht leicht annimmt. Dann wäscht man sie mit der größten Vorsicht ab; Hechte und Karpfen, welche blaugekocht werden sollen, läßt man unter öfterem Umwenden eine halbe Stunde in Salz liegen, giebt Pfeffer und heißen Weinessig darüber und setzt sie eine halbe Stunde vor dem Anrichten zu Feuer. Den Forellen zieht man mittelst einer langen Nadel einen Faden der Länge nach durch den Körper, befestigt die beiden Enden an Kopf und Schwanz mit einander, so, daß der Fisch einen Kreis bildet und blaut die Forellen mit Essig und Pfeffer. Diejenigen Fische, welche man in Bier kochen will, sticht man unter der Kehle ab

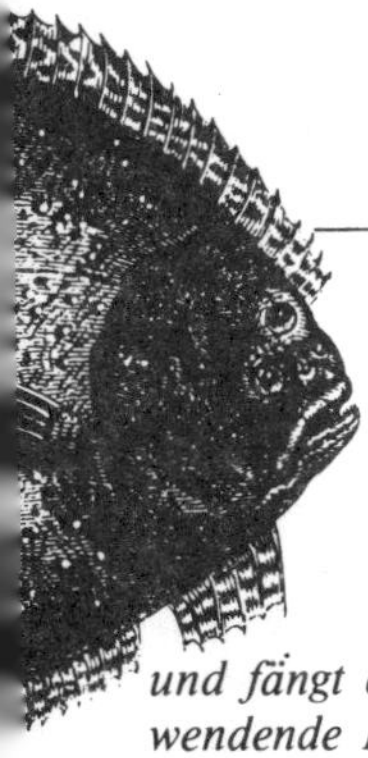

und fängt das herausfließende, später zu verwendende Blut in einem bereitgehaltenen Gefäße auf.

Man setzt solche Fische, welche unzerschnitten gekocht werden sollen, mit kaltem Wasser zu Feuer, stellt sie, sobald das Wasser zu kochen angefangen hat, zugedeckt auf eine minder heiße Stelle zur Seite des Feuers und läßt sie völlig gar werden. Hat man die Fische zertheilt, so legt man die einzelnen Stücke gleich in kochendes Wasser und läßt sie schnell gar werden. Wenn man etwas kaltes Wasser während des Kochens an das siedende Wasser gießt, so werden die Fische recht weich. Man legt sie mit dem Kopfe nach unten in das Kochgefäß; sobald der Kopf nach oben kommt, sind sie gar.

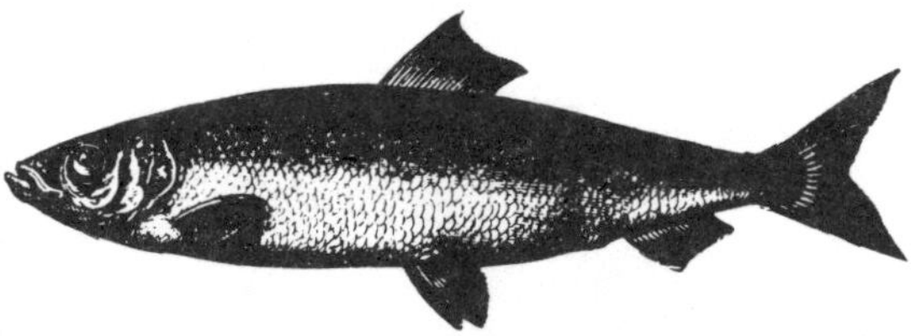

Mindestens einmal in der Woche wurde in den Hansestädten Fisch gegessen, meist nach alter christlicher Sitte am Freitag, in vielen Haushalten aber noch an einem oder zwei weiteren Tagen der Woche. Elb- und Weserfische, heute fast ungenießbar, spielten eine wichtige Rolle im Speisezettel. Die Nordseefische, aber natürlich auch die Fische aus entfernten Gewässern, aus der deutschen Hochseefischerei vor Grönland und Kanada, wurden hier viel frischer angelandet und schmecken auch besser als die tiefgefrorenen und wieder aufgetauten Fische, die man in südlichen Städten anbietet.

In der hanseatischen Küche findet man zahlreiche Rezepte für die Zubereitung von Hummern, Krebsen und Austern. Die Flußkrebse sind selten geworden, die Austern werden importiert, und der Helgoländer Hummer ist meist ein grönländischer. Aber auch an der Nordseeküste beginnt man die einst reichlich geernteten Austern wieder zu züchten, so auf der Insel Amrum südlich von Sylt, wo man Austern von einer einzigartigen Qualität genießen kann.

Wenn man erst aufhört mit dem Ablassen von Öl aus den Tankern und der Dünnsäureverklappung, dann werden sich vielleicht auch die Hummer vor Helgoland wieder erholen. Die herrlichen Gerichte, die man aus den Fischen der Nord- und Ostsee, aus Austern, Krebsen und Hummern einst bereiten konnte, wird man allerdings für die Zukunft wohl immer als besondere Delikatessen einstufen müssen. So haben wir auch nur eine Reihe ganz besonders reizvoller und interessanter Rezepte ausgewählt, und nur um der Kuriosität willen Rezepte erwähnt, die man heute, schon in Anbetracht der sündhaft teuren Anlieferungen, in der modernen hanseatischen Küche gewiß nicht mehr verwenden kann.

AAL, GEBRATEN

1 kg grüner Aal, Salz, Mehl, 60 g Butter, frische Salbeiblättchen

„Der vorbereitete, in Stücke geschnittene Aal wird scharf gesalzen, in Mehl gewendet und nochmals mit Salz bestreut; dann läßt man die Butter in einer Pfanne zerfließen, legt den Aal hinein und bratet ihn, nachdem man den Deckel darüber gelegt hat, unter öfterem Umwenden so lange, bis die Gräten sichtbar werden. Wenn man ihn zum letzten Male umkehrt, so kann man auch etwas Salbei hinzuthun.“ 1879

Anmerkung:
In einer beschichteten Pfanne braucht man wenig Butter – der Aal hat schon ziemlich viel Fett.

AAL, GEBRATEN AUF ANDERE ART

1 kg Aal, Pfeffer, Salz, Nelkenpulver, 5-7 Lorbeerblätter, zerbröckelt, 6 EL Essig, ¼ l Wasser, 2 Zwiebeln, grob zerschnitten, 20 g Butter

„Man reibt den in handbreite Stücke geschnittenen Aal mit Pfeffer, Salz und Nelken ein, läßt ihn einige Zeit zwischen Lorbeerblättern liegen und kocht ihn mit etwas heißem Essig und Wasser, Nelken, Pfeffer, einigen Zwiebeln und einem Stück Butter in einer Casserole an. Hierauf bratet man ihn auf einem Roste mit Butter an allen Seiten gar, feuchtet ihn inzwischen von Zeit zu Zeit mit dem Essig aus der Casserole an und giebt ihn in einer Remouladen-Sauce und mit Petersilie garnirt zur Tafel.“ 1879

AAL IN PAPILLOTEN

750 g Räucheraal, etwas Butter, 8 Sardellenfilets, 2 Schalotten, 1 Röhrchen Kapern, ½ Bd. Petersilie, 100 g Champignons, Butter, Pergamentpapier

„Man schneidet einen geräucherten Aal in handbreite Portionsstücke, entfernt die Haut und alle schlechteren Theile und bratet die Stücke in geschmolzener Butter auf beiden Seiten an. Dann hackt man Sardellen, Chalotten, Capern, Petersilie und Champignons recht fein, rührt es tüchtig durcheinander und bestreut damit den Aal; nun bestreicht man starkes, sauberes Schreibpapier* mit Butter, umwickelt damit jedes einzelne Aalstück und läßt sie alle auf dem Roste auf beiden Seiten gelbbraten. Man bringt sie mit den Papilloten auf die Tafel.“ 1853

* = Pergamentpapier

AAL BLAU

1 kg Aal, Salz, ¼ l Essig
Für den Sud:
2 l Wasser, 30 g Salz, 1 Zwiebel, 1 Schuß Weißwein, 1 Lorbeerblatt, 6 Pfefferkörner, 1 Stück Zitrone, 1 Möhre, 1 Petersilienwurzel, etwas Thymian
Für die Sauce Hollandaise:
2 Eigelb, 1 Schuß Weißwein, 120 g Butter, 1 Schuß Worcestersauce, Zitronensaft, Salz, Pfeffer
Zum Garnieren:
3 Zitronen, 1 Bd. Dill, 2 TL Kapern, etwas Petersilie

Aal ausnehmen und waschen, nicht häuten. Innen leicht salzen. An Kopf und Schwanz zusammenbinden, mit heißem Essig übergießen (dadurch wird der Fisch blau). Wasser erhitzen und die Zutaten für den Sud darin aufkochen. Aal zugeben, 20 bis 30 Minuten darin ziehen lassen, nicht aufkochen, damit der Fisch nicht zerfällt.
Eigelb mit Wein im Wasserbad schaumig schlagen. Die geschmolzene, abgeschöpfte Butter eßlöffelweise unterziehen. Mit Worcestershiresauce, Zitronensaft, Salz und Pfeffer abschmecken. Aal aus dem Sud nehmen. Im ganzen auf einer Platte anrichten. Mit Zitronenscheiben und Dillsträußchen garnieren. Eine Zitrone halbieren und aushöhlen. Die Hälften mit Sauce Hollandaise füllen, mit Kapern und gehackter Petersilie garnieren. Oder die Sauce getrennt reichen.

AAL GRÜN

1kg Aal, 80 g Butter, 2 Schalotten, 2 große Zwiebeln, 250 g frischer Spinat, 125 g Sauerampfer, 1 Bd. Petersilie, 1 Bd. Kerbel, 1 Bd. Estragon, Pfeffer, Salz, etwas Muskatnuß, ½ l trockener Weißwein, Saft 1 Zitrone, 2 Eigelb

Aal ausnehmen und gut waschen. In 5 cm lange Stücke schneiden. Butter in einem Topf auslassen, geschälte, gehackte Zwiebeln und Schalotten darin goldgelb andünsten. Aalstücke zugeben und 10 Minuten abgedeckt dünsten. Spinat, Sauerampfer und Kräuter geputzt feinhacken. Zum Fisch geben. Mit Pfeffer, Salz und Muskat würzen, Wein auffüllen. Abgedeckt 15 Minuten schmoren lassen. Vom Feuer nehmen, Zitronensaft unterrühren und mit Eigelb binden. Auskühlen lassen und mit Zitronenscheiben oder -achteln garniert servieren.

ROHE AUSTERN

Pro Person: 6-12 Austern, 1 Zitrone, evtl. Pfeffer

„Roh wird die Auster am häufigsten gegessen; man wäscht sie im kalten Wasser ab und öffnet die Schale mit einem dazu bestimmten spitzen Messer, wobei man sehr vorsichtig umgehen muß, damit der in der Auster befindliche Saft nicht verloren gehe. Dann legt man die geöffneten Austern auf eine Platte oder auf einen Teller und servirt dazu Citronenscheiben."

1908

ÜBER AUSTERN

Wann ißt man Austern?
Austern werden von September bis April gegessen, also in den Monaten mit einem „r". Warum, ist schnell erklärt.

Im Sommer – Juli bis August – laichen die Austern. Sie werden dadurch mager im Fleisch und sind sehr geschwächt, was bei sommerlicher Hitze leicht zur Verderbung führt.

Wie man Austern aufbewahrt
Austern lagert man kühl zwischen + 5 und + 1 Grad Celsius. Sie sollten mit einem großen Gewicht (bis zu 20 kg) beschwert werden, damit sie sich nicht öffnen können und das kostbare Austernwasser verloren geht. Leicht geöffnete Austern sind fast immer tot und daher verdorben. Aber es gibt auch einige, die sich lebend geöffnet haben, um Nahrung aufzunehmen. Dann müßte ein leichtes Klopfen auf den flachen Deckel genügen, damit sie sich wieder schließen. Tut die Auster es nicht, bitte Vorsicht!

Wie ißt man Austern?
Austern schlürft man, heißt es im Volksmund und meint damit, sie werden einfach heruntergeschluckt. Doch das ist falsch! Austern müssen gut durchgekaut werden, denn das Fleisch ist fast so hart wie Kalbfleisch. Lediglich der Bart ist weicher. Aus diesem Grunde essen viele Menschen „Austern ohne Bart" (zusätzlich enthält er auch noch einen leichten Bitterstoff). Geschlürft werden Austern nur aus der Muschelschale – und dann gekaut.

Ob man Austern mit Zitrone, Pfeffer oder Ketchup (Amerikaner) etc. probiert, ist Geschmackssache. Wer Austern zum erstenmal versucht, sollte sie ohne Bart mit einem Tropfen Zitrone essen und vielleicht später auch mal „mit Bart".

Aus der Chronik der Firma
Johann Cölln, Austernstuben zu Hamburg
gegründet im Jahre 1760
als Fischgeschäft mit Austernhandlung

Regula 413.
Gestofte Barse mit Muscheln. Item mit Austern auch also.

Die Barse abgeschuppt, ausgenommen und ein paar mal eingekerbet, mit Salz ein wenig eingesprenget, hernach abgetrocknet und in eine Casserolle oder breite steinerne Pfanne gelegt mit einem guten Stücke ausgewaschener Butter, fein geriebenem Brodte, Muskatenblumen, rohe ausgemachte und denn klein gehackte Muscheln, Wein und ein wenig Wasser, alles daran und verdeckt gekocht, denn auch etliche Muscheln recht naturell abgekocht, den Bart abgemacht und zuletzt mit dabey gethan, denn noch ein wenig durchgekocht, und mit dem Salz recht gemacht; so ist es ein schön Gericht. Beym Anrichten muß man behende damit umgehen, daß man die Barse nicht zerbricht.

DORSCH MIT MUSCHELN UND AUSTERN
für 4-6 Personen

1 großer und 2 kleine Dorsche, ca. 1 kg, 100 g Butter, 100 g Semmelbrösel, frisch gerieben, Muskatblüte oder frisch geriebene Muskatnuß, Pfeffer, Salz, 8 Miesmuscheln, 8 Austern, aus der Schale gelöst, ca. ¼ l herber Weißwein, evtl. dicke Sahne (Crème fraîche) und frische Kräuter

„DenDörschen muß man das Eingeweide mit den Kinnladen herausreissen, denn in runde Stücke schneiden und es eben so machen als die Barse nach Reg. 413*. Man muß es aber auf eine etwas tiefe Schüssel machen, weil die Dörsche leicht zerbrechen. Man kann auch um eine Schüssel einen Rand setzen, und die Dörsche mit allem, was dabey soll, darein legen, als Butter, fein gerieben Brodt, Muskatenblumen, Muscheln oder Austern, halb Wein und halb Wasser, daß sie meist bedeckt sind, und denn auf Sand oder Salz in eine Tortenpfanne gesetzt und unten und oben mit Feuer gar gemacht, so wird es recht schön und zerbricht nicht.“ 1794

Anmerkung:
Besonders gut werden die „gestoften“ Dorsche, wenn man den Sud mit Sahne und frischen Kräutern vollendet.

GEFÜLLTE AUSTERN
für 4-6 Personen

48 Austern, 500 g Salz, 125 g Butter, 8 Streifen durchwachsener Speck (Frühstücksspeck), 300 g Spinat, 3 EL Petersilie, 3 EL gehackte Bleichsellerieblätter, 3 EL Frühlingszwiebeln, 6 EL Semmelbrösel, ½ TL Salz, frisch gemahlener Pfeffer, 1 cl Genever

Bei diesem Gericht werden die Austern in der Schale in 4 oder 6 flache Formen auf eine Schicht aus grobem Salz gelegt.
Die Butter zerlassen. Speckstreifen knusprig braten, abtropfen lassen und zerhacken. Speckstreifen, den feingehackten Spinat, die feingehackte Petersilie, Bleichsellerieblätter und die sehr feingewürfelten Frühlingszwiebeln zufügen. Semmelbrösel unterrühren, mit Pfeffer und Salz würzen. Die Füllung gleichmäßig auf die Austern verteilen. Bei 220 Grad im Backofen so lange grillen, bis die Oberfläche Blasen wirft und hellbraun ist. Vor dem Servieren auf jede Auster einige Tropfen Genever träufeln. In den gewölbten Formen auf der Salzschicht servieren.

ANGELDORSCH IM RÖMERTOPF

1½ kg Dorsch, 1 Zitrone, 1 Stange Porree, 2 mittelgroße Wurzeln, 2 Zwiebeln, 250 g Champignons, 4-5 Tomaten, Pfeffer, Salz, 1 Becher süße Sahne, 1 Lorbeerblatt, 1 Schuß trockener Weißwein

Den Dorsch säubern, waschen, in Portionsstücke schneiden und gut abtrocknen. Den Römertopf einige Minuten wässern und den Dorsch hineinlegen, dann mit dem Saft der Zitrone übergießen. Die Porreestange putzen, der Länge nach vierteln und dann in kleine Stücke schneiden. Die zerkleinerten Zutaten mischen und um den Fisch legen. Darüber die Champignons geben. Die Tomaten in Scheiben schneiden und auf Fisch und Gemüse verteilen. Pfeffer und Salz überstreuen und das Lorbeerblatt zufügen. Die süße Sahne darübergießen, den Topf abdecken und in den kalten Backofen stellen. Auf höchste Stufe stellen und eine Stunde garen. Den Fisch vorsichtig herausheben und auf eine vorgewärmte Platte legen. Den Sud mit dem Gemüse in einen Topf füllen, mit etwas Mehl andicken umd mit einem Schuß Weißwein abschmecken. Dazu Salzkartoffeln reichen.

FORELLEN MIT ZITRONENSAUCE

4 Forellen, blaugekocht, 3 Eigelb, etwas Fischsud, 1 Zitrone, 60 g Butter, Pfeffer, Salz

„Die blaugekochten Forellen thut man auf eine heiße Schüssel, läßt sie gut abgedeckt stehen und bereitet nun folgende Sauce: man rührt das Gelbe von 3 Eiern mit etwas

Fischwasser glatt, fügt eine in Scheiben geschnittene Citrone, Salz, 6 Neuloth Butter und noch etwas Fischwasser hinzu, rührt dies zusammen über dem Feuer ab und gießt es über die Fische.“ 1879

FORELLEN AUF MARINEART

4 kochfertige Forellen à 250 g, Butter zum Ausstreichen, 8 feste, reife Tomaten, 8 gehackte Schalotten oder 2 feingewiegte Zwiebeln, feingeschnittene Kräuter (Petersilie, Schnittlauch, Kerbel, wenn möglich Estragon), Pfeffer, Salz, 2 Zitronen, 2 Tassen geriebenes Weißbrot, Butterflocken

Eine feuerfeste Form mit Butter ausstreichen, Tomaten von Haut und Kernen befreien, in Scheiben schneiden und den Boden der Form damit auslegen. Darüber die Schalotten bzw. Zwiebeln und Kräuter streuen. In den Rücken der ausgenommenen, aber nicht enthäuteten Forelle einen Einschnitt machen und die Forelle mit Pfeffer und Salz einreiben. Forelle auf das Bett von Tomaten, Schalotten und Kräutern legen, mit dünnen Zitronenscheiben bedecken und das Weißbrot darüberstreuen. Mit Butterflöckchen belegt im Backofen bei 200 Grad 30 Minuten überbacken. Dazu schmecken Salzkartoffeln mit Butter und Petersilie.

HECHT, GEBACKEN

1 Hecht, 1½ bis 2 kg, 1 Zitrone, Pfeffer, Salz, 2 Knoblauchzehen, 125 g durchwachsener Speck, 1 Dose Champignons, 50 g Butter, 3/8 l Weißwein, ¼ l süße Sahne, 1 TL Mehl

Den Hecht gut waschen und schuppen. Mit Zitronensaft beträufeln und mit etwas Salz und Pfeffer bestreuen. 10 Minuten ziehen lassen, dann mit den zerquetschten Knoblauchzehen einreiben. Den Hecht auf die Fettpfanne des Backofens legen. Backofen auf 200 Grad vorheizen. Den Speck in Scheiben schneiden und über den Hecht legen. Champignons abgießen (Wasser nicht wegschütten), vierteln und mit reichlich Butter anbraten, heiß über den Hecht gießen. Die Pfanne in den heißen Backofen schieben und den Hecht ca. 1 Stunde braten. Dabei in regelmäßigen Abständen mit einer Mischung aus Champignonwasser und Wein begießen. Den Hecht auf eine vorgewärmte Platte legen. Den Bratensatz in der Pfanne mit dem Rest Wein und Wasser ablöschen, in einen Topf gießen, mit der Sahne auffüllen und mit Mehl andicken.

GEFÜLLTER HECHT MIT BACKPFLAUMEN
für 4-6 Personen

1500 g Hecht mit Kopf, ausgenommen
Füllung:
60 g brauner Reis, 2 hartgekochte Eier, 2 EL Butter, 8 Backpflaumen ohne Stein
1 Eiweiß, 2 EL Semmelbrösel, Salz, weißer Pfeffer aus der Mühle, 15 g Butter

Den Fisch waschen und mit Küchenkrepp innen und außen abtrocknen. Den Reis kochen. Eier hacken, mit der weichen Butter und dem Reis vermischen. Den Fisch locker mit dieser Mischung füllen. Die über Nacht eingeweichten Backpflaumen auf die Füllung legen. Öffnung zunähen. Eine große ovale Form mit Butter ausstreichen, den Fisch hineinlegen. Das leicht geschlagene Eiweiß auf dem Fisch verteilen, mit Semmelbröseln, Pfeffer und Salz bestreuen und mit Butterstückchen belegen. Im Backofen bei 160 Grad 60 bis 90 Minuten backen. Wenn sich eine Flosse leicht entfernen läßt, ist der Fisch gar. Das Garn entfernen, den Fisch im Topf servieren.

HECHTFRICASSEE MIT AUSTERN

1 kg Hecht, 150 g Butter, 8 Schalotten, 2 EL Mehl, 16 Sardellenfilets, 2 Zitronen,
Muskat, Salz, Pfeffer, 16 Austern, 2 Eigelb

„Der gereinigte Hecht wird aus Haut und Gräten und in Stücke geschnitten, mit Butter, einigen Chalotten und Mehl durchgeschwitzt und mit Bouillon, einigen ausgegräteten Sardellen, Citronensaft und Muscatnuß gar gemacht. Hierauf reinigt man Austern von den Bärten, macht sie mit Citronensaft in dem Austernwasser steif und legt sie in das mit Eigelb abgerührte Fricassee."
1908

HECHT MIT KAVIARSAUCE

„Der Hecht wird blau abgekocht; dann rührt man guten Caviar mit feinem Baumöl, Citronensaft und Pfeffer zu einer Sauce, richtet den Hecht an und giebt die Sauce darüber."
1908

Anmerkung:
Bei heutigen Kaviarpreisen eine gute Mayonnaise aus Olivenöl, Eigelb und Zitronensaft rühren, mit Kaviar vermischen und zum Hecht servieren.

HEILBUTT IN ZITRONENSAHNE

1kg Heilbuttfilet, Salz, 250 ml Sahne, 1 EL geriebene Zwiebel, 1 TL abgeriebene Zitronenschale, 4 TL Zitronensaft, schwarzer Pfeffer, 8 dünne Zitronenscheiben

Das Heilbuttfilet in kleine Portionsstücke schneiden und mit einem feuchten Tuch abreiben. Mit etwas Salz bestreuen. Nebeneinander in eine flache, mit Butter ausgestrichene Auflaufform legen. Sahne mit Zwiebel, Zitronensaft und -schale sowie etwas Salz vermischen und über den Fisch geben. Im Backofen bei 200 Grad 20 Minuten backen. Den fertigen Fisch mit etwas schwarzem Pfeffer bestreuen und mit den Zitronenscheiben garniert servieren.

BREMERHAVENER HEILBUTTSCHNITTE

4 Heilbuttschnitten à 200 g, 1 EL Zitronensaft, 1 TL Salz, 1 TL Pfeffer, 100 g Butter, 2 Zwiebeln, ¼ l Weißwein, ¼ l Brühe, 24 Miesmuscheln, 100 g Nordseekrabben, 2 TL Speisestärke, 2 Eigelb, 6 EL Sahne

Die Heilbuttschnitten mit Zitrone beträufeln und mit Pfeffer und Salz bestreuen. Eine feuerfeste Form mit reichlich Butter ausstreichen, die gehackten Zwiebeln hineingeben und kurz andünsten. Heilbuttschnitten hineinlegen, Weißwein und Brühe übergießen. Mit Alufolie abdecken und im Backofen bei milder Hitze 30 Minuten garziehen lassen. Die abgekochten und aus der Schale genommenen Muscheln und die Krabben zufügen und nochmals kurz durchziehen lassen. Sud abgießen, mit der Speisestärke binden und Eigelb und Sahne unterrühren. Über das Gericht geben und mit gehackter Petersilie bestreut servieren.
Dazu schmeckt körniger Reis oder Salzkartoffeln.

Rundstück, Rotspon, Rote Grütze,
Beefsteak, Grog und Kabeljau,
Tee und Kaffee und Kakao,
Börsenhut und Schiffermütze,
Alstersegler, Hafenpfütze,
Dampferschrei, Importendunst,
kühles Herz und kühles Geld,
enger Safe und weite Welt
und ein ganz klein bißchen Kunst.

Der Hamburger Dichter Hans Leip
in „Die Hafensegel“

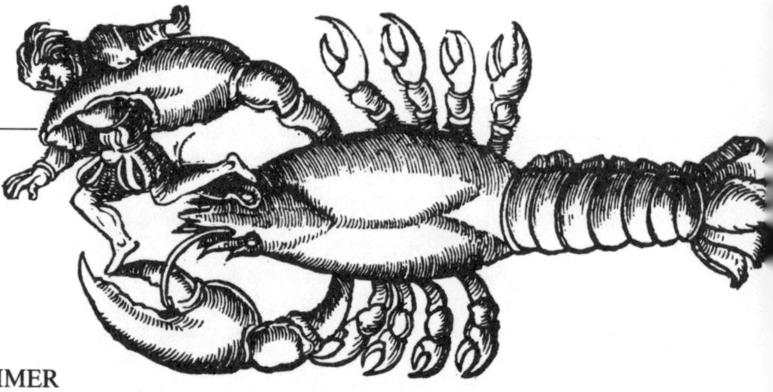

ÜBER HUMMER

Der Hummer lebt fast ausschließlich an felsigen Küsten, und dort in Höhlungen oder unter Felsvorsprüngen. Seltener findet man ihn auf Sandboden, wo er sich unter Steinen oder Tang verbirgt. Erkennbar sind diese „Sandhummer" an der sehr hellen Panzerfärbung. Der Name „Helgoländer Hummer" ist in Deutschland nur noch eine Artbezeichnung für Atlantikhummer und keine Herkunftsbezeichnung mehr. In Helgoland verschwand der Hummer während des zweiten Weltkrieges. Er hat die schweren Bombenabwürfe auf die Insel, die Meeresverschmutzung und die Überfischung nicht überleben können. Durch Strömungsänderungen wurden zudem ausgesetzte Larven nach Südnorwegen abgetrieben.

Der Hummer ist eines der ältesten lebenden Tiere unserer Zeit. An Kuriosität ist er kaum noch zu übertreffen! Wußten Sie, daß der Hummer mit den Beinen hört und schmeckt, daß er mit dem Magen kaut, daß sein Skelett nicht in ihm steckt, sondern ihn umgibt, daß seine Nervenstränge an der Bauchseite entlang laufen und die Kiemen links und rechts am ganzen Brustpanzer entlang sitzen?

WIE MAN HUMMER ZUBEREITET

Die klassische Art ist: Den Hummer in Salzwasser kochen und warm oder kalt essen. Man kann ihn aber auch „Thermidor" – gedünstet im Ofen – oder mit Kümmel kochen. Aber: Das *richtige* Kochen ist gar nicht so einfach. Der europäische Hummer hat eine Kochzeit von 20 Minuten per 500 Gramm in sprudelndem Wasser. Zwischengrößen haben eine entsprechend längere Kochzeit. Im Zweifelsfall lassen Sie ihn lieber fünf Minuten länger garen. Der kanadische Hummer braucht nur 15 Minuten per 500 Gramm.

Noch ein Tip: Nehmen Sie den Hummer umgedreht, mit den Beinen nach oben, in die Hand und stecken Sie ihn mit dem Kopf zuerst ins Wasser. So können Sie sich nicht verbrühen, wenn er mit dem Schwanz im Wasser noch schlagen sollte.

Hummer sind einfach zu schneiden. Der Hummer wird mit eingerolltem Schwanz auf ein Brett gelegt. Kurz vor dem Schwanz in der Rückennaht wird er durchstoßen, dann wird der eingerollte Schwanz festgehalten und in der Mitte durchgeschnitten. Anschließend schneidet man den Brustpanzer durch und hat nun zwei Hummerhälften. Magen und Darm müssen entfernt werden.

HUMMER „GODEFROY“

4 Hummer à 500 g, Salz, Dillkraut, 2 Zwiebeln, 2 TL Olivenöl, 1 EL Butter, 2 Tassen frische Champignons in Scheiben, 1 Kräutersträußchen, 2 Glas Weißwein, 1 Tasse Mehlschwitze, 2 cl Weinbrand, ½ Tasse saurer Rahm, etwas Butter, 4 Sardellenfilets

Die noch lebenden Hummer in reichlich kochendem Salzwasser mit etwas Dillkraut einzeln kopfüber garen und kochen, bis sie rot geworden sind. Dann langsam in dem Wasser erkalten lassen. Fleisch aus den Schalen lösen. Die gehackten Zwiebeln in Öl und Butter anschwitzen, Champignons und Kräuter zufügen und mit Wein und Mehlschwitze auffüllen. 15 Minuten abgedeckt ziehen lassen, das Hummerfleisch herausnehmen und warmstellen. Die Sauce mit Weinbrand und saurem Rahm abschmecken und nochmals erhitzen. Die weiche Butter mit den feingehackten Sardellenfilets mischen und zufügen. Hummerfleisch mit der Sauce übergießen und mit Naturreis servieren.

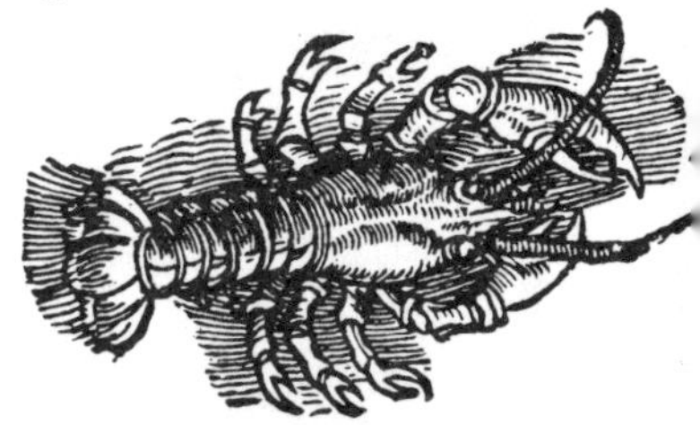

HUMMERKOTELETTS
für 6 Personen

¾ Pfd. Hummer, 1 l kochendes Wasser, 1 gehäufter TL Salz, ⅛ Pfd. Butter, 1 Kochlöffel Mehl, 1/16 l süßer Rahm, ½ TL Salz, 1 Eidotter, ½ Kochlöffel Butter

„Man gibt die Koteletts als Beilage zum Gemüsegang. 1 Hummer im Gewicht von ¾ Pfd. wird mit 1 Ltr. kochendem Wasser und 1 gehäuften Teelöffel Salz angesetzt, einmal aufgekocht, dann 30 Min. fest zugedeckt beiseite gestellt, läßt den Hummer 30 Min. ziehen, nicht kochen und in dem Wasser vollständig erkalten. Auch wird der Hummer schmackhafter und nicht zäh, wenn man ihn im Wasser erkalten läßt. Nun wird das Fleisch aus den Scheren gebrochen, mit den grünen und den roten Eiern aus dem Kopfe feingehackt. Die feingehackten Schalen werden mit ⅛ Pfd. Butter angesetzt und die Butter in 10-20 Min. zu roter Farbe geschmort, gießt kochendes Wasser auf die rote Butter, kocht sie auf, gießt sie durch ein Sieb und stellt das Ganze zum Erkalten beiseite. Alsdann nimmt man die rote kalte Butter ab und gießt das Wasser fort. Die Butter schwitzt man mit 1 Kochlöffel Mehl unter Rühren 2-3 Min. Dann gießt man 1/16 Ltr. süßen Rahm dazu, gibt das gehackte Hummerfleisch dazu und, wenn nötig, ½ Teelöffel Salz. Ist die Masse gut verrührt, tut man 1 Eidotter dazu, nun formt man Bälle so groß wie ein halbes Ei, paniert sie in Eiweiß und geriebenem Weißbrot.Wenn alle vorbereitet sind, läßt man ½ Kochlöffel Butter in der Pfanne braun werden, brät die Koteletts in dieser Butter 3 Min., legt sie einmal in der Pfanne um. Beim Anrichten steckt man kleine Hummerbeine in die Koteletts.“ 1910

HUMMERRAGOUT AUF HAMBURGER ART

4 Kalbsmilcher (Schweser), etwas Essig, 2 Hummer à 500 g, 500 g frische Champignons, etwas Butter, Salz, Pfeffer, 2 Tassen Langkornreis, 1 EL Mehl, 1 mittelgroße Zwiebel, 3 Nelken, 2 Tassen Hummersauce, Butter zum Ausstreichen, 1 kleine Dose Trüffeln

Die Milcher in kaltem Wasser mit einem Schuß Essig eine Stunde wässern. Die Hummer in Salzwasser abkochen, aufbrechen und das Fleisch in Würfel schneiden. Die Enden des Scherenfleisches zum Garnieren aufheben. Champignons in Streifen schneiden, in etwas heißer Butter weichdünsten, mit Pfeffer und Salz würzen. Die Milcher aus dem Essigwasser nehmen, abtrocknen, mit kochendem Wasser übergießen und abkühlen lassen. Mit einem scharfen Messer Häute und Sehnen entfernen, Milcher in Würfel schneiden. Hummersauce erhitzen, Milcher- und Hummerwürfel hineinlegen, Champignons unterheben. Den körnig gekochten Reis in eine gebutterte Randform geben, auf eine erwärmte Platte stürzen, den Reisrand mit dem Schweser-Hummerragout füllen und mit Trüffelscheiben und Scherenspitzen garnieren.

KARPFEN AUF LÜBECKER ART

1 Karpfen, ca. 1 kg, 2 Zwiebeln, 1 EL Mehl, 2 EL Butter, ½ l Rotwein, 1 grüne, bittere Pomeranze oder 2 cl Pomeranzenlikör, etwas Zucker, Salz, Schale von ½ Zitrone

Den vorbereiteten Karpfen in Portionsstücke schneiden, mit Salz bestreuen, an den Seiten mehrmals einkerben. Die feingehackten Zwiebeln in Butter anschwitzen, mit Mehl bestäuben, mit Rotwein löschen. Die Schale der Pomeranze oder den Pomeranzenlikör, Zucker, etwas Salz und Zitronenschale in die Sauce geben und den Fisch garziehen lassen. Karpfen in der Sauce anrichten.

KARPFEN IN BIERSAUCE
für 6 Personen

1,5 kg Karpfen, gesäubert, 100 ml Essig, reichlich Wasser, 60 g Butter, 250 g Zwiebeln, 30 g Lebkuchen, 1 Stengel Thymian, weißer Pfeffer aus der Mühle, Salz, 1 Lorbeerblatt, 1 Petersilienwurzel, 2 Stengel Bleichsellerie, 600 ml Bier, 30 g Butter, 2 EL Mehl, Petersilie

Den Karpfen in dem mit Essig vermischten Wasser etwa 40 Minuten ziehen lassen. Butter erhitzen, die in Scheiben geschnittenen Zwiebeln bei geringer Hitze etwa 15 Minuten andünsten, bis sie weich sind. Lebkuchen grob zerkrümeln und zufügen. Die Mischung in eine tiefe, feuerfeste Form geben, Karpfen abtropfen lassen und in die Form legen. Thymianstengel drauflegen, mit Pfeffer und Salz würzen. Das Lorbeerblatt, die in Scheiben geschnittene Petersilienwurzel und die ebenfalls in Scheiben geschnittenen Bleichselleriestengel zufügen und soviel Bier angießen, daß der Fisch bedeckt ist. Im Backofen bei 180 Grad etwa 1 Stunde garen. Den Fisch während des Garens regelmäßig begießen. Den garen Fisch in eine vorgewärmte Schüssel geben, den Sud durch ein feines Sieb in einen Topf gießen. Butter mit Mehl zu einer glatten Paste verkneten und in die Garflüssigkeit hineinrühren. Die Sauce einige Minuten kochen lassen, bis sie etwas andickt, dann über den Fisch gießen. Mit Petersilie garnieren.

KARPFENMILCHER
für 2 Personen

500 g Karpfenmilcher, ½ l Fischbrühe aus Abfällen, 1 Glas Weißwein, 1 Tasse feingehackte frische Champignons, 3 EL Butter, 1 TL gehackte Trüffeln, Salz, Weißweinsauce

Die Karpfenmilcherstücke waschen, abtrocknen und vorsichtig mit Salz einreiben. In der Fischbrühe und dem Weißwein kurz gardünsten. Die Champignons in Butter weichdämpfen, die Karpfenmilcher in ausgebutterte Muscheln betten, mit den Champignons belegen und mit der stark eingekochten, mit den feingehackten Trüffeln vermischten Weißweinsauce übergießen und im mittelheißen Ofen überbacken.

GEFÜLLTER KNURRHAHN

2 Knurrhähne à 500 g, ⅛ l Wasser, ⅛ l Weißwein, Worcestersauce, 1 TL gehackter Kerbel, 1 TL gehackter Dill, 2 EL gehackte Petersilie, 40 g Butter, 1 EL Mehl
Für die Füllung:
1½ Tassen Semmelbrösel, 1 Zwiebel, 100 g gekochter Schinken, ½ unbehandelte Zitrone, 1 EL gehackte Petersilie, 1 TL gemischte Kräuter (Thymian, Rosmarin, Oregano, etc.), 2 Eier, Worcestersauce, Pfeffer, Salz

Die Knurrhähne vorbereiten. Ausnehmen, waschen, Flossen abschneiden. Kiemen und Augen herausnehmen, die Haut an der Rückengräte entlang einschneiden.
Für die Füllung die Semmelbrösel mit der gehackten Zwiebel, dem feingewürfelten Schinken, abgeriebener Zitronenschale, den Kräutern und den Eiern vermischen, mit Worcestersauce, Pfeffer und Salz abschmecken.
Die Knurrhähne mit der Masse füllen, mit Nadel und Zwirn zunähen und sichelförmig herrichten. Dazu einen Faden um den Schwanz binden und durch die Augenhöhlen ziehen. Die Fische in einen Bräter setzen, mit einer Mischung aus Wasser, Weißwein und Worcestersauce angießen, mit Gewürzen und Kräutern bestreuen (1 EL Petersilie zurückbehalten). Butterflöckchen aufsetzen und mit Alufolie abdecken. Je nach Größe der Fische 16 bis 18 Minuten im Ofen bei 220 Grad garen, zwischendurch mehrmals mit dem Sud begießen, immer wieder abdecken. Die Sauce zum Schluß mit Mehlbutter (20 g Butter mit 1 EL Mehl verkneten) binden. Die Knurrhähne mit Petersilie bestreut servieren.

HANDPASTETEN VON GRANAT (KRABBEN)

1 kg Nordseekrabben (ungeschält), Butter, 6 EL Fleischbrühe, ½ Bd. Petersilie, Muskatblüte (Macis oder frisch geriebene Muskatnuß), Salz, 4 Zwiebäcke, 1 Paket tiefgekühlter Blätterteig

„Da die Granate vielerorts gekocht zum Verkauf gebracht werden, so hat man nicht nöthig, sie daselbst noch zu kochen ehe man sie aus den Schalen heraus macht, sondern man kann dies letztere gleich thun. (In Örtern, wo man sie jedoch nur roh kaufen kann, muß man die vorher kochen).
Alsdann muß man von diesen abgeschälten Granaten etwa einen Suppenteller bis zum Rande voll haben; die man nun in einen Topf giebt mit 6 Loth. Butter, mit einigen Löffeln voll Fleischbrühe, gehackter Petersilie, Muscatenblüthe, Salz und einigen gestoßenen Zwiebäcken vermischt. Dies alles läßt man miteinander aufkochen, thut es alsdann in Blätterteig, den man in kleine Pastetenformen gebreitet hat und bäckt die Pasteten, bis der Teig gahr ist (ungefähr ½ Stunde).“ 1808

RAGOUT VON GRANAT

500 g Krabbenfleisch (ca. 750 g Krabben), 1 TL Krebsbutter, ¾ l Fleischbrühe, 1 Tasse süßer Rahm, 2 EL Butter, 2 EL Mehl, Salz

Butter mit Mehl anschwitzen, mit der Fleischbrühe glattrühren und einige Zeit unter ständigem Rühren leicht kochen lassen. Die Krebsbutter und den Rahm zugeben, dann die Krabben unterrühren und mit Salz abschmecken. Im Reisrand oder in heißen Pastetchen servieren.

Dieses Ragout kann vielfach abgewandelt werden, z.B. mit frisch gehacktem Dill in der Sauce zu körnigem Reis oder mit Resten von gekochtem Hühnerfleisch, Zunge, Champignons etc.

GARNIERTER KRABBENBERG

1 kg ungeschälte frische Nordseekrabben, etwas Salz, Saft von ½ Zitrone,
2 EL Anchovisbutter, 2 EL frische Butter, 4 geröstete Weißbrotscheiben,
1 EL feingehackte frische Kräuter, 2 EL Butter, 2 geviertelte Tomaten,
½ Tasse grüne, ungefüllte Oliven

Krabben scharf mit kaltem Wasser abspülen, schälen, mit Salz und Zitronensaft vermischen und auf einer runden oder ovalen Platte angehäuft anrichten. 2 EL Butter mit ¼ TL Anchovispaste vermischen, die gerösteten Weißbrotscheiben damit bestreichen und zu Dreiecken schneiden. 2 EL frische Butter mit den feingehackten frischen Kräutern verkneten, zu einer Kugel formen und auf den Krabbenberg legen. Krabbenberg mit den Röstbrotscheiben, Tomaten und Oliven umlegen.

BREMER GRANATTORTE
(Krabbentorte)

200 g Mehl, 125 g Butter, 5-6 EL Wasser, 1 gestr. TL Backpulver, 1 Prise Salz
Für die Füllung:
40 g Butter, 150 g Emmentaler Käse, 100 g gekochter Schinken, 1 kleine feingewiegte Zwiebel,
4 Eier, ⅛ l Milch, ½ TL Salz, 1 Prise Pfeffer, 125 g Krabben-(Granat-)fleisch

Mehl, Butter, Wasser, Backpulver und Salz zu einem Mürbteig verkneten. Eine Springform von 25 cm Durchmesser ausfetten. Den Teig ausrollen und den Boden der Form damit bedecken sowie einen Rand hochziehen. Etwas andrücken und im Backofen bei 200 Grad backen. Für die Füllung die Butter zerlassen, Käse in Streifen schneiden und Schinken feinwürfeln. Zwiebeln mit Eiern, Milch, Butter, Salz und Pfeffer verrühren, Käse und Schinken unterziehen. Die Krabben untermischen und die Masse auf dem Tortenboden verteilen. Im Backofen bei 200 Grad 45 Minuten garen. Die Torte heiß servieren.

KREBSE, GEKOCHT

4 l Wasser, 6 EL Salz, 5 Bd. Dill, ½ TL Kümmel, 24 lebende Krebse (2 kg)

Wasser mit Salz, 2 Bd. Dill und Kümmel zum Kochen bringen und 15 Minuten sprudelnd kochen lassen. Die noch lebenden Krebse mit zusammengebundenen Scheren unter fließendem Wasser gründlich abbürsten. Jeweils 5 Krebse zur Zeit in das kochende Wasser geben. Sobald die Krebse rot werden und das Wasser wieder kocht, die nächsten Krebse zugeben und garen. Wenn alle Krebse im Topf sind, alles abgedeckt noch 5 Minuten kochen, dann 10 Minuten ziehen lassen.
Eine große Schüssel mit 1½ Bd. abgespültem, abgetropften Dill auslegen, die Krebse darauflegen. Mit etwas durchgesiebtem Sud übergießen und abgedeckt 12 Stunden kühlstellen. Vor dem Servieren die Krebse leicht erwärmen und wieder in einer Schüssel anrichten und mit dem restlichen Dill garniert servieren.

KREBSE IN RAHM

6 l Wasser, Salz, 24 lebende Krebse (ca. 2 kg), 1½ TL Kümmel, 1 Bd. Dill, 1 Zwiebel, 1 Dose Steinpilze (500 g), 80 g roher Schinken, ½ Bd. Dill, ½ Bd. Kerbel, ½ Bd. Petersilie, 80 g Butter, weißer Pfeffer, Salz, Paprika edelsüß, 1 Prise Knoblauchsalz, ⅛ l Fleischbrühe, 1 Glas Rotwein, 25 g Speisestärke, ⅛ l Sahne, etwas Zitronensaft

Salzwasser in einem großen Topf zum Kochen bringen. Krebse unter fließendem Wasser abbürsten. Nacheinander mit dem Kopf zuerst in das sprudelnd kochende Salzwasser geben. Kümmel und gewaschenen Dill zufügen. 5 Minuten sprudelnd kochen, dann nochmals 15 Minuten ziehen lassen. Krebse herausnehmen und abtropfen lassen. Scheren abbrechen, aufknacken und auslösen. Schwanz vom Körper abbrechen und mit einem Messer seitlich öffnen. Schwanzdeckel ablösen und den dunklen, fadenartigen Darm entfernen. Fleisch auslösen (Chitinstreifen entfernen) und beiseite stellen.
Zwiebel feinhacken, Steinpilze abtropfen lassen, Pilzwasser aufheben, und Steinpilze vierteln. Schinken feinwürfeln. Kräuter hacken. Butter in einem Topf erhitzen, die Zwiebel andünsten. Steinpilze zugeben, Krebsfleisch und Schinkenwürfel zufügen und mit Pfeffer, Salz, Paprika und Knoblauchsalz würzen. Pilzwasser, Fleischbrühe und Rotwein angießen und 5 Minuten köcheln lassen.
Speisestärke mit Sahne verquirlen, Sauce damit binden. Mit Zitronensaft abschmecken und die gehackten Kräuter unterziehen.

KABELJAU IN SAFRANSAUCE

1 kg Kabeljau, 4 EL Olivenöl, Salz, 2 EL Petersilie, 2 Knoblauchzehen, ½ TL Safranpulver, Mehl, 2 EL Zitronensaft, ¼ l heißes Wasser

Kabeljau in dicke Scheiben schneiden. Öl, Salz, die feingehackte Petersilie und die zerdrückten Knoblauchzehen mit etwas Safran, einer Prise Mehl und Zitronensaft in einem großen Topf unter Rühren bei schwacher Hitze anschwitzen. Die Fischscheiben hineingeben, so daß sie nicht übereinanderliegen, und im Topf schwenken, damit die Gewürze gleichmäßig verteilt werden. Bei schwacher Hitze abgedeckt garen. Nach etwa 10 Minuten, wenn die Oberseite des Fisches weiß geworden ist, die Scheiben umdrehen, etwas heißes Wasser zugeben, einmal aufkochen lassen und heiß servieren.

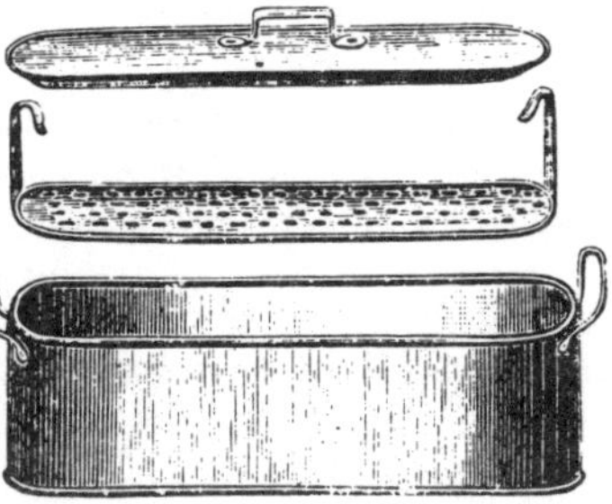

ROTBARSCH IN PETERSILIENSAUCE

1 Rotbarsch, ca. 2 kg, 1 Zitrone, ½ l Weißwein, 1 Zwiebel, 10 Pfefferkörner, Salz, 20 g Butter, 20 g Mehl, 3 Bd. Petersilie, ⅛ l Sahne, Würzmischung

Den gesäuberten Fisch (mit Kopf, Flossen und Schwanz) gut schuppen und mit Zitronensaft beträufeln. Dann in einem Sud aus Wein, Zwiebeln, Pfefferkörnern und Salz (je nach Größe des Topfes Wasser auffüllen, so daß der Fisch knapp bedeckt ist) etwa 20 Minuten garziehen lassen.

In der Zwischenzeit eine helle Schwitze aus Butter und Mehl bereiten und die Petersilie feinhacken. Sobald der Fisch gar ist, die Mehlschwitze mit einem Teil des Suds aufgießen und mit Sahne und dem größten Teil der Petersilie zu einer cremigen Sauce rühren, mit Würzmischung abschmecken.

Den Fisch auf einer vorgewärmten Platte möglichst aufrecht (eine Tasse unter die Bauchhöhle schieben) anrichten und mit Petersilie garnieren. Die Sauce getrennt mit der restlichen Petersilie bestreut servieren.

Dazu schmecken Salzkartoffeln und trockener Weißwein.

LACHS ZU KOCHEN

Je 500 g Lachs in ½ TL Salz und Saft von ½ Zitrone marinieren, ½ l Wasser, ⅛ l Essig, 1 Zwiebel, 1 Lorbeerblatt, Piment, ¼ Bd. Petersilie, 1 Blatt Sellerie, 1 Stengel Basilikum, 1 TL Salz

„Der frische Lachs wird geschuppt, gereinigt, in beliebig große Stücke geschnitten und mit Salz und Citronensaft 1½ bis 2 Stunden marinirt. Nun nimmt man zu jedem Pfund Lachs ½ Liter Wasser, eine halbe Flasche Essig, eine Zwiebel, ein Lorbeerblatt, mehrere Pfefferkörner, 4-6 Nelken, etwas Gewürz, Petersilie, Salbei, Basilikum und eine Handvoll Salz; von dem letzteren nimmt man jedoch nur dann so viel, wenn der Lachs warm auf die Tafel kommen soll; will man ihn dagegen kalt anrichten, so genügt die Hälfte des Salzes. Die genannten Zuthaten bringt man in's Kochen, legt dann den Lachs hinein, läßt ihn 10 Minuten mitkochen und setzt ihn, wenn er noch nicht ganz weich ist, auf eine heiße Stelle zur Seite des Feuers, wo er langsam weichdünsten muß. Dann läßt man ihn auf einem Siebe abtropfen, garnirt ihn mit grüner Petersilie und Scheiben von hartgekochten Eiern und giebt ihn warm mit einer Champignon-, Capern-, Sardellen-, Austern- oder hollandischen Sauce auf die Tafel. Kalt servirt man ihn mit Essig, Oel und Petersilie oder mit einer kalten Mayonaisen-Sauce.“ 1879

Anmerkung:
Dieses Rezept beweist, daß Lachs in den früheren Zeiten der Hansestädte zu den „gewöhnlichen“ Fischen gehörte, die die Dienstmädchen nicht öfter als zweimal die Woche essen wollten! Das haben sie sich vertraglich ausbedungen. Vermutlich waren es aber doch andersartige Lachse, die in Mengen in Elbe, Weser und Trave herumschwammen, nicht zu vergleichen mit dem edlen schottischen oder norwegischen Fisch, den wir heute als Delikatesse schätzen – sonst hätte man sie doch kaum mit soviel Essig und Salz vergewaltigt? Das folgende Rezept kommt neuzeitlichen Vorstellungen schon viel näher:

GEGRILLTER LACHS

4 Scheiben Lachs (nicht zu groß), 3 EL Öl, 2 Glas Weißwein, 1 EL Essig, 1 Zwiebel, einige weiße Pfefferkörner, 1 Lorbeerblatt, Petersilie

Weißwein mit Essig, der feingehackten Zwiebel, Lorbeerblatt und einigen Pfefferkörnern gut durchkochen und wieder abkühlen lassen. Die Lachsscheiben salzen, etwas stehen lassen, abtrocknen und in die Weißweinmarinade legen. Zwei Stunden kühlstellen. Die Fischstücke ab und zu wenden, damit die Marinade gut durchziehen kann. Danach den Lachs gut abtrocknen, mit Öl rundherum einpinseln und jede Seite 10 Minuten auf dem Rost grillen. Vor dem Servieren mit feingehackter Petersilie bestreuen.

OSTSEELACHS IN GELEE

1 kg frischer Lachs, ½ Bd. Suppengrün, 1 Zwiebel, 1 Lorbeerblatt, 1 Möhre, 1 Zitrone, 1 hartgekochtes Ei, 12 Blatt Gelatine, 1 Bd. Petersilie

Das feingeschnittene Suppengrün und die grobgehackte Zwiebel mit dem Lorbeerblatt in so viel Wasser, daß es gerade bedeckt ist, garkochen. Den vorbereiteten Lachs in dicke Scheiben schneiden, salzen. Vorsichtig in die Brühe legen und in etwa 30 Minuten garziehen lassen. Möhre, Zitrone und Ei in dünne Scheiben schneiden. Den Fisch mit einem Schaumlöffel herausnehmen, auf einer großen Platte anordnen, so daß zwischen den Scheiben ein Zwischenraum bleibt. Die Fischscheiben mit Möhre, Zitrone und Ei dekorieren. Fischsud durch ein Sieb gießen, etwas erkalten lassen, mit der aufgelösten Gelatine verrühren, vorsichtig über die Lachsscheiben gießen und kaltstellen. Mit Petersilie garniert servieren.

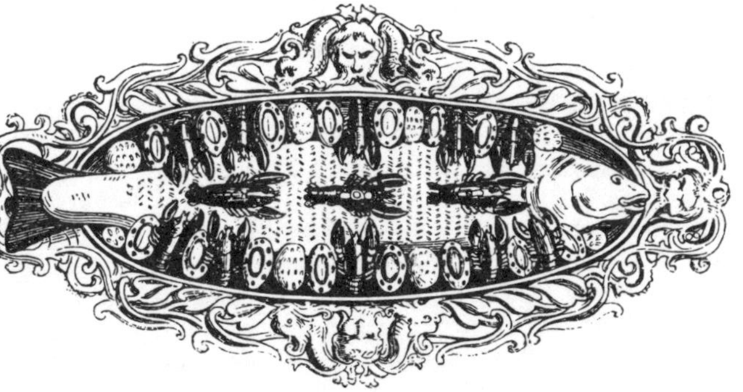

MUSCHELN ZU KOCHEN

„Wenn die Muscheln reingewaschen sind, werden sie mit kochendem Wasser, Salz und einer ganzen Zwiebel zu Feuer gesetzt und zugedeckt gargekocht, wenn sie steif sind, so sind sie gut. Dann richtet man sie auf einer Serviette oder auf einer Schüssel an, bereitet eine Sauce von Butter, Wasser, Weinessig, Zucker und gestoßenem Pfeffer, rührt dieselbe mit einigen Eidottern ab und giebt sie mit den Muscheln auf die Tafel. Auch kann man statt der Sauce Provence-Oel, Weinessig und Pfeffer dabeigeben. Man achte darauf, ob die Zwiebel während des Kochens schwarz geworden ist; ist dies der Fall, so sind giftige Muscheln darunter."

1910

MUSCHELN IN WEIN-SAHNESUD

3 kg Miesmuscheln, 250 g Wurzeln, 2 Zwiebeln, 1 Lorbeerblatt, 10 Pfefferkörner, 1 l herber Weißwein, 1/4 l süße Sahne, 250 g Champignons, Salz, schwarzer Pfeffer, 1 Bd. Petersilie

Miesmuscheln abschrubben und die Fäden entfernen. Geöffnete und beschädigte Muscheln wegwerfen.
Wurzeln und Zwiebeln in Scheiben schneiden. Zusammen mit dem Lorbeerblatt, Pfefferkörner und einer Tasse Wein 15 Minuten kochen lassen. Dann die Sahne, die geputzten, in Scheiben geschnittenen Champignons zugeben. Alles 10 Minuten weiterkochen lassen. Mit Salz und reichlich frisch gemahlenem schwarzen Pfeffer abschmecken.
Die Muscheln zugeben und abgedeckt 10 Minuten garen. Mit gehackter Petersilie bestreut servieren.

PIKANTE RÜTSIELER MUSCHELN

2,5 kg Miesmuscheln, 250 g Zwiebeln, 4 Knoblauchzehen, 250 g Porree, 2 EL Öl, 200 g Ammerländer Räucherschinken, 1 große Dose Tomaten, 1/4 l Weißwein, 1 TL Paprikapulver edelsüß, 1/4 TL Cayennepfeffer, 1 Prise schwarzer Pfeffer, 1 Prise Salz

Die Miesmuscheln mit einer Wurzelbürste unter fließendem kalten Wasser kräftig schrubben. Kalk und Schneckenhäuser mit einem Messerrücken abkratzen, den „Faden" mit dem Messer entfernen. Im Wasser oben schwimmende und offene Muscheln wegwerfen, sie sind schlecht.
Zwiebeln schälen und grobhacken. Knoblauch feinhacken und mit dem Messer zerdrücken. Porree putzen, waschen und in dünne Ringe schneiden.
In einem großen Bratentopf Öl erhitzen und die Zwiebeln mit dem Knoblauch anbraten, bis sie glasig und hellbraun sind. Porree zufügen und mitschmoren. Schinken in 4 cm lange dünne Streifen schneiden, in den Topf geben und alles weitere fünf Minuten schmoren. Tomaten grob zerschneiden und mit dem Saft in den Topf geben. Weißwein, Paprika und

Cayennepfeffer zugeben und alles ca. 15 Minuten kochen lassen. Die Flüssigkeit soll weitgehend verdampfen, so daß ein breiiger Sud bleibt. Mit Pfeffer und Salz abschmecken. Die Muscheln in den Sud geben, den Topf abdecken, kochen lassen, nach 5 Minuten die Muscheln einmal mit einer großen Kelle umdrehen. Wenn sich die Muscheln geöffnet haben, sind sie gar. Jetzt noch geschlossene Muscheln sind schlecht und müssen weggeworfen werden.
Die Muscheln in einer großen Steingutschüssel servieren, so bleiben sie bis zum Ende der Mahlzeit warm. Dazu reicht man Stangenbrot, um den Sud aufnehmen zu können und trinkt milden Rotwein.

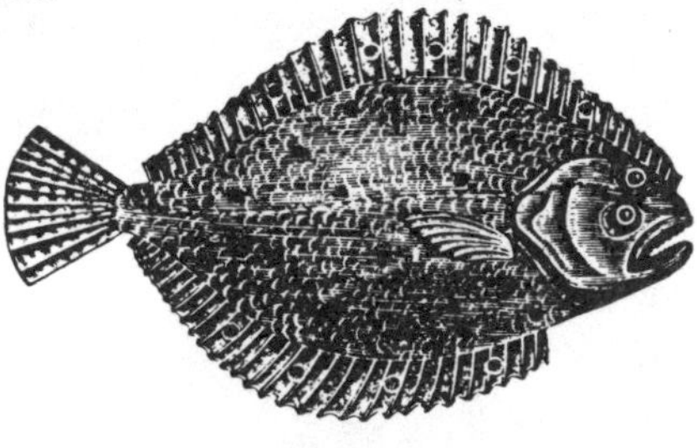

FINKENWERDER EWERSCHOLLE

200 g durchwachsener Speck, 8 EL Butter, 4 frische Schollen, Salz, Zitronensaft, 8 EL Mehl, Zitronenscheiben

Speck feinwürfeln. Butter in einer großen Pfanne erhitzen, Speckwürfel darin auslassen, dann mit einer Schaumkelle aus der Pfanne nehmen und beiseite stellen.
Die ausgenommenen, gewaschenen Schollen salzen, mit Zitronensaft beträufeln und in Mehl wenden. Nacheinander in der Speckbutter auf beiden Seiten goldbraun braten und warmstellen. Den Speck nochmals in der Pfanne kurz erhitzen, über die Schollen geben. Zitronenscheiben getrennt dazu reichen. Dazu paßt ein säuerlich angemachter Kartoffelsalat.

SCHOLLE IM EIGENEN SAFT

4 Schollen, Salz, 1 EL Butter, 1 EL Mehl, etwa ¼ l Fischsud, 1 EL Senf, Zucker, 1-2 EL Sahne

Schollen ausnehmen und säubern. Salzen und einzeln in Alufolie einpacken. Im vorgeheizten Backofen bei 225 bis 250 Grad je nach Größe 20 bis 25 Minuten garen. Keine Flüssigkeit zugeben. Aus Butter und Mehl eine helle Schwitze bereiten, mit etwas Fischsud aus der Alufolie ablöschen. Senf zugeben, mit Zucker, Salz und Sahne abschmecken.
Salz- oder Pellkartoffeln dazu reichen.

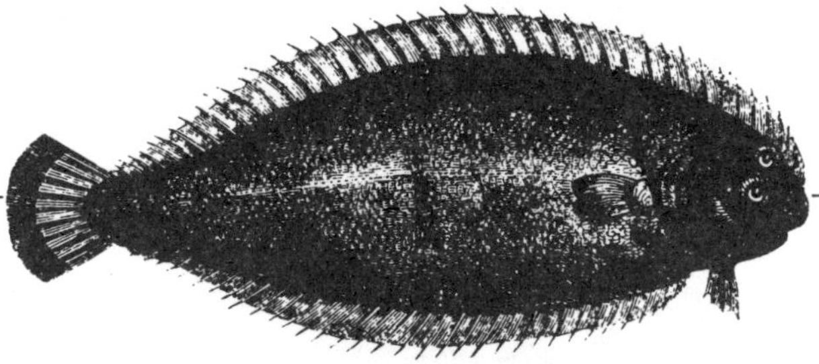

SEEZUNGEN MIT KAVIARSAUCE
für 12 Personen

5 Pfd. Seezungenfilets, Salz, Eiweiß, Zwieback,
1 geh. Kochl. Butter, 1 geh. Teel. Salz, 1 Zitrone

„Man nimmt 5 Pfd. Seezungen im Filet, schneidet 6 Filets einmal durch und rollt die übrigen auf. Die durchgeschnittenen Filets bestreut man mit Salz, stellt sie 30 Min. beiseite, trocknet sie dann mit einem Tuch und paniert sie mit Eiweiß und Zwieback. 1 Kochlöffel Butter läßt man in der Pfanne hellbraun werden und brät die Fische unter Umlegen in 5 Min. kroß. Die aufgerollten Filets legt man nebeneinander auf den Heber eines Fischkessels und tut 1 gehäuften Teelöffel Salz und den Saft einer Zitrone darüber. In den Kessel gießt man soviel Wasser, bis es an den Heber reicht. Fest zugedeckt bringt man die Fische zum Kochen, stellt sie zurück und läßt sie langsam 10 Minuten ziehen. Beim Anrichten füllt man über eine Seite der Länge nach Sauce Béarnaise, über die andere Seite Kaviarsauce. Obenauf in die Mitte kommen die gebratenen Seezungen. Man gibt das Gericht zum feineren Frühstück oder Mittagessen.“ 1910

SAUCE BEARNAISE FÜR 3 PERSONEN

2 Eidotter, 1 Messerspitze Salz, 75 g Butter, 1 TL feingehackte Kräuter, 1-2 TL Zitronensaft

„2 Eidotter rührt man in einer Kumme mit 1 MS Salz 10 Min., gibt unter Rühren tropfenweise 75 g kochende Butter dazu, hiernach 1 TL feingehackte Kräuter und nach Geschmack 1-2 TL Zitronensaft.
Die Kräuter stellt man zusammen aus reichlich Petersilie, wenig Schnittlauch, Kerbel, Estragon und Thymian.“ 1910

KAVIARSAUCE FÜR 12 PERSONEN

6 Eidotter, 125 g Butter, 75 g feinster Kaviar, 1 TL Salz, 2 TL Zitronensaft

„6 Eidotter schlägt man 10 Minuten und gibt unter weiterem Rühren 125 g kochende Butter tropfenweise dazu. Hiernach 75 g feinsten Kaviar.
Nach Geschmack: 1 TL Salz, 2 TL Zitronensaft.
Die Sauce muß gleich über den heißen Fisch gefüllt werden.“ 1910

EIN TURBAN AUS SEEZUNGE UND LACHS
für 6-8 Personen

6-8 Filets von Seezungen, 6-8 Filets vom Lachs (die etwa gleich groß sind),
frisch gemahlener Pfeffer, Salz, 40 g Butter, Zitronensaft
Mousseline aus:
700 g Fischfilet (entweder von Seezunge und Lachs oder von Hecht, Wittling, Seehecht),
3Eiweiß, ¾ l süße Sahne, frisch gemahlener Pfeffer, Salz, 100 g gehackte Pistazienkerne

Die Zubereitung der Mousseline erfordert etwas Geduld und auch Feingefühl. Das Fischfleisch wird im Mörser zerrieben, dabei mit etwas Pfeffer gewürzt und schließlich mit Eiweiß zu einer glatten Masse verarbeitet. Dieses Püree in kleinen Portionen durch ein Haarsieb streichen, fest in eine Schüssel drücken und mit Frischhaltefolie abdecken. Die Schüssel in gestoßenes Eis stellen und im Kühlschrank eine Stunde ruhen lassen. Jetzt mit einem Holzlöffel eine Portion Sahne unter das Fischpürree rühren, dann die Schüssel wieder 15 Minuten in den Kühlschrank stellen, danach wieder eine Portion Sahne und wieder eine Viertelstunde Ruhezeit im Kühlschrank. So weiter verfahren, bis etwas mehr als die Hälfte der Sahne verarbeitet ist. Nun würzt man das Pürree und stellt es wieder kalt, während die restliche Sahne leicht geschlagen wird. Schlagsahne mit den gehackten Pistazien unter das Pürree ziehen und die fertige Mousseline bis zur Verwendung im Kühlschrank lassen.
Für den Turban eine Ringform mit Butter ausstreichen. Die Seezungen- und Lachsfilets, die man gewürzt und ganz leicht gesäuert hat, abwechselnd quer in die Form legen, so daß sie sich leicht überlappen und den Ring völlig auskleiden. Die Enden hängen über den Formrand. Nun die Mousseline einfüllen und die Form rütteln, damit sich die Masse gleichmäßig verteilt. Die Enden der Filets über der Füllung zusammenschlagen und andrücken. Den Turban im Wasserbad im vorgeheizten Backofen bei 170 Grad 35 bis 40 Minuten garziehen lassen. Wenn sich die Oberfläche elastisch anfühlt, ist der Turban gar. Er muß nun einige Minuten ruhen, bevor er auf eine Platte gestürzt und mit etwas zerlassener Butter bestrichen wird.
Dazu reicht man eine feine Kräutersauce oder eine sahnige Safransauce (wegen der Farbe!) auf Fischfondbasis.

GEBACKENE SEEZUNGEN AUF BREMER ART

4 Seezungen, 100 g Butter, 2 Eier, Salz, Semmelbrösel, Butter zum Braten, 125 g Butter, 2 EL Sardellenbutter, Saft einer Zitrone, Salz, geriebene Muskatnuß, 1 TL Senf, 1 EL feingehackte Petersilie

Die ausgenommenen, gewaschenen Seezungen salzen und eine Stunde stehenlassen. Butter zerlassen, Seezungen darin wenden. Seezungen anschließend in den mit etwas Wasser verquirlten Eiern, dann in Semmelbröseln wenden und in Butter in einer Pfanne ausbraten.
Butter schaumig rühren, mit den übrigen Zutaten vermischen. Die Masse auf die gebackenen Seezungen streichen, diese in einer heißen Schüssel übereinander schichten.
Dazu Kartoffelsalat oder Salzkartoffeln und Kopfsalat reichen.

GEDÜNSTETER STEINBUTT

1 Steinbutt, ca. 1,5-2 kg, 1 Zwiebel, 1 Bd. Suppengemüse, 1 Glas Weißwein, 50 g Butter

Den Fisch waschen und ausnehmen. Mit Salz einreiben und möglichst im Ganzen mit der dunklen Haut nach unten in einen Topf mit Butter, gehackter Zwiebel und kleingeschnittenem Suppengrün legen, mit Wein begießen und abgedeckt bei schwacher Hitze garen.
Dazu Salzkartoffeln und Sauce Hollandaise oder auch zerlassene Butter reichen.

SAUCE HOLLANDAISE FÜR 3 PERSONEN

2 Eidotter, 1 Messerspitze Salz, 75 g Butter, 1-2 TL Zitronensaft

„2 Eidotter rührt man mit 1 MS Salz 10 Minuten, dann gibt man 75 g kochende Butter tropfenweise dazu; die Butter darf nicht braun werden, da dadurch die Sauce schmierig schmecken würde. Nun gibt man 1-2 TL Zitronensaft dazu und richtet die Sauce an."
1910

STEINBUTT AUF HAMBURGER ART

600 g Steinbutt, 1 Prise Salz, Wasser
Für die Sauce:
2 EL Butter, 2 EL Mehl, ½ Tasse Sahne, 2 Eigelb, 2 TL geriebener Käse
500 g geschälte Kartoffeln, Salz, 1 EL Butter, 1 Eigelb, Zitrone, 2 TL Weißbrotbrösel

Steinbutt in kochendem Salzwasser garen, enthäuten und entgräten. Aus Butter und Mehl

eine helle Schwitze bereiten, etwas Fischbrühe zugießen. Mit Sahne, Käse und Eigelb verfeinern, mit Salz abschmecken.
Kartoffeln in Salzwasser kochen, stampfen oder pürieren, mit Butter verrühren. Masse in einen Spritzbeutel mit Rosentülle geben und in eine feuerfeste Schüssel einen Kartoffelrand spritzen. Kartoffeln mit Eigelb überpinseln, mit Käse und Weißbrotbröseln bestreuen, mit Butterflöckchen bestecken und im heißen Ofen kurz überkrusten. Fisch mit Zitrone und Kartoffeln reichen.

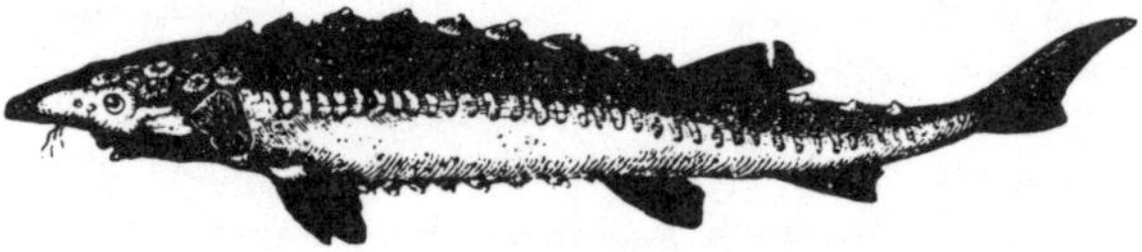

STÖR MIT AUSTERNRAGOUT

750-1000 g Störfilet, 60 g Butter, 1 Glas Weißwein, 1 Glas Wasser, Pfeffer, Salz, gemahlenes Piment, gestoßenes Lorbeerblatt, 3 EL frische gehackte Kräuter (Petersilie, Schnittlauch, Dill), 8 Austern

„Man schneidet den Stör in Scheiben, bestreut ihn mit Salz, trocknet ihn, nachdem er eine halbe Stunde so gelegen hat, ordentlich ab und läßt ihn in Butter Farbe nehmen. Dann kocht man ihn mit Wein, Wasser, feinem Gewürz und feinen Kräutern, giebt, wenn er halb gar ist, einen guten Theil Austern hinzu, läßt ihn gar werden und richtet ihn mit einer Citronen-Sauce an.“ 1778

Anmerkung:
Am besten den Stör in einer großen Pfanne anbraten, dann Wein und Wasser, Gewürze und Kräuter zugeben und gardünsten lassen. Aus dem Fond läßt sich unter Zugabe von Sahne, etwas Zitronensaft und -schale und eventuell einer leichten Mehlschwitze die Sauce herstellen.
Traditionell kann man statt der Zitrone Stachelbeeren zugeben. Eine fabelhafte Kombination – auch ohne Austern!

LORBEERSTÖR AM SPIESS

4 EL Olivenöl, Saft einer Zitrone, schwarzer Pfeffer, Salz, ½ TL Paprika rosenscharf, 1 Zwiebel, 750 g Stör, 15 Lorbeerblätter, ¼ l kochendes Wasser

Olivenöl, Zitronensaft mit Pfeffer, Salz und Paprika verrühren. Die feingewürfelte Zwiebel zufügen. Stör kalt abspülen, in 3 cm große Würfel schneiden, in die Marinade legen und abgedeckt zwei Stunden kaltstellen. Zwischendurch wenden.

Lorbeerblätter in eine Schüssel geben, mit kochendem Wasser übergießen und ziehen lassen. Stör aus der Marinade nehmen. Lorbeerblätter auf einem Sieb abtropfen lassen. Abwechselnd Stör und Lorbeerblätter auf Spieße stecken, mit der Marinade bestreichen. Auf einem Bratrost im vorgeheizten Grill auf beiden Seiten 3 Minuten grillen. Zwischendurch mit der Marinade bestreichen.

Die „unfeinen" Heringe auf feine Art

EINGELEGTE BRATHERINGE

12 grüne Heringe, bratfertig, ½ TL Pfeffer, 1 TL Salz, etwas Mehl, etwa ⅛ l Öl, ½ l Weinessig, ½ l fettlose Fleischbrühe oder Wasser, 2 Lorbeerblätter, 2 EL Senfkörner, 10 Pimentkörner, 1 EL Pfefferkörner, 1 EL Zucker, 1 Bd. Dill, 4 Zwiebeln

Die Heringe innen und außen mit Pfeffer und Salz einreiben. Fische in Mehl wenden, in das erhitzte Öl legen und auf beiden Seiten braunbraten. Auf Küchenpapier ausbreiten. Essig und Brühe aufkochen. Die Gewürze einschließlich Zucker hineingeben, den Sud 5 bis 10 Minuten ziehen lassen. Dillästchen abzupfen, Zwiebeln in dünne Ringe schneiden. Beides mit den gebratenen Heringen in ein Glas schichten und mit dem heißen Essigsud übergießen. Mindestens 3 Tage ziehen lassen, dann mit Pellkartoffeln oder Bratkartoffeln und grünem Salat in Sahnesauce servieren. Die Bratheringe halten sich zugedeckt und kühlgestellt bis zu drei Wochen.

SALZHERINGE MIT SARDELLENFÜLLUNG

6 Salzheringe, ohne Köpfe, 16-20 Sardellenfilets, 150 g Butter, 2 Eigelb, 2 EL fines herbes, Cayennepfeffer, 4 EL Semmelbrösel, 2-3 EL Zitronensaft

Die Heringe abziehen, filetieren und über Nacht in Milch einlegen. Die Heringsfilets in gleichmäßige Rechtecke schneiden. Reste mit den Sardellen im Mörser zerkleinern oder sehr feinhacken. 100 g Butter zu der Sardellenmischung geben, Eigelb, fines herbes und Cayennepfeffer untermischen. Heringsfilets flach ausbreiten, mit dieser Füllung bedecken. Aufrollen und dicht nebeneinander in eine mit Butter ausgestrichene Auflaufform legen. Mit Semmelbröseln bestreuen. Die restliche Butter zerlassen und über die Fische träufeln. Im Backofen bei 220 Grad 15 bis 20 Minuten garen, bis die Oberfläche goldbraun ist. Die Form aus dem Backofen nehmen, Zitronensaft über den Fisch gießen und sofort servieren.

MATJES IN SPECKSAUCE

8 Matjesfilets, ½ l Milch, 200 g durchwachsener Speck, geräuchert, 4 Zwiebeln, 20 g Mehl, ¼ l Wasser, ¼ l Milch, 2 EL Weinessig, 1 TL Zucker, schwarzer Pfeffer, Salz

Von den Matjesfilets die restlichen Gräten abschneiden. Filets waschen und 2 Stunden in Milch legen. Inzwischen Speck und geschälte Zwiebeln fein würfeln, Speck knusprig ausbraten. Zwiebeln zugeben, Mehl unterrühren und hellgelb anrösten. Wasser und Milch unter Rühren zugießen und alles aufkochen lassen. Mit Essig, Zucker, Salz und Pfeffer abschmecken, auf einer Platte anrichten und gut durchkühlen lassen. Mit der heißen Sauce und den Pellkartoffeln servieren.

MATJES IN DILLMARINADE

8 Matjesfilets, ½ l Mineralwasser, 1 Becher saure Sahne, 250 g Mayonnaise, 1 Spritzer Zitronensaft, 1 Bd. Dill, 1 TL getrockneten Kerbel, 1 TL Estragon, 1 große Zwiebel

Die Matjesfilets 1 bis 2 Stunden in Mineralwasser einlegen. Sahne, Mayonnaise und Zitronensaft verrühren, dann gehackten Dill und die Kräuter zufügen.
Die gewässerten Filets in einem Steintopf mit der Marinade übergießen. Obenauf eine Schicht Zwiebelscheiben legen. Das Gefäß abgedeckt einen Tag im Kühlschrank stehenlassen. Dazu schmecken heiße Pellkartoffeln und ein kühles Bier.

MATJESTOPF AUF HAUSFRAUENART

8 Matjesfilets, ½ l Mineralwasser oder Milch, 4 Zwiebeln, 2 säuerliche Äpfel, ¼ l süße Sahne, 1 Becher Vollmilch-Joghurt, 1 EL Zitronensaft, 1 TL Zucker, Piment

Von den Matjesfilets die restlichen Gräten abschneiden. Filets waschen und 2 Stunden in Mineralwasser oder Milch legen. Die Zwiebeln schälen und in feine Streifen schneiden. Äpfel schälen, vierteln, entkernen und in dünne Scheibchen schneiden. Sahne mit den übrigen Zutaten verrühren, Zwiebelstreifen und Apfelscheibchen daruntermischen. Matjesfilets gut abtrocknen, in breite Streifen schneiden. Mit der Sahnesauce in eine Schüssel schichten und kühlstellen.
Mit Pellkartoffeln servieren.

HERINGSBUTTER

4 Matjesfilets, 2 EL Zwiebeln, 125 g Butter

Matjesfilets evtl. wässern, dann abtrocknen und mit dem Wiegemesser ganz kleinhacken. Zwiebeln sehr fein wiegen. Matjes und Zwiebeln mit der Butter verkneten und einige Stunden oder über Nacht gut durchziehen lassen. Auf kräftiges Landbrot streichen.

Fischreste

FISCHFRIKADELLEN AUF HAMBURGER ART

500 g Fischfilet (auch Abfälle), ½ Zwiebel, 2 Brötchen, 2 Eier, 1 Prise Pfeffer, 1 Prise Salz, 1 Msp. Koriander, ½ TL englischen Senf, 2 EL Mehl, 1 Tasse Milch, etwas Wasser, 1 Ei, Fett zum Ausbacken

Fischfilet grob vermahlen. Die feingehackte Zwiebel und das eingeweichte Brötchen untermischen. Mit Eier, Pfeffer und Salz, Koriander und Senf vermischen. Hände anfeuchten und Frikadellen formen. Aus Mehl, Milch Wasser, einem Ei und etwas Salz einen nicht zu dünnen Teig rühren, Frikadellen hineintauchen, abstreifen und in heißem Fett ausbacken. Mit Kartoffelsalat und Gewürzgurken oder mit frischen Kartoffeln und Tomaten- oder Senfsauce servieren.

FISCHPUDDING
für 6 Personen

3 Pfd. Schellfisch, 3 alte Rundstücke, 1 Eßlöffel Petersilie, 1 Teelöffel Salz, 2 Eier

„Man verwendet Reste von jedem Fisch oder man nimmt 3 Pfd. Schellfisch. Die Haut wird abgezogen, das Fleisch von der Gräte getrennt und durch die Maschine gegeben. 3 alte Rundstücke werden geschält, 1 Minute in lauwarmes Wasser geweicht, ausgedrückt und zuletzt durch die Maschine gegeben. Die Fischmasse verrührt man mit 1 Eßlöffel Petersilie und 1 Teelöffel Salz und gibt 2 ganze Eier dazu. Die Masse füllt man in eine Puddingform, die vorher dick mit Butter ausgestrichen und mit Mehl ausgestäubt ist. Man schließt die Form und stellt sie in einen Topf mit kochendem Wasser, stellt den Topf 1 Stunde in den heißen Ofen. Man muß inzwischen Wasser nachgießen. Beim Anrichten gibt man eine Krebssauce oder Krabbensauce darüber. Dazu Kartoffelmus. Man kann diese Fischmasse auch beim feineren Essen verwenden; dann tut man sie in eine Randform und füllt beim Anrichten in die Mitte ein Ragout von Krabben, Champignons und Pfahlmuscheln. Krebssauce dazu."

1910

KREBSSAUCE FÜR 4-6 PERSONEN

„Man bereitet rote Krebsbutter von 6 Krebsen und ⅛ Pfund Butter. Die rote Butter wird mit 1 Kochlöffel Mehl 2-3 Min. geschwitzt, dann gießt man unter Rühren ½ L Kalbfleischbouillon hinzu. Das Innere der Köpfe wird vorher in der Bouillon gekocht, die Schwänze und Scheren werden als Einlage in der Sauce verwendet. Man gibt nach Geschmack Salz und sehr wenig Pfeffer dazu." 1910

FISCHKARTOFFELN

etwa 500 g Reste von beliebigem Kochfisch, 1 kg Pellkartoffeln, 2 EL Butter, 1½ EL Mehl, 1 geriebene Zwiebel, weißer Pfeffer aus der Mühle, Salz, etwa ¼ l Fischsud oder leichte Fleischbrühe oder Wasser, 1 Tasse Sahne (süß oder sauer), 1-2 Eigelb, 2 EL Butter, 2 EL Reibkäse (kein Parmesan, der wird zu bitter)

Kalte Fischreste sorgfältig entgräten und zerpflücken. Pellkartoffel schälen, in Scheiben schneiden. Butter mit Mehl und geriebener Zwiebel zu einer hellen Schwitze rühren. Mit Fischsud, -brühe oder Wasser und Sahne ablöschen und mit Pfeffer und Salz würzen. Einige Minuten kochen lassen. Vom Feuer nehmen, mit den Eigelb legieren.
Eine Auflaufform mit 1 EL Butter ausstreichen. Kartoffeln und Fisch abwechselnd einschichten, auf jede Schicht etwas Sauce geben. Mit der restlichen Sauce begießen und die Butter darauf verteilen. Mit geriebenem Käse bestreuen.

Im Ofen bei 180 Grad etwa 20 Minuten backen. Gegen Schluß der Backzeit noch etwas Oberhitze geben oder den Rost eine Stufe höherstellen, damit sich eine goldbraune Kruste bildet. Als Beilage schmeckt grüner Salat. Verfeinert werden die Fischkartoffeln, wenn man zwischen die Schichten noch reichlich gehackte Petersilie und/oder einige gehackte Sardellen verteilt.

FISCHFOND

500 g Fischabfälle (Kopf, Schwanz, Seitengräten von Plattfischen), 1 Bd. Suppengemüse, zerkleinert, 1 l Wasser, 1 TL Salz, 6 Pfefferkörner, 1 geschälte Zwiebel, 1-2 kleine Lorbeerblätter, frische Kräuter, 2-3 Zitronenscheiben

Die Fischabfälle zusammen mit den übrigen Zutaten kalt aufsetzen, zum Kochen bringen und ½ Stunde sanft kochen lassen. Den Sud durch ein Sieb streichen.

FISCHFARCE

500 g Fischfleisch, 50 g Semmelbrösel, 2 Eier, 60 g Butter, schaumig gerührt, 1 Zwiebel, ½ Zitronenschale, ½ Bd. Petersilie, Salz, Muskatblüte oder ger. Muskat, frisch gemahlener Pfeffer

„Alle Fische, von denen man Farce bereiten will, müssen gut ausgenommen, sauber geschuppt, gewaschen und abgewischt werden; dann löst man das Fleisch aus den Gräten, kocht das an den Gräten sitzengebliebene Fleisch los, löst es behutsam ab und hackt es mit dem ungekochten Fleisch recht fein. Nun mischt man das Fleisch mit geriebenem Brod, geschlagenen Eiern, zu Schaum gerührter Butter und nach Belieben mit gehackten Zwiebeln oder Knoblauch, geriebener Citronenschale, feingehackter Petersilie, Salz, Muscatblüthe und gestoßenem Pfeffer zu einer glatten Farce und verwendet diese zum Füllen von Hechten oder zu Klößen zum Garniren von Fleischspeisen.“ 1778

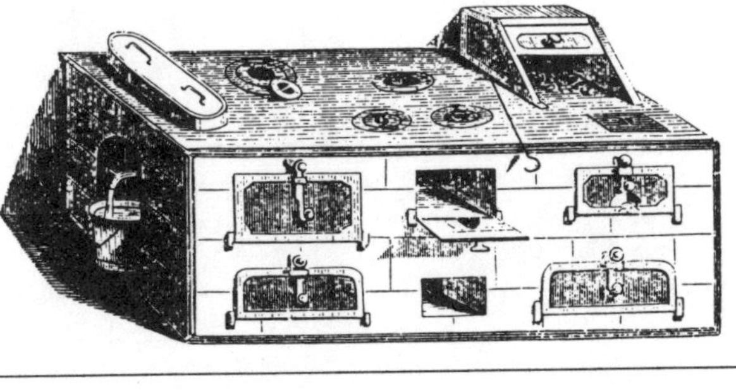

Gemüsegerichte und Beilagen

Das frische Gemüse aus Holstein, aus den Vierlanden, aus den Wesermarschen, war für die Hansestädter immer schon ein unverzichtbarer Teil jeder guten Mahlzeit.

Natürlich weisen die nachfolgend aufgeführten Rezepte nicht die Vielfalt auf, die heute durch Delikatessengeschäfte oder auch in Supermärkten angeboten werden. Es wurden eben die Früchte und die Gemüsesorten verarbeitet, die die Bauern aus dem Umland der großen Städte auf den Markt brachten. An Gemüsen: Blumenkohl, weiße Bohnen, türkische Bohnen (das sind Schneidebohnen), Erbsen, Gurken, Sauerampfer, Spinat, Schwarzwurzeln, Wurzeln (das sind Mohrrüben), Sellerie, Spargel, Steckrüben und Zwiebeln.

An Obst, das auch zu Beilagen verarbeitet wird: Äpfel, Birnen, Quitten und natürlich Pflaumen, Kirschen, Himbeeren, Brombeeren und Johannisbeeren, alles, was man so in norddeutschen Bauerngärten findet.

Kastanien wurden sehr viel mehr gegessen als in heutiger Zeit. Das gilt auch für den Buchweizen, der in der Küche sehr viel öfter Verwendung fand. Kürbis und Gurken waren wichtig, Pilze wurden nur wenig gegessen. Die Waldpilze findet man in Norddeutschland fast nur im Sachsenwald. Beliebt waren Morcheln, und offenbar war es auch nicht schwer, Trüffeln zu beziehen, die hierzulande nicht den richtigen Boden finden.

Die hanseatische Küche war schon immer recht vielseitig und vitaminreich. Allerdings – es muß gestanden werden – auch kalorienreich.

ANANASKRAUT

500 g Sauerkraut, ½ Tasse Gänseschmalz, 3-4 Wacholderbeeren, 1 geschälte Zwiebel, ½ Lorbeerblatt, 2 Stück Würfelzucker, 1 Tasse Fleischbrühe, 1 Tasse frische, gewürfelte Ananas, 1 Glas Sekt oder Weißwein

Sauerkraut nicht waschen. Locker mit der Gabel in einen Topf legen und mit heißem Gänseschmalz übergießen. Wacholderbeeren, Lorbeerblatt und Zwiebel sowie den Würfelzucker zufügen. Unter häufigem Schütteln solange dünsten, bis der Boden des Topfes trocken ist. Fleischbrühe zugeben, 20 Minuten weichdünsten lassen. Ananaswürfel untermischen. Nochmals stark aufkochen lassen und kurz vor dem Servieren Sekt oder Weißwein übergießen.

APFELFLEISCH

1 kg Äpfel (Boskop), ½ l Bouillon, 20 g Butter, 30 g Mehl, 750 g Fleischreste, 70 g Rosinen, 1 EL Zucker

„Man schneidet geschälte Aepfel in Scheiben, befreit sie von den Häuschen und kocht sie in Bouillon nebst etwas weißer Mehlschwitze gar. Dann schneidet man gekochtes Fleisch in feine Stücke, giebt es mit Rosinen und Zucker zu den Aepfeln und richtet es an."
1908

APFELKARTOFFELN

„Man gibt sie zu jedem kalten Fleisch, Suppenfleisch und zum Hasen. 1 Ltr. geschälte Kartoffeln setzt man mit Wasser bedeckt und mit etwas Salz an und kocht sie 10-15 Minuten; dann gießt man das Wasser bis über die Hälfte ab. Nun gibt man 1½ Pfd. geschälte, vom Kernhaus befreite, in Viertel geschnittene Aepfel dazu; dann läßt man das Gericht fest zugedeckt 30-40 Minuten weiterkochen. Beim Anrichten gibt man 1 Kochlöffel Butter oder 2 Eßlöffel in Würfel geschnittenen Speck, den man vorher ausgebraten, dazu mit dem Fett, etwas Salz oder Zucker nach Geschmack."
1910

Anmerkung:
Die Garzeit kann etwas kürzer sein, wenn die Äpfel mürbe (am besten Boskop nehmen) und die Kartoffeln mehlig zerkocht sind. Das Gericht soll die Konsistenz eines groben Pürees haben. Eine vorzügliche, weil nicht alltägliche Beilage, die langweilige Salzkartoffeln oder das übliche Kartoffelpüree fein ersetzen.
Übrigens: Ich gebe ausgebratenen Speck mit Röstzwiebeln beim Anrichten darüber.

APFELREIS
für 6 Personen

½ Pfd. Reis, 1 Ltr. Wasser, 1 Stück Zitronenschale, 2 Pfd. Äpfel, am besten Prinzäpfel, ⅛ Pfd. Zucker, 1 Messerspitze Salz

„½ Pfd. Reis wird 2-3mal mit reichlichem kalten Wasser gewaschen, mit 1 Ltr. kochenden Wasser und 1 Stück Zitronenschale angesetzt und 20 Min. gekocht. 2 Pfd. geschälte, in Viertel geschnittene und vom Kernhaus befreite Äpfel werden gewaschen und mit dem Reis noch 20 Minuten gekocht. Hiernach mit dem Salz und Zucker abgeschmeckt. Um das Anbrennen zu verhüten, legt man eine Asbestplatte unter den Topf. Der Reis dient als Beigabe zum Suppenfleisch, Kalbsteak, Kalbsleber und Frikadellen. Will man den Reis für Kinder oder Kranke verwenden, so muß er mit den Äpfeln 1 Std. langsam kochen.“ 1910

ARTISCHOCKEN

„1 kleine Artischocke rechnet man à Person, 1 große Artischocke für 4 Personen. Die kleineren kosten im Einkauf 20-30 Pfg., größere 80 Pfg. Sie werden mit kochendem Wasser bedeckt angesetzt und im geschlossenen Topfe gekocht, die kleinen 30 Minuten, die großen 1 Stunde. Beim Anrichten nimmt man mit einem Silberlöffel die Staubfäden heraus, und gibt dazu gerührte Butter oder Sauce hollandaise oder Tomatensauce.“ 1910

Anmerkung: Die angegebenen Preise gelten heute leider nicht mehr.

BACKOBST MIT KLÖSSEN

ca. 1 kg Backobst, 120 g Zucker, 1 Zimtstange, 5 Nelken, 60 g Butter,
2 EL Mehl, 1 Tasse Rotwein

„Für 6 Personen nimmt man 1 Liter getrocknetes Obst, wäscht es, setzt es mit soviel Wasser, daß es eben bedeckt ist, 12 Neuloth Zucker, etwas ganzem Zimmet und einigen Nelken zu Feuer und läßt es weichkochen, worauf man die Brühe abgießt. Da die Birnen stets am langsamsten garkochen, so ist es rathsam, dieselben eine halbe Stunde früher als das übrige Obst zu Feuer zu setzen. Nun bereitet man von 6 Neuloth Butter und 2 Löffeln voll Weizenmehl eine gelbe Mehlschwitze und rührt diese mit der Backobstbrühe und einer Tasse voll Rothwein zu einer sämigen Sauce, welche man noch einmal durchkochen läßt und dann über das Backobst füllt. Zuletzt vervollständigt man das Gemüse, indem man eine beliebige Art von Klößen, am besten Kartoffelklöße, hinzuthut." 1879

Anmerkung: Schmeckt besonders gut mit kroß gebratenem Frühlingsspeck.

BLUMENKOHL IM HACKFLEISCHRING

1 großer Blumenkohl, Salz, 750 g-1 kg gemischtes Hackfleisch, 1 Zwiebel,
1 altbackenes Brötchen, 2 Eier, Pfeffer, Salz, Senf, Blumenkohlwasser, 40 g Butter, 40 g Mehl

Den geputzten Blumenkohl 10 bis 15 Minuten in leicht gesalzenem Wasser vorkochen. Herausnehmen, das Kochwasser aufbewahren. In der Zwischenzeit Hackfleisch mit den eingeweichten und ausgedrückten Brötchen und der gehackten Zwiebel vermischen und mit Pfeffer, Salz und Senf abschmecken. Butter zerlassen, Mehl darin anschwitzen, mit dem Blumenkohlwasser angießen, so daß eine helle Sauce entsteht.
Das Hackfleisch ringförmig in eine feuerfeste Form legen, in der Mitte den Blumenkohl, darüber die Mehlschwitze geben. Im vorgeheizten Backofen bei Mittelhitze ca. 45 Minuten garen.

BLUMENKOHLPUDDING
für 6 Personen

„Als warme Mittelschüssel oder Gemüsegang. 1 Blumenkohl im Gewicht von 2 Pfund legt man in kaltes Salzwasser, den Strunk schält man, schneidet ihn der Länge nach zweimal durch, dann setzt man ihn mit der Blume reichlich bedeckt mit kochendem Wasser an, kocht ihn zugedeckt in 30 Minuten weich, hiernach legt man den Blumenkohl zum Abtrocknen auf ein Sieb und dann streicht man ihn durch das Sieb. 1 Kochlöffel Mehlschwitze rührt man mit ⅛ Liter süßem Rahm aus, dann rührt man die Blumenkohlmasse mit der Mehlschwitze, 1 Teelöffel Salz gibt man dazu, stellt die Masse 10 Minuten zum Abkühlen beiseite, hiernach 3 Eidotter dazu, füllt nun die Masse in eine glatte Puddingform, die mit Butter ausgestrichen und mit Mehl ausgestreut; nun stellt man den Pudding ohne Deckel in einen Topf mit kochendem Wasser, stellt den Topf 1 Stunde in den heißen Backofen. Beim Anrichten stürzt man den Pudding und übergießt ihn mit Tomatensauce oder Sauce hollandaise oder Krebssauce.“ 1910

WEISSE BOHNEN MIT ÄPFELN

500 g weiße Bohnen, 500 g Äpfel (Cox orange), 60 g Butter, Salz, Zucker, 1 Zitronenschale, abgerieben, 20 g Butter, 30 g Mehl, braune Butter, Zimtzucker

„Zu diesem Gericht läßt man weiße Bohnen einige Zeit weichen, setzt sie mit kaltem Wasser zu Feuer und giebt, wenn sie fast gar sind, süße, in kleine Würfel geschnittene Aepfel, einige Stückchen Butter, etwas Salz, Zucker und Citronenschale dazu. Als Alles gar, so macht man es mit einigen Löffeln voll weißer Mehlschwitze sämig und richtet es auf einer Schüssel an, worauf man es mit brauner Butter begießt oder mit Zucker und gestoßenem Zimmet bestreut.“ 1879

TÜRKISCHE BOHNEN (SCHNEIDEBOHNEN)

750 g grüne Bohnen, Salz, 2 EL Butter, 1 EL Mehl, 1/4 l Sahne oder Bouillon, 1 Bd. Petersilie, 1 EL Butter, 6 Matjesfilets

„Nachdem man die Fäden abgezogen hat, schneidet man die Bohnen in feine Streifen, wäscht sie mit kaltem Wasser, setzt sie mit springend kochendem Wasser und etwas Salz zu Feuer und legt sie, sobald sie gar sind, zum Abtropfen auf einen Durchschlag. Dann bereitet man eine weiße Mehlschwitze, rührt sie mit Sahne oder mit Bouillon glatt, kocht sie mit gehackter Petersilie und einem guten Stück Butter durch, mischt die Bohnen gehörig darunter, läßt das ganze Gericht noch einmal aufkochen und giebt es mit einer Beilage von Hering auf die Tafel.“ 1853

Anmerkung:
Als „Hering“ eignet sich am besten Matjes oder wahlweise auch dicke Mettwurstscheiben.

BUCHWEIZENGRÜTZE, DICKE

250 g Buchweizen (ganz!), 1 l Wasser, Salz, 60-80 g Butter

„Für fünf Personen nehme man ein Pfund Buchweizengrütze, wasche sie recht oft, rühre sie mit kaltem Wasser eben, gieße kochendes Wasser darüber und lasse sie unter beständigem Rühren in's Kochen kommen. Nachdem man Salz und 12-15 Neuloth Butter daran gethan hat, läßt man die Grütze noch eine Stunde über schwachem Kohlenfeuer von der Seite her kochen, wobei man sie sehr vor dem Anbrennen in Acht nehmen muß. Beim Anrichten giebt man Zucker und Zimmet oder braune Butter und gebratene Zwiebeln oder auch Milch darüber." 1879

ERBSEN MIT SPECK

500 g große, gelbe Erbsen, 1½ l Wasser, 4 Gewürzkörner, 1 große Zwiebel, 1 Knoblauchzehe, 1 Bouillonwürfel, 1 TL Majoran, 250 g geräuchertes Schweinefleisch, 500 g frisches Schweinefleisch, 500 g geschälte und geviertelte Kartoffeln, Pfeffer, Salz

Erbsen spülen, über Nacht einweichen und mit demselben Wasser sowie den Gewürzkörnern, der gehackten Zwiebel und der zerdrückten Knoblauchzehe, dem Bouillonwürfel und Majoran aufsetzen. Sobald die Brühe kocht, das Fleisch dazugeben. Mehrere Male vorsichtig umrühren, damit die Erbsen nicht ansetzen. Die Brühe muß fast verkochen. Fleisch herausnehmen, in Scheiben schneiden, warmstellen. Kartoffeln in der Brühe garkochen und mit Pfeffer und Salz abschmecken. Fleisch gesondert reichen.

GESCHMORTE GURKEN

1 kg Schmorgurken, 1 Tasse Essig (Apfelessig), Salz, ⅛ l Bouillon, Pfeffer, 60 g Butter, 2 EL Butter, 2 EL Mehl

„Man nehme recht große, feste Gurken, schäle sie ab, schneide sie der Länge nach in 4 oder 8 Theile und nehme die Kerne heraus. Man kann diese Streifen auch noch in beliebig große Theile zerlegen, die man rundlich zustutzt; dann läßt man die Gurken eine halbe Stunde in Essig und Salz liegen, giebt sie mit Bouillon, Essig, Pfeffer und geschmolzener Butter zu Feuer und läßt sie langsam weichkochen. Die Sauce mache man mit weißer Mehlschwitze sämig und gieße sie beim Anrichten über die Gurken. Sollen die Gurken süß gekocht werden, so gebe man, wenn man sie zu Feuer setzt, Zucker und einige Nelken hinzu. Man giebt sie sehr passend gerade dann auf die Tafel, wenn nach dem Braten noch ein Gemüse gegeben werden soll." 1879

GEFÜLLTE GURKEN

4 große oder 8 kleine Schmorgurken, 750 g Kalbs- oder Rinderhack, 1 eingeweichtes, ausgedrücktes Rundstück, 1 gehackte Zwiebel, Pfeffer, Salz, ½ Bd. gehackte Petersilie, 1 Dose Weinblätter, 30 g Butter, Muskatblüte oder geriebene Muskatnuß, Pfeffer, 2 Zwiebeln, ⅛ l Bouillon

„Die Gurken werden geschält, an einem Ende etwas abgeschnitten und dann mit Kalbfleisch-Farce gefüllt; hat man Farce über, so wickelt man selbige in Weinblätter und umwindet jedes mit Zwirn, thut Butter in eine Casserolle, die gefüllten Gurken und Weinblätter nebeneinander, nebst Muscatenblumen, Pfeffer und geschnittenen Zwiebeln, hierauf wird etwas Bouillon gegossen und so langsam gahr gekocht, dann behutsam aus der Brühe genommen und auf eine Schüssel gelegt. Die Brühe läßt man ganz einkochen, und dann wird sie durch ein Sieb darübergegossen." 1853

HERICOURT

„Gepökeltes Schweinefleisch, große Zwiebeln und große geschälte Kartoffeln schneidet man in Scheiben von der Dicke eines Messerrückens. Dann nimmt man eine blecherne Dose, welche ziemlich groß ist und einen genau passenden Deckel hat; in diese Dose legt man unten eine Schicht Kartoffeln, darüber Zwiebeln, dann Pökelfleisch, fährt auf diese Weise fort, bis die Dose voll ist, streut zwischen jede Schicht Pfeffer und Salz, gießt über das Ganze eine Tasse Wasser und setzt die Dose, nachdem man sie fest zugebunden, in so viel kochendes Wasser, daß sie bis zur Hälfte darin steht. Nun läßt man sie, je nach der Größe 2–3 Stunden kochen, bringt die Dose sodann zu Tische und kehrt sie auf einer großen Schüssel um."
1879

Anmerkung:
Pökelfleisch, Zwiebeln und Kartoffeln werden je zu gleichen Teilen verwendet! Der Name deutet an, daß das Rezept aus der „Franzosenzeit" stammt.
Ein Gericht, das möglicherweise von Soldaten und Seeleuten öfter gegessen wurde als der heute bekannte Labskaus.

BUTTERMILCHKARTOFFELN

1250 g Kartoffeln, Salz, ½ l Buttermilch, 1 EL Mehl, 1 Lorbeerblatt, 125 g durchwachsener Speck, 1 Zwiebel, 1 Prise Zucker

Kartoffeln schälen, vierteln und in Salzwasser garkochen. Inzwischen die Buttermilch in einem anderen Kochtopf erhitzen und sofort mit einem Schneebesen das Mehl unterziehen, damit die Buttermilch nicht gerinnt. Eine Prise Salz und das Lorbeerblatt zugeben und aufkochen lassen. Kartoffeln abgießen und mit einem Stampfer zerdrücken, aber nicht musen. Die Buttermilch über die Kartoffeln gießen und die ausgebratenen Speckwürfel sowie die kleingeschnittenen, goldgelb gebratenen Zwiebeln darübergeben. Mit Zucker abschmecken. Dazu schmecken Frikadellen, Spiegeleier oder Matjes.

GESTOVTE KARTOFFELN

1 kg Kartoffeln, geschält und mundgerecht zerschnitten, 100 g Butter, 1 EL Mehl, ¼ l Bouillon, Salz, Muskatnuß

„Die Kartoffeln werden, nachdem man sie gargekocht hat, auf einen Durchschlag zum Abträufeln gelegt; dann läßt man Butter zerfließen, fügt Mehl, Salz und Bouillon hinzu, schüttet die Kartoffeln hinein, läßt sie eine Viertelstunde damit kochen und reibt beim Anrichten Muscatnuß darüber.“ 1830

KARTOFFELNESTER
für 6 Personen

1 Ltr. geschälte Kartoffeln, 1 Kochlöffel Butter, 2 Eidotter, Eiweiß, Zwieback

„Man verwendet sie als Beilage. 1 Liter geschälte Kartoffeln setzt man bedeckt mit kaltem Wasser an, kocht sie im geschlossenen Topf in 30 Minuten weich, gießt das Wasser ab und dämpft sie trocken. Man streicht sie durch ein Sieb, rührt die Masse rasch mit 1 Kochlöffel Butter zusammen, stellt sie 30 Minuten beiseite, und gibt nach dieser Zeit 2 Eidotter dazu. Dann formt man Bälle, paniert sie in Eiweiß und Zwieback und formt dann mit dem Daumen ein Nest. Man bäckt sie 3 Stück zurzeit in heißem Fett kroß. Die Nester können 1 Stunde vor dem Gebrauch fertiggestellt werden. 10 Minuten vor dem Anrichten stellt man sie in den nicht zu heißen Ofen. Die Nester sind mit kleinen roh geschmorten Kartoffeln zu füllen, diese mit gehackter Petersilie zu bestreuen. Auch füllt man verschiedene Gemüse in die Nester.“ 1910

KARTOFFELN MIT HERING

1 kg Kartoffeln, ¾ l Bouillon, 4 Schalotten, 60 g Butter, 50 g roher Schinken, 4-6 Salzheringsfilets, 1 Bd. Petersilie

„Man kocht nicht zu große Kartoffeln mit der Schale, zieht sie, wenn sie gar sind, ab und schneidet sie nach dem Erkalten in Scheiben. Nun läßt man in einer Casserole Bouillon mit einigen feingeschnittenen Chalotten, einem guten Stück Butter und etwas feingehacktem rohen Schinken durchkochen, schneidet ausgewässerte Heringe in Würfel, giebt diese nebst den Kartoffelscheiben in die Sauce, läßt es zusammen noch einmal aufkochen und schwenkt das Ganze zuletzt mit gehackter Petersilie durch. Auf 2 Liter Kartoffeln rechnet man 3 Heringe." 1908

GEBRATENE KARTOFFELN MIT ÄPFELN

750 g gekochte Kartoffeln, 500 g Äpfel, geschält, vom Kernhaus befreit und in Scheiben geschnitten, 60 g Butter, Salz,

„Will man übriggebliebene Kartoffeln gern mitbenutzen, so läßt man Butter in einer Casserole zerfließen, legt wechselweise in Scheiben geschnittene Aepfel und Kartoffeln hinein, streut Salz darüber, deckt die Pfanne zu und läßt es zusammen langsam braten, bis es braun ist."
1908

KARTOFFELPUFFER AUF ENGLISCHE ART

600 g Kartoffeln, 250 g Zwiebeln, 60 g Mehl, 1 Ei, Milch, Pfeffer, Salz, 60 g Schweineschmalz oder Bratenfett

Kartoffeln schälen und reiben, Zwiebeln feinhacken, Beides gut vermischen. Mehl und Ei zufügen und mit Milch verrühren, bis ein fester Teig entsteht. Mit Pfeffer und Salz würzen. Die Masse löffelweise in das heiße Fett geben und auf beiden Seiten goldbraun braten. Dem Teig können auch geriebener Käse, Wurst oder gehackte Kräuter zugefügt werden.

KASTANIENGEMÜSE

1 kg Kastanien, ¾ l Bouillon, 30 g Butter, 20 g Mehl, angeschwitzt, 60 g Butter, Salz

„Man schält die Kastanien, streift die zweite Haut ab, indem man die Kastanien mit kochendem Wasser übergießt, sie einige Minuten darin liegen läßt und sie dann mit Leichtigkeit abzieht.

Nun kocht man sie mit Bouillon und etwas Bratenjüs ziemlich gar, fügt etwas weiße Mehlschwitze, ein Stück Butter, Salz und je nach Geschmack auch Zucker hinzu und läßt die Kastanien über gelindem Feuer kurz einschmoren. Als Beilage zu diesem Gericht giebt man meistens gebackenen Schinken." 1908

KASTANIENPÜREE

500 g Maronen (Eßkastanien), 30 g Butter, 1 EL Zucker, 1/8 l Fleischbrühe, 6 EL Milch, 100 ml Sahne, 2 cl Madeira, Salz, Saft einer Zitrone

Maronen oben kreuzweise einschneiden und auf einem Backblech im Backofen bei 200 Grad 10 Minuten rösten. Wenn sich die Schalen nach außen biegen, herausnehmen und Kastanien schälen, auch die Innenhaut entfernen. Butter und Zucker erhitzen, Maronen hineingeben und unter Rühren rundherum karamelisieren lassen. Fleischbrühe und Milch zugießen, einmal aufkochen lassen und bei geringer Hitze 30 Minuten kochen. Im Mixer pürieren oder durch ein Sieb passieren. Sahne steifschlagen, mit Madeira gemischt unter das Püree heben. Mit Salz und Zitronensaft abschmecken.

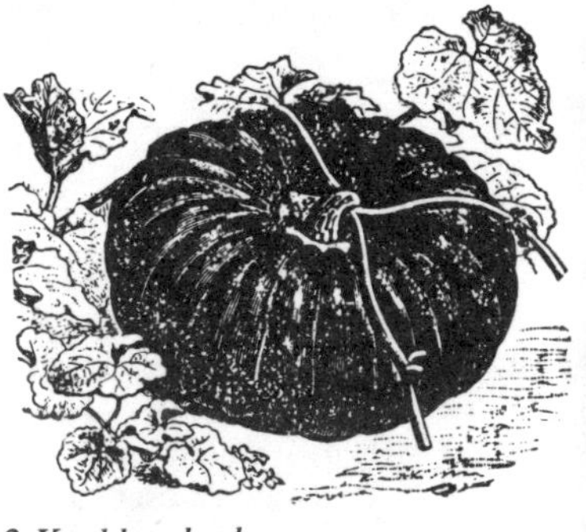

KÜRBIS, ÜBERBACKEN

1 kg Kürbis, Wasser, Salz, 6 EL Öl, 500 g Tomaten, 2 Knoblauchzehen, 2 EL gehackte Petersilie, Pfeffer, Salz, 40 g Semmelbrösel, 15 g Butter

Kürbis schälen und in 1 cm dicke Scheiben schneiden. In kochendem Salzwasser fünf Minuten blanchieren, abtropfen lassen und trockentupfen. In einer großen Pfanne die Hälfte des Öls erhitzen, Kürbis bei schwacher Hitze braten, bis die Stücke leicht glasig werden. Kürbis in eine flache Form legen. Das restliche Öl in die Pfanne geben, die in Scheiben geschnittenen Tomaten und die zerdrückten Knoblauchzehen sowie 1 EL Petersilie zugeben. Mit Pfeffer und Salz würzen. Tomaten braten, bis sie zu Püree zerfallen sind, die Hälfte der Flüssigkeit dabei verdampfen lassen. Tomatenmasse über die Kürbisstücke verteilen. Semmelbrösel und restliche Petersilie darüberstreuen, Butterstückchen darauf verteilen. Kürbis und Tomaten im Backofen bei 200 Grad etwa 20 Minuten garen.

MORCHELN
für 18 Personen

2 Pfd. Morcheln, 3 Liter stark kochendes Wasser, 2 Eßlöffel Zitronensaft, 1 Teelöffel Salz, 1 Eßlöffel feingehackte Petersilie, 2 Eßlöffel frische Butter

„Man kann die Morcheln im frischen Zustand nur in den Monaten April bis September haben, in der übrigen Jahreszeit sind getrocknete Morcheln zu verwenden. Die Rundmorcheln sind wegen ihres Geschmackes den Spitzmorcheln vorzuziehen. Bei der frischen Morchel wird der sandige Stiel abgeschnitten. Sind alle vorbereitet, legt man sie in ein großes Gefäß und gießt 3 Ltr. stark kochendes Wasser auf die Morcheln, nach 30 Min. sind die Morcheln vorsichtig mit dem Schaumlöffel aus dem Wasser zu nehmen, sie dürfen hierbei nicht viel gerührt werden, damit der Sand am Boden der Schüssel bleibt; das Übergießen mit dem kochenden Wasser wird 3-4mal wiederholt, es wird getan, um alle giftigen Keime zu zerstören. 10 Min. vor dem Anrichten setzt man die noch heißen Morcheln im Topfe an, gibt 2 Eßlöffel Zitronensaft, 1 Teelöffel Salz, 1 Eßlöffel feingehackte Petersilie und 2 Eßlöffel frische Butter dazu. Mit diesen Zutaten dämpfen die Morcheln fest zugedeckt 10 Minuten langsam, kochen sie zu stark, werden sie zäh und unverdaulich.“ 1910

QUITTEN NACH GROSSMUTTERS ART

1 kg Quitten, Zucker je nach Saftmenge

Die Quitten mit einem sauberen Tuch abreiben, bis das Fell ganz entfernt ist. Nun werden sie geschält und vom Kerngehäuse befreit. Schlechte Stellen herausschneiden und wegwerfen. Schalen und Kerngehäuse werden in einem Topf mit Wasser bedeckt so lange gekocht, bis sich das Wasser gelb färbt. Jetzt durch ein Sieb abgießen und die Flüssigkeit wiegen, dieselbe Menge Zucker hinzufügen.
Die geviertelten Quitten zum Saft geben. Alles jetzt langsam zum Kochen bringen. Bei kleiner Flamme solange kochen, bis Saft und Quitten eine rote Farbe angenommen haben. Das kann 2 bis 3 Stunden dauern. Ab und zu vorsichtig umrühren, damit die Quittenstücke nicht zerfallen. Die abgetropften Quittenstücke eignen sich gut als Beilage zu dunklem Fleisch oder Wild. Der Saft schmeckt kalt zu Pudding oder heiß zu Vanilleeis

SAUERAMPFER, GESCHMORT

800 g Sauerampfer, 50 g ungeräucherter, durchwachsener Speck, 3 Salatköpfe, 2 Zwiebeln, 8 Knoblauchzehen, Pfeffer, Salz, 4 Eier, 2 EL Sahne, 50 g Semmelbrösel

Sauerampferblätter waschen und hacken. Den feingewürfelten Speck in einem Schmortopf anbraten. Sauerampfer, gehackte Salatblätter, in dünne Scheiben geschnittene Zwiebel und die zerdrückten Knoblauchzehen zufügen, alles gut vermischen. Abgedeckt bei geringer Hitze 2 Stunden garen. Mit Pfeffer und Salz würzen. Vor dem Servieren die Eier mit Sahne und Semmelbröseln verquirlen und unter das Gemüse heben.
Als Beilage roher, in dicke Scheiben geschnittener, kurz angebratener Schinken.

SAUERAMPFER NACH HAMBURGER KÖKSCHEN-ART

250 g frischer Sauerampfer, 1 Prise Zucker, etwas Zitronensaft, 100 g Rosinen, 1 Spritzer Echte Kroatzbeere, etwas Schlagsahne, 50 g gehackte Nüsse

Sauerampfer waschen, grob hacken. Mit Zucker und einem Spritzer Zitronensaft marinieren und mit den vorgequollenen Rosinen mischen. Mit Echter Kroatzbeere beträufeln, mit Nüssen bestreuen. Mit etwas Schlagsahne garniert servieren.

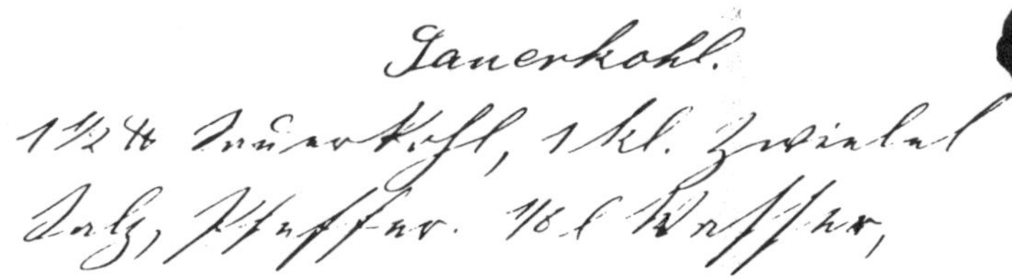
Sauerkohl.
1½ ℔ Sauerkohl, 1 kl. Zwiebel
Salz, Pfeffer. 1/8 l Wasser,

SAUERKOHL MIT AUSTERN

1 kg Weißkohl, 1 EL Butter, 2 EL Mehl, ½ l Weißwein, 1 Röhrchen Kapern, 1 Zitronenschale, abgerieben, 12-16 Austern

„Hierzu nimmt man frischen Kohl, hobelt ihn recht fein, kocht ihn in Salzwasser gar und legt ihn auf einen Durchschlag zum Abtropfen; nun schwitzt man einen Löffel voll Mehl mit Butter zusammen, rührt es über dem Feuer mit Rheinwein ab, streut Capern und geschnittene Citronenschale dazwischen und läßt hiermit den Kohl gut durchschmoren. Inzwischen hat man gut gereinigte Austern über gelindem Feuer in Butter etwas aufgebraten; diese legt man beim Anrichten rings um den Kohl." 1908

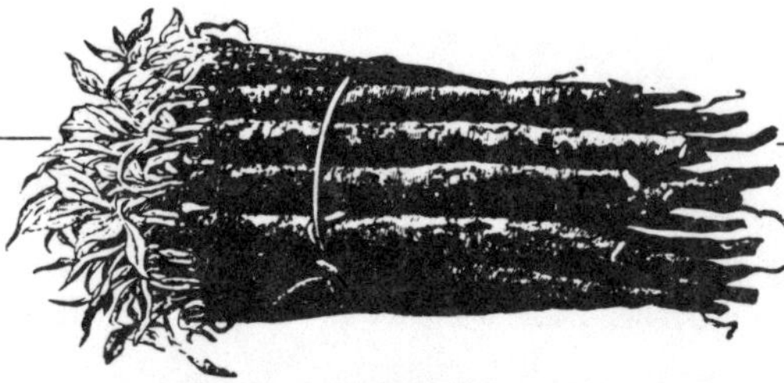

SCHWARZWURZELN, FRITIERT

750 g Schwarzwurzeln, 15 g Butter, 2 EL Weißweinessig oder Zitronensaft, Salzwasser
Ausbackteig:
125 g Mehl, 1/4 TL Salz, 2 Eier, 3 EL zerlassene Butter, 20 cl Bier, Öl zum Fritieren

Die dunkle Haut von den Schwarzwurzeln abschaben. Schwarzwurzeln in kaltes Wasser legen, damit sie sich nicht verfärben. In 8 bis 10 cm lange Stücke schneiden und mit Butter und Essig oder Zitronensaft in reichlich kochendem Salzwasser garen. Nach 30 Minuten prüfen, wie weich sie sind. Dickere Schwarzwurzeln brauchen etwa 45 bis 60 Minuten. Die garen Wurzeln herausnehmen und vorsichtig gründlich trockentupfen.
Für den Ausbackteig Mehl mit Salz mischen. Eier trennen. Eigelb und Butter mit Mehl vermischen. Bier nach und nach zugeben und solange schlagen, bis der Teig glatt ist, aber nicht zu lange bearbeiten. 60 Minuten bei Zimmertemperatur stehenlassen. Eiweiß schlagen, vor dem Gebrauch unter den Teig ziehen.
Schwarzwurzeln in den Ausbackteig tauchen, einzeln herausnehmen und in dem heißen Öl fritieren, bis sie hellbraun sind. Mit etwas Salz bestreuen und sofort servieren.

SELLERIEBÖDEN MIT OCHSENMARK
für 6 Personen

2 Knollen deutscher Sellerie, 1/2 Pfund Ochsenmark, 1 Ltr. kochendes Wasser,
1 Teelöffel Salz, 1/4 Ltr. braune Sauce

„Die Böden verwendet man als Garnitur bei jedem Braten und Gemüse. 2 Knollen deutscher Sellerie werden geschält, gewaschen, mit reichlich kochendem Wasser angesetzt und im geschlossenen Topf 1 Std. gekocht. Nachdem der Sellerie etwas abgekühlt ist, schneidet man ihn in Scheiben, sticht mit einem Glase kleine Böden aus, legt diese auf einen Teller und stellt den Teller zugedeckt 30 Minuten vorm Anrichten auf heißes Wasser. 1/2 Pfund Ochsenmark schneidet man in dicke Scheiben und legt diese 2 Stunden vor Gebrauch in kaltes Wasser, damit sie weiß werden. Das Wasser wird öfter erneuert. 10 Minuten vorm Anrichten setzt man das Mark mit 1 Liter kochendem Wasser, 1 Teelöffel Salz an, kocht es einmal auf und stellt es 10 Minuten fest zugedeckt beiseite. Läßt man es die ganze Zeit kochen, zerfließt es. Beim Anrichten legt man die heißen Markstücke auf die heißen Sellerieböden und tut 1 Teelöffel dicke braune Sauce auf das Mark.“ 1910

SELLERIE, GEFÜLLT

4 kleine junge Sellerieknollen, 60 g Butter, ¼ l Bouillon
Farce:
500 g Kalbshack, 1 gehackte Zwiebel, 1 Ei, 6 EL feingehackte Sellerie vom Ausgehöhlten, Pfeffer, Salz, gehackte Petersilie

„Die Sellerieknollen werden geputzt und so rund wie möglich zugeschnitten; oben läßt man das Innerste von dem Kraute stehen, schneidet einen Deckel davon, höhlt die Knollen aus und kocht sie in Salzwasser weich; dann füllt man sie mit einer Fleisch-Farce, bedeckt sie mit dem Deckel, läßt sie in einer Casserole mit ein wenig Butter dämpfen und, nachdem man Bouillon hinzugegossen hat, noch einmal zusammen aufkochen.“ 1879

SELLERIEPÜREE, ÜBERBACKEN

3 Sellerieknollen, 250 g Kartoffeln, Salz, 80 g Butter, 10 cl Milch,
2 EL geriebener Parmesankäse, 1 EL Semmelbrösel

Sellerie in Würfel schneiden, Kartoffeln schälen und ebenfalls würfeln. In leicht gesalzenem Wasser garen und alles durch ein Sieb streichen. 60 g Butter zerlassen, das Püree zugeben und unter Rühren bei schwacher Hitze einige Minuten dünsten. Milch und etwas Garflüssigkeit zugeben. Eine feuerfeste Form mit etwas Butter ausstreichen, Püree hineinfüllen, mit Käse und Semmelbröseln überstreuen, die restliche Butter in kleinen Stücken darüber verteilen. Im Backofen bei 200 Grad etwa 15 Minuten backen, bis die Oberfläche leicht braun ist.

SPARGEL MIT ZITRONENSAUCE

1 kg Spargel, 120 g Butter, 2 EL Mehl, ¼ l Bouillon, 1 Zitrone, Muskatblüte, 2 Eigelb

„Den geputzten und gebrochenen Spargel kocht man in Salzwasser weich, legt ihn auf eine Schüssel und setzt diese auf einen Topf über dem Feuer, damit der Spargel heiß bleibt. Nun läßt man 12 Neuloth Butter zerfließen, rührt einige Löffel voll feines Mehl dazu, ohne es jedoch braun werden zu lassen, rührt es mit etwas Bouillon glatt, giebt den Saft einer Citrone und etwas Muscatblüthe darüber, läßt es über Kohlenfeuer durchkochen und gießt es, nachdem man es mit mehreren Eidottern abgezogen hat, über den heißen Spargel."

1853

GRÜNE SPARGELSPITZEN MIT SAUCE MOUSSELINE
für 18 Personen

8 Bund grüne Spargelspitzen, 2 Liter kochendes Wasser, ½ Teelöffel Natron, ¼ Pfd. Trüffeln, ¼ Pfd. Butter, 1/16 Ltr. Schlagrahm, 6 Eidotter

„Man nimmt hierzu 8 Bund grüne Spargelspitzen, schneidet diese in 5 cm lange Stücke, das untere holzige weiße Stück läßt man zurück vom Spargel; der gewaschene Spargel wird mit 2 Liter kochendem Wasser, ½ Teelöffel Natron angesetzt und im geschlossenen Topf 30 Min. rasch gekocht, dann auf ein Sieb gegossen zum Abtropfen. Das Sieb mit dem zugedeckten Spargel stellt man nun über einen zweiten Topf mit kochendem Wasser 10 Min. bis zum Anrichten. ¼ Pfund Trüffeln schneidet man in feine Streifen, mischt diese mit Sauce mousseline, welche man von 6 Eidottern und ¼ Pfd. Butter, 1/16 Liter Schlagrahm bereitet. Beim Anrichten schwenkt man den Spargel mit dieser Sauce rasch durch."

1910

SPARGEL-KRABBENRAGOUT

500 g Spargel, 60 g Butter, 2 gehäufte EL Mehl, ¼ l Spargelwasser, ¼ l Milch, Pfeffer. Salz, Worcestershiresauce, 400 g Krabbenfleisch

Den Spargel nach Grundrezept kochen und in 3 cm lange Stücke schneiden. Butter schmelzen, das Mehl einrühren und mit Spargelwasser und Milch auffüllen. Die entstandene weiße Sauce mit Pfeffer, Salz und Worcestershiresauce würzen. Krabbenfleisch und Spargelstücke in eine Auflaufform geben, Sauce übergießen und alles im heißen Ofen kurz überbacken. Schmeckt auch als Vorspeise (halbe Menge) in kleinen Portionsförmchen überbacken.

SPINAT MIT KORINTHEN UND PINIENKERNEN
für 6 Personen

3,5 kg Spinat, Salzwasser, 4 EL Olivenöl, 200 g Pinienkerne, 150 g Korinthen, Pfeffer

Spinat gründlich waschen, Stiele entfernen, in einem großen Topf in kochendem Salzwasser garen. Spinat abtropfen lassen, die überschüssige Flüssigkeit ausdrücken und weitere 3 Minuten abtropfen lassen. Öl in einem Schmortopf erhitzen, die Pinienkerne hineingeben. Wenn sie Farbe annehmen, die vorher 30 Minuten in warmem Wasser eingeweichten und abgetropften Korinthen zugeben und sofort mit einem Holzlöffel umrühren. Spinat zugeben und alles nochmal gut erhitzen. Abschmecken und im Schmortopf servieren.

SPINAT MIT MANDELSPLITTERN

1 kg Spinat, 50 g Butter, 1 Zwiebel, 1 Knoblauchzehe, Pfeffer, Salz, geriebene Muskatnuß, 1 Päckchen Mandelsplitter

Spinat verlesen, waschen und in wenig Salzwasser kurz blanchieren. Die Spinatblätter sollen ganzbleiben und dürfen nicht zerkochen.
Butter schmelzen, die sehr feingewiegte Zwiebel und die zerdrückte Knoblauchzehe darin andünsten, Spinat zugeben und mit Pfeffer und Muskat abschmecken. Mit zwei Löffeln den heißen Spinat zu Kugeln formen, in eine vorgewärmte Schüssel geben und mit Mandelsplittern bestreuen.

SPINAT AUF ALTMODISCHE ART

1,5 kg Spinat, 3 Bd. Brunnenkresse, 1 kg Löwenzahnblätter, 1 kg Endivien, 200 g Butter, 15 cl Bratensaft oder Fleischbrühe, Pfeffer, Salz, 20 cl Béchamelsauce

Spinat verlesen, waschen, Blattstiele entfernen, von der Brunnenkresse die Stiele entfernen, Löwenzahn gründlich waschen, vom Endiviensalat nur die hellen Herzen verwenden. Alle Gemüse getrennt blanchieren. Spinat und Brunnenkresse brauchen etwa 1 Minute, Löwenzahn und Endivien 5-6 Minuten. Alle Gemüse gut abtropfen lassen und zusammen feinhacken. Eine Auflaufform dick mit Butter ausstreichen. Die gemischten Gemüse hineingeben, etwas Bratensaft oder Brühe darübergeben. Mit Pfeffer und Salz würzen, dann die Béchamelsauce überziehen. Im Backofen bei 230 Grad etwa 10 Minuten überbacken. Sofort servieren.

STECKRÜBENMUS

1 kg Steckrüben, Salzwasser, 125 g durchwachsener Speck, 2 Zwiebeln, 2 säuerliche Äpfel, 75 g gemahlene Haselnußkerne, 3 Eier, 1/8 l Sahne Pfeffer, Salz, geriebene Muskatnuß

Die Steckrüben schälen, in Würfel schneiden und in kochendem Salzwasser etwa 40 Minuten garen. Wasser abgießen, die Steckrüben pürieren. Speck in Würfel schneiden, auslassen, die feingeriebenen Zwiebeln darin anbräunen.
Äpfel schälen, vierteln, entkernen und reiben. Mit dem Speck und den gemahlenen Haselnüssen zu dem Steckrübenmus geben und alles gut vermischen. Eier mit Sahne verschlagen, unter die Steckrübenmasse rühren, mit Pfeffer, Salz und Muskatnuß abschmecken.
Dazu schmecken Kasseler oder Sülze.

ZWIEBELN IN MADEIRASAUCE

4 große, milde Zwiebeln, 125 g Butter, 15 cl Madeira, Pfeffer, Salz, 4 EL Sahne, 4 EL feingehackte Petersilie

Die Zwiebeln schälen und in dicke Scheiben schneiden. Butter in einer großen, möglichst schweren Pfanne zerlassen, die Zwiebelscheiben darin mehrmals wenden, dann abgedeckt bei schwacher Hitze 10 Minuten garen, dabei die Pfanne mehrmals rütteln.
Hitze etwas höherschalten. Madeira unterrühren. Unter häufigem Rühren weitergaren, bis der Madeira eingekocht, die Flüssigkeit verdampft ist, und die Zwiebeln weich und hellbraun sind. Mit Pfeffer und Salz abschmecken.
Sahne und Petersilie unter Rühren zugeben, nochmals zum Kochen bringen, dann bei geringer Hitze eine Minute simmern lassen. Sofort servieren.
Dazu paßt Steak, Leber und gegrilltes Fleisch.

GLASIERTE ZWIEBELN

12 feste frische Zwiebeln (ca. 4 cm Ø), 50 g Butter, 2 EL Honig, 1/2 TL Salz

Zwiebeln mit kochendem Wasser begießen und im offenen Topf 1 Minute sprudelnd kochen lassen. Zwiebeln abtropfen lassen. Mit einem scharfen Messer die Wurzelansätze entfernen, die weiße Pergamenthaut abziehen und die Spitzen abschneiden. Die Zwiebeln nebeneinander in einer Schicht in eine nicht zu große Auflaufform legen. Butter zerlassen, Honig und Salz zufügen und rühren, bis das Gemisch heiß und dünnflüssig ist. Über die Zwiebeln gießen. Dabei die Zwiebeln wenden, damit sie von allen Seiten gleichmäßig überzogen werden. Die Zwiebeln im vorgeheizten Backofen bei 200 Grad 45 Minuten garen, dabei hin und wieder mit der Garflüssigkeit übergießen. Die Zwiebeln sind gar, wenn sie goldbraun sind und sich leicht mit einer Messerspitze durchstechen lassen. Sofort servieren.

GEFÜLLTE ZWIEBELN

4 mitelgroße Zwiebeln, 60 g Butter, 175 g Pfifferlinge, 40 g Semmelbrösel, 2 cl Kaffeesahne, 2 EL gehackte Petersilie, 1 Prise Thymian, Pfeffer, Salz, 10 cl Gemüsebrühe, 1 TL Sojasauce, 4 EL trockener Weißwein, 1 EL gehacktes Schnittlauch

Von allen Zwiebeln an der Wurzel eine dünne Scheibe abschneiden, damit sie fest stehen. Zwiebeln aushöhlen, die Schale soll noch ½ cm dick sein. 125 g Zwiebelfleisch kleinhacken. Die ausgehöhlten Zwiebeln 5 Minuten blanchieren, mit der Öffnung nach unten auf ein Drahtgitter stellen und abtropfen lassen.
30 g Butter zerlassen, das gehackte Zwiebelfleisch darin unter Rühren goldbraun braten. Die gehackten Pfifferlinge zufügen und bei starker Hitze braten, bis sie fast gar sind. Semmelbrösel in Kaffeesahne einweichen, etwas ausdrücken und zugeben. Unter ständigem Rühren 5 Minuten simmern lassen. Mit den Kräutern, Pfeffer und Salz würzen.
Etwas Pfeffer und Salz in die ausgehöhlten Zwiebeln streuen. Diese mit der Pilzmischung füllen. Die Zwiebeln in eine mit Butter ausgestrichene Form stellen, so daß alle gerade hineinpassen. Gemüsebrühe und Wein angießen. Restliche Butter auf den Zwiebeln verteilen. Im vorgeheizten Backofen bei 180 Grad 45 Minuten garen, dabei einige Male mit der Flüssigkeit in der Form begießen.
Zwiebeln aus der Form nehmen, in eine vorgewärmte Schüssel stellen. Flüssigkeit auf die Hälfte reduzieren, Zwiebeln damit überziehen, mit Schnittlauch bestreuen.

GEFÜLLTE ZWIEBELN AUF ANDERE ART

4 Gemüsezwiebeln, 250 g Kalbshack, 1 eingeweichtes, ausgedrücktes Brötchen, 1 Ei, 1 EL Butter, Pfeffer, Salz, 60 g Butter

„Man nimmt sehr große Zwiebeln, befreit sie von den äußeren Blättern und kocht sie in Wasser gar, aber nicht zu weich; dann schneidet man oben ein Stück zum Deckel ab, höhlt die Zwiebel aus, hackt das Ausgehöhlte mit Kalbfleisch und etwas Semmel klein, thut einige Eier und geschmolzene Butter daran und füllt die Zwiebel damit aus. Nun legt man sie, nachdem man den Deckel darauf gebunden hat, in eine Tortenpfanne und bratet sie mit Butter schön braun. Die Tortenpfanne darf von unten und von oben her nicht allzu viel Feuer haben. Hat man einen Bratofen, so ist es besser, sie darin zu braten.“ 1879

Mehl- und Eierspeisen, Pfannkuchen

Von größter Wichtigkeit für das Gelingen einer Mehlspeise ist es, daß das Mehl von der besten Qualität ist, weil die betreffende Speise bei Verwendung eines schlechteren Mehles selten gelingt. Bedingung ist, daß man den Schneeschaum so fest wie möglich schlägt und ihn erst zu allerletzt, d.h. vor dem Backen unter die übrige Masse mischt, weil er sehr schnell wässerig wird.
Eine Prise Salz darf bei keiner Mehlspeise fehlen, ausgenommen, wenn die dazu verwendete Butter schon genügend Salz enthält.

Aus einem alten Kochbuch

EIERKUCHEN (PFANNKUCHEN) – GRUNDREZEPT

4 Eier, 1/8 l Milch oder Wasser, 1 Prise Salz, 100 g Mehl (10 gestr. EL), 2-3 EL Bratfett

Eier mit Milch oder Wasser und dem Salz verquirlen und löffelweise das Mehl unterrühren. Teig anschließend etwa eine halbe Stunde ruhen lassen. Das Bratfett portionsweise in der Pfanne erhitzen und nacheinander 4 dickere oder 8 dünne Eierkuchen backen – jeweils 1/4 oder 1/8 des Teiges in die Pfanne gießen, durch wechselseitiges Anheben der Pfanne breitlaufen lassen und so lange backen, bis die Unterseite fest und knusprig ist, dann mit einem möglichst breiten Pfannenwender umdrehen und die andere Seite backen. Die Pfannkuchen auf einer vorgewärmten Pfanne im Backofen warmstellen, bis alle Eierkuchen gebacken sind.

APFELEIERKUCHEN

„Man bereitet eine gute Masse wie zum Eierkuchen, schneidet geschälte Aepfel in halbmondförmige Scheiben und bratet diese in Butter auf beiden Seiten gelb. Hierauf gießt man von der Masse eine dünne Fläche in die mit Butter ausgestrichene Pfanne, läßt sie anbacken, legt die Apfelscheiben auf die noch teigartige Oberfläche und gießt eine zweite Schicht von der Masse darüber. Sobald der Eierkuchen auf der unteren Seite schön gelbbraun gebacken ist, kehrt man ihn auf die andere Seite, läßt ihn ebenfalls garbacken, glättet ihn, nachdem man ihn auf die Anrichteschüssel gelegt hat, mit einer glühenden Schaufel und giebt obenauf Streuzucker oder Apfelmus." 1908

PFANNKUCHEN MIT BESTLOCK ODER SCHNITTLAUCH

„Der Teig wird, wie zu den Pfannkuchen erwähnt, gemacht, der Bestlock gewaschen, und ganz fein gehackt über den Teig gestreuet, und so gebacken." 1835

SPECKEIERKUCHEN

Man rührt einen Eierkuchenteig ohne Zucker ein, läßt Butter in einer Pfanne zerfließen, bratet kleine, dünne Speckscheiben auf beiden Seiten gelbbraun, gießt den Teig darüber und verfährt damit wie beim Backen des Eierkuchens.

ÄPFEL IM SCHLAFROCK
für 6 Personen

6 Äpfel, 60 g Zucker, 3 EL Zitronensaft, abgeriebene Zitronenschale, 3 EL Korinthen, ¼ TL gemahlener Caneel

Für den Teig:

150 g Butter, 50 g Schmalz, 300 g Mehl, ½ TL Salz, 3 EL Zucker, ca. 8 EL eisgekühltes Wasser

Äpfel schälen, Kerngehäuse ausstechen. Zucker mit dem größten Teil der Butter schaumig rühren, Korinthen, Zitronensaft, Zitronenschale und Caneel unterziehen. Die Äpfel mit der Masse füllen. Mehl, Butter, Schmalz und Zucker zusammenkneten. Eiswasser darübergießen und einen Kloß formen.

Teig ausrollen, etwa 5 mm dick, etwa 6 runde Scheiben mit 20 cm Durchmesser ausschneiden. Je einen Apfel in die Mitte einer Teigscheibe setzen, die Teigränder um den Apfel legen und oben zusammendrücken. Die Äpfel nebeneinander auf ein gefettetes Back-

blech setzen und in der Mitte des vorgeheizten Ofens ca. 20 Minuten backen. Herausnehmen, die Oberflächen mit Wasser bepinseln und mit Zucker bestreuen. Weitere 5-10 Minuten backen, bis der Zucker geschmolzen und die Kruste goldbraun ist.
Vanillesauce dazu reichen.

ÄPFEL IM TEIG

8 kleine Äpfel, 250 g Mehl, ca. 1/8 l Bier, 4 Eier, etwas Rosenwasser, 1 Prise Zimt, 2 EL Zucker, evtl. Hefe- oder Sauerteig, Butterschmalz zum Braten, Zimtzucker

„Man nimmt kleine Aepfel, sticht das Kernhaus heraus und schält sie ab, macht dann einen Teig von einem halben Pfunde Mehl, welches mit Bier eben gerührt wird, aber ganz dick, rührt dann nach und nach vier Eyer dazu, nebst etwas Rosen- oder Caneelwasser und gestoßenem Zucker. Hat man Gest oder Hefen, kann man einen Löffel voll dazu nehmen, und es gehen lassen; dann setzt man Backbutter zu Feuer; wenn sie stark kocht, kehrt man jeden in dem Teige um, und so in die kochende Butter, die Casserolle brav geschüttelt; dann auf Löschpapier gelegt, und warm mit Zucker bestreuet zu Tische gegeben."

1830

BIRNENBESCHLAG

750 g Birnen, 50 g Zucker, 1/2 l Wasser, 1 Stückchen Zimtstange, 60 g Butter, 2 Eier, 50 g Zucker, 1 Prise Salz, 1 Prise Cardamom, 1/2 l Milch, 300 g Mehl, 1 Päckchen Backpulver, 150 g Speck in Scheiben, 1 TL Maismehl

Die Birnen schälen, halbieren, Kernhaus, Stiel und Blüte entfernen. Sie werden in Zuckerwasser mit dem Zimt halb weichgekocht. Die Butter schaumig rühren. Eier, Zucker, Salz, Cardamom, Milch und Mehl nach und nach zugeben, bis noch 4 Eßlöffel Mehl übrigbleiben. Damit das Backpulver mischen und auch diesen Rest noch unter den Teig rühren. Eine Kumme oder Auflaufform mit den Speckscheiben auslegen, die Birnen mit wenig Birnenkochwasser darauf verteilen, den Teig darübergießen. Im gut vorgewärmten Backofen den Birnenbeschlag ca. 1 Stunde garbacken. Das Birnenkochwasser mit Maismehl zur Sauce verarbeiten und zum Birnenbeschlag servieren.

BUCHWEIZENPFANNKUCHEN

500 g Buchweizenmehl, gut ½ l Milch, 2-4 Eier, Salz, 1 kleine Prise Zucker, Fett für die Pfanne (Schmalz, Pflanzenfett, Öl)

Buchweizenmehl mit Milch, Eiern, Salz und ganz wenig Zucker zu einem glatten Teig verrühren. Am besten mehrere Stunden stehenlassen, damit das Mehl richtig ausquellen kann. Wenig Fett in der Pfanne erhitzen und darin etwa handtellergroße Pfannkuchen schön knusprig backen.

Anmerkung: Schmeckt sehr gut mit saurem Rahm und Kaviar.

KAVIAR MIT KLEINEN PFANNKUCHEN
(Caviar aux plinces)

140 g Butter, 8 Eidotter, 140 g Mehl, 8 Eiweiß, 300 g Crème fraîche, Salz, geriebene Muskatnuß, 100 g Kaviar

„140 Gramm frische Butter werden schaumiggerührt und nach und nach acht Eierdotter und 140 Gramm feines Mehl dazu gethan; das Weiße von diesen Eiern wird zu einem festen Schnee geschlagen und nebst 3/10 Liter dickem, saurem Rahm, etwas Salz und Muskatnuß unter die Masse gerührt. Kurz zuvor werden diese Pfannkuchen auf folgende Weise gebacken: Man hat hierzu vier Stück von Eisenblech gearbeitete Schüsseln, welche die Größe einer Untertasse und einen fingerhohen rund aufgebogenen Rand haben. Diese heißgemachten Formen werden leicht mit Butter bestrichen, einige Löffel voll von der Masse darauf gethan und in einen stark erhitzten Backofen, in welchem die Gluth auf beiden Seiten rein auseinandergekehrt wird, gestellt, wo sodann diese Kuchen in einigen Minuten eine braune Farbe haben; diese werden nun herausgenommen und auf eine Schüssel gelegt und dasselbe Verfahren mit der übrigen Masse wiederholt, bis man zwölf oder vierzehn solcher Kuchen hat. Es ist zu bemerken, daß man während des Backens von Zeit zu Zeit auf die Kohlen kleingehacktes Holz legen muß, denn die Kuchen müssen bei Flammenfeuer gebacken werden. Diese werden warm mit dem Caviar herum präsentirt.“ 1879

MANDELSPEISE, KALT

250 g süße Mandeln, 8 Bittermandeln oder Mandelaroma, 1 l Milch, 250 g Zucker, ½ TL Zimt, 1 abgeriebene Zitronenschale, 1 Prise Salz, 100 g Kartoffelmehl, 8 Eiweiß

„Man brüht ½ Pfund süße und 8 bittere Mandeln ab, schält sie, wäscht sie rein und stößt sie recht fein. Dann setzt man sie mit 1 Liter Milch zu Feuer, giebt ½ Pfund Zucker, gestoßenen Zimmet, abgeriebene Citronenschale und etwas Salz daran, rührt 10 Neuloth

Kartoffelmehl mit kalter Milch glatt, giebt es unter oeständigem Rühren an die kochende Milch,rührt die Masse so lange, bis sie klar wird und nimmt sie vom Feuer. Hieraus schlägt man das Weiße von 8 Eiern zu Schaum, mischt es unter die Masse, läßt es noch unter stetem Rühren einige Minuten kochen, füllt es in eine naßgemachte Salatiere und läßt es verkühlen. Man giebt zu dieser Speise eine kalte Frucht-Sauce." 1879

MANDELKÄSE

250 g Reismehl, 1/8 l Milch, 250 g Mandeln, 1 abgeriebene Zitronenschale,
3 EL Zucker, 1/2 TL Zimt, 2 l Milch, 6 Eidotter

„Ein halbes Pfund Reismehl rührt man mit kalter Milch glatt, giebt 1/2 Pfund abgeschälte und gestoßene süße Mandeln, die geriebene Schale einer Citrone, Zucker und gestoßenen Zimmet nach Gutdünken dazu, rührt dies Alles zu 2 Liter kochender Milch, zieht es, wenn es steif und gargekocht ist, mit 5 oder 6 Eidottern ab und läßt es in kleinen, naßgemachten Spülkannen erkalten. Beim Anrichten giebt man Milch oder Wein dazu." 1879

MEHLBEUTEL MIT SPECK-SIRUPSAUCE

40 g weiche Butter, 3 Eier, 60 g Zucker, 40 g Schmalz, 450 g Weizenmehl, 1/2 l Milch, Salz,
etwas Weizenmehl, 75 g Rosinen, 1 Schweinebacke (750-1000 g)
Speck-Sirupsauce:
100 g fetter Speck, 2-3 EL Speisesirup (hell oder dunkel), Salz

Butter, Eier und Zucker schaumigrühren. Schmalz zerlassen und dazugeben. Nach und nach gesiebtes Mehl und Milch unterrühren, mit Salz würzen. Eine große Stoffserviette oder ein Küchentuch mit Mehl bestäuben. Die gewaschenen, abgetropften Rosinen in Mehl wenden, auf die Serviette geben und den dickflüssigen Teig darauffüllen. Die 4 Enden des Tuches über Kreuz verknoten, dabei darauf achten, das eine Handbreit Raum bleibt. Durch diesen Hohlraum über Kreuz 2 Kochlöffel ziehen. Die gewaschene Schweinebacke in 2 l kochendes Salzwasser geben. Den Teigbeutel mit den Kochlöffeln so darüberhängen, daß er etwa zu zwei Dritteln mit Wasser bedeckt ist. Beutel darin in etwa zwei Stunden garkochen. Herausnehmen und 5 Minuten ausdampfen lassen.
Für die Sauce Speck in Würfel schneiden und auslassen. 1/8 l Wasser zufügen, unter Rühren nach und nach den Sirup hineingießen und kurz aufkochen lassen. Schweinebacke in Scheiben schneiden, mit der heißen Sauce zu dem Mehlbeutel reichen.

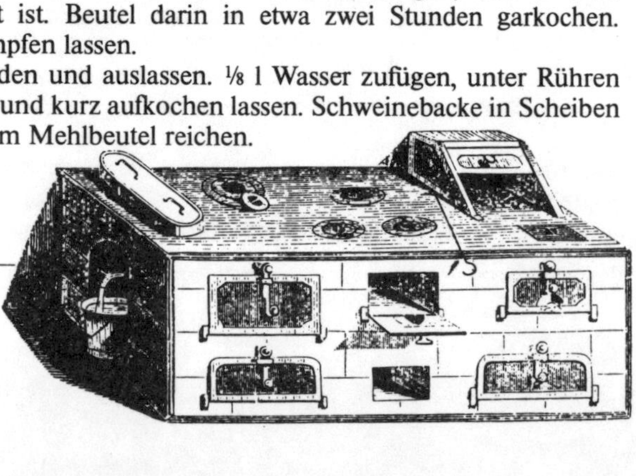

MEHLSPEISE VON HAGEBUTTEN

100 g getrocknete Hagebutten, 200 g Butter, 6 Eidotter, 2 Tassen Semmelbrösel, 100 g Zucker, 1 TL Zimt, 1 abgeriebene Zitronenschale, 6 Eischnee, Butter zum Bestreichen der Form

„Man nimmt einen Theil Hahnbutten, und kocht sie kurz in Wasser gahr, hernach im Mörser gestoßen, und dann durch einen Durchschlag gerieben; dann rührt man ein Stück Butter glatt mit Eyern, das weiße schlägt man zu Schnee, und rührt es allmählig durch; wenn die Butter glatt und eben gerührt ist, thut man die durchgeschlagenen Hahnbutten dazu nebst zwei Hände oder noch etwas mehr geriebenem Weißbrod und Zucker, Caneel, geriebener Citronenschale, und rührt es dann durcheinander. Wenn dann der Schnee auch mit durchgerührt ist, und man eine Schüssel, wo ein feiner Rand darauf gesetzt ist, fertig hat, beschmiert man die Schüssel inwendig mit ein wenig Butter; dann in einer Tortenpfanne oder Backofen gahr gebacken; dann Zucker darüber gerieben, und zur Tafel gegeben."

Anmerkung: 1808

In einer Springform ausbacken. Dazu schmeckt Frucht- oder Hagebuttensauce.

OMELETTE

Pro Person: 1 EL Weizenmehl, 2 Eier, Salz, Butter zum Braten

„Für jede Person rechnet man einen Löffel voll feines Mehl, giebt zu jedem Löffel voll Mehl 2 Eier und ein wenig Salz, rührt es mit Milch zu einem glatten Teige, gießt von diesem soviel in eine Pfanne mit heißer Butter, daß die Omelette fingerdick wird und lüftet sie während des Backens oft mit einem Messer, damit das Flüssige unterlaufe. Ist sie auf der untern Seite schön braun, so kehrt man sie auf einem flachen Teller um, giebt wieder etwas Butter dazu und läßt sie auf der andern Seite ebenfalls braun werden. Mit dem übrigen Teige verfährt man ebenso." 1879

OMELETTE MIT FEINEN KRÄUTERN

4 Eier, 1 Msp. Salz, 1 EL Butter, ½ Tasse verschiedene Kräuter wie Petersilie, Schnittlauch, Kerbel oder was man sonst je nach Jahreszeit an frischen Kräutern bekommen kann, 2-3 feingehackte Schalotten

Eier mit Salz und etwas Wasser solange mit dem Schneebesen gründlich schlagen, bis sich Eiweiß und Eigelb gut vermischt haben. Butter in der Pfanne sehr heiß werden lassen, die Eier hineingeben. Ständig mit dem Pfannenstiel rütteln, bis sich die Unterseite leicht zu bräunen beginnt. Die feingehackten Kräuter und die Schalotten darüberstreuen, Omelette zusammenklappen und auf eine vorgewärmte Platte gleiten lassen.

OMELETTE MIT HÜHNERLEBER

40 g Butter, 50 g Mehl, 3/8 l heiße Fleischbrühe, Salz, weißer Pfeffer, ⅛ l Madeira
Für die Füllung:
400 g Hühnerleber, 2 Zwiebeln, 40 g Margarine, weißer Pfeffer, Salz, 1 Msp. getrockneter Thymian
Für die Omeletts:
8 Eier, Salz, 40 g Butter

Für die Sauce Butter erhitzen. Mehl auf einmal hineinschütten. Unter Rühren solange rösten, bis es braun ist. Mit heißer Fleischbrühe ablöschen. Unter Rühren 5 Minuten kochen. Mit Pfeffer, Salz und Madeira abschmecken und warmstellen. Leber von den Sehnen befreien und kleinschneiden. Zwiebeln feinhacken. Margarine in einer Pfanne erhitzen, die Zwiebeln darin 3 Minuten bei schwacher Hitze glasigdünsten. Leber dazugeben. 3 Minuten unter Rühren hellbraun braten und mit Pfeffer und Salz und zerriebenem Thymian würzen. 6 EL Madeirasauce untermischen und warmstellen.
Für die Omelettes Eier mit etwas Salz in einer Schüssel gut verrühren. Jeweils ¼ der Butter und ¼ der Eimasse in die Pfanne geben und stocken lassen. Dabei die Pfanne schräg halten. Gestockte Masse mit einer Gabel vorsichtig nach oben schieben. Pfanne dabei immer wieder rütteln. Sobald das Omelette unten fest, oben noch etwas weich ist, Pfanne vom Herd nehmen. Auf die eine Hälfte des Omelettes ein Viertel der Füllung verteilen, die andere Hälfte darüberklappen. Auf einen vorgewärmten Teller gleiten lassen und einen Teil der Sauce darumgießen.

OMELETTETORTE

500 g Kirschkompott ohne Saft oder Apfelkompott,
20 Eier (die sind heutzutage größer!), 1 unbehandelte Zitrone, 5 Stück Würfelzucker,
geriebene Muskatnuß, 100 g Butter, Puderzucker

„Man nimmt hierzu entweder ein Pfund eingemachte Kirschen, oder man macht von Borstorfer Aepfeln eine gute Marmelade. Dreißig Eydotter werden in eine Casserolle geschlagen und klargerührt, das Weiße davon wird zu einem steifen Schnee geschlagen, und langsam daruntergezogen. Die Schale von einer Citrone wird auf Zucker abgerieben, und mit etwas Muscatennuß dazu gethan. Dann läßt man etwas Butter in einer Pfanne ausbraten, gießt ohngefähr den fünften Theil davon hinein, und läßt diesen Kuchen auf gelinden Kohlen auf einer Seite langsam gut backen; dann legt man auf eine Schüssel einen Teller verkehrt, zieht den Kuchen darauf, daß die bräunlich gebackene Seite unten kömmt, auf die andere Seite werden Kirschen oder Marmelade gelegt, dann wieder ein Kuchen daraufgezogen, und so wird fortgefahren, bis es alle ist. Der letzte Kuchen wird auf beiden Seiten gebacken, und darübergelegt; er wird dick mit Zucker bestreuet, und eine heiße Schaufel darübergehalten.“ 1830

OMELETTE MIT GERÄUCHERTEN SACHEN

150 g Schinken, Zunge, Bückling, Lachs oder Schillerlocken nach Geschmack, 8 Eier, 2 EL Sahne, Pfeffer, Salz, 80 g Butter

„Man nimmt, was man von geräucherten Sachen hat, als Schinken, Ochsenzungen, auch wohl Bücklinge, schlägt ohngefähr acht Eyer klein mit etwas Rahm, dann Butter in einer Pfannkuchenpfanne schmelzen lassen, die geschlagenen Eyer hineingegossen, und immer schräg mit einem Messer in den Teig gestochen, daß das Dünne unten läuft. Was man dann Geräuchertes hat, hackt man fein, und streuet es über den Eyerkuchen; dann hält man überher eine glühende Schaufel, denn dergleichen Kuchen werden nicht umgekehrt; dann legt man einen umgekehrten Teller auf eine Schüssel, und läßt den Eyerkuchen so daraufgleiten.“

1794

Anmerkung: Räucherware, Eierteig und Butter jeweils in vier Portionen teilen.

KRABBENOMELETTE MIT SOJASAUCE

6 Eier, 100 g Suppengemüse, 150 g Krabbenfleisch, Pfeffer, Salz, Öl zum Braten, 2-3 Tassen Brühe (Würfel), 3-4 EL Sojasauce, 2 EL Mehl, 1 Bd. Petersilie

Eier schaumig schlagen, das angedünstete, halb gare Suppengemüse und das Krabbenfleisch untermischen. Mit Pfeffer und Salz abschmecken. In heißem Öl drei Omelettes ausbacken. Vorsichtig, sie sollen nicht bräunen und innen noch schaumig sein. Nur von einer Seite backen, auf einen Teller gleiten lassen und zusammenklappen. Sofort servieren.
Die Sojasauce dazu bereitet man am besten schon vorher zu und stellt sie warm. Die Brühe aufkochen, mit reichlich Sojasauce abschmecken, mit Mehl binden und mit gehackter Petersilie verfeinern.

PFANNKUCHEN VON REIS

250 g Rundkornreis, 1 l Milch, 4 Eier, 1 EL Zucker, 1 unbehandelte Zitrone, 100 g Korinthen, Butter zum Braten, Zimtzucker

„Nachdem man ½ Pfund Reis mit etwas Butter in Wasser oder Milch weichgekocht, schlägt man 4 Eier mit einem Löffel voll Zucker klein, stößt einige Zwiebacke recht fein, giebt abgeriebene Citronenschale, Canehl und etwas Salz dazu und rührt damit den Reis ab; giebt dann nach Belieben gereinigte Corinthen oder kleingeschnittene Aepfel daran, backt fingerdicke Kuchen auf obige Art davon und bestreut sie beim Anrichten mit Canehl und Zucker.“

1853

REIS MIT MANDELN

500 g Rundkornreis, 1 l Milch, 250 g Butter, 125 g geriebene Mandeln, Zimt, abgeriebene Zitronenschale, 8 g Butter, ⅛ l Rosenwasser, 8 Eier, 1 Eigelb

„Man kocht 1 Pfund Reis mit kaltem Wasser auf, gießt das Wasser davon, setzt ihn mit 1 Liter Milch wieder zu Feuer und läßt ihn dickkochen. Dann rührt man ihn mit ½ Pfund zu Schaum geriebener Butter, ¼ Pfund gestoßenen süßen Mandeln, etwas Zimmet, abgeriebener Citronenschale, 8 Neuloth Zucker, einer Tasse voll Rosenwasser und 8 Eidottern tüchtig durch, giebt das zu Schnee geschlagene Weiße der 8 Eier darunter, füllt diese Masse auf eine Schüssel, bestreicht sie mit Eigelb und läßt sie im Ofen eine halbe Stunde backen."
1879

REISSPEISE MIT ÄPFELN

500 g Rundkornreis, 1 l Milch, 250 g Butter, 1 unbehandelte Zitrone, 80 g Zucker, 50 g Rosinen, 50 g Korinthen, 12 Eier, 4-6 Boskop-Äpfel, Zimtzucker

„Der gut gereinigte Reis wird in Milch ganz dick und gargekocht und nach dem Erkalten mit ½ Pfund geschmolzener Butter, der geriebenen Schale einer Citrone, Zucker, Rosinen, Corinthen, 12Eiern und dem zu Schnee geschlagenen Weißen der Eier gehörig durchgerührt. Nun schneidet man 4-6 sehr gute Aepfel in Scheiben, bestreut sie mit gestoßenem Zucker und Zimmet, läßt sie unter öfterem Umwenden eine halbe Stunde so stehen und giebt sie zu dem Reis. Nun läßt man es zusammen noch eine Stunde kochen und giebt eine Wein-Sauce dazu."
1908

RÜHREI NACH HAMBURGER ART

8 Eier, 1 Prise Salz, Pfeffer, 1 TL gehackte Petersilie, 50 g Butter, 125 g Hamburger Rauchfleisch

Eier auf Untertassen aufschlagen, in eine größere Schüssel geben, mit Pfeffer und Salz würzen, Kräuter untermischen. Pfanne erwärmen, Butter darin erhitzen, das in Streifen geschnittene Rauchfleisch hineingeben und leicht rösten. Eier in die Pfanne gießen. Wenn sich die Eier auf dem Boden der Pfanne gesetzt haben, vorsichtig und langsam mit einem Holzlöffel rühren, bis die Eier cremig sind und dicke Flocken bilden.

RÜHREI NACH KIELER ART

Butter, 150 g Schillerlocken, 4 Eier, 5 EL kalte Milch, Pfeffer, Salz, Schnittlauch

Butter in einer Pfanne zerlassen. Schillerlocken in kleine Stücke schneiden und in der Butter erhitzen, Eier mit Milch, Pfeffer und Salz verschlagen. Feingeschnittenen Schnittlauch unterrühren. Die Masse über die Schillerlocken geben und stocken lassen, bis keine Flüssigkeit mehr verdampfen kann.
Bratkartoffeln oder gebutterten Toast dazu reichen.

RÜHREI MIT TRÜFFELN UND GERÄUCHERTEM LACHS
für 6 Personen

75 g Trüffeln, 125 g geräucherten Lachs, 2 ganze Eier, 6 Eidotter, 1 Eßlöffel Butter, 2 Eßlöffel Rahm, ¼ Teelöffel Salz

„⅛ Pfd. Trüffeln werden gröblich gehackt, ½ Kochlöffel Mehlschwitze rührt man mit ⅛ Ltr. brauner, kräftiger Fleischbrühe oder einem Saucenrest glatt, läßt dieses 5 Minuten mit den Trüffeln langsam kochen, dann mischt man ¼ Pfd. in Würfel geschnittenen geräucherten Lachs unter die Trüffeln und stellt dieses 10 Minuten vor dem Anrichten in heißes Wasser. 2 ganze Eier und 6 Eidotter schlägt man 5 Minuten, dann gibt man 1 Eßlöffel weiche Butter, 2 Eßlöffel süßen Rahm und ½ Teelöffel Salz dazu, bereitet hiervon Rührei, ¼ von der Trüffelmasse mischt man rasch unter das fertige Rührei, dann richtet man es auf einer erwärmten Platte an, füllt in die Mitte die übrige Trüffelmasse, außenherum legt man in Butter geröstete Brotschnittchen oder Leberbrötchen. Das Gericht muß sogleich serviert werden, durch langes Stehen wird der Lachs geschmacklos.“ 1910

RÜHREI MIT LACHS

8 Eier, Pfeffer, Salz, 80 g Butter, 200 g Räucherlachs

„Nachdem man die Rühreier nach Vorschrift zubereitet hat, schwitzt man kleine Scheiben geräucherten Lachs auf beiden Seiten in Butter durch und legt sie rings um die angerichteten Eier.“ 1910

Puddings

Wenn wir „Pudding“ sagen, meinen wir meist Flammeri, d.h., eine gekochte, dann erkaltete Süßspeise. In diesem Kapitel geht es um den „echten“ Pudding, eine im Wasserbad gegarte süße oder pikante Speise, die heiß auf den Tisch kommt und häufig als Hauptgang oder Zwischengericht gereicht wird.

Allgemeine Vorerinnerungen

Die gut zubereitete Puddingsmasse wird entweder in einer Serviette oder in einer Form gargemacht. Im ersteren Falle wird die betreffende Serviette einige Zeit vor dem Gebrauch mit siedendem Wasser ausgebrüht, weil sonst die Speise möglicherweise einen seifigen Geschmack erhalten könnte. Dann bestreicht man die innere Fläche mit Butter, bestreut sie mit Mehl, füllt die Puddingsmasse hinein und bindet die Serviette mit einem Bindfaden sorgfältig zu, doch so, daß die Masse Raum genug hat, sich während des Kochens auszudehnen, ohne die Serviette zu zerreißen. Hierauf legt man die Serviette in ein hohes Kochgefäß mit kochendem, gesalzenem Wasser, lege den Deckel darüber, gieße während des Kochens mehrmals Wasser nach und wende den Puddingsbeutel während der Kochzeit einmal um. Will man den Pudding in einer Form kochen, so streicht man diese dick mit Butter aus, bestreut sie mit geriebener Semmel, füllt die gut durcheinandergemischte Puddingsmasse bis zu zwei Drittel der Höhe hinein und legt den ebenfalls mit Butter ausgestrichenen Deckel darüber. Dann stellt man die Form in ein großes Gefäß mit kochendem Wasser, deckt auch dieses fest zu und läßt den Pudding bei gleichmäßiger Ofenhitze garkochen.

Illustrirtes Hamburger Kochbuch 1879

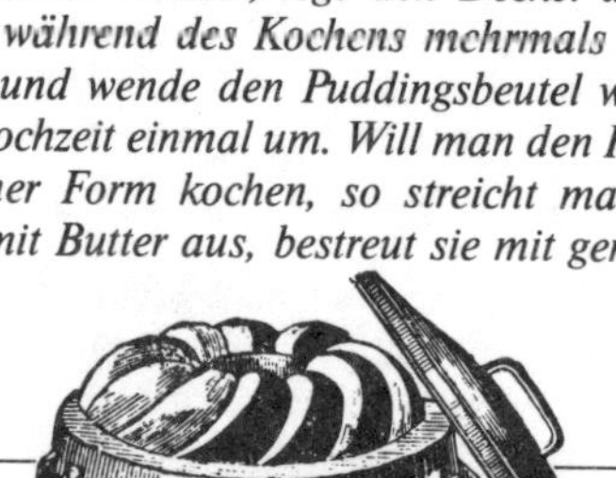

Anmerkung:
Bitte bei den alten Rezepten beachten, daß die Hühnereier früher kleiner waren als die moderner Hochleistungshennen. Es genügen also meist 2-4 Eier weniger, so wie unter Zutaten angegeben. Im Originaltext haben wir die ursprünglich vorgesehene Menge beibehalten.

APFELPUDDING MIT COGNAC

500 g Rindernierenfett, 750 g altes Schwarzbrot, 2 EL Mehl, 250 g Zucker, 12 Eier, 80 g Succade, 125 g Korinthen, 1 abgeriebene Zitronenschale, 1 TL Zimt, 4 cl Cognac, 500 g Äpfel (Boskop)

„Nachdem man 1 Pfund Rindernierenfett recht feingehackt hat, schmilzt man es aus, läßt es verkühlen und rührt es mit 1½ Pfund geriebenem alten Schwarzbrod, 2 Löffeln voll Mehl, ½ Pfund gestoßenem Zucker, 14 Eidottern, dem zu Schaum geschlagenen Weißen der 14 Eier, 8 Neuloth geschnittenen Succade, ¼ Pfund gut verlesenen und gewaschenen Corinthen, der abgeriebenen Schale einer Citrone, etwas gestoßenem Zimmet und einem reichlichen Glas Cognac zu einem Teig. Dann schneidet man ½ Liter geschälte Aepfel in feine Scheiben, rührt sie vorsichtig, damit sie nicht zerfallen, zu der Masse, füllt diese in eine gut zubereitete Form und läßt sie bei nicht sehr starkem Feuer 3-4 Stunden kochen. Man bringt den Pudding mit einer Wein-Schaum-Sauce, welche man mit 2 Löffeln voll Cognac vermischt, zur Tafel.“ 1879

BIRNENPUDDING

1500 g Birnen, 250 g Weizengries, 1 l Milch, 150 g Butter, 10 Eier, 200 g Zucker, 1 TL Zimt, 1 Prise Salz, Muskatblüte, ½ abgeriebene Zitronenschale, ½ Tasse Semmelbrösel

„Hierzu kocht man 3 Pfund gute, geschälte Birnen in kochendem Wasser schnell weich aber nicht musig und schneidet sie dann, nachdem man Stiel und Blumen entfernt hat, in 8 Theile; außerdem kocht man ½ Pfund Gries mit 1 Liter Milch und 15 Neuloth Butter unter beständigem Rühren solange, bis er sich von der Casserole ablöst, mischt nach dem Abkühlen 7 Eidotter, 3 ganze Eier, 20 Neuloth Zucker darunter, fügt gestoßenen Zimmet, Salz, Muscatblüthe und die abgeriebene Schale einer halben Citrone hinzu und rührt die Masse mit den Birnen zusammen. Das Weiße der 7 Eier schlägt man zu einem steifen Schnee, lockert ihn mit einer Handvoll geriebenen Weißbrodt unter die Masse, füllt diese in eine gut zubereitete Puddingsform, läßt sie 1½ Stunden kochen und richtet den Pudding mit einer Wein-Sauce an.“ 1879

BUTTERBROTPUDDING

500 g Schwarzbrot, 150 g Zucker, ½ l Milch, 4 Eier, 1 EL Zucker, 500 g Rosinen, 2 TL Zimt, 100 g Zucker, 1-2 Zwieback, zerbröselt, 200 g Zucker

„Man bestreicht 1 Pfund in Scheiben geschnittenes Schwarzbrod mit Butter, schlägt ½ Liter Milch mit Eiern, etwas Zucker recht gut durch, schneidet 1 Pfund entkernte, gute Rosinen in kleine Stückchen und vermischt einen kleinen Eßlöffel voll gestoßenem Zimmet mit 10 Neuloth gestoßenem Zucker. Ist man hiermit fertig, so hält man eine mit Butter ausgestrichene und mit Zwieback ausgestreute Form in Bereitschaft, taucht nun jede Brodscheibe einzeln in die Eiermilch, legt die erste Schicht mit der Butter nach unten in die Form, bestreut sie mit einem Theil Zimmetzucker und Rosinen, giebt wieder eine Schicht Brod, Rosinen und Zimmetzucker darüber und verfährt in gleicher Weise mit dem übrigen Vorrath, doch so, daß bei den anderen Schichten die Butter nach oben kommt. Hierauf vermischt man die übriggebliebene Eiermilch mit 20 Neuloth gestoßenem Zucker, gießt sie zu dem Brode in die Form, läßt sie gut durchziehen und deckt die Form zu. Der Pudding muß 2 Stunden kochen und wird mit einer Himbeer-Sauce zu Tische gegeben." 1879

FLEISCHPUDDING

ca. 750 g Kochfleisch und Bratenreste, 250 g Beefsteakhack, 8 Eier, 200 g Semmelbrösel, 3 Zwiebeln, 150-200 g Butter, 1 Bd. Petersilie, Pfeffer, Salz, Muskat, evtl. ½ l Sahne, 3 Eiweiß

Zwei Pfund kaltes, gekochtes Fleisch von einer beliebigen Sorte wird feingehackt, mit etwas rohem, gehackten Fleisch vermischt und mit 10 ganzen Eiern, 20 Neuloth geriebener Semmel, einigen feingehackten Zwiebeln, 15-20 Neuloth zu Schaum gerührter Butter, feingehackter Petersilie, Muscatnuß, Pfeffer und Salz tüchtig durchgeknetet. Ist die Masse etwas zu fest gerathen, so lockere man sie mit ein wenig Sahne und dem zu Schaum gerührten Weißen von 3 Eiern. Nun fülle man die Masse in eine Puddingsform, lasse sie eine Stunde bei starkem Feuer backen und gebe sie mit einer Königs- oder Capern-Sauce auf die Tafel."
1879

FLEISCHPUDDING AUF ANDERE ART

500 g mageres Rinderhack, 6 Eier, 100 g Butter, 100 g Semmelbrösel, ⅛ l Sahne, Muskatblüte, Salz, 1-2 zerbröselte Zwieback

„Man rührt 1 Pfund gehacktes Fleisch, 6 Eidotter, etwas abgerührte Butter, 10 Neuloth geriebene Semmel, etwas Sahne, Muscatblumen und Salz gut durcheinander, lockert das zu Schnee geschlagene Weiße der 6 Eier darunter, füllt das Ganze in eine Form, die man vorher mit Butter ausgestrichen und mit feingestoßenem gelben Zwieback bestreut hat. Nun kocht man den Pudding in fast 2 Stunden gar und giebt eine Austern- oder Sardellen-Sauce dazu." 1879

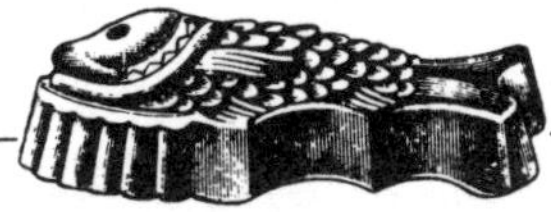

FISCHPUDDING, WÜRZIG

500 g küchenfertiger Seelachs, 500 g küchenfertiger Schellfisch, 2 Bd. feingehackter Dill, 1 Bd. gehackte Petersilie, 1 TL gehackter Salbei, Saft von ½ Zitrone, 2 Eier, ⅛ l Sahne, 1 TL Paprika edelsüß, 2 TL Salz, geriebene Muskatnuß, 200 g Krabben

Fisch waschen, enthäuten, entgräten, abtrocknen, durch die feine Scheibe des Fleischwolfs drehen. Die Kräuter, Zitronensaft, Eier, Sahne und Gewürze unterrühren, mit den Krabben vermischen. Die Masse in eine etwa 30 cm lange, mit Aluminiumfolie ausgelegte Kastenform füllen, mit Alufolie abdecken. Die Form in ein Wasserbad stellen, das Gefäß muß zu ¾ mit Wasser gefüllt sein.
Im Backofen bei 175 Grad etwa 75 Minuten garen. Dieser Fischpudding kann warm oder kalt gegessen werden.

GROSSER HANS MIT ZITRONENSAUCE

500 g Mehl, 250 g Zucker, 1 Prise Salz, 1 Päckchen Hefe, 3 Eier, gut ¼ l lauwarme Milch, 125 g Margarine, 125 g Rosinen, Fett für die Form

Hefe mit etwas lauwarmer Milch und 1 Prise Zucker anrühren. Mehl, Eier, Zucker, Salz und Fett in eine Schüssel geben. Die Hefelösung in das Mehl geben und darauf achten, daß sie sich nicht mit den anderen Zutaten vermischt. Etwas Mehl darüberstreuen und an einem warmen Ort gehen lassen, bis das aufgestreute Mehl rissig wird (10 bis 20 Min.). Inzwischen die Rosinen waschen. Wenn die Hefe aufgegangen ist, alles mit dem Rest der lauwarmen Milch und den Rosinen zu einem Teig verarbeiten. Eine große Puddingform fetten und den Teig hineinfüllen. Noch einmal an einem warmen Ort gehen lassen, etwa 15 bis 20 Minuten. Form verschließen, in einen großen Topf stellen und soviel warmes Wasser einfüllen, bis es an den Rand der Form heranreicht. Topf ebenfalls mit einem Deckel verschließen. Alles zum Kochen bringen und dann 1¾ bis 2 Stunden kochen. Die Form aus dem Wasser nehmen, öffnen, und den Großen Hans auf einen Teller stürzen. Dazu serviert man die

ZITRONENSAUCE:

1½ l Wasser, 125 g Rosinen, 6 unbehandelte Zitronen, 6 Eier, Maizena zum Andicken, ca. 50 g Zucker

Wasser mit gewaschenen Rosinen und abgeriebener Zitronenschale aufkochen. Maizena mit etwas Wasser anrühren und die Sauce damit binden. Alles noch einmal aufkochen lassen. Den ausgepreßten Zitronensaft dazugießen und 3 Eigelb einrühren. Zum Kochen bringen, dann vom Feuer nehmen und abkühlen lassen. Nach Geschmack süßen. Zum Schluß die 3 Eiweiß steifschlagen und unter die Sauce heben.

HÜHNERFLEISCHPUDDING

Für den Talgteig:
250 g Nierenfett, 1 kg Mehl, 7 g Salz, 30 cl kaltes Wasser
2 Hühner à 1,5 kg, mit Innereien, 500 g geräucherter Bauchspeck, Pfeffer, Salz, 250 g Zwiebeln, 2 TL feingehackte Petersilie, 30 cl Hühnerbrühe

Für den Teig die Haut des Nierenfetts abziehen, das Fett sehr kleinschneiden, dazu etwas Mehl nehmen, damit das Fett nicht klebt. Mehl mit Salz mischen, Nierenfett gründlich unterarbeiten und nach und nach das kalte Wasser zufügen. Den Teig gründlich durcharbeiten. Aus den Innereien und den Flügelspitzen der Hühner eine Brühe kochen. Den gewürfelten Speck blanchieren, abkühlen und abtropfen lassen. Eine etwa 2 l fassende Puddingform einfetten und mit ¾ des Talgteigs auskleiden. Die mit Pfeffer und Salz gewürzten Hähnchenstücke hineingeben. Speck und feingehackte Zwiebeln unterrühren, mit Petersilie bestreuen. Die Hühnerbrühe darübergießen und mit dem restlichen Teig abdecken.
Ein gebuttertes Stück Pergamentpapier oder Aluminiumfolie darüberlegen und die Form in ein Küchentuch einschlagen. 2 Stunden dämpfen, auf eine Platte stürzen und servieren.

HUMMERPUDDING

1 großer oder 2 kleine gekochte Hummer, 4 Eidotter, 2 Tassen Semmelbrösel, 150 g Butter, 1 Prise Zucker, Salz, 8 Eiweiß

„Man löse aus den gesottenen Hummern alles gute schmackhafte Fleisch, hacke dasselbe fein, mische unter ohngefähr vier gelbe Eydotter, die Krumen von zwei alten Franzbroten (für zwei Schilling), thue hinzu geschmolzene Butter, Zucker, Salz nach Belieben, und das zu Schaum geschlagene Weiße von acht Eyern. Nachdem alles gut durcheinander gerührt ist, thue man die Masse in eine mit Butter und gestoßenem Zwieback ausgestrichene Form, und lasse es zwei Stunden kochen.
NB. Haben die Hummer Eyer, so können diese in einem Mörser gestoßen und, mit der Masse vermischt, in eine Form gethan werden.“ 1808

KREBSPUDDING

25-30 Flußkrebse, 1 l Milch, 10 Eier, 100 g Butter, 2 Rundstücke, 1 Prise Zucker, Salz

„Von 25-30 gekochten Krebsen schneidet man die Schwänze ab, zerstößt das Uebrige, nachdem man die Galle herausgenommen hat, recht fein, gießt reichlich Milch darauf und läßt es damit eine halbe Stunde stehen; dann läßt man die Milch durch ein Sieb

laufen, schlägt sie mit 5 Eiern tüchtig durch und läßt sie so lange kochen, bis es käset, worauf man es durch ein Haarsieb giebt, mit einem guten Stück zu Schaum gerührter Butter, 5 ganzen Eiern, 2 in Milch eingeweichten Rundstücken, etwas Zucker und Salz durchrührt und in eine Form füllt. Diese setzt man in eine Tortenpfanne mit Wasser, läßt den Puding 2 Stunden langsam kochen und giebt ihn mit einer Krabben- oder grünen Erbsen-Sauce zu Tische.“ 1830

KRABBENPUDDING

1 kg Krabbenfleisch, 750 g Weißbrot vom Vortag, ½ l Milch, 4-5 Eier, Salz, Muskatnuß, Butter

Weißbrot in Scheiben schneiden, in Milch einweichen und ausdrücken. Mit dem Krabbenfleisch vermischen. Eier und Gewürze mit der restlichen Milch verschlagen und unter die Krabbenmasse geben. Puddingform ausfetten. Masse hineinfüllen, mit einigen Butterflöckchen belegen und 90 Minuten im Wasserbad garen. Dazu Krabbensauce servieren.

INGWERPUDDING

4 Tassen feine Semmelbrösel, 375 g Butter, 250 g Zucker, 1 l Milch, 12 Eier, 250 g kandierter Ingwer

„Vier Hände voll geriebenes Weißbrod, ¾ Pfund Butter, ½ Pfund Zucker und 1 Liter Milch rührt man in einer Casserole über dem Feuer so lange, bis die Masse von der Casserole losläßt und in die Höhe steigt. Nach dem Abkühlen rührt man sie mit 12 Eidottern, 4 ganzen Eiern und 25 Neuloth candirtem und in Scheiben geschnittenen Ingwer durch, lockert das zu Schnee geschlagene Weiße der 12 Eier darunter und läßt sie in einer gut zubereiteten Puddingsform 2½ Stunden kochen. Hierzu giebt man eine Frucht- oder Wein-Sauce.“ 1879

KALBFLEISCHPUDDING

250 g Kalbfleisch aus der Keule ohne Fett, 75 g Sardellenfilets, 3 Eigelb, 75 g Butter, ½ EL Kapern, 100 ml Sahne, 10 geriebene Zwiebäcke, 3 Eiweiß, Pfeffer, Salz

Kalbfleisch und die gewässerten und abgetropften Sardellen durch den Fleischwolf drehen. Mit Eigelb, Butter und Kapern gut vermischen. Sahne und die geriebenen Zwiebäcke dazugeben und den sehr steifgeschlagenen Eischnee unterheben. Mit Pfeffer und Salz abschmecken. In einer gefetteten Puddingform im Wasserbad im Backofen bei 150 Grad 90 Minuten garen.

KASTANIENPUDDING

600 g Kastanien, 80 g Zucker, 6 bittere Mandeln (oder Mandelaroma), ½ Zitrone, 3 Stück Würfelzucker, 4 Eidotter, ½ Vanilleschote, 80 g Butter, 40 g Reis, 1 Tasse Sahne, 1 TL Butter, 4 Eiweiß

„Die geschälten Kastanien befreit man auch von der zweiten Haut, indem man sie einen Augenblick in kochendes Wasser legt, worauf sich die Haut sehr leicht abziehen läßt. Dann kocht man die Kastanien in Wasser mit ein wenig Zucker weich, reibt sie durch ein Sieb, giebt zu je 1 Pfund Kastanien 8 Neuloth Zucker, 6 feingestoßene bittere Mandeln, die auf Zucker abgeriebene Schale einer halben Citrone, 4 Eidotter, 1 Stückchen feingestoßene Vanille, 8 Neuloth zu Schaum gerührte Butter, 4 Neuloth Reis, den man mit einer Tasse voll Sahne und einem Stückchen Butter weichgekocht hat und das zu Schnee geschlagene Weiße der 4 Eier und rührt dies Alles zu einer glatten Masse, welche man bei nicht zu starkem Feuer 2 Stunden in einer gut ausgestrichenen Puddingsform läßt und mit einer Wein-Schaum-Sauce anrichtet.“ 1879

KRONSBEERENPUDDING

125 g Nierenfett, 125 g Butter, 8 Eier, 1 unbehandelte Zitrone, 250 g Würfelzucker, 300 ml Weißwein, 500 g frisch geriebene Semmelbrösel, 1 TL Zimt, 1 TL Cardamom, 1 Prise Salz, 500 g Kronsbeeren (Preiselbeeren)

„Man schneidet ¼ Pfund Nierenfett in feine Würfel, setzt es mit ¼ Pfund Butter zu Feuer und läßt es 10 Minuten gut kochen, aber nicht braun werden; hierauf schlägt man 6 Eidotter und 4 ganze Eier klein, reibt eine Citrone auf ½ Pfund Zucker ab, giebt diesen gestoßen dazu, fügt ein Bierglas voll Weißwein, 1 Pfund geriebenes Weißbrod, einen Theelöffel voll gestoßenem Zimmet, ebensoviel Cardamom und ein wenig Salz hinzu und rührt Alles durcheinander; nun schlägt man das Weiße der 6 Eier zu einem steifen Schaum, lockert denselben unter die Masse, mischt zuletzt 1 Pfund eingemachter Kronsbeeren darunter und giebt den Pudding, nachdem man ihn 2 Stunden in einer gut zubereiteten Form hat kochen lassen, mit einer Wein-Sauce auf die Tafel.“ 1908

MAKRONENPUDDING

6 Eier, 150 g Zucker, ½ Zitrone, Cardamom, 20 g Zitronat, 150 g Reismehl, ½ l Sahne, 100 g Zucker, 1 Stück Zimtstange, 6 Nelken, 80 g Butter, 3 Eidotter, 300 g Mandelmakronen, Butter zum Bestreichen

„Acht Eidotter werden mit 15 Neuloth Zucker, der abgeriebenen Schale einer halben Citrone, feingestoßenem Cardamom, 2 Neuloth feingehacktem Citronat und dem zu steifen Schnee geschlagenen Weißen der 8 Eier zu einer schaumigen Masse gemischt; vorher hat man von 15 Neuloth Reismehl, ½ Liter Sahne, 10 Neuloth Zucker, einem Stückchen Zimmet, 6 Nelken und 8 Neuloth Butter einen dicken Brei gekocht, mit 3 Eidottern abgerührt und zum Verkühlen beiseite gestellt. Nun vermischt man die Schaum-Masse mit dem Reismehl zu einem dicken Brei, welchen man abwechselnd mit mehreren Schichten von bitteren Makronen in eine mit Butter ausgestrichene Form füllt, 2 Stunden kochen läßt und, wenn er fertig ist, mit einer Vanillen- oder Wein-Sauce auf die Tafel giebt.“ 1879

MANDEL-NUSSPUDDING

4 Eigelb, 80 g Zucker, 1 Prise Salz, 1 Tüte Vanillezucker, 3 EL Sahne, 1 EL Rum, 100 g geriebene Haselnüsse, 100 g geriebene Mandeln, 40 g Semmelbrösel, 4 Eiweiß, Fett und Semmelbrösel für die Form

Das Eigelb mit dem Zucker schaumigschlagen. Salz, Vanillezucker, Sahne und Rum dazugeben und gut verrühren. Dann die Nüsse, die Mandeln und die Semmelbrösel einrühren und zum Schluß das steifgeschlagene Eiweiß unterheben. Eine Puddingform gut ausfetten und mit Semmelbröseln ausstreuen (auch den Deckel). Dann die Masse in die Form füllen, gut verschließen und 1¼ Stunde im Wasserbad garen. Den Pudding auf eine Platte stürzen. Dazu eine Fruchtsauce nach Wahl oder eine Vanillesauce servieren.

PLUMPUDDING

750 g Rindernierentalg, 750 g Semmelbrösel, ½ Tasse Mehl, 250 g kernlose Rosinen, 250 g Korinthen, 150 g Zucker, 1 Prise Salz, 1 unbehandelte Zitrone, 10 g bittere Mandeln (oder Mandelaroma), ½ Muskatnuß, Cardamom-, Zimt-, Ingwer-, Nelkenpulver, 10 Eier, ⅛ l Rum, 1 Tasse Sahne, feiner Rum (54[4]) zum Begießen

„Man hackt ¾ Pfund Rindernierentalg ganz fein, giebt ¾ Pfund geriebene Semmel, eine halbe Tasse voll Mehl, ½ Pfund ausgekernte große Rosinen, ½ Pfund gewaschene Corinthen, 15 Neuloth Zucker und etwas Salz darüber, fügt die feingehackte Schale einer Citrone, 5 Neuloth feinwürfelig geschnittenen Citronat, 1 Neuloth feingestoßene bittere Mandeln, etwas Cardamom, eine halbe geriebene Muscatnuß, gestoßenen Zimmet, geriebenen Ingwer, Nelken und 10 ganze Eier hinzu und mischt dies Alles mit einem Glas voll Rum und einer kleinen Tasse voll Sahne tüchtig durch. Dann füllt man die Masse in eine mit Butter ausgestrichene Puddingsform, oder man bestreicht eine saubere Serviette, die man mehrere Stunden vorher ausgebrüht und dann in kaltes Wasser gelegt hat, auf der einen Seite mit Butter, streut Mehl darüber, füllt die Masse hinein und bindet die Serviette in Form eines Beutels fest zu, wobei man aber über der Puddingsmasse noch einen handhohen Raum freilassen muß. Nun legt man die Serviette in eine große Casserole oder in einen Topf, füllt so viel Wasser hinein,daß es über dem Beutel steht und läßt den Pudding 4-5 Stunden kochen. Vor dem Anrichten übergießt man ihn mit feinem Rum, zündet ihn an und trägt ihn brennend auf, oder man richtet den Pudding mit der üblichen Punsch- oder Rum-Sauce an und giebt dazu noch besonders ein brennendes Licht und ein Gefäß mit Rum auf die Tafel."

1879

PUTERPAIN
für 8 Personen

500 g Puterfleisch (Keule), 250 g magerer Schweinebauch, 125 g Butter, 125 g Semmelbrösel, ¼ l Crème fraîche (Rahm), 6 Eidotter, 250 g gedünstete Champignons oder 125 g Trüffeln (Dose), Pfeffer, Salz, Paprikapulver, 6 Eischnee, Butter für die Form, 250 g gekochtes Kalbsbries, gewürfelt, 250 g Puterbrustfleisch, in Scheiben geschnitten

Puterfleisch und Schweinebauch zweimal durch den Fleischwolf drehen. Mit schaumig gerührter Butter, Semmelbröseln, Rahm und den gehackten Champignons bzw. Trüffeln mischen. Die Masse würzen. In eine gebutterte Form schichtweise diese Farce, Kalbsbries und Puterbrustfleisch füllen. Erste und letzte Schicht besteht aus Farce.
Die Form im Wasserbad 2 Stunden bei mittlerer Hitze garen lassen. Zum Anrichten stürzen und garnieren.

QUITTENPUDDING

1 l Milch, 120 g Butter, 250 g Reismehl, etwas Milch, 250 g Quittenkompott, 8 Eier, 1 unbehandelte Zitrone, 10 g bittere Mandeln (oder Mandelaroma) Zimt, 1 Prise Salz, 250 g frische Quitten

„Man setzt 1 Liter Milch mit 12 Neuloth Butter zu Feuer, rührt ½ Pfund Reismehl mit kalter Milch eben und giebt es unter beständigem Rühren zu der kochenden Milch. Wenn es wieder kocht, nimmt man es vom Feuer, läßt es langsam klar werden, fügt ½ Pfund durchgeriebenes Quitten-Compot hinzu und läßt das Ganze, wenn es nochmals durchgekocht ist, abkühlen. Nun schlägt man 6 Eidotter und 3 ganze Eier mit 12 Neuloth geriebenem Zucker durch, rührt dies nebst der abgeriebenen Schale einer Citrone, 1 Neuloth feingestoßenen bitteren Mandeln, gestoßenem Zimmet, Salz und noch ½ Pfund kleingeschnittenen Quitten zu dem Reismehl, und giebt das zu Schaum geschlagene Weiße der 6 Eier darunter. Hierauf wird die Masse in einer gut zubereiteten Puddingsform 1½ Stunden gekocht und mit einer Weinschaum-Sauce angerichtet.“ 1879

RHABARBERPUDDING

250 g Butter, 6 Eier, 250 g Semmelbrösel, 250 g Rhabarberkompott, 80 g Zucker, Zimt, ½ unbehandelte Zitrone, 60 g Korinthen

„Man rührt ½ Pfund Butter mit 6 Eidottern zu Schaum, vermengt denselben mit ½ Pfund geriebenem Weißbrod, Rhabarber-Compot, 8 Neuloth Zucker, etwas gestoßenem Zimmet, abgeriebener Citronenschale und 6 Neuloth verlesenen und gewaschenen Corinthen, lockert zuletzt das zu steifem Schaum geschlagene Weiße der 6 Eier dazwischen und füllt die Masse in eine gut zubereitete Puddingsform. Nun läßt man es eine Stunde kochen und richtet es mit einer Wein-Sauce an.“ 1879

SPINATPUDDING

3 Pfd. Spinat, ¼ Ltr. kochendes Wasser, 1 Messerspitze Natron, ½ Kochl. Mehlschwitze, ⅛ Litr. süßer Rahm, 1 Teelöffel Salz, 1 Eidotter

„3 Pfd. Spinat werden 3-4mal mit reichlichem kalten Wasser gewaschen, dann mit ¼ Ltr. kochendem Wasser und einer Messserspitze Natron im geschlossenen Topf unter Rühren 10 Minuten gekocht. Hiernach auf ein Sieb gegossen, gut ausgedrückt und durch das Sieb gestrichen. ½ Kochlöffel Mehlschwitze rührt man mit ⅛ Ltr. süßem Rahm aus, gibt den Spinat dazu und nach Geschmack 1 Teelöffel Salz. Nachdem alles gut verrührt und gänzlich ausgekühlt ist, gibt man nach und nach 4 Eidotter dazu und füllt diese Masse in eine vorher reichlich mit Butter ausgestrichene glatte Puddingform. Die Form stellt man ohne Deckel bis zur Hälfte in einen Topf mit kochendem Wasser und stellt diesen 1 Stunde in den nicht zu heißen Ofen. Sollte sich eine Kruste bilden, muß diese beim Anrichten abgenommen werden.“ 1910

WURZELPUDDING*

750 g Mohrrüben, ½ l Milch, 12 Eier, 250 g Semmelbrösel, 250 g Butter, 100 g Zucker, Zimt, 1 Prise Salz, Zwiebackbrösel, 1 EL Butter, 2 EL Mehl, Zucker, Zimt, 2 Eidotter

„Eine reichliche Quantität großer süßer Wurzeln schabt man, reibt sie auf einem Reibeisen und drückt den Saft aus, so, daß man ein halbes Pfund von den geriebenen Wurzeln bekommt. Dann giebt man sie in ½ Liter kochende Milch, läßt sie unter beständigem Rühren eine Weile kochen, nimmt sie vom Feuer und läßt sie erkalten. Nun schlägt man 16 Eidotter klein, giebt sie mit ½ Pfund geriebenem Weißbrod, ½ Pfund geschmolzener Butter, Zucker, Zimmet und etwas Salz zu der erkalteten Milch, rührt dies gut durcheinander, lockert das zu Schaurn geschlagene Weiße der 16 Eier dazwischen und läßt die Masse in einer mit Butter ausgestrichenen und mit Zwieback ausgestreuten Form 2 Stunden kochen. Während des Kochens läßt man den Saft der ausgepreßten Wurzeln mit etwas Wasser aufkochen, giebt etwas weißgebranntes Mehl, Zucker und Zimmet daran und rührt diese Sauce, welche zu dem Pudding gegeben wird, mit einigen Eidottern ab.“ 1908

* Wenn Hanseaten Mohrrüben einkaufen, verlangen sie Wurzeln.

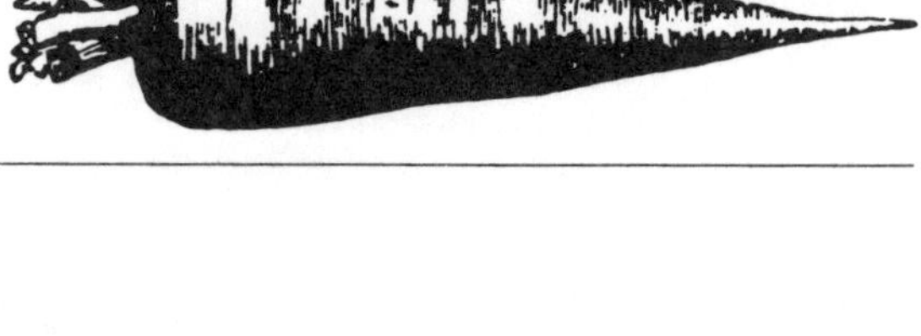

ZWIEBACKPUDDING

20 kleine Zwieback, 1/4 l Milch, 6 Eier, 250 g Butter, 150 g Mandelstifte, Cardamom, 1/2 unbehandelte Zitrone, 40 g Succade, 60 g Zucker

„Nachdem man 20 kleine Zwieback in Milch eingeweicht hat, drückt man sie aus, rührt sie mit 8 Eidottern, 1/2 Pfund zu Schaum gerührter Butter, 15 Neuloth kleingeschnittenen süßen Mandeln, etwas Cardamom, Citronenschale, Succade, Zucker und zuletzt mit dem zu Schaum geschlagenen Weißen der 8 Eier tüchtig durcheinander, läßt die Masse in einer gehörig zubereiteten Puddingform in einer Stunde garkochen und richtet den Pudding mit einer Wein-Sauce an." 1879

WARMER ZITRONENPUDDING

3 Eier, 1 Eßlöffel Weizenmehl, 1 Zitrone, 1/8 Pfund Zucker

„3 Eidotter rührt man mit 1/8 Pfund Zucker und der Schale einer halben Citrone 15 Minuten; gibt nach und nach während des Rührens 1 Eßlöffel Weizenmehl dazu und ganz zuletzt den festen Eierschnee. Ist alles verrührt, den Saft von einer Citrone, füllt die Masse in eine Puddingform, welche man vorher mit Butter ausgerieben und mit Mehl ausgestreut. Sodann schließt man die Form, stellt sie in einen Topf mit kochendem Wasser bis zum Deckel und kocht den Pudding 30-40 Minuten. Es ist dazu eine Weißweinsauce oder eine Fruchtsauce zu geben." 1910

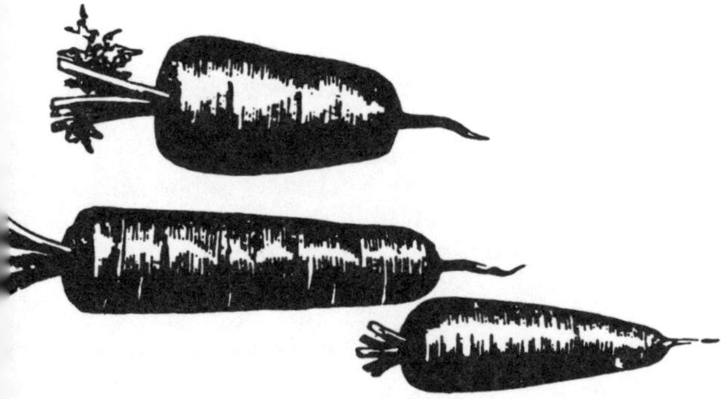

Aufläufe

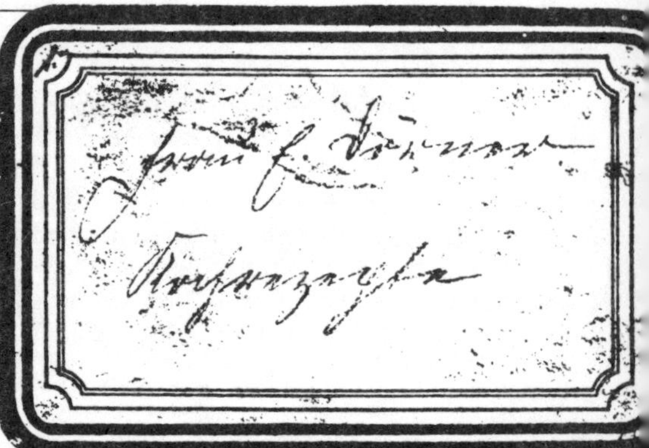

Um einen Auflauf zu machen, welcher aus den verschiedenen nachfolgend angeführten Massen besteht, muß man letztere in eine mit Butter ausgestrichene und mit feingestoßenem Zwieback ausgestreute Springform, Randblech oder Schüssel thun und darauf sehen, daß immer ein 2 Finger breiter Raum gelassen wird, damit der Auflauf nicht überfließt. Man backt den Auflauf entweder in einer Tortenpfanne, worin man unten etwas Sand streut, dann einen Bogen Papier darauf legt und oben und unten für gutes Kohlenfeuer sorgt, oder in einem nicht zu heißen Ofen. Ist der Auflauf, der hoch aufgehen muß, gebacken, so bestreut man ihn gewöhnlich mit Zucker und belegt ihn mit Frucht-Gelee.

Aus einem alten Kochbuch

Unter Auflauf versteht man in der hanseatischen Küche sehr verschiedenartige Gerichte – mal süß, mal pikant, mal locker wie ein Soufflée, mal braun überkrustet wie ein Gratin. Aufläufe können als Hauptspeise gereicht werden oder als Beilage oder als üppiges Dessert.
Bei den alten Rezepten wurde wie bei den Puddings die Eiermenge oft reduziert.

APRIKOSENAUFLAUF

16-20 Aprikosen, Zimtzucker, 100 g Mandeln, 125 g Mehl, etwas Milch, ½ l Sahne, 8 Eier, 125 g Butter

„Sechzehn bis zwanzig Aprikosen zieht man die Haut ab, schneidet sie in Viertel, bestreut sie mit Zucker und Zimmet, schlägt ebenfalls die Kerne derselben auf, zieht die Haut ab und stößt sie nebst 10 Neuloth abgeschälten, süßen Mandeln ganz fein. Dann rührt man ¼ Pfund Mehl mit etwas süßer Milch ab, läßt dies nebst ½ Liter kochender Sahne unter fortwährendem Rühren zu einem dicken Mus kochen, schlägt 10 Eidotter klein, mischt ¼ Pfund geschmolzene Butter darunter, reibt ¼ Pfund Zucker an einer Citrone ab, mischt alles durcheinander und zieht zuletzt den Schnee der 10 Eier darunter. Jetzt streicht man eine Form mit Butter aus, giebt etwas von der Masse hinein, legt eine Lage von den Aprikosenvierteln, hierauf wieder Masse, dann Aprikosen und so fort und ganz zuletzt Masse darauf. Man läßt diesen Auflauf eine Stunde backen.“ 1879

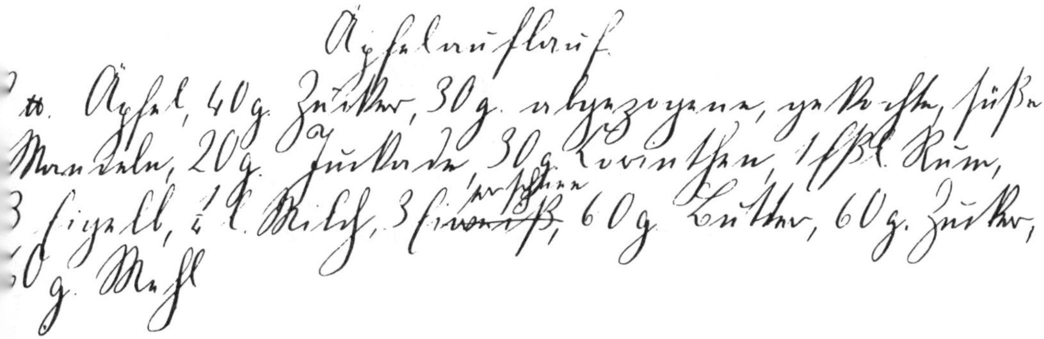

APFELAUFLAUF

12 Äpfel (Boskop), 1 unbehandelte Zitrone, 125 g Würfelzucker, 6 Eier, 60 g Mandeln

„Man bratet 12 schöne Borstorfer Aepfel* weich, zieht ihnen die Schale ab, schabt das Mark rein aus, reibt eine Citrone an ¼ Pfund Zucker, stößt das Uebrige, rührt 8 Eidotter klein, giebt den Saft einer Citrone, 6 Neuloth geriebene Mandeln und die abgekühlten Aepfel dazu und rührt dies gehörig durcheinander, worauf man es mit dem zu Schnee geschlagenen Weißen der 8 Eier unterzieht. Diese Masse giebt man in ein mit Butter ausgestrichenes Reifblech (Springform) und läßt sie bei mäßiger Wärme langsam garbraten.“

1879

* oder andere säuerliche Äpfel

FRUCHTAUFLAUF

1 kg Früchte, Zucker nach Bedarf, ½ l Sahne, 100 g Stärkemehl, 125 g Würfelzucker, 1 unbehandelte Zitrone, 8 Eier

„Man kocht von Aepfeln, Birnen, Himbeeren, Kirschen, Pflaumen oder dergleichen ein steifes Fruchtcompot, giebt es nach dem Erkalten in eine mit Butter ausgestrichene Form, kocht von ½ Liter Rahm, 10 Neuloth Stärkemehl und ¼ Pfund an einer Citrone abgeriebenem Zucker einen Brei, nimmt, wenn es kocht, den Topf vom Feuer und rührt es so lange, bis es ziemlich erkaltet ist, worauf man es mit 10 Eidottern abzieht, mit dem zu Schaum geschlagenen Weißen der 10 Eier lockert und das Ganze über das Frucht-Compot giebt. Dann stellt man die Form in eine Tortenpfanne, sorgt für reichlich Kohlenfeuer oben und für wenig Kohlenfeuer unten und backt den Auflauf in einer halben Stunde gar.“

1879

BLUMENKOHLAUFLAUF

1 mittelgroßer Blumenkohl, 30 g Butter, 150 ml Milch, 3 Eier, 30 g Parmesankäse
Für die Sauce:
60 g Butter, 30 g Mehl, 250 ml Milch, Pfeffer, Salz, geriebene Muskatnuß

Den geputzten, zerteilten Blumenkohl in kochendem Salzwasser 4-5 Minuten kochen und gut abtropfen lassen, dann kurz in Butter anbraten. Milch zugießen und weitere 5 Minuten garen. Blumenkohl zerdrücken oder durch ein Sieb passieren.
Für die Sauce aus Mehl und Butter eine Schwitze bereiten. Milch zugeben und die Mischung mit einem kleinen Schneebesen schlagen. bis sie aufkocht und dick wird. Gewürze zufügen. Sauce und Blumenkohl vermischen, Eier und geriebenen Parmesan unterrühren. In eine gebutterte Form füllen und mit Pergament abdecken. Im Wasserbad im Backofen bei 190 Grad etwa 40 Minuten garen. Auflauf auf eine vorgewärmte Platte stürzen und heiß servieren.

BÜCKLINGSPIE

Für den Teig:
150 g Weizenmehl, Salz, 100 g Schweineschmalz, 1 EL Weizenmehl
4-5 abgezogene Zwiebeln, 2 grüne Paprikaschoten, 40 g Butter, 500 g Bückling, Salz, Saft von ½ Zitrone, 4 Eier, ⅛ l saure Sahne

Für den Teig das Mehl auf eine Platte sieben. In die Mitte eine Vertiefung eindrücken, Salz und 2 EL Wasser hineingeben und mit einem Teil des Mehls zu einem dicken Brei verarbeiten. Das Schmalz in Stücke schneiden, daraufgeben, mit Mehl bedecken und von der Mitte aus alles schnell zu einem dicken glatten Teig verkneten. Sollte er kleben, etwas mehr Mehl unterkneten. Zwei Drittel des Teiges auf den Boden einer gebutterten Springform ausrollen. Unter den Rest des Teiges noch den Eßlöffel Weizenmehl kneten. Teig zu einer Rolle formen, diese als Rand auf den Boden legen und so fest an die Form drücken, daß der Rand knapp 3 cm hoch wird. Den Boden mehrmals mit einer Gabel durchstechen. Für den Belag die Zwiebeln in kleine Würfel schneiden und die gewaschenen Paprikaschoten in Streifen schneiden. Das Fett zerlassen, Zwiebel und Paprika kurz andünsten. Die enthäuteten und entgräteten Bücklinge zerpflücken, auf den Teigboden verteilen, mit Salz bestreuen, mit Zitronensaft beträufeln. Die gedünsteten Gemüse darüber verteilen. Den Pie im Backofen überbacken.

FISCHAUFLAUF

750 g Fischreste (auch Kochfisch), ½ Bd. Schnittlauch, ½ abgeriebene Zitrone ½ Bd. Petersilie, 150 g Butter, 3 EL Semmelbrösel, 6 Eier, 3 EL Sahne, Salz, Muskat

„Gebratene Fische werden recht fein von den Gräten gesäubert, ebenfalls einige Sardellen entgrätet und beide Theile mit etwas Schnittlauch, Citronenschalen und Petersilie recht fein gehackt. Nun läßt man in einer Casserole Butter zerfließen, läßt etwas geriebenes Weißbrod darin braun werden, giebt dann das Gehackte dazu und läßt es, nachdem es umgerührt ist, etwas dünsten, giebt es dann in ein Gefäß und läßt es abkühlen. Jetzt schlägt man 8 Eidotter mit ein wenig süßem Rahm klein, giebt etwas Salz und gestoßene Muskatnuß dazu und rührt dieses gut zu den abgekühlten Fischen, giebt das zu Schaum geschlagene Weiße der 8 Eier darunter, bringt es in eine mit Butter ausgestrichene Form und läßt den Auflauf gut backen. Dieser Auflauf wird nicht mit Zucker bestreut und bringt man ihn, sowie er fertig ist, gleich mit einer beliebigen pikanten Sauce zu Tische." 1908

HERINGSAUFLAUF

4 Salzheringe, 2 Zwiebeln, ¼ l Sahne, 1 kg Kartoffeln, Salz, Paprikapulver, 2 EL Semmelbrösel, Butterflöckchen

Die Heringe ein paar Stunden wässern, abziehen und entgräten. Heringe durch den Wolf drehen, die feingeschnittenen Zwiebeln und ⅛ l Sahne damit vermengen. Kartoffeln mit der Schale kochen, abpellen, in dicke Scheiben schneiden und leicht salzen. In eine gefettete Auflaufform die Hälfte der Kartoffeln schichten, darauf die Heringsmasse und obenauf die restlichen Kartoffeln. Die übrige Sahne mit Salz und Paprika verquirlen und über die Kartoffeln gießen. Zuletzt die Semmelbrösel darüberstreuen und mit Butterflöckchen belegen. Den Auflauf etwa 45 Minuten im Backofen bei 250 Grad garen.

HÜHNERAUFLAUF

1 Hühnerbrust (ca. 300 g), ¼ l Wasser, Salz, 6 Scheiben Toastbrot, ⅛ l Weißwein, ½ Bd. Petersilie, ½ Dose Trüffeln (15 g), 1 Dose Krebsfleisch (165 g), Butter zum Einfetten, 125 g Butter, 4 Eigelb, Salz, weißer Pfeffer, geriebene Muskatnuß, 4 Eiweiß

Hühnerbrust abtupfen. Wasser aufkochen, leicht salzen. Hühnerbrust darin 45 Minuten garkochen, in der Brühe abkühlen lassen. Häuten, von den Knochen lösen und das Fleisch sehr fein würfeln.

Toastbrot entrinden und in Weißwein einweichen, ausdrücken und mit einer Gabel zerpflücken. Petersilie abspülen, trockentupfen, feinhacken. Trüffeln in sehr feine Scheiben schneiden. Krebsfleisch zerpflücken, die Chitinstreifen entfernen. Eine Auflaufform einfetten, Butter in einer Schüssel geschmeidigrühren. Eigelb nacheinander zufügen. Dann Toastbrot und Hühnerfleisch untermischen. Mit Pfeffer, Salz und Muskatnuß abschmecken. Petersilie und zwei Dritter der Trüffelscheiben unterheben. Eiweiß sehr steifschlagen, vorsichtig unterheben. Die Hälfte der Souffléemasse in die Auflaufform füllen, das Krebsfleisch und die übrigen Trüffelscheiben daraufstreuen, die restliche Souffléemasse darüberfüllen. Glattstreichen und auf der mittleren Schiene im Backofen bei 180 Grad 45 Minuten backen.

KÄSEAUFLAUF

120 g Mehl, 1 l Sahne, 125 g Butter, 6 Eier, 250 g Parmesan

„Man rührt 12 Neuloth feines Mehl mit 1 Liter Sahne glatt, setzt es mit ¼ Pfund Butter zu Feuer, läßt es unter beständigem Rühren bei gelindem Feuer aufkochen, mischt nach dem Verkühlen 8 Eidotter, ½ Pfund geriebenen Parmesankäse, Salz und das zu Schaum geschlagene Weiße der 8 Eier darunter und füllt die Masse in eine mit Butter ausgestrichene Form, in welcher man sie langsam abbackt.“ 1879

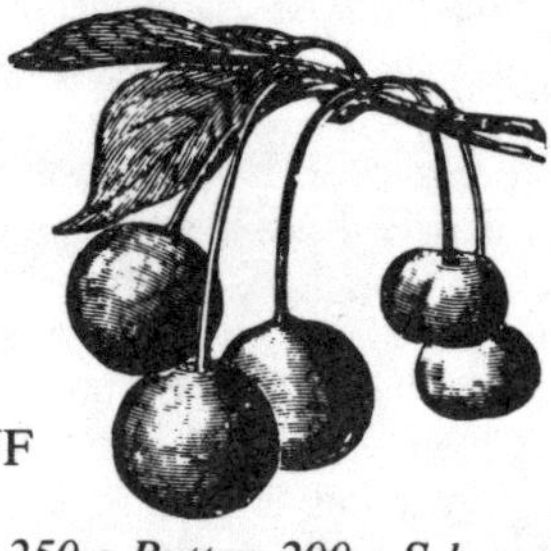

KIRSCHENAUFLAUF

1 kg Kirschen (Schattenmorellen), Zimtzucker, 6 Eier, 250 g Butter, 200 g Schwarzbrot, ½ Glas Rotwein, 100 g Würfelzucker, 1 unbehandelte Zitrone, Zimt, 30 g Succade

„Nachdem man 2 Pfund recht schöne Kirschen ausgekernt und mit Zucker und Zimmet bestreut hat, rührt man 8 Eidotter mit ½ Pfund abgeklärter Butter zusammen, reibt 20 Neuloth altes Rogenbrod, feuchtet es mit etwas Rothwein an, mengt es mit den Eiern, 10 Neuloth an einer Citrone abgeriebenem Zucker, etwas Zimmet, kleingeschnittene Succade und zuletzt mit dem zu Schnee geschlagenem Weißen der 8 Eier zusammen, füllt diese Masse in abwechselnden Schichten mit den Kirschen in eine mit Butter ausgestrichene Form, giebt als letzte Schicht Masse obenauf und backt dies in einem Ofen oder in einer Tortenpfanne ab.“ 1879

POMERANZENAUFLAUF

½ l Milch, 60-80 g Mehl, 60-80 g Butter, 6 Eier, 1 Pomeranze, 125 g Würfelzucker

„Man rührt ½ Liter Milch mit 6-8 Neuloth Mehl über dem Feuer so lange, bis es recht sämig geworden ist, worauf man es abkühlen läßt. Dann klärt man 6-8 Neuloth Butter ab, schlägt sie zu Schaum, rührt nach und nach 8 Eidotter, die abgekühlte Milch damit zusammen, reibt eine Pomeranze an ¼ Pfund Zucker ab, giebt den Zucker gestoßen nebst dem Saft der Pomeranze und dem zu Schnee geschlagenen Weißen der 8 Eier zu dem Uebrigen und füllt das Ganze in ein mit Butter ausgestrichenes Reifblech. Hierauf backt man den Auflauf ab, bestreut ihn reichlich mit Zucker und trägt ihn gleich zu Tisch.“ 1879

QUITTENSCHNEE

1 kg Quitten, Zucker, Schale von ½ Zitrone, 6 Eiweiß, 1 EL Butter

Quitten reiben, schälen und Kerngehäuse entfernen. Schalen und Kerngehäuse mit wenig Wasser weichkochen. Die Flüssigkeit durch ein Haarsieb gießen und darin die kleingeschnittenen Quitten so weichkochen, daß man sie durch ein Haarsieb streichen und pürieren kann. Dieses Mus mit Zucker und abgeriebener Zitronenschale abschmecken. Etwas abkühlen lassen.
Eiweiß zu sehr steifem Schnee schlagen und unter das Quittenmus heben.
Eine Auflaufform ausbuttern, Quittenschnee einfüllen, glattstreichen und bei ca. 200 Grad im Backofen backen, bis sich eine goldbraune Kruste gebildet hat. Sofort servieren.

STECKRÜBENAUFLAUF

150 g Steckrüben, 750 g gekochte Kartoffeln, 2 Zwiebeln, 50 g Räucherspeck, gewürfelt, 2 Eier, Muskat, Salz, Butter

Die Steckrüben in leicht gesalzenem Wasser kochen und abgießen. Die Kartoffeln in einer Kartoffelpresse zerdrücken oder (kalt!) durch den Fleischwolf drehen, mit den kleingeschnittenen, in Speck angebratenen Zwiebeln, den Eiern, Salz und Muskat verrühren, abwechselnd mit den Steckrüben in eine Auflaufform schichten, Butterstückchen darauf legen und im vorgeheizten Backofen schön braunbacken.

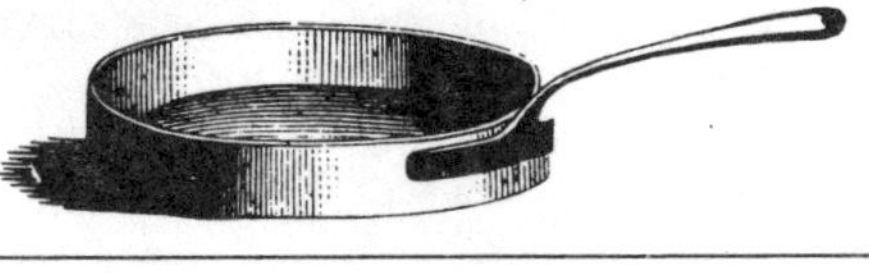

Klöße und Frikadellen

Klöße und Frikadellen werden als Beilagen oder als Bestandteil eines Hauptganges gereicht. Suppen können mit Klößen zum Hauptgericht aufgewertet werden.

AUSTERNKLÖSSE

24 Austern, 250 g Champignons, Butter, 2 Eier, Rührei von 3 Eiern, 150 g Semmelbrösel, Muskatblüte, 1 unbehandelte Zitrone, Salz

„Zwei Dutzend Austern werden vorschriftsmäßig gereinigt, in Scheiben geschnitten, mit kleinen Champignons in Butter durchgebraten und nach dem Abkühlen nebst den Champignons sehr feingehackt. Hierauf rührt man das Gehackte mit 3 rohen Eiern, einem aus 4 Eiern bestehenden Rührei, 15 Neuloth geriebenem Weißbrod, etwas Muskatblüthe, der abgeriebenen Schale einer Citrone und einer Messerspitze voll Salz durch. Dann sticht man mit einem Löffel Klöße davon ab und kocht diese in Bouillon gar.“ 1879

Anm.: köstliche Luxusklößchen zu sehr feinen Fischsuppen!

BROTKLÖSSE

500 g Schwarzbrot, Milch, 200 g Butter, 3 Eier, 2 Eier, Muskatblüte, Salz, 4 EL Sahne

„Man schält von einem Pfund Schwarzbrod die Rinde, weicht dieselbe in Milch, giebt sie zu dem übrigen, inzwischen geriebenen Brod, reibt 20 Neuloth Butter zu Schaum, rührt alles mit 4 Eidottern, 2 ganzen Eiern, gestoßener Muskatblüthe, Salz, einigen Löffeln voll süßer Sahne und dem zu Schaum gerührten Weißen der 4 Eier zu einer lockeren Masse und setzt davon Klöße in die Suppe.“ 1879

DORSCHBRATLINGE

500 g Dorschfilet, 250 g gekochte Kartoffeln, 100 g geräuchertes Bauchfleisch, 4 EL Semmelmehl, 2 Eier, 2 EL geriebene Zwiebeln, 2 EL gehackte Kräuter (Dill, Petersilie, Schnittlauch), 3 EL Milch, Pfeffer, Salz, Muskat

Fisch, Kartoffeln und Bauchfleisch zweimal zusammen durch den Fleischwolf drehen. Mit den übrigen Zutaten gut durchkneten. Dann mit nassen Händen Bratlinge formen und diese in der Pfanne gut durchbraten.

FISCHKLÖSSCHEN

500 g fester, weißfleischiger Fisch, 1 kleine Zwiebel, 40 g Semmelbrösel, 2 Eier, 2 EL zerlassene Butter, 2 EL gehackte Petersilie, Muskatblüte, frisch gemahlener Pfeffer, Salz, ca. 125 g Mehl, 4-5 EL Zitronensaft, Butter zum Braten

Sauce:

ca. 400 ml Fischfond, Salz, ½ Bd. gehackte Petersilie, 1 kleine Zwiebel, 30 g geröstete, gemahlene Mandeln

Den gekochten, entgräteten Fisch im Mörser zerkleinern. Mit der sehr feingehackten Zwiebel, Semmelbrösel, den leicht geschlagenen Eiern, zerlassener Butter, Petersilie und Muskatblüte in eine Schüssel geben. Pfeffer und Salz überstreuen und alles sehr gut vermischen. Klöße mit einem Durchmesser von 4-5 cm formen, in Mehl wenden, in Zitronensaft tauchen und nochmal in Mehl wenden.

Butter in einer tiefen Bratpfanne erhitzen, der Boden soll 5 cm dick bedeckt sein. Fischklöße darin braten, bis sie von allen Seiten goldbraun sind. Dann die Klöße in einen flachen Schmortopf legen, Fischfond angießen, Salz, Petersilie, die feingehackte Zwiebel zugeben und abgedeckt 10 Minuten leicht köcheln lassen. Mandeln zugeben und offen weitere 5 Minuten simmern lassen, damit die Sauce andickt. Im Topf servieren.

FLEISCHKLÖSSE

250 g Rindfleisch, 250 g Kalbfleisch, 4 Eier, 2 EL Milch, 4-6 Schalotten, 120 g Butter, 2 Eier, 120 g frische Semmelbrösel, Muskat, Salz, ½ Bd. Petersilie

„Ein halbes Pfund Rindfleisch, ein halbes Pfund Kalbfleisch werden gehackt; von 4 Eiern, ein wenig Milch und einigen Chalotten, die man in 12 Neuloth Butter durchgeschwitzt hat, bereitet man ein weiches Rührei, mengt es nach dem Erkalten mit 2 rohen Eiern, 12 Neuloth geriebenem Weißbrod, geriebener Muscatnuß, Salz, gehackter Petersilie und dem Fleisch zusammen, rollt kleine Klöße davon und kocht diese in Bouillon, grüner Erbsen-Suppe oder in Fricassee gar." 1879

GRANATKROKETTEN

400 g Krabbenfleisch (Granat), 30 g Butter, 1 Zwiebel, 100 g gekochte Kartoffeln, Pfeffer aus der Mühle, Salz, geriebene Muskatnuß, 1 EL Petersilie, 2-3 EL Milch, 60 g frische Semmelbrösel, 1 großes Ei, Öl zum Fritieren

Butter in einer Pfanne zerlassen, die feingehackte Zwiebel darin glasig dünsten. Zwiebel in einer Schüssel mit den zerstampften Kartoffeln, dem Krabbenfleisch, Pfeffer, Salz, Muskat und der gehackten Petersilie vermischen. Die Mischung mit Milch binden, abkühlen lassen. Korkenförmige Kroketten formen und nacheinander in Semmelbröseln, dem mit etwas Wasser aufgeschlagenen Ei und wieder in Semmelbröseln wenden. Die Kroketten in heißem Öl in etwa 3 bis 4 Minuten auf allen Seiten braun fritieren.

HECHTKLÖSSE

250 g Hechtfleisch, 250 g Butter, 500 g frische Semmelbrösel, 4 Eier, Pfeffer, Salz, Muskat, Zitronenschale, evtl. gehackte Kräuter

„Man kocht einen Hecht, macht das Fleisch von den Gräten, nehme eben so viel Butter wie Hechtfleisch und rühre Beides so lange, bis es zähe wird. Dann gebe man so viel geriebenes Weißbrod daran, wie Butter und Hecht zusammen betragen, vermenge es mit Eiern, bis es dick wird, salze und würze es, mache Klöße davon und koche diese in Wasser, Fischbrühe oder Fischragout gar." 1808

KALBSLEBERFRIKADELLEN

4 Scheiben Kalbsleber, 4 Eier, 1 EL Butter, Muskatblüte, ½ unbehandelte Zitrone, Salz, ca. 200 g Semmelbrösel, Butter zum Braten

„Eine Kalbsleber wird gut gereinigt, feingehackt, mit einem aus 4 Eiern und einem Stück Butter bestehenden dünnen Rührei vermischt und mit etwas Muscatblüthe, geriebener Citronenschale, Salz und hinreichend geriebenem Weißbrod zu einer dicken Masse gerührt; hieraus formt man Fricadellen und backt dieselben in Butter gelbbraun." 1853

KREBSKLÖSSCHEN

150 g Krebsfleisch, 2 EL gehackte Petersilie, 2 altbackene Semmel, 160 g Krebsbutter, Salz, Muskatblüte, 2 Eidotter, Butter zum Braten

„Etwas feingehackte Petersilie wird mit zerschnittenem Krebsfleisch in 8 Neuloth Krebsbutter durchgeschwitzt; dann drückt man 2 eingeweichte Semmel trocken aus, rührt sie mit 8 Neuloth zu Schaum gerührter Krebsbutter, etwas Muscatblüthe, Salz und 2 Eidottern zu einer glatten Masse, welche man mit dem Krebsfleisch und der Petersilie vermischt und zu länglich runden Klößchen von der Größe eines Taubeneies formt. Diese backt man in geschmolzener Butter aus, läßt sie in der dazu bestimmten Suppe einmal aufwellen oder benutzt sie zu Fricassees." 1879

KARTOFFELKLÖSSE MIT ARMAGNACPFLAUMEN

1 kg Kartoffeln, am Vortag gekocht und gepellt, 2 Eier, 20 g flüssige Butter, 3 EL Mehl, Salz, 1 Prise Muskat, 10 Pflaumen in Armagnac, 160 g Mandelblättchen, 1 EL Zucker

Die geriebenen Kartoffeln mit den Eiern, der flüssigen Butter, Mehl und den Gewürzen zu einem zarten Teig verarbeiten.
10 Klöße daraus formen. Die Pflaumen entsteinen, in die Klöße drücken, nachformen. Die Klöße in kochendem Salzwasser aufkochen lassen, bei geringer Hitze 20 Minuten ziehen lassen. Die Mandeln ohne Fett in einer Pfanne goldgelb rösten, über die fertigen Klöße streuen, etwas Zucker darüber verteilen.
Die Klöße schmecken zu Schweinebraten und Wild.

KRÄUTERKLÖSSE

3 Tassen Bouillon, 250 g Butter, je 1 Handvoll gehackte Petersilie, Schnittlauch und Estragon, Muskatblüte, 250 g Mehl, 4-6 Eidotter

„Drei Tassen Bouillon läßt man mit ½ Pfund Butter aufkochen, giebt eine Handvoll Petersilie, Schnittlauch, Dragon, etwas Muskatblüthe und ½ Pfund Mehl dazu und rührt diese Masse auf dem Feuer so lange, bis sie sich von der Casserole löst. Dann giebt man sie in ein anderes Gefäß, zieht sie nach und nach mit 6 Eidottern ab, sticht mit einem Löffel Klöße davon und kocht dieselben in der Suppe gar, welche letztere jedoch nicht zu stark kochen darf."

1879

METTWURSTKLÖSSE

500 g rohe Kartoffeln, gerieben, 500 g am Vortag gekochte und gepellte Kartoffeln, gestampft, ⅛ l Milch, 1 Ei, 100 g Möhren, gerieben, Pfeffer, frisch gemahlen, Salz, 250 g Mettwurst

Die gemischten Kartoffeln mit allen Zutaten außer der Mettwurst vermischen. Die Mettwurst in 8 gleiche Teile schneiden, jeweils zu einer Kugel formen. Aus dem Teig 8 Knödel formen, in die Mitte je eine Mettwurstkugel drücken, nachformen. Die Knödel in kochendem Salzwasser aufkochen, 20 Minuten ziehen lassen.

QUARKKLÖSSE

500 g Magerquark, 3 Eier, 80 g Butter, 50 g Semmelbrösel, 60 g Zucker, 1 unbehandelte Zitrone, 1 Prise Salz

„Man nimmt einen Teller voll weißen Käse, preßt ihn durch ein sauberes Tucn recht trocken aus und rührt ihn mit 3 ganzen Eiern, 8 Neuloth zu Schaum gerührter Butter, 5 Neuloth geriebener Semmel, 6 Neuloth gestoßenem Zucker, der abgeriebenen Schale einer Citrone und ein wenig Salz zu einem festen glatten Teig. Hiervon sticht man mit einem Löffel Klöße ab, giebt diese, nachdem man sie in Salzwasser gargekocht hat, mit einer Sahnen- oder Butter-Sauce zu einem passenden Gericht auf die Tafel." 1879

SCHINKENKLÖSSE

250 g milder Holsteiner Katenschinken, 2 Brötchen, 1 Zwiebel, Butter zum Braten, ¼ l Milch, 250 g Mehl, 1 Ei, 1 Eigelb, Salz

Brötchen in Würfel schneiden, in einer Pfanne in wenig Butter goldbraun rösten. Zwiebel hacken, ebenfalls goldgelb abdünsten. Milch mit Ei, Eigelb und Salz verrühren, Mehl nach und nach untermischen. Brötchen, Zwiebel und Schinkenwürfel unterarbeiten. Mit einem Eßlöffel Klöße abstechen und in Salzwasser 15 bis 20 Minuten garen.

SPECKKLÖSSE

1 kg Kartoffeln, 250 g Buchweizenmehl, 250 g durchwachsener Speck, Butter, Eier, Pfeffer, Salz

Kartoffeln mit Schale kochen, pellen, stampfen. Speck in sehr feine Würfel schneiden, in Butter glasig braten. Kartoffelmus mit den Eiern und Buchweizenmehl gut vermischen, den Speck mit den kroß gebratenen Würfeln zugeben, mit Pfeffer und Salz abschmecken. Den Teig 20 Minuten ruhen lassen. Handtellergroße Klöße formen und in Salzwasser 10 Minuten garen lassen. Mit gebräunter Butter überglänzen.

BÄLLE VON HÜHNERFLEISCH

1 Poulardenbrust, 40 g Butter, 2 Eier, 4 EL Crème fraîche, 4 EL Semmelbrösel, Salz, Muskatblüte, Nelkenpulver

„Man löset das Fett von der Brust ab, schneidet das Fleisch herunter und reinigt es von allen Sehnen, alsdann hackt man es recht fein, rührt 4 Loth Butter zu Sahne, und giebt von zwei Eyern das Gelbe und von einem das Weiße, wohlgeschlagen, mit vier Löffel voll Rahm, etwas Krumen vom Weißbrod, Salz, Muscatblumen und einer Nelke zu dem gehackten Fleisch; giebt es alsdann löffelweise in die Fleischsuppe, und läßt es noch eine Viertelstunde kochen."

1808

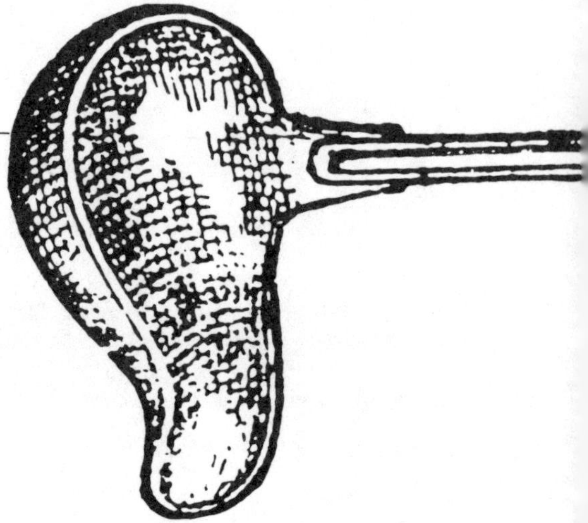

Saucen

Was ist die größte Kochkunst ohne die Saucen?! Eine gute Sauce, sagt man, sollte wundervoll schmecken, den Geschmack des Gerichtes angenehm ergänzen, ihn weder übertönen oder gar verfälschen. Sie sollte köstlich duften, nach edlen Gewürzen, feinen Kräutern oder auch nach einem Schuß Cognac oder Whisky oder Rum. Hochprozentige Alkoholika sollten allerdings vorher abgeflämmt werden.

Natürlich soll eine Sauce auch appetitlich aussehen. Mehlklümpchen, Zwiebelstückchen, Braten- oder Speckreste sollten durch Durchseihen entfernt werden. Brillat-Savarin hat allen Saucenmachern eine gute Regel gegeben: „Eine gute Sauce in höchster Vollkommenheit zu bereiten, ist das Schwierigste, was es auf dem Gebiet der Kochkunst gibt. Selbst ein gelernter Koch brauchte jahrelange Erfahrungen als Saucier und bleibt doch ein Stümper, wenn ihm nicht Gastera, die Muse der Tafelfreuden, wohlgesinnt ist."

Hanseatische Hausfrauen setzten schon vor zweihundert Jahren ihre Ehre darein, gute Saucen zu bereiten, wobei sie sich gern der Anregungen bedienten, die im 18. Jahrhundert die Frauen und die Köche der hugenottischen Familien aus Frankreich nach Bremen und Hamburg brachten.

In einem alten hansestädtischen Kochbuch heißt es:

Will man eine Soße zu einer Pastete oder über ein Stück Rindfleisch, gefüllte Kalbsbrust, gestopfte Küchleins, Tauben, Enten, und dergleichen gebrauchen, so rührt man sie anstatt Wassers mit etwas guter Brühe oder kräftiger Fleischsuppe ab, und thut einige Ingredientien, als Champignon, Champignon-Puder, Kälber-Gekröse, Morcheln, Pingeln, Trüffeln, Pistacien, was man von diesen oder andern dergleichen Kleinigkeiten haben kann, daran, so wird es eine recht schöne Tunke und schicket sich fast über alles, wozu man sie gebrauchen will.

Eines allerdings muß gestanden werden, eine Sünde, von der man die hanseatischen Hausfrauen nicht ganz freisprechen kann, die sich aber wohl auch Hausfrauen in anderen deutschen Landen in vergangenen Zeiten zuschulden kommen ließen: Die Saucen werden zu stark gedickt. Schon die Kartoffeln werden gern mit Milch und Mehl gebunden (gestovt oder gestobt). Auch bei Gemüsen wandte man dieses Verfahren, das Sie in vielen Rezepten unseres Buches finden, an. Manche Hausfrauen dickten auch gern das Kompott.

Zum Dicken der Saucen verwandte man nicht nur Mehl, sondern gern auch Kartoffelmehl oder in Würfel geschnittenes Schwarzbrot. Diese letzte Art des Andickens der Saucen ist übrigens bei dunklen Saucen (in Hamburg sagt man „Tunke" von „eintunken"!) sehr schätzenswert.

APFELSINENSAUCE

4 unbehandelte Apfelsinen, 250 g Würfelzucker,
Schale von 1 unbehandelten Apfelsine, abgerieben oder geschält und in feine Streifen geschnitten,
1 EL Butter, 1 Prise Salz, 1-2 EL Stärkepuder, etwas Weißwein

„Nachdem man die Schale von 4 Apfelsinen auf ½ Pfund Zucker abgerieben hat, drückt man durch ein Sieb den Saft dazu und stellt es zurück. Nun läßt man die abgeriebene Schale von einer Apfelsine in ½ Liter heißem Wasser ein wenig ausziehen, nimmt sie heraus, läßt den zurückgestellten Apfelsinen-Zucker mit dem Wasser zusammenkochen, fügt noch ein Stück Butter, etwas Salz und einen Löffel voll Stärke, die man mit etwas Weißwein glattgerührt hat, hinzu und läßt das Ganze unter beständigem Rühren dick und klar kochen."
1879

Anm.: gut zu gegrillter Ente oder kurzgebratenem Fleisch und Fondue.

BECHAMELSAUCE

2 Zwiebeln, 1 Kochlöffel Butter, ½ Kochlöffel Mehl, 3/8 Ltr. süßer Rahm,
1 Messerspitze Pfeffer, ½ Teelöffel Salz

„Diese Sauce gibt man zum Suppenfleisch oder zum gekochten Schinken. 2 Zwiebeln werden in Scheiben geschnitten, mit 1 Kochlöffel Butter im geschlossenen Topf aufgesetzt und 20 Minuten recht langsam gedämpft. Die Zwiebeln dürfen in dieser Zeit nicht braun werden. ½ Kochlöffel Mehl gibt man dazu, schwitzt beides unter Rühren noch 2 Minuten, dann gießt man 3/8 l süßen Rahm dazu, läßt die Sauce einmal aufkochen und hiernach gibt man 1 Messerspitze Pfeffer, ½ Teelöffel Salz nach Geschmack dazu, und streicht sie durch ein Sieb."
1910

BICKBEERENSAUCE

500 g Bickbeeren (Heidelbeeren), 0,3 l Rotwein, 60-80 g Sago, 0,7 l Rotwein,
Zucker nach Geschmack

„Man läßt ½ Liter Bickbeeren mit ½ Flasche Rothwein und etwas ganzen Zimmet kochen, bis sie sich ganz aufgelöst haben. Währenddessen läßt man in einem anderen Topfe 6-8 Neuloth Sago mit ½ Liter Wasser und 1 Flasche Rothwein 1 Stunde kochen. Dann rührt man den Sago und die Bickbeeren zusammen und versüßt das Ganze hinreichend mit Zucker."
1879

DILLSAUCE

120 g Butter, 2 EL Mehl, 1-2 Bd. Dill, gehackt, ½ l Milch, Muskatblüte, Salz

„Zu einer Handvoll gewaschenem und feingehackten Dill nimmt man 12 Neuloth Butter, läßt sie kochen, schwitzt 2 Eßlöffel voll Mehl darin, legt den Dill hinein und schwitzt ihn so, daß er grün bleibt. Nun nimmt man ½ Liter Milch, läßt ihn damit durchkochen, macht die Sauce mit etwas Muskatblüthe und Salz fertig und giebt sie zu Fischen und Krebsen."
1879

„BRÜHE" VON GRÜNEN KRÄUTERN

je ½ Handvoll Schnittlauch, Brunnen- oder Gartenkresse und Pimpernelle,
je 1 Handvoll Kerbel, Estragon,
Salz, Pfeffer, Saft von 1 Zitrone, ¼ l Olivenöl

„Man nimmt Schnittlauch, Körbel, Brunnenkresse, Pimpernelle und Dragun,* thut diese Kräuter nach Verhältniß ihrer Kraft in einen Mörser und stößt sie. Wenn dies geschehen, werden sie mit Salz, Pfeffer und ein klein wenig Senf gewürzt; auch wird ein wenig Citronensaft und Provenceöl, aber kein Essig daran gethan. Sollte diese Sauce zu herbe seyn, so gießt man etwas Wasser hinzu. Der Dragun muß am stärksten hervorschmecken." 1776

„BRÜHE" VON KAPERN

2 EL Mehl, 1 EL Butter, ½ l Bouillon,
2 Röhrchen Kapern oder eingelegte Kapuzinerkresseknospen, Essig

„Man macht ein wenig gelbbraunes Mehl, und rührt selbiges mit kräftiger Jüs oder Bouillon zur gehörigen Dicke; dann thut man Cappern hinein und ganz wenig von dem Essig. Auch kann man im Fall,daß man keine hat, von den Fleur de Capucin-Knospen in scharfem Essig, in einer wohl zugepfropften Bouteille, in Vorrath haben, und von diesen statt Cappern nehmen. Auch ist zu dergleichen Brühen, woran Essig erfordert wird, Dragun-, Pimpernell- oder Veilchen-Essig sehr gut, welcher Geschmack immer angenehmer ist." 1830

Dragun = Estragon

SAUCE CREVETTE

Schale von 6 Krebsen, 1/8 Pfd. Butter, 3 Eidotter, 1 Messerspitze Salz

„Man bereitet Krebsbutter aus der Schale von 6 Krebsen und 1/8 Pfd. Butter. 3 Eidotter sind mit etwas Salz 10 Min. zu rühren, dann die kochendheiße rote Butter tropfenweise unter Rühren an die Eidotter zu gießen und die Sauce nur wenn nötig noch mit Salz und 2 Tropfen Zitronensaft abzuschmecken.“ 1910

ECHTE CUMBERLANDSAUCE

„Man schält zwei Pomeranzen oder Bigaraden (bittere Orangen) dünn ab, blanchirt sehr exakt die Schalen, um sie dann in feine Streifen zu zerschneiden. Eine Orange reibt man auf Zuckerhut oder Würfelzucker ab. 200 g Johannisbeergélee (Cassis) verdünnt man mit Rotwein und gibt 2 Löffel englischen Senf, den Orangenzucker, einige Tropfen Orangensaft und das Zerschnittene hinzu.“ 1908

1 ungespritzte Orange, 1 ungespritzte Zitrone, 1 Schalotte, 3 EL Rotwein, 250 g Johannisbeergelee, 1 TL Senfpulver, 1 Msp. Salz, 1 Prise Cayennepfeffer, 1 Msp. Ingwer, gemahlen, 1 Schuß Portwein

Orange und Zitrone waschen und hauchdünn schälen, die weiße Haut ist bitter. Schalen in winzige Streifen schneiden. Rotwein kurz aufkochen, Schalen und die feingewürfelte Schalotte hineingeben und 10 Minuten leicht ziehen lassen. Abkühlen lassen. Johannisbeergelee mit Senfpulver, Salz und Cayennepfeffer sowie dem gemahlenen Ingwer würzen. Portwein zugießen. Alles gut vermischen. Nochmals abschmecken.
Sauce kalt zu Wild, Tournedos, kaltem Rinderbraten, kaltem Puter oder Fleischfondue servieren.

FISCHSAUCE

1 große Zwiebel, 4 EL Butter, 3 EL Senf, 4-6 EL kräftiger Fischsud, weißer Pfeffer aus der Mühle, Salz, Zitronensaft

Zwiebel feinwürfeln. In Butter hellgelb anschwitzen. Bei schwacher Hitze Senf unterrühren. Fischsud zugeben und Sauce einige Minuten kochen. Mit Pfeffer und Salz würzen. Kurz vor dem Servieren mit etwas Zitronensaft abschmecken.
Die Sauce zu gekochtem Fisch servieren.

FLEISCHSAUCE

125 g milder Holsteiner Katenschinken, 125 g Kalbfleisch, 2 Wurzeln (Möhren), 1 Stange Lauch, 1 Stück Zimtstange, 1 hartgekochtes Eigelb, ½ l Sahne

Den kleingeschnittenen Schinken mit dem schieren Kalbfleisch und wenig Wasser aufsetzen. Die gewürfelten Wurzeln, die in Ringe geschnittene Lauchstange und das Zimtstück zugeben und alles unter häufigem Umrühren auf kleiner Flamme lange köcheln lassen, bis das Fleisch ganz mürbe ist. Das kleingehackte Eigelb und reichlich Sahne unterrühren. Alles unter Rühren nochmals aufkochen und durch ein Sieb passieren.
Die Sauce paßt zu allen trockenen Fleischgerichten.

HAGEBUTTENSAUCE

500 g frische reife Hagebutten (Kopf und Stengel abschneiden), 1 unbehandelte Zitrone, 1 Zimtstange, 3 EL Kartoffelmehl, 0,35 l Weißwein, Zucker nach Geschmack

„Die Hagebutten werden mit ein wenig Wasser, Citronenschale und Zimmet so lange gekocht, bis sie weich sind, worauf man sie durch ein Haarsieb streicht; dann rührt man einige Löffel voll Mehl mit einer halben Flasche Wein glatt, giebt die durchgestrichenen Hagebutten nebst Zucker dazu und rührt diese Sauce auf dem Feuer ab.“ 1879

HOLLÄNDISCHE SAUCE

2 EL Mehl, ½ EL Weinessig, 100 g Butter, 3 Eidotter, 2 Tassen Bouillon, ½ unbehandelte Zitrone, 1 Schalotte, Salz

„Zwei Eßlöffel voll Mehl rührt man mit etwas Wasser und etwas Weinessig glatt, fügt 10 Neuloth Butter, 3 Eidotter, 2 Tassen Bouillon, den Saft und die Schale einer halben Citrone, eine feingehackte Chalotte und Salz hinzu und läßt dies auf dem Feuer unter fortwährendem Umrühren dick werden. Man giebt diese Sauce zu sehr vielen Fleischspeisen, sowie zu Fischen und benutzt bei den letzteren anstatt der Bouillon die Brühe, in welcher die Fische gekocht sind.“ 1879

HASCHEESAUCE VON FEINEN ZUTATEN

„Man hackt etwas frische Champignons, Trüffeln, Mousserons,* Zwiebeln und Sardellen, ein jedes besonders; dann schneidet man guten Schinken in kleine Würfel,und setzt eine Casserolle mit halb zerlassener Butter und Speck zum Feuer. Wenn es dann heiß ist,

Mousserons = kleine würzige Waldpilze

wirft man etwas Mehl dabei, und rührt es so lange, bis es bräunlich ist, dann wirft man gehackte Zwiebeln dabei, und hernach den geschnittenen Schinken; wenn dieses ein wenig geschwitzt, thut man die anderen gehackten Sachen, ausgenommen die Sardellen, dabei, giebt Bouillon darauf, rührt es wohl durch und läßt es etwas kochen. Wenn die Sauce angerichtet werden soll, thut man die gehackten Sardellen dabei, und wenn man will, auch ein wenig gehackte Cappern." 1830

Anm.: zu kurzgebratenem Fleisch köstlich. Mengenverhältnis sei dem Koch überlassen!

KRABBENSAUCE

125 g Krabbenfleisch, 1 kleine Zwiebel, 40 g Butter, 50 g Mehl, 1/4 l Weißwein (Mosel), 1/4 l süße Sahne, Salz, Zitronensaft

Die feingeriebene Zwiebel in Butter leicht anbräunen, Mehl unterrühren. Mit Wein und Sahne zu einer cremigen Sauce verarbeiten. Krabbenfleisch sehr fein hacken und zugeben. 5 Minuten köcheln lassen. Mit Salz und Zitronensaft abschmecken und nach Geschmack mit etwas Milch oder Wein verlängern.

KRÄUTERSAUCE

1/2 l Fleisch- oder Fischfond, 1 Glas Weißwein, reichlich Kräuter, 50 g Butter, 100 g Champignons, Zitronensaft, 2 Eidotter

„Ein guter Theil Coulis* wird mit 1 Glas Wein klargekocht; dann kocht man Petersilie, Kerbel, Sauerampfer, Selleriekraut, Schnittlauch, Majoran, Thymian und Portulak, nachdem man diese Kräuter sauber gewaschen und feingehackt hat, in Butter weich und verkocht sie mit der Coulis, einigen Champignons und etwas Citronensaft zu einer sämigen Sauce, die man zuletzt mit einigen Eidottern abzieht." 1853

COULIS VON KREBSEN

40 Flußkrebse, etwas Butter, Salz, 2 altbackene Rundstücke, 125 g Butter, 20 g Butter, 50 g Mehl, ca. 1 l Bouillon oder Fischbrühe (nach Bedarf), evtl. 6 gekochte Krebse

„Nachdem die Krebse gewaschen, werden sie mit wenig Wasser, etwas Butter und Salz, in einem Kessel zugedeckt und gahr gekocht; dann läßt man sie auf einem Durchschlage wohl ablecken. Hierauf wird alles Rothe von den Krebsen abgemacht und dann das Schwämmige

* Coulis = Grundsauce, Kraftbrühe

weggeworfen; dann schneidet man von zwei alten Rundstücken die Rinde ab, nimmt die Krumen und ein Viertelpfund Butter, nebst den rothen Schalen von vierzig Krebsen, stößt dieses im Mörser so klein wie möglich, thut in eine steinerne Pfanne noch ein wenig Butter und läßt es eine Stunde mit oben Erwähntem braten. Hierauf streuet man eine Handvoll Mehl darauf und läßt es mit durchbraten, gießt nach Gutdünken klare Bouillon dazu, doch daß es ziemlich dicke bleibt, aber ja nicht kocht, sonst kömmt die Butter oben; auch kann man noch ein halb Dutzend Krebsen die Galle ausbrechen, selbige in Bouillon gahr kochen und zu vorerwähntem zugießen." 1830

Anm.: Überschüssige Menge kann eingefroren werden.

KÜMMELSAUCE

30 g Butter, 35 g Mehl, ¼ l Fleischbrühe, ⅛ l Sahne, 1 Eigelb, 1 EL Kümmel, Salz, Essig, 1 kleine Zwiebel, ½ Apfel, Senf, 125 g Rosinen

Fett in einer Pfanne erhitzen, Kümmel zugeben und anbräunen. Dabei einen Deckel auflegen, da der Kümmel springt. Mit Mehl bestäuben. Alles sehr braun werden lassen. Mit der Fleischbrühe ablöschen. Zwiebel und Apfel feinreiben, zugeben. Mit Salz und wenig Essig würzen. Durchpassieren. Eigelb, etwas Senf und Sahne verrühren, zugeben und alles einmal gut aufkochen lassen. Rosinen zugeben, kurz einziehen lassen.
Diese Sauce schmeckt zu Lamm- und Hammelfleisch.

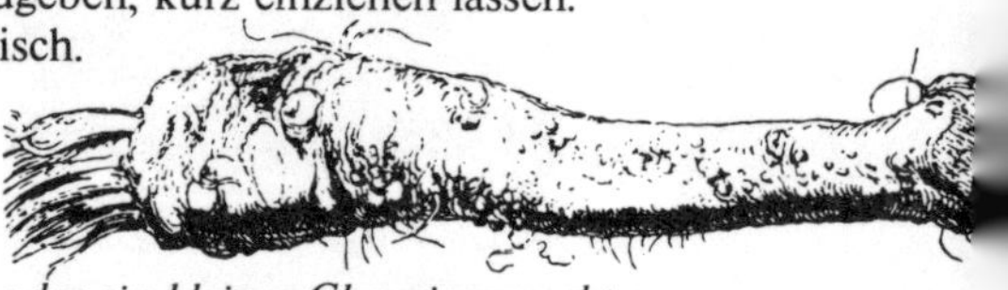

MEERRETTICHSAUCE

½ Stange geriebener frischer Meerrettich oder ein kleines Glas eingemachter, 1 EL Butter, 1 EL Mehl, ¼ l Bouillon, Zitronensaft, Salz, Zucker

Aus Butter und Mehl eine helle Schwitze herstellen, mit der Bouillon glattrühren, drei Minuten kochen lassen. Meerrettich zugeben, mit Zitronensaft, Salz und Zucker scharf abschmecken. Schmeckt zu gekochtem Fisch oder Fleisch.

MORCHELNSAUCE

250 g Morcheln, 20 g Butter oder ½ Tasse Bouillon, 2 EL Mehl, 1 EL Butter, ca. ½ l Jüs oder Bouillon, Pfeffer, Salz, Muskat, ½ Bd. Petersilie, 2-3 Eidotter

„Die vorschriftsmäßig gereinigten Morcheln werden in Stücke geschnitten und in Butter weichgedämpft oder in Bouillon gargekocht; dann schwitzt man Mehl in Butter gelb, vermischt es mit soviel Jüs und guter Bouillon, wie man Sauce haben will, läßt die Morcheln hiermit zusammen noch kurze Zeit auf gelindem Feuer ziehen und quirlt die Sauce, nachdem man Pfeffer, Salz, Muskatnuß und feingehackte Petersilie daran gethan hat, mit einigen Eidottern ab. Mit getrockneten Trüffeln verfährt man ebenso, nur müssen sie vorher in Wasser etwas einweichen, damit man den braunen Rand abschneiden kann.“ 1879

SAUCE MOUSSELINE
für 10 Personen

4 Eidotter, ½ Teelöffel Salz, ¼ Pfund kochende Butter, 1/16 Ltr. Schlagrahm, 2 Eiweiß, 2 Teelöffel Zitronensaft

„4 Eidotter rührt man mit ½ Teelöffel Salz 10 Min., gießt dann unter Rühren tropfenweise ¼ Pfd. kochende Butter nach und nach dazu. Die Butter darf nicht braun werden, weil die Sauce hiervon schmierig schmecken wird. Nun gibt man den festen Schnee von 1/16 Ltr. Schlagrahm und von 2 Eiweiß dazu und nach Geschmack 2 Teelöffel Zitronensaft. Man serviert diese Sauce zum Spargel oder zur Artischocke oder zum gedämpften Fischfilet, zum Blumenkohl oder auch mit Trüffelscheiben und Spargelspitzen.“ 1910

PETERSILIENSAUCE

30 g Butter, 40 g Mehl, ½ l Fleischbrühe, 1 mittelgroße Zwiebel, 2 Bd. Petersilie, Salz, Muskat, abgeriebene Zitronenschale, 1 Eigelb

„Aus Butter und Mehl eine helle Schwitze herstellen, mit der Fleischbrühe ablöschen. Die Zwiebel hineinreiben. Mit Salz, Muskat und Zitronenschale würzen, mit Eigelb abrühren. Zuletzt die sehr feingehackte Petersilie zugeben. Noch einmal kurz durchziehen lassen.“ 1908

PFEFFERMINZSAUCE

2 Handvoll Minzeblätter, 150 g Zucker, ca. 1 Tasse Weinessig, Salz

„Das Weiche wird von dem Pfeffermünzkraut (man kann auch Krausemünze nehmen) abgepflückt, rein ausgesucht, gewaschen und, nachdem man es auf einem Siebe hat abtrocknen lassen, ganz fein gehackt; nun löst man 15 Neuloth gestoßenen Zucker in gutem Essig auf, giebt etwas Salz, das gehackte Kraut und Essig nach Belieben daran, mischt die Sauce gehörig durch und giebt sie zu Braten.“ 1879

ROASTBEEFSAUCE, WARM

2 Tassen Bouillon, 500 g Tomaten, Salz, Paprikapulver, 4 Zwiebeln, 2 EL Mehl, 1 EL Buter, ½ Bd. Petersilie, ½ Bd. Schnittlauch, 100 g Pilze, 1 EL Butter, Zitronensaft, 1 Eigelb

Bouillon mit Tomaten, Salz, etwas Paprika und den Zwiebeln gut verkochen. Aus Butter und Mehl eine braune Mehlschwitze bereiten und unterrühren. Durch ein Sieb streichen, dann feingehackte Petersilie und gewiegtes Schnittlauch und feingehackte Pilze (Morcheln, Champignons oder Trüffeln) zugeben. Etwas Butter unterrühren, mit etwas Zitronensaft vorsichtig abschmecken und zum Schluß das Eigelb unterziehen.
Diese Sauce schmeckt auch zu anderem dunklen Fleisch.

SAUERAMPFERSAUCE MIT RAHM

250 g Sauerampfer, 40 g Butter, 100 g Champignons, 10 g Trüffel, 1-2 EL Mehlschwitze, 2 Eidotter, hartgekocht, ¼-½ l Sahne, 2 Eidotter, Pfeffer, Salz

„Gut gewaschenen und verlesenen Sauerampfer schneidet man gröblich zu, schwenkt das Wasser rein heraus, setzt ihn mit frischer Butter, gehackten Champignons und Trüffeln zu Feuer und läßt ihn gehörig durchschwitzen. Hierauf giebt man ein wenig weiße Mehlschwitze und das gehackte Gelbe von 3-4 hartgekochten Eiern daran, fügt, wenn dieses recht durchgerührt ist, nach Belieben süße Sahne hinzu, läßt es gelinde aufwellen und zieht die Sauce, bevor man sie anrichtet, mit 3-4 Eidottern ab.“ 1879

WACHOLDERSAUCE

8 hartgekochte Eidotter, 8 EL Öl, 2 EL Senf, 2 EL Essig, weißer Pfeffer aus der Mühle, 20 Wacholderbeeren, Salz

Eidotter in einer kleinen Rührschüssel zerdrücken. Olivenöl, Essig, Senf und Pfeffer zugeben und alles gut miteinander vermischen. Die Wacholderbeeren mit Salz im Mörser zerreiben, in die Sauce rühren. 30 Minuten ziehen lassen, dann erst servieren.

„Wacholdersauce“ wurde zu Wildschwein und Schweinskopfsülze im Heide-Forsthaus gegessen. Das sind auch heute noch sehr empfehlenswerte Zusammenstellungen.

WILDBRETSAUCE

½ l Bouillon, 2 Zwiebeln, Schale von 1 Zitrone, 2 Lorbeerblätter, Thymian, 6 Pfefferkörner, 3 Nelken, 10 Wacholderbeeren, 2-3 Scheiben Schwarzbrot, 4 EL Weinessig, 1 EL Mehl, 1 TL Zucker, 30 g Butter, 1 Glas Rotwein, 5 Zitronenscheiben, 1 kl. Röhrchen Kapern

„Man giebt nach Bedarf gute Bouillon in einen Topf, giebt Zwiebeln, Citronenschalen, Lorbeerblätter, Thymian, Pfefferkörner, Gewürznelken, Wacholderbeeren, einige Schwarzbrodrinden und guten Weinessig hinzu, läßt dies gut durchkochen und gießt es durch ein Sieb in eine Casserole, in welcher man vorher Mehl mit etwas Zucker in Butter braungeröstet hat. Dann rührt man es gehörig durcheinander, giebt noch einen Theil Rothwein, einige Citronenscheiben und Capern daran, läßt es zusammen zugedeckt noch etwas schmoren und richtet diese Sauce, welche man zu jedem Wildbraten geben kann, an.“ 1890

ZWIEBELSAUCE

6 Zwiebeln, 30 g Butter, knapp ½ l Bouillon, Saft von 1 Zitrone, 1 EL Zucker, 1 TL Kümmel, 5 Pfefferkörner, 2 EL Mehlschwitze

„Es werden 6 abgeschälte Zwiebeln in Ringel geschnitten, in Butter gelb angebraten mit fetter Bouillon, Citronensaft, Zucker, gestoßenem Kümmel und ganzem Pfeffer zu einer süß-sauren Sauçe verkocht, die man mittels weißer Mehlschwitze sämig macht und zu Hammel- oder Rindfleisch oder zu Klößen anrichtet.“ 1879

ZITRONENSAUCE

60 g Butter, 1 EL Mehl, 4 Eidotter, 2-3 Zitronen, ¼ l Weißwein, 1 EL Zucker, evtl. Weinessig

„Ein Stück ausgewaschener Butter, ein ganz wenig Mehl, 4 Eyer-Dotter, von 2 oder 3 Citronen die Schalen abgerieben, denn auch den Saft hinein gedrücket, die Kerne müssen aber nicht mit hinein kommen, dieses alles in einem Topf oder Pfanne wohl durchgeknetet, und denn mit halb Wasser und Wein zu einer sämigen Tunke abgerühret, und mit Zucker gebrochen, daß es süß genug wird, und so es von dem Wein und Citron-Saft nicht scharf genug geworden ist, so kann man ein wenig Wein-Eßig zugießen. Dieses ist eine angenehme Tunke über farcirte Ochsen-Zungen, ordinair gekochte Ochsen-Zungen, Kückleins, Tauben, Enten, Lamm-Fleisch und alles dergleichen.“ 1778

Salate

BIRNENSALAT

500 g Birnen, 4 cl Bordeaux-Wein, 1 cl Cognac, Zucker

„Man nimmt große, gute mürbe Birnen, schält solche ab, und hobelt sie auf einem Gurkenhobel. Alsdann vermengt man sie mit altem Franzwein und gestoßenem Zucker, und richtet sie auf einer Salladiere an.“ 1800

DOMINOSALAT

2 Avocados, 250 g frische Champignons, 1 Zitrone, 8 kleine Tomaten, 2 Stangen Lauch, 3 Stangen Bleichsellerie, ½ Salatgurke, 1 rote Paprikaschote, 1 kleine Dose Maiskörner, 200 g gekochter Schinken, 300 g Käse
Für die Salatsauce:
200 g Mayonnaise, 2 Becher Joghurt, 2 EL Essig, 1 Knoblauchzehe, weißer Pfeffer, Salz

Die Avocados ohne Schale und Kern und die geputzten Champignons in Scheiben schneiden und sofort mit Zitronensaft beträufeln, damit sich das Fruchtfleisch nicht verfärbt. Tomaten achteln. Die weißen Teile der Lauchstangen und den Bleichsellerie in dünne Scheiben

schneiden. Die Salatgurke schälen, falls die Schale zu hart ist, die Kerne entfernen und das Fruchtfleisch würfeln. Die geputzte Paprikaschote ebenfalls in Würfel teilen. Alles mit den Maiskörnern, Schinkenstreifen und Käsewürfeln mischen.
Aus Mayonnaise, Joghurt und Essig die Salatsauce anrühren, mit der zerdrückten Knoblauchzehe, Salz und Pfeffer würzen. Die Sauce über den Salat gießen und kurz durchmischen.

GRAPEFRUIT, MIT STEINBUTT GEFÜLLT

500 g Steinbutt, 2 große Grapefruits, 1 TL engl. Senf, 1 EL Zitronensaft, etwas Salz, 125 ml Sahnejoghurt, ½ Bd. frischer Dill, 1 Kopfsalat, 2 Tomaten

Steinbutt in wenig Salzwasser garkochen. Im Wasser erkalten lassen. Fisch häuten, Gräten entfernen. Fleisch in Würfel schneiden. Grapefruits halbieren, Fleisch herauslösen und in Würfel schneiden. Steinbutt- und Fruchtfleisch mit Senf, Zitronensaft und Salz marinieren, mit Sahnejoghurt und dem gehackten Dill vorsichtig vermischen. Jede Grapefruithälfte mit einem Salatblatt auslegen, Fischsalat hineinfüllen, mit Dill und Tomatenwürfeln garnieren.

GEFLÜGELSALAT

¼ Pfd. Geflügelfleischreste, 1 Eßlöffel abgekochte Rotebeet, 1 engl. Sellerie, 1 amerikanischer Apfel, 2 Eidotter, ⅛ l Öl, Essig, Salz

„Man nimmt ¼ Pfund Geflügelfleischreste. Das Fleisch wird in feine Streifen geschnitten, ebenso 1 Eßlöffel abgekochte Rotebeet. Von einem englischen Sellerie entfernt man die äußeren, schlechten Rippen, schält die Knolle, schneidet sie mit den zarten Rippen in feine Streifen. Einen weichen amerikanischen Apfel schneidet man in Streifen und mischt das Ganze mit einer Mayonnaise von 2 Eidottern, ⅛ Liter Öl, Essig, Salz. Man garniert den Salat mit Kresse und verwendet ihn zum Frühstück oder als Vorgericht.“ 1910

FISCHSALAT
für 12 Personen

4 Pfund Fisch, Kabeljau oder Schellfisch, 2 Ltr. lauwarmes Wasser, Salz, ¼ Ltr. Essig, 1 Teelöffel Pfeffer, 5 Eidotter, 3/8 Ltr. Öl, 1-2 Eßlöffel scharfer Essig, 1/16 Liter Schlagrahm

„4 Pfund Fisch, entweder Kabeljau oder Schellfisch, werden gewaschen, mit 2 Liter lauwarmem Wasser und ⅛ Pfund Salz angesetzt, fest zugedeckt ins Kochen gebracht, dann

beiseite gestellt und langsam noch 1 Stunde ziehen, nicht kochen lassen. In diesem Wasser läßt man den Fisch auch erkalten, hiernach befreit man den Fisch von Haut und Gräten. Das Fischfleisch muß blätterig sein und darf nicht zerfallen. Nun gießt man ¼ Liter Essig und 1 Teelöffel Pfeffer über den Fisch und läßt ihn hiermit 20 Minuten stehen. Dann richtet man ihn in einer Glaskumme recht hoch an und füllt eine Mayonnaise über den Fisch, die man aus 5 Eidottern und 3/8 Liter Öl bereitet und mit 1-2 Eßlöffel scharfem Essig abschmeckt. Ist sie zu dick, so gibt man 1/16 Liter Schlagrahm dazu. Den Salat garniert man mit Kopfsalat und Tomate."
1910

GURKENSALAT AUF ENGLISCHE ART

1-2 Salatgurken, 1 TL Salz, 2 EL Wein- oder Obstessig, 4 EL Olivenöl, Pfeffer, reichlich Kräuter: Schnittlauch, Estragon, Pimpernell, Kresse, Borretschblüten

„Man schält die Gurken so, daß alles Grüne davon kommt, hobelt sie auf einem Gurkenhobel recht fein, löst Salz in gutem, scharfen Essig auf, thut einige Löffel voll gutes Baumöl darunter, gießt dies beim Anrichten über die Gurken, mischt alles gehörig durch, streut Pfeffer und feingeschnittene Salatkräuter, wie Schnittlauch, Dragon, Pimpernelle rc. darüber und garniert das Ganze mit frischem Rasturticum (Kresse) und Blüthen vom Borasch."
1879

KREBSSALAT

8 mittelgroße Krebse pro Person, 1 Hummer, etwa 500 g, Pfeffer, Salz, 1 Tasse Olivenöl, 1 Glas Mayonnaise, 1 Röhrchen Kapern, etwas Estragon, 12 Blatt Gelantine, ½ l Weißwein, ½ l Wasser, geröstetes Weißbrot

Krebse und Hummer kochen, in der Brühe erkalten lassen. Das Fleisch ausbrechen. Hummerfleisch in Würfel schneiden, mit Pfeffer und Salz bestreuen und mit Öl übergießen. Etwa 1 Stunde ruhen lassen. Dann mit der Hälfte der Mayonnaise binden. Kapern, Estragon und die Hälfte des Krebsscherenfleisches untermischen. Die Gelantineblätter in kaltem Wasser auflösen, nach und nach heißen Wein und heißes Wasser zugeben, nicht kochen. Abkühlen lassen und zwei Drittel der Gelantine, noch nicht flüssig, in eine mit Wasser ausgespülte Rundform gießen. Die erkaltete Gelantine auf eine runde Platte stürzen, in die Mitte des Randes geröstete Weißbrotscheiben legen und den Salat darauf anrichten. Die andere Hälfte der Krebsscheren zum Garnieren des Rings benützen. Die übriggebliebene Mayonnaise mit der restlichen, wieder leicht angewärmten Gelantine vermischen und über den Salat streichen.

KÜKENSALAT

2 gebratene Hamburger Stubenküken oder Junghähnchen, 3-4 Sardellenfilets, 50 g Räucherlachs, 50 g Pökelzunge, 100 g Cornichons, 1 Boskop-Apfel, 5 grüne Oliven, 4 EL Öl, 2 EL Essig, Pfeffer Salz, 1 Prise Zucker, 1 hartgekochtes Ei, ½ Bd. Schnittlauch oder Zitronenmelisse, 2 gehäutete Fleischtomaten, ¼ Honigmelone, 50 g Walnußkerne

Stubenküken häuten, Brustfleisch und alle sonstigen saftigen Fleischteile kleinschneiden. Die gewässerten Sardellenfilets hacken, Räucherlachs und Pökelzunge in feine Streifen schneiden. Cornichons vierteln, Apfel schälen und in Stifte schneiden, Oliven kleinhacken. Alles mischen, mit Essig und Öl binden, Pfeffer, Salz und wenig Zucker untermischen. Mit gehacktem Ei, Schnittlauch oder Zitronenmelisse anrichten und mit einem Rand von kleingewürfelter Tomate und Melone und halben Walnußkernen garnieren.

MATJESSALAT

6 Matjesfilets, 250 g gekochte Prinzeßböhnchen, 250 g Tomaten, 1 Zwiebel, 1 Handvoll Kräuter: Kerbel, Schnittlauch, Petersilie, Estragon, schwarzer Pfeffer, Salz, 1 Prise gemahlener Kümmel, 100 g Mayonnaise oder dicke saure Sahne (Crème fraîche) 100 g eingelegte Rote Bete zum Garnieren

Matjesfilets nur wässern, wenn sie sehr scharf sind. Bei frischen Glückstädter Matjes z.B. wäre das Wässern eine Sünde am guten Geschmack. Matjes und Bohnen in mundgerechte Stücke schneiden. Tomaten abziehen und achteln. Zwiebel und Kräuter feinhacken, mit Mayonnaise oder saurer Sahne, Pfeffer, Salz und Kümmel sowie 2 EL Rote-Bete-Saft vermischen. Matjes, Bohnen und Tomaten darin ca. ½ Stunde ziehen lassen. Anrichten und mit Rote-Betescheiben und gehackten Kräutern garnieren.

HERINGSSALAT

6 Salzheringe, 3 Rote Bete, 200 g Kalbsbraten, 200 g geräucherte Rinderzunge, 3 saure Gurken, 2 Pfeffergurken, 2 hartgekochte Eier, 250 g Äpfel, 1 Röhrchen Kapern, Essig, Olivenöl, evtl. Petersilie, Zwiebeln, Pfeffer

„Die Heringe werden gewaschen, die Haut wird abgezogen, das Fleisch von den Gräten gesondert, in feine Würfel geschnitten, und in kaltes Wasser gelegt, damit alles Salz heraus ziehe. Darauf schneidet man abgekochte kalte rothe Rüben, kalten Kalbsbraten, eingelegte Gurken und geräucherte Rindszunge, jedes alleine, in feine Würfel. Nun wird von 2 hartgekochten Eiern das Weiße und Gelbe, jedes wieder alleine, und auch Aepfel und Cappern feingehackt. Ist dies alles berichtiget; so legt man die Heringe auf einen Durchschlag, daß das Wasser ablaufe: nun legt man einen Löffel voll Hering auf den innern Rand der Schüssel, dann einen Löffel voll rothe Rüben, dann einen von Cappern, dann von gelbem Ei, dann wieder Hering, dann Gurken, dann weiß Ei, dann Zunge, dann Aepfel und u.s.w. bis die Schüssel voll ist. Endlich wird der Salat mit Essig und Baumöl begossen.
Man kann nach Gefallen auch feingehackte Petersilie und feingehackte Zwiebeln dazu nehmen, und es mit Pfeffer bestreuen.“ 1800

Anm.: Heringsfilets erst nach dem Wässern würfeln, dann zerfällt das Fleisch nicht.
Man kann die angegebenen Zutaten noch mit gekochten Kartoffeln, Fischfleisch (vorzugsweise Neunaugen) und Schinken oder Rauchfleisch bereichern und alles mit folgender Sauce mischen:
4 hartgekochte Eier mit ¼ l Ölivenöl glattgerührt, 1 EL französischen Senf, 2 EL Zucker, 1 Tasse Bouillon, 1 Glas Rotwein mit der Milch von 3 Salzheringen durch ein Sieb passiert, mit Essig, Salz und Pfeffer abgeschmeckt und mit 2 EL geriebenen Zwiebeln vermischt.

MARINIERTER HERINGSSALAT

2kg grüne Heringe, 650 g Zwiebeln, 500-750 g saure Äpfel (Boskop), 2 große Gewürzgurken, 2 EL Senfkörner, 10 Lorbeerblätter, ⅓ l Essig, ⅔ l Wasser, Salz, schwarze Pfefferkörner, Zucker, 2 mittelgroße Wurzeln, 1 großes Glas Rote Bete, 500 g Salatmayonnaise, 2 hartgekochte Eier, 1 Bd. Petersilie

Die Heringe (sie sollten möglichst aus der Nordsee kommen) waschen, halbieren und sauber entgräten. Die so entstandenen Filets mit einem scharfen Messer in Streifen schneiden und dann würfeln, Würfelgröße ca. 8 mm. Die Zwiebeln (125 g zurücklassen) feiner würfeln, ebenso zwei Drittel der geschälten Äpfel und eine Gewürzgurke. Diese Zutaten in einer großen Schüssel mit den Senfkörnern und den Lorbeerblättern vermischen. Darüber die Marinade gießen, aus Essig und Wasser „stramm“ abgeschmeckt mit Salz, gestoßenem schwarzem Pfeffer und etwas Zucker. Der Heringssalat muß mindestens einen Tag in dieser Marinade ziehen. Dabei öfter mal umrühren.

LÜBECKER SALAT

800 g Kabeljaufilet, Saft ½ Zitrone, 4 EL Öl, 2 EL Estragonessig, 1 Stengel Estragon, 2 Stengel Kerbel, 2 EL Petersilie, 1 TL Kapern, 1 Zwiebel, weißer Pfeffer, Salz, Zucker, 2 Kopfsalatherzen

Den gekochten und zerpflückten Kabeljau mit Zitronensaft beträufeln. Öl mit Estragonessig, den gehackten Kräutern, Kapern, der feingewürfelten Zwiebel, Pfeffer, Salz und Zucker vermischen, den Fisch unterheben. Den Salat 30 Minuten kühlgestellt ziehen lassen, mit den halbierten Kopfsalatherzen garniert servieren.

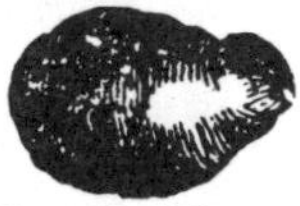

EINFACHER KARTOFFELSALAT

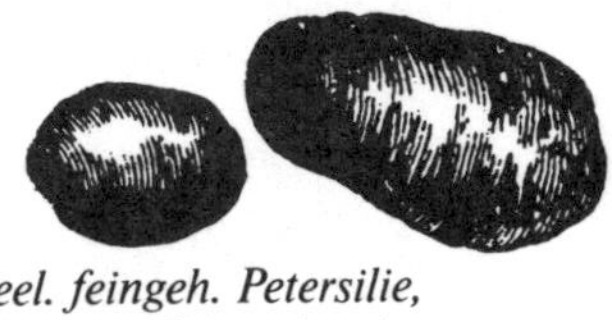

1 Ltr. Kartoff. (Moor- oder Sandkart.), 2 Eidotter, ⅛ Ltr. Öl, 1 Teel. feingeh. Petersilie, Salz, Essig, wenig Pfeffer, 4 EL Öl, Salz, wenig Pfeffer, ½ Teel. geschnitt. Schnittlauch, 1-2 Eßlöffel guter Essig, ⅛ Ltr. heiße Bouillon

„Man nimmt am besten kleine Moor- oder Sandkartoffeln. Sie werden mit der Schale gekocht, abgegossen, abgezogen, wenn sie noch heiß sind; dann in Scheiben geschnitten. Nun mischt man sie mit einer Mayonnaise von 2 Eidottern, ⅛ Ltr. Öl, 1 Teel. feingehackter Petersilie, Salz, Essig, wenig Pfeffer; oder liebt man keine Mayonnaise, so gießt man 4 Eßl. Öl, Salz, wenig Pfeffer und ½ Teelöffel geschnittenen Schnittlauch über die Kartoffeln, mischt alles gut durch, dann schmeckt man den Salat mit 1-2 Eßlöffeln gutem Essig ab. Nun gießt man ⅛ Ltr. heiße Bouillon oder heißes Wasser über die Kartoffeln, schwenkt sie gut durch und garniert den Salat entweder mit Kresse oder Rapunzeln.“ 1910

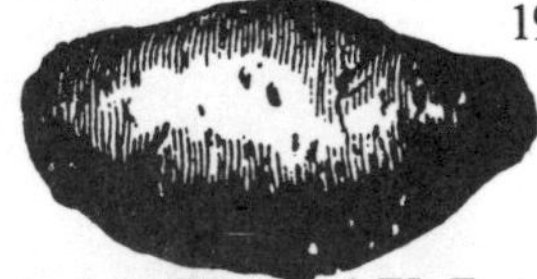

BUNTER KARTOFFELSALAT

1,5 kg Salatkartoffeln, 120 g Mayonnaise, 1 Becher Joghurt, Saft einer Zitrone, 4 EL Essig, weißer Pfeffer, Salz, 1 Prise Zucker, 2 EL geriebener Meerrettich, 1 saurer Apfel, 1 Gewürzgurke, 1 grüne Paprikaschote, 100 g Räucherlachs aus der Dose, 1 kleines Glas Perlzwiebeln, 1 große Zwiebel, 2 hartgekochte Eier, ½ Bd. Petersilie

Kartoffeln unter fließendem Wasser abbürsten, in einem Topf mit gesalzenem Wasser ca. 30 Minuten garen. Für die Marinade Mayonnaise und Joghurt mischen, mit Zitronensaft,

Essig, Pfeffer, Salz, Zucker und Meerrettich pikant abschmecken. Apfel schälen, vierteln, Kerngehäuse entfernen. Apfel und Gurke feinwürfeln. Paprikaschote putzen, in Würfel schneiden. Räucherlachs auf einem Sieb abtropfen lassen und halbieren. Zwiebel schälen und feinhacken. Alles in eine große Salatschüssel geben. Die Kartoffeln abgießen, kurz abschrecken und pellen. Dann in dünne Scheiben schneiden und zu den anderen Zutaten in die Schüssel geben. Mit Marinade begießen und alles vorsichtig mischen.
Salat 30 Minuten kühlgestellt ziehen lassen. Mit Pfeffer und Salz nachwürzen. Die hartgekochten Eier in Scheiben schneiden. Von der Petersilie mit einem scharfen Messer kleine Sträußchen abschneiden. Salat mit Eischeiben und Petersilie garniert servieren.

RINDERMAULSALAT

750 g Rindermaulfleisch, 1 große Zwiebel mit 5 Nelken gespickt, Salz, Lorbeerblatt, 1 Sellerieknolle (ca. 500 g), 2 Zwiebeln, Olivenöl, schwarzer Pfeffer, feiner Essig

„Ein gut gereinigtes Rindermaul wird in Wasser mit Zwiebeln, Nelken, Pfeffer und Salz knapp gargekocht. Sobald es kalt ist, schneidet man es in Würfel, läßt es nebst einem ebenfalls in Würfel geschnittenen Selleriekopf ¼ Stunde in Salzwasser kochen, nimmt dann Beides heraus und läßt es erkalten. Dann giebt man feingehackte Zwiebeln, Baumöl, gestoßenen Pfeffer, Salz und nach Gutdünken Essig daran, mischt Alles gut durch und giebt den Salat zu Tische.“

1830

ROSINENSALAT

250 g kernlose Rosinen, ¼ l Rotwein, Zucker, Zimt, 1 unbehandelte Zitrone

„Ein halbes Pfund große, gute Rosinen befreit man von den Kernen und läßt sie mit ¼ Flasche Wein und eben so viel Wasser so lange kochen, bis sie dick aufquellen und die Sauce beinahe eingekocht ist. Nach dem Abkühlen bestreut man sie mit Zucker und Zimmet und garnirt sie mit Citronenstreifen. Man kann diesen Salat zu allem Fleische, besonders aber zu Wildpret geben.“

1908

SARDELLENSALAT

500 g Sardellen, 250 g Kalbsbraten, 1 Salatgurke, 100 g Kapern, 4 hartgekochte Eier, Olivenöl, Essig

„Die Sardellen werden erst in Wasser gelegt und ausgewässert. Man reibt sie alsdann zwischen den Fingern, daß die Haut abgeht, und legt sie wieder in reines Wasser, daß das

Salz ganz ausziehe. Darauf mengt man feingeschnittenen Kalbsbraten, feingeschnittene Gurken, feingeschnittene Cappern, und ein paar feingehackte Eierdotter durcheinander, und thut es zusammen auf eine Assiette. Die Sardellen werden hiernächst mit dem Messer ausgegrätet, aufgerollt oder aufgewickelt, und so in Rollen auf das Eingemengte dicht nebeneinander gesteckt. Endlich begießt man dieses mit Baumöl und Essig." 1800

SELLERIESALAT

1-2 Sellerieknollen (ca. 750 g), Bouillon zum Kochen, 4 hartgekochte Eidotter, ¼ l Olivenöl, Essig nach Geschmack, Salz, 1 Prise Zucker, 3-4 Schalotten, Feldsalat (Rapuntika)

„Mehrere sauber geputzte und gewaschene Sellerieköpfe kocht man in Bouillon oder Salzwasser gar, schneidet sie nach dem Erkalten in runde Scheiben und entfernt die etwa darin enthaltenen faserigen Theile; eine Stunde vor dem Anrichten rührt man das Gelbe von mehreren hartgekochten Eiern mit Oel, Essig, etwas Salz und feingehackten Chalotten zusammen, fügt etwas Zucker hinzu, doch nicht zuviel, daß derselbe etwa vorschmecken könnte und mengt den Salat damit behutsam durcheinander. Beim Anrichten garnirt man ihn mit Rapuntika, den man vorher in Wasser gelegt haben muß, damit er recht schön frisch und grün bleibt." 1853

ZWETSCHGENSALAT

60 g Zwetschgen, ¼ l Weinessig, 5 Nelken, ½ unbehandelte Zitrone

„Ueber ungefähr 60 Zwetschgen (Pflaumen) gießt man recht heißes Wasser, läßt sie einige Minuten darin liegen, zieht ihnen die Haut ab, schneidet sie der Länge nach durch und nimmt die Steine heraus. Nun kocht man Weinessig mit etwas Wasser, einigen ganzen Nelken und feingeschnittener Citronenschale auf, legt die Zwetschgen in eine Salatiere, gießt den Weinessig heiß darüber und läßt das Ganze erkalten." 1830

ZWIEBELSALAT

750 g Zwiebeln, 1 Bd. Petersilie, 200 g eingelegte Rote Bete, Essig, Olivenöl

„Die in Salzwasser gargekochten Zwiebeln werden in Scheiben geschnitten, mit Petersilie und Rothebeet garnirt und mit Essig und Oel übergossen." 1800

Pasteten

Die Kunst, Pasteten richtig vorzubereiten, mit sorgfältig angerichteten Zutaten Schicht für Schicht zu füllen und endlich heiß oder auch später kalt auf den Tisch zu bringen, stand bei hanseatischen Hausfrauen einst in hoher Gunst.

Man beschränkte sich durchaus nicht auf Fleisch- oder Leberpasteten, wie auch unsere Auswahl alter, bewährter und zum Teil in neue Form gebrachter Rezepte bremischer, hamburgischer und lübeckscher Hausfrauen beweist.

Einem Kochlexikon entnehmen wir die folgende Definition:

Pasteten sind feingewürzte warme oder kalte Speisen aus Fleisch, Wild, Geflügel oder Fischfarce in Teighülle, oft auch in Bechern, Schüsseln oder Terrinen bereitet. Es gibt Kastenpasteten, Krustaden, Timbalen, Törtchen, Rissolen, Terrinen, Pies und Galantinen.

Die ersten Pasteten wurden vermutlich vor 1000 Jahren in Frankreich zubereitet. Im 14. und 15. Jahrhundert nach der „Entdeckung“ der Gewürze und in der Prachtentfaltung der Renaissance bildeten die Pasteten Höhepunkte eines jeden Mahls.

Die Hansestädterinnen lernten das Pastetenbacken wohl erst im 18. und 19. Jahrhundert. Wie bedeutsam aber die Pasteten für die hanseatische Küche waren, das zeigt nicht nur die Vielzahl der Rezepte, sondern auch die Pracht der Anrichtung.

Wieder geben uns hamburgische Hausfrauen in einem Buch entsprechende Hinweise, die man – so man den Blätterteig nicht der Tiefkühltruhe entnimmt – auch heute gut verwenden kann. Nur auf das Auswaschen der Butter kann verzichtet werden. Dazumal kam die Butter stark eingesalzen in Holzfässern in die Städte. Um die Pasteten nun nicht allzu salzig geraten zu lassen, mußte die Butter „ausgewaschen“ werden.

„Wer eine große Pastete machen will, muß zuvor einen Pastetenteig zu bereiten wissen. Zu kalten Pasteten macht man diesen folgendermaßen:

Man nimmt 4 Pfund feines Mehl und ¼ Pfund Butter oder Fett, drückt ein Loch in das Mehl, thut die Butter sowie kochendes Wasser hinein und macht durch Umrühren einen steifen Teig daraus; hieraus formirt man die Pastete und legt sie auf allen Seiten mit Fleisch-Farce aus, worauf man einen Teigdeckel formirt, der ganz genau darauf passen muß. In diese Form kann man nun Verschiedenes hineinthun, um sie dann mit dem Deckel zu schließen und auszubacken.

Zu warmen Pasteten, Torten, Torteletten u.s.w. nimmt man zu jedem Pfund Mehl 1 Pfund Butter, 1 Ei und etwas Rum und Wasser (von letzteren mehr als von ersterem), legt das Mehl auf ein Kuchenbrett, macht ein Loch in die Mitte des Mehls, gießt das Ei, sowie den Rum und das Wasser hinein, knetet mit den Händen Alles gut durch, bis ein steifer Teig daraus wird und rollt diesen mit dem mit Mehl bestrichenen Rollholz auseinander. Dann wäscht man die Butter, welche einige Stunden zuvor in Wasser gelegen haben muß, gut aus, legt sie stückweise auf die Hälfte des ausgerollten Teiges, legt nun die andere Hälfte darüber, macht eine Rolle davon, rollt es gehörig durcheinander und legt es immer wieder zusammen. Von diesem Butterteige kann man warme Pasteten und auch beliebige Kuchen machen.

Zur Formirung der Pasteten oder Kuchen muß man eine Torten- oder Pastetenpfanne haben. Man schneidet einen Bogen reines Schreibpapier nach der Größe der Pfanne, legt ihn auf den Boden derselben, legt eine Unterlage von Teig auf das Papier, darauf einige dünne Speckscheiben und auf diese endlich alle die Sachen, welche man zur Pastete haben muß, ordentlich aufgeschichtet, faßt Alles mit einem dünnen Teigrande ein, legt einen Teigdeckel darauf, bestreicht das Ganze mit geschlagenem Ei, drückt den Rand mittels eines Messerrückens recht glatt mit dem Deckel zusammen, macht Feuer über und unter die Pfanne und läßt die Pastete gehörig abbacken. Man macht auf diese Art alle möglichen Arten von Pasteten."

AALPASTETE

1,5 kg Aale, ½ l Essig, Salz, 2-3 Zwiebeln, 1 Zitrone, 500 g Hechtfleisch, 125 g Butter, 2-3 Eier, 4 Schalotten, Muskatblüte, 150 g Semmelbrösel, ½ Bd. Petersilie, frischer Thymian, Pastetenteig, 1 Eigelb zum Bestreichen, ¾ l Bouillon, 1 Röhrchen Kapern, 70 g Sardellen, 2 EL Mehlschwitze, 2-3 Eidotter

„Einige große Aale werden abgezogen, in Stücke geschnitten, gereinigt und 1 Stunde in Essig, mit etwas Salz und einigen Zwiebelscheiben gelegt, und in Wasser, einigen Citronenscheiben, Salz und Gewürz halbgar gekocht; dann gießt man die Aale auf einen Durchschlag und löset die Gräten heraus. Nun macht man ein Füllsel von Folgendem: Man nimmt einige kleine Hechte aus, schuppt sie, schneidet Kopf und Floßfedern ab und kocht sie gar, zieht dann die Haut davon, grätet sie aus und hackt das Fleisch derselben recht fein, giebt dazu ein Stückchen Butter, einige kleingeschlagene Eier, ein paar gehackte Chalotten, etwas Muscatblüthe, sowie nach Verhältniß geriebenes Weißbrod, gehackte Petersilie und gehackten Thymian und rührt es gut durcheinander; sollte diese Masse zu steif sein, so giebt man noch etwas geschmolzene Butter oder etwas Bouillon dazu, bis es ein nicht zu weicher Teig wird. Nun macht man einen dünnen Boden von Pastetenteig, legt einen Rand darum, streicht von der Hecht-Farce etwas ebenmäßig hinein, legt die Aalstücke nebeneinander, füllt die Lücken derselben mit der Hecht-Farce aus, streicht das Uebrige der Hecht-Farce ebenmäßig darauf und legt dann einen Deckel von Teig darüber, bestreicht das Ganze mit Eigelb und backt die Pastete in der Pfanne bei oben und unten Kohlen in einer halben Stunde gar und giebt hierzu folgende Brühe: Man nimmt gute Bouillon, einige Eßlöffel voll von dem Essig, in welchem der Aal gelegen hat, einige Capern und gehackte Sardellen, läßt dies gut zusammen durchkochen, giebt dann gebranntes Mehl daran und rührt vor dem Anrichten die Sauce mit einigen Eidottern ab.“ 1879

BROTPASTETE

Teig:
375 g Weizenmehl, Type 550, 30 g Hefe, 1 Tasse lauwarmes Wasser, 30 g Margarine, 1 Prise Salz, ½ TL Thymian
Füllung:
250 g Putenschnitzel, 125 g Geflügelleber, 1 EL Butter, 1 Zwiebel, 100 g rote Paprikaschoten, 100 g grüne Paprikaschoten, 2 hartgekochte Eier, 50 g Rahmfrischkäse, Knoblauchsalz, Pfeffer, Fett für das Backblech, 1 Ei zum Bestreichen

Die zerbröckelte Hefe in einer halben Tasse lauwarmem Wasser auflösen. Mehl in eine Schüssel sieben, in die Mitte eine Vertiefung drücken, die aufgelöste Hefe hineingießen und von der Mitte aus vermischen. Nach und nach das restliche Wasser, die erwärmte

Margarine, Salz und Thymian zugeben und alles fest verkneten, bis sich der Teig von der Schüssel löst. Zudecken und an einem warmen Ort etwa 20 Minuten gehen lassen.
Für die Füllung Putenschnitzel, Geflügelleber, Zwiebel und Paprikaschoten feinwürfeln, in der Butter anbraten, bis die Flüssigkeit verdampft ist, erkalten lassen. Die Eier feinhacken, zuerst mit dem Käse und den Gewürzen, dann mit dem Fleisch-Gemüse-Gemisch vermengen. Den Teig auf eine mit Mehl bestäubte Arbeitsfläche legen, kräftig durchkneten und 5 mm dick ausrollen. Die Füllung in die Mitte legen, den Teig ringsherum anheben, ein Bündel formen und zusammendrehen. Den restlichen Teig abschneiden und nochmals ausrollen. Den Brotkloß vorsichtig hochheben, mit dem Knoten nach unten auf das gefettete Backblech legen. Die ausgerollten Teigreste in Streifen schneiden, den Brotkloß mit dem verquirlten Ei abstreichen, die Teigstreifen gitterförmig auflegen und ebenfalls einpinseln. Den Kloß noch 10 Minuten ruhen lassen.
Im Ofen auf der mittleren Schiene bei 200 Grad 30-35 Minuten backen. Wenn das Brot schön goldbraun ist, herausnehmen und mit dem restlichen Ei bestreichen.

ENTENPASTETE

2 kleine Flugenten, 2 l kräftige (fette) Brühe (Braise), 500 g Schweineschulter, mager, 500 g Kalbskeule, 120 g Rindernierenfett, 4 Trüffel, 125 g Sardellen, 125 g Champignons (alles zweimal durch den Wolf gedreht), 120 g Butter, 4 Eidotter, 2 Eier, 6-8 Schalotten, ½ Tasse Semmelbrösel, Muskat, Salz, Bratensaft, Pastetenteig

„Hierzu nimmt man 2 Enten, schneidet jede in 4 Theile, macht sie in einer Braise halb gar und läßt sie darin erkalten. Dann bereitet man eine Farce von 1 Pfund Schweinefleisch, 1 Pfund Kalbfleisch, 12 Neuloth Rindernierenfett, 4 Trüffeln, ¼ Pfund gewässerten und ausgegräteten Sardellen, Champignons, 12 Neuloth zu Schaum geriebener Butter, 4 Eidottern, 2 ganzen Eiern, einigen feingehackten und in Butter geschwitzten Chalotten, einer Handvoll geriebenem Weißbrod, etwas geriebener Muskatnuß, Salz und einigen Löffeln voll Jüs und rührt Alles gut durcheinander. Die Pastete wird von Blätterteig auf einer Schüssel gemacht, mit Eiweiß bestrichen und in 1½ Stunde gargebacken, worauf man sie mit einer Capern-Sauce anrichtet." 1879

FASANENPASTETE

1 Fasan (kann auch ein älteres Tier sein!), 1 Hähnchen, 500 g Kalbfleisch, 1 Bd. Petersilie, 4-6 Schalotten, 100 g Champignons, 100 g Mousserons, 1-2 Kalbsbries, 150 g Katenschinken, 150 g ungeräucherter Speck (alles zweimal durch den Wolf drehen), Thymian, Rosmarin, Piment, Pfeffer, Salz, Pastetenteig

„Man hackt das Fleisch von einem Fasan, einem Kapaun, nebst einem Stück schieres Kalbfleisch, desgleichen Petersilie, Chalotten, Champignons, Mousserons, Kalbsprisen (Schweser), Schinken und rohen Speck. Das Quantum von dem Kalbfleisch und den übrigen Sachen nimmt man nach Verhältniß zu einem Fasan und einem Kapaun. Man würzt die Farce mit feinen Kräutern, Gewürzen und Salz. Man verfertigt die Pastete von einem mürben Teige, giebt die Farce hinein und verfährt damit wie bekannt. Die Pastete muß 1½ Stunde backen. Wenn man sie anrichten will, nimmt man das Fett davon ab und giebt eine Champignon-Coulis dazu.“ 1879

FISCHPASTETE

Aspik, Reste od. 2 Pfd. Schellfisch, 1 Eßl. feingehackte Petersilie, 2 alte geschälte Rundstücke, ½ Kochl. Mehlschwitze, ⅛ Ltr. süßer Rahm oder Milch, 1 gehäuft. Teelöffel Salz, 2 ganze Eier oder 3 Eiweißreste

„Man verwendet die Pastete als warmes Gericht bei einem Frühstück. Auch kann man sie kalt verwenden, garniert mit gehacktem Aspic oder auf Schwarzbrotscheiben legen. Hat man keine Reste, so nimmt man 2 Pfd. Schellfisch. Man trennt das Fleisch von Haut und Gräte, dreht dann das Fischfleisch und die feingehackte Petersilie durch die Fleischmaschine. 2 alte, geschälte Rundstücke werden in lauwarmem Wasser eingeweicht, gut ausgedrückt und mit dem Fisch vermengt. ½ Kochl. Mehlschwitze rührt man mit ⅛ Ltr. süßem Rahm oder Milch aus, tut 1 gehäuften Teelöffel Salz dazu und mischt dieses mit dem Fischfleisch. Wenn alles gut verrührt, tut man 2 ganze Eier oder 3-4 Eiweißreste dazu. Diese Masse füllt man in eine mit Butter ausgestrichene und mit Mehl ausgestreute Randform oder Kumme, stellt diese in einen Topf mit kochendem Wasser, hiernach zugedeckt in den nicht zu heißen Ofen 1 Stunde. Hierzu gibt man Krebs- oder Tomatensauce.“ 1910

GÄNSELEBERPASTETE NACH HAMBURGER ART

6-7 Gänselebern (keine Stopfleber), 100-150 g frischer Speck in dünnen Streifen, ¼ l Bratensaft, 8-10 große Champignons, 250 g Kalbfleisch, 500 g Kalbsbries, 2 Gänselebern, 250 g geräucherter Speck, 125 g Trüffeln, 4-6 Eier, 2 EL Bouillon, 250 g Butter, Pfeffer, Muskat, Salz, Pastetenteig

„Sechs bis sieben große Gänselebern werden recht voll gespickt, mit guter Jüs und einer Handvoll Champignons zu Feuer gesetzt und eben aufgekocht. Dann bereitet man folgende Farce: man stößt ½ Pfund Kalbfleisch, 1 Pfund Kalbsmilch, 2 Gänselebern, ½ Pfund geräucherten Speck, ¼ Pfund Trüffeln und 8 Stück Champignons, welche mit der Leber gekocht sind, in einem Mörser ganz fein, bereitet von 6 Eiern, 2 Löffeln voll Bouillon und ½ Pfund Butter ein weiches Rührei, giebt die gestoßene Masse nebst 3 Löffeln voll guter Jüs, etwas Pfeffer, Muskatnuß und Salz dazu, rührt Alles gut durch, streicht den Boden einer Pastete mit dieser Farce dick aus, legt die Leber darauf, gießt einige Löffel voll von der Jüs, worin die Leber gekocht ist, darüber, legt oben wieder Farce und dann den Pastetendeckel darauf. Man setzt diese Pasteten in einen nicht zu heißen Ofen oder in eine Tortenpfanne. Sobald man sieht, daß der Dampf aus der kleinen Röhre, die sich in der Mitte des Deckels befindet, herauskommt, so ist das ein Zeichen, daß die Pastete kocht, was sodann noch eine halbe Stunde, aber nicht länger, unterhalten werden muß. Nun schneidet man den Deckel rundherum ab, gießt einige Löffel voll von der Trüffel-Sauce beim Anrichten hinein. Soll die Pastete kalt gegeben werden, so füllt man sie mit Consomme, anstatt mit der Trüffel-Sauce. Da diese Pastete schnell gar werden muß, so darf man den Teig nicht zu dick machen. Man kann außer den Gänselebern auch Geflügel und Wildpret in die Pastete legen.“ 1879

HECHTPASTETE

1 kg Hecht in großen Stücken, 100-150 g dünne Speckstreifen, 125 g Butter, Salz, frischer Thymian, Petersilie, 500 g Hechtfleisch, 1 Tasse Semmelbrösel, 2 Eiweiß, 3 ganze Eier, Muskatblüte, abgeriebene Zitronenschale, Salz, weißer Pfeffer, 50 g Butter, ½ Tasse Bouillon

„Wenn man 2 große Hechte ausgenommen hat, so schneidet man sie der Länge nach durch, löset die Rückgräte und schneidet auch die Bauchgräten heraus, reinigt das Fleisch von der Haut und schneidet es in Stücke, spickt diese mit dünnen Speckstreifen, legt die Stücke dann in eine Casserole, worin man vorher Butter geschmolzen, giebt etwas Salz, gehackten Thymian und Petersilie dazu und läßt sie einige Minuten auf beiden Seiten durchbraten, so lange, bis sie steif sind. Nun macht man ein Füllsel von einigen kleinen Hechten, schuppt sie, nimmt sie aus, schneidet sie in Stücke und befreit sie von den Gräten, hackt das

Fleisch recht fein, nimmt das geriebene Weiße von Klöven, sowie das zu Schaum geschlagene Weiße von 2 Eiern und 3 ganze Eier, etwas Muscatblüthe und Citronenschale, giebt die Butter dazu worin die Hechte ausgebraten sind und rührt dieses Füllsel gut durch. Nun bestreicht man eine Pastetenform, worin der Teig vorher geformt, mit Butter, gießt auf den Boden derselben etwas kalte Bouillon, legt die Fleischstücke gehörig nebeneinander und die übrigen Stücke darauf, giebt das Füllsel darüber, womit der Fisch ganz bedeckt ist, macht in der Mitte desselben ein Loch, legt den Teigdeckel darüber, in welchem gleichfalls ein Loch, und backt die Pastete in einer Stunde gar. Man ißt eine Sardellen-Sauce dazu."

1879

HIRSCHPASTETE

1 kg Kleinfleisch vom Hirsch, auch gemischt mit Reh, Hase und/oder Wildschwein, 200 g Speck, 100 g Katenschinken, 6-8 Schalotten, 8 Sardellen, 1 Röhrchen Kapern, 2-3 hartgekochte Eier, 2 Tassen Semmelbrösel, 500 g Hirschkeule, 100 g Speck in dünnen Scheiben, Pfeffer, Nelkenpulver, Salz, je 1 Zweig Basilikum, Estragon, Thymian, 3-4 Nelken, Piment, 1-2 Zwiebeln, 2-3 Lorbeerblätter, 1/4 l Rotwein, 1/4 l Weinessig, 1 unbehandelte Zitrone in dünnen Scheiben, 150 g fettter Speck in dünnen Scheiben, Pastetenteig

„Man macht eine Farce von Wildpret, woraus alle Sehnen gesucht werden müssen, nimmt alsdann Speck, Schinken, Schalotten, gewässerte und von den Gräten gemachte Sardellen, Cappern und zwei bis drei Eyer, welche zuvor hartgekocht werden müssen, hackt dieses alles recht fein, thut es mit geriebenem Roggenbrod in einen Mörser, und stößt dieses recht gut durcheinander. Man kann auf folgende Art Wildpret, was in die Pastete soll, zubereiten: Wenn die Häute von dem Wildpret abgezogen, und alle Sehnen herausgenommen sind, wird es in dünne Scheiben geschnitten; diese werden gut geklopft, und mit langgeschnittenen Speck, welcher mit gestoßenem Pfeffer, Nelken und Salz bestreuet ist, durchgezogen, alsdann in ein irdenes Geschirr gelegt; man nimmt Basilikum, Dragun,* Thymian, gestoßene Nelken, englisch Gewürz, geschnittene Zwiebeln und etliche Lorbeerblätter dazu, gießt halb Wein und halb Essig darauf, und läßt es 24 Stunden wohl zugedeckt stehen. Alsdann streicht man von der vorher erwähnten Farce die Hälfte unten in die Pastete, das übrige von der Farce wird in das in Scheiben geschnittene Fleisch gelegt, und jede Scheibe als eine Rolette gewickelt; diese werden dann ordentlich in die Pastete gelegt (man muß

* Dragun = Estragon

aber ja nicht vergessen, zu der Farce ein wenig starke Bouillon, oder auch von dem Wein und Essig, worin das Fleisch gelegen, zu nehmen), dazwischen Citronenscheiben ohne Kerne, und darüber Speckscheiben gelegt. Der Wasserteig wird gemacht und auf den Deckel kann man von ausgerolltem dünnen Teig allerlei Zierrathen machen, als nämlich Blumen mit Stengeln oder Blättern, was man will; diese Pasteten können im Backofen oder Tortenpfanne 3 bis 4 Stunden backen; wenn übrigens die Pasteten gahr sind, löst man den Deckel heraus, füllt das Fett ab, und gießt braunen Ueberguß* in die Pastete.“ 1830

Anmerkung: Garzeit in modernen Öfen nur ca. 1-1½ Stunden.

KALBFLEISCHFARCE

250 g Kalbskeule, 125 g durchwachsener Speck, feingeschnitten, 200 g Semmelbrösel, 300 ml Kalbsbratensauce, ½ TL abgeriebene Zitronenschale, 1 Msp. zerstoßene Muskatblüte oder ½ TL gemahlene Muskatblüte, Cayennepfeffer, Salz, 4 gut aufgeschlagene Eier

Kalbfleisch mit dem Speck durch den Wolf drehen, dann Semmelbrösel, Bratensauce, Zitronenschale und die Gewürze dazugeben und alles gründlich durchrühren. Eier gut untermischen. Im Backofen bei 180 Grad 60 Minuten backen.

KAPAUNENPASTETE

3 kleine Kapaune bzw. Poularden, 6-8 Schalotten, 125 g Butter, Salz, Saft von 1 Zitrone, Bouillon, 1 kg Kalbfleisch, 3-4 Hühnerlebern, 8 Sardellen, 125 g Rindernierenfett, ½ Bd. Petersilie, 2 altbackene Brötchen, Rührei von 2 Eiern, 4 rohe Eier, Muskatblüte, Salz, Pastetenteig

„Drei gute Kaupanen werden ausgenommen, tüchtig gereinigt, in 4 Theile zerlegt, mit kaltem Wasser zu Feuer gesetzt und sobald sie zu kochen anfangen, wieder herausgenommen.

*Überguß = Aspik

Nachdem man die Knochen herausgelöst hat, läßt man sie abtropfen, legt sie in eine Casserole, in welcher man vorher einige Chalotten in Butter geschwitzt hat, giebt etwas Salz und den Saft einer Citrone darüber, läßt sie auf Kohlenfeuer gut zugedeckt eine halbe Stunde schwitzen, kehrt sie während der Zeit mehrmals um und begießt sie öfters mit Bouillon, damit sie nicht braun werden, worauf man sie abkühlen läßt. Während des Kochens hackt man 2 Pfund mageres Kalbfleisch, die Lebern von 2 Kapaunen, 8 Sardellen, ¼ Pfund Nierentalg und etwas Petersilie recht fein, giebt das eingeweichte und wieder ausgedrückte Weiße von 2 alten Klöven, ein von 2 bis 3 Eiern bereitetes Rührei und 4 rohe Eier dazu, rührt das Ganze nebst etwas Muskatblüthe und Salz gut durcheinander und streicht 2 Finger hoch von dieser Farce auf den schon bereiteten und geformten Pastetenteig. Nun legt man die Kapaunenstücke ordnungsgemäß nebeneinander darauf, giebt einige geschnittene Champignons darüber, übergießt dies mit etwas Jüs, worin die Kapaunen gekocht sind, streicht die Farce dünn darauf, legt den Teigdeckel obenauf und backt die Pastete in einer Stunde gar. Man ißt dieselbe mit einer Sauce, worin man Krebsschwänze gekocht hat, deren man 5 bis 6 Stück auf jede Person rechnet.“ 1879

KÄSECREMEPASTETCHEN

⅛ l frische Sahne, 1 TL Stärkemehl, 65 g geriebener Chester, 1 Ei, ½ TL Senf, 1 Msp. Salz, 1 TL frische Butter, 4 fertige Blätterteigpasteten

Sahne zum Kochen bringen, das in kaltem Wasser angerührte Stärkemehl unterquirlen, Käse zugeben und unter Rühren 3 Minuten kochen lassen. 10 Minuten kühlstellen. Ei, Senf und Salz zugeben. Blätterteigpasteten im Ofen bei 180 Grad anwärmen. 10 Minuten vor dem Anrichten die Masse unter ständigem Rühren nochmals erhitzen, in die Pasteten füllen, Butterflöckchen darübergeben und kurz im Ofen überkrusten.

MATJESPASTETE

750 g Kartoffeln, 6 Matjesfilets, 3 fingerdicke Scheiben gekochter Schinken, 2 EL geriebener Käse, 50 g Butter, 2 Becher saure Sahne, 4 Eigelb

Die gekochten und geschälten Kartoffeln in Scheiben, die Matjesfilets und den gekochten Schinken in Würfel schneiden. In eine gefettete Auflauf- oder Pastetenform in folgender Reihenfolge übereinanderschichten: Kartoffelscheiben, Matjesstücke, Kartoffelscheiben, Schinkenstücke, Kartoffelscheiben, usw. Die oberste Schicht aus Kartoffelscheiben mit Butterflöckchen belegen und mit dem geriebenen Käse bestreuen. Darüber die Mischung aus mit Eigelb verquirlter saurer Sahne gießen und die Pastete im vorgeheizten Backofen leicht überbräunen.

REBHUHNPASTETE

4 Rebhühner, ¼ l Bouillon, 50 g Speck in feinen Streifen, Pfeffer, Salz, Kalbfleischfarce, 4 Essiggurken, 4 Scheiben Katenschinken, Pastetenteig

„Einige Rebhühner werden gut von den Federn gereinigt, die Füße und der Kopf abgeschnitten und in Bouillon halb gar gekocht; man löst dann soviel wie möglich die Knochen heraus, spickt die Fleischstücke mit sehr feinem Speck und reibt sie mit etwas Salz und Pfeffer ein. Währenddem hat man eine Pasteten-Farce von Kalbfleisch bereitet, belegt von dieser Farce den Boden des Teiges fingerdick damit, legt die Rebhühnerstücke darauf und hierauf wieder einige Scheiben Essig-Gurken und einige Scheiben rohen Schinken, giebt hierauf die übrige Farce, macht die Pastete wie gewöhnlich zu und läßt sie in 1½ Stunden garbacken. Man ißt die Pastete kalt.“ 1879

SCHINKENPASTETCHEN

200 g gekochter Schinken, 20 g Butter, 3 EL geriebener Käse, 4 EL süßer Rahm, Worcestersauce, Pfeffer, Salz, 1 Paket Blätterteig, 1 Ei

Schinken feinhacken, in Butter andünsten. Die weiteren Zutaten zugeben und mit Worcestersauce, Pfeffer und Salz abschmecken. Blätterteig vorsichtig ausrollen, Vierecke schneiden, mit der Masse füllen. Die Ecken oben zusammenfalten und mit verquirltem Ei bepinseln. Im Ofen bei 200 Grad 15 Minuten backen, bis die Pasteten goldgelb sind. Sofort servieren.

SCHWEDISCHE PASTETEN
für 12 Personen

18 kleine Pasteten, 18 Krebse, ½ Pfd. frische Champignons, 3 Karpfen, Milchner, ½ Kalbsschweser, 3 Sardellen, ⅛ Pfd. Butter, 3/8 Pfd. Caviar

„18 kl. Pasteten, die man beim Konditor bestellt, werden 10 Minuten vor dem Anrichten in den nicht zu heißen Ofen gestellt, dann mit folgendem kleinen Ragout gefüllt. 18 Krebse, ½ Pfd. frische Champignons, 3 Karpfen, Milchner, ½ Kalbsschweser, 3 gewässerte, von der Gräte befreite, in Würfel geschnittene Sardellen. Man bereitet von den Krebsschalen mit

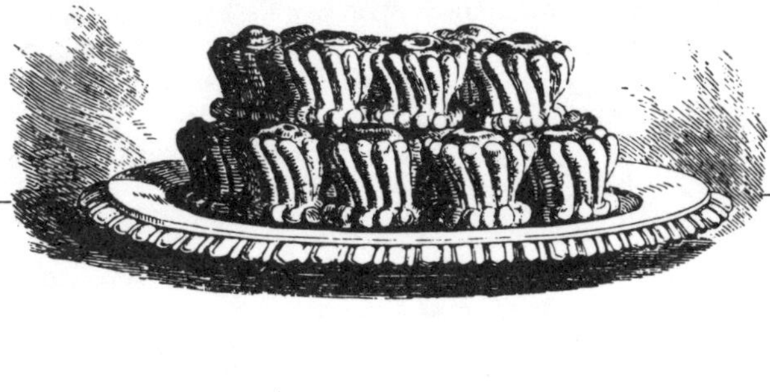

1/8 Pfd. Butter rote Krebsbutter, diese schwitzt man im Topfe mit 1 Kochlöffel Mehl unter Rühren 1-2 Minuten, dann gibt man 1/4 Ltr. Kalbfleischbrühe dazu, quirlt die Sauce mit 1 Eidotter ab und gibt nach Geschmack Salz dazu. Sämtliche Zutaten schneidet man in Würfel, diese legt man in die fertige Sauce, die Krebsschwänze legt man beim Anrichten obenauf. Das Ragout stellt man zum Heißwerden 30 Minuten vor dem Anrichten in einen Topf mit kochendem Wasser. Man richtet die Pasteten auf einer Serviette an, legt auf den Rand der Serviette geröstete Brötchen, die man mit Caviar bestreicht.“ 1910

SCHWESERPASTETCHEN

400 g Schweser (Bries bzw. Milchner) vom Kalb, 1/2 geschälte Zwiebel, 1 kleine Möhre, etwas Salz, 4 Pfefferkörner, 1 Lorbeerblatt, 1/4 Tasse Essig, 1 l Wasser, 1 TL Butter, 1 TL Mehl, 1/4 l kalte Milch, etwas Salz, Pfeffer, Muskatnuß nach Geschmack, etwas Zitronensaft, 1 Schuß Worcestershiresauce

Schweser von Häuten und Sehnen befreien und 10 Minuten in einem Sud aus Zwiebel, Möhrenscheiben, Salz, Pfefferkörnern, Lorbeerblatt, Essig und Wasser leicht kochen. Im Sud abkühlen lassen, abtrocknen und in Würfel schneiden. Über leicht kochendem Wasser warmhalten. Aus Butter und Mehl eine helle Schwitze bereiten, mit kalter Milch löschen, mit Pfeffer, Salz, Muskatnuß, Zitronensaft und Worcestershiresauce würzen und die Schweserwürfel in dieser Sauce noch einmal kurz erhitzen. Die Pasteten 15 Minuten vorher im Ofen anwärmen, mit den Schweserwürfeln und der Sauce füllen und 5 Minuten im heißen Backofen überziehen lassen.

TAUBENPASTETE

4 küchenfertige Tauben, 4-6 Schalotten, 100 g Butter, 1/2 l Bouillon, 500 g Kalbsbries, 500 g geschälte Kastanien (Maronen), 1 kg Kalbfleisch, 125 g Butter, 6-8 Schalotten, 200 g Weißbrot, 4 Eier, Muskatblüte, Salz, 2 EL Kapern, Pastetenteig, Mehlschwitze, 2 EL Kapern, Muskat, Salz, Zitronensaft, 2 Eidotter

„Vier Tauben werden in der Mitte von einander geschnitten, mit Butter und einigen gehackten Chalotten eine Viertelstunde durchgeschwitzt und mit Bouillon, einigen in Stücke geschnittenen und blanchirten Kalbsmilchen und 1 Pfund halbgargekochten Kastanien halbgar gekocht. Man bereitet die Farce, indem man 2 Pfund Kalbfleisch in Stücke schneidet, mit einigen gehackten Chalotten und 1/4 Pfund Butter durchschwitzt und leicht feinhackt, worauf man es mit der Sauce, worin das Fleisch geschwitzt worden ist, 20 Neuloth eingeweichtem und wieder ausgedrücktem Weißbrod, 4 ganzen Eiern, Muscatblüthe, etwas Salz und 2 Löffeln voll Capern gut durchrührt. Dann bereitet man vorschriftsmäßig aus Butterteig

eine Pastete, formt von Kalbfleisch-Farce kleine Klöße, legt die Hälfte davon schichtweise auf die mit Farce bestrichene Pastete und legt dann entbeinte Tauben, Kalbsmilch und Kastanien in abwechselnden Schichten darauf. Nun giebt man die andere Hälfte der Farce darüber, schließt die Pastete mit dem Deckel, bereitet die Sauce von Bouillon, etwas in Butter geschwitztem Mehl und der Brühe, worin die Tauben gekocht sind, setzt dies zu Feuer, giebt, wenn es kocht, die andere Hälfte der Klöße hinein und macht es mit zwei Löffeln von Capern, Muscatnuß, Salz und etwas Citronensaft schmackhaft. Man läßt die Pastete 1½ Stunden backen und zieht die Sauce mit Eidottern ab.“ 1879

ZUNGENPASTETE

1 Ochsenzunge, 150 g feine Speckstreifen, 1 kg Kalbfleischfarce, 125 g Butter, ½ l Bouillon, 1 Kalbsbries, 60 g Butter, 4-6 Schalotten, 250 g Champignons, 150 g Morcheln, Pastetenteig, 100 g Schinken in dünnen Scheiben, 50 g Speck in dünnen Scheiben

„Eine Ochsenzunge kocht man in Salzwasser ab; wenn sie kalt ist, schneidet man sie in Scheiben und spickt sie mit feinen Speckstreifen. Nun macht man eine Farce von Kalbfleisch, rollt von einem Theil derselben kleine Klöße, legt diese mit den gespickten Ochsenzungen in eine Casserole, giebt Butter und etwas Bouillon daran und läßt dieses zusammen auf Kohlenfeuer eine gute Viertelstunde durchschwitzen, schneidet dann einen blanchirten Kalbsschweser in Würfel, schwitzt diesen mit Butter und Chalotten gar und kocht ebenfalls abgeputzte Champignons und Morcheln eben auf. Dieses wird nun Alles, jedoch ohne die Kalbfleisch-Farce, durcheinander gemengt. Dann formt man den Pastetenteig, legt auf den Boden einige dünne Sckinkenscheiben, hierauf eine Schicht von der Farce, dann die durchgemengten Zungen, wiederum Kalbfleisch-Farce und hierauf wieder dünne Speckscheiben, formirt dann den Teigdeckel, wie schon mehrfach angegeben, und läßt die Pastete eine Stunde backen. Man giebt sie warm mit einer Sardellen- oder sonstigen pikanten Sauce zu Tische.“ 1879

Das Backen von Kuchen und Torten

Wenn man in einem hundertfünfzig Jahre alten Kochbuch über die allgemeinen Regeln beim Backen von Kuchen oder Torten belehrt wird, so wundert man sich gewiß über all' die Umstände und Beschwerlichkeiten, die zu jener Zeit Hausfrauen auf sich nahmen, um ein gutes Gebäck auf den Tisch zu bringen. Sie haben es trotzdem geschafft.

Man hört auch dort, daß zu jedem „Gestbackwerk" das Mehl vor dem Gebrauch erwärmt werden muß. „Gest" heißt soviel wie „Hefe".

Der Teig wird vor dem Gebrauch mit warmem Wasser glattgerührt und zugedeckt an einen warmen Ort gestellt. *Nimmt man frische Gest (Hefe), so muß man ihn solange abwässern, bis alles Bittere davon ist und wird in beiden Fällen der Gest zuletzt zum Teige gerührt, damit er seine ganze Kraft behält.*

Den Hutzucker reibt man mit Zitronen ab und deckt ihn bis zum Gebrauch gut ein. Rosinen und Corinthen müssen gut verlesen, gewaschen und auf einem Durchschlag zum Trocknen gelegt werden. Die Mandeln übergießt man mit kochendem Wasser, läßt sie eine Weile darin stehen, zieht die Haut davon, wäscht sie dann noch einmal mit kaltem Wasser ab und läßt sie trocknen.

Bei jeder Torte muß man erst die Eier stark und lange schlagen und dann erst den durchgesiebten Zucker dazugeben.

Dr. Oetkers Backpulver gab es dazumal noch nicht. Auch keine Rosinen in fertigen Packungen und geschälte Mandeln.

Auch mußte man erst prüfen, ob der Ofen die gehörige Hitze zum Backen hatte, denn man konnte noch nicht, wie bei unseren elektrischen Öfen, den Grad der Temperatur einfach ablesen.

An allen diesen Anmerkungen ist zu erkennen, mit wie großer Sorgfalt hanseatische Hausfrauen gerade die Kunst des Backens betrieben. Die Rezepte waren und sind zum Teil recht anspruchsvoll. Sie sind, richtig umgesetzt, auch für die neue hanseatische Küche von großem Reiz.

BLASENKUCHEN ZU BACKEN

300 g Weizenmehl, 6 Eier, 12 EL Milch, 12 EL zerlassene Butter, Fett zum Ausbacken, Butter, Zimtzucker

„Man nimmt ohngefähr etwas über ein halbes Pfund Waizenmehl, rührt sechs kleingeschlagene Eyer in das Mehl. Auf jedes Ey rechnet man zwei Löffel voll warmer Milch, und zwei Löffel voll zerlassener Butter, rührt auch dieses dazu; dann wird der Teig so dünn, wie ein Blatt, gerollt, und alsdann mit einem kleinen Rolleisen, ohngefähr in der Größe eines kleinen Tellers, abgeschnitten. Wenn man die ersten Kuchen in die Pfanne legt, so bestreuet man sie vorher mit ein wenig Mehl. Man backt sie nur bei gelindem Feuer, und wenn sie gelbbraun werden, und kleine Blasen bekommen, so sind sie gut. Sobald die Kuchen aus der Pfanne kommen, werden sie mit zerlassener Butter bestrichen, und mit Zucker und Caneel bestreuet." 1830

BUTTERKUCHEN MIT MANDELN

8 Eidotter, 500 g Mehl, 200 g Butter, 100 g Zucker, 5 Stück Würfelzucker, 1 unbehandelte Zitrone, 1 Tasse Sahne, Zimt, Kardamom, 250 g gehackte Mandeln, 50 g Zucker, Zimt, 1 Eigelb, 2 EL Sahne

„Man schlägt 8 Eidotter klein, giebt 1 Pfund Mehl, 20 Neuloth ungesalzene Butter, ¼ Pfund an einer Citrone abgeriebenen Zucker, eine reichliche Tasse voll süßen Rahm, etwas Zimmet und Cardamom hinzu, knetet dies Alles zu einem glatten Teig, den man ausrollt und auf ein Tortenblech ausbreitet. Nun hackt man ½ Pfund abgehäutete Mandeln, vermischt sie mit Zucker und Zimmet, bestreicht den Teig mit Eigelb und süßem Rahm, bestreut ihn mit den Mandeln und backt ihn langsam gar." 1879

ENGLISCHER KÄSE

250 g Butter, 250 g Zucker, 4 Eier, Muskatnuß, Zimt, 3 EL Rum, 250 g Mehl, 100 g Stärkemehl, 2 gestr. TL Backpulver, 125 g Rosinen, 125 g Korinthen, 50 g Orangeat, 50 g Zitronat, 50 g kandierte Kirschen, 5 bittere Mandeln, Puderzucker

Die Butter schaumigrühren. Nach und nach Zucker, Gewürze, Eier und Rum zufügen. Mehl mit Stärkemehl und Backpulver mischen und langsam unter ständigem Rühren zugeben. Den Teig so lange rühren, bis er reißend vom Löffel fällt. Dann die gewaschenen und abgetropften Rosinen und Korinthen, das feingeschnittene Orangeat und Zitronat, die feingehackten Kirschen und die abgezogenen und geriebenen Mandeln hineinrühren. Den Teig in eine gefettete Kuchenform füllen und etwa 45 Minuten bei mittlerer Hitze backen. Etwas abkühlen lassen, stürzen und mit Puderzucker bestreuen.

Warum dieser Kuchen „Käse" heißt, war nicht zu ergründen. Vielleicht ist es eine Verballhornung des englischen Wortes „Cake".

GESTPUFFER

40 g Hefe, ½ l Milch, 300 g Zucker, 800 g Mehl, 150 g süße Mandeln, 5 bittere Mandeln, 100 g Succade, 125 g Rosinen, 125 g Korinthen, ½ TL Hirschhornsalz, 20 g Rosenwasser, je einige Tropfen Zitronen- und Rosenöl, 2 cl Rum, Kardamom, Muskatblüte, Zimt, 1 Päckchen Vanillezucker, Saft und Schale von einer unbehandelten Zitrone, 250 g Butter, 4 Eier

„Die Hefe rührt man am Tage vor dem Gebrauch mit der lauwarmen Milch aus, gibt den Zucker und die Hälfte von dem Mehl dazu und stellt das Ganze zugedeckt in den abgekühlten Tellerwärmer. Am nächsten Morgen werden die Mandeln mit kochendem Wasser angesetzt, abgezogen, gerieben. Die Sukkade wird in Würfel geschnitten. Die Rosinen und Korinthen werden mit heißem Wasser gewaschen. Das Hirschhornsalz wird mit den übrigen Zutaten tüchtig verrührt und gibt dieses, ausgenommen die Eier, an den Hefeteig. Ist alles gut verrührt, so gibt man nach und nach den Rest Mehl und die Butter dazu und zuletzt die ganzen Eier. Alsdann schlägt man den Kuchen tüchtig 10 Minuten, füllt den Teig in eine mit Butter und Zwieback bereitete Form und backt den Kuchen im nicht zu heißen Ofen 1½ Stunden. Dieser Kuchen hält sich lange." 1910

HAMBURGER KAFFEEBROT

1kg Mehl, 6 Eigelb, 90 g geschmolzene Butter, 75 g Hefe, etwas Milch, ½ l Sahne, 1 Prise Salz, 1 Prise Zimt, etwas Kardamom, abgeriebene Schale einer unbehandelten Orange, 200 g Zucker, 125 g Butter, etwas Sahne

Aus Mehl, Eidottern, Butter, Sahne, der in Milch aufgelösten Hefe und den Gewürzen einen lockeren Teig herstellen und zwei Stunden an einem warmen Ort abgedeckt gehen lassen. Noch einmal durcharbeiten, Zucker und weitere 125 Gramm Butter zugeben. Den Teig zu einem etwa 1 cm dicken runden Kuchen ausrollen und der Länge und Breite nach mit einem Messerrücken einschneiden, nochmals aufgehen lassen und im Backofen bei mittlerer Hitze goldbraun backen.
Ist dieser Kuchen etwas altbacken geworden, wird er mit Butter bestrichen im Ofen geröstet und dann sofort serviert.

KARTOFFELKUCHEN

12 Eier, 750 g Kartoffeln, gekocht, 250 g Zucker, 125 g Würfelzucker, 4 unbehandelte Zitronen, 250 g geriebene Mandeln

„Man schlägt 12 Eidotter klein, vermischt diese mit einem Teller voll gekochter und dann geriebener Kartoffeln, giebt dazu ¾ Pfund Zucker, an dem 4 Citronen abgerieben sind, sowie den Saft derselben, nebst ½ Pfund gestoßenen süßen Mandeln, rührt das Ganze eine gute Zeitlang durch, lockert zuletzt das von den 12 Eiern zu Schaum geschlagene Weiße dazu und füllt es in eine zubereitete Kuchenform, welchen Kuchen man dann 1 Stunde langsam backen läßt." 1908

KÜSTERKUCHEN

Für etwa 20 Stücke:
500 g Butter, 450 g Zucker, 9 Eier, 250 g süße Mandeln, 10 g bittere Mandeln, 1 Päckchen Vanillezucker, abgeriebene Schale einer unbehandelten Zitrone, 500 g Mehl

Butter schaumigschlagen, nach und nach 450 g Zucker zugeben, weiterrühren, bis er sich aufgelöst hat. Dann Stück für Stück die Eier unterrühren. Anschließend die gehackten süßen Mandeln, die geriebenen bitteren Mandeln, Vanillezucker und Zitronenschale zugeben. Langsam das Mehl unterkneten. Weiterkneten, bis der Teig ganz geschmeidig ist. Den Teig fingerdick auf ein bemehltes Backblech streichen. Den Kuchen im Backofen bei 200 Grad auf der mittleren Schiene 25 bis 30 Minuten hellbraun backen. Nach 10 Minuten Backzeit den restlichen Zucker auf den Kuchen streuen, damit er etwas karamelisiert.
Der Küsterkuchen wird zum Tee gegessen und mit Pflaumenmus oder Johannisbeergelee dick bestrichen.

SPECKKUCHEN

1 kg Mehl, 1 l Milch, 60 g Hefe, 250 g Butter, 4 Eier, 2 Eidotter, 1 Prise Salz, evtl. noch etwas Milch, 250 g magerer Speck, 2-3 Eigelb

„Man rührt 2 Pfund erwärmtes Mehl mit 1 Liter lauwarmer Milch und 3 Löffeln voll Gest zusammen, läßt es an einer warmen Stelle aufgehen, vermischt nun ½ Pfund zu Schaum geriebener Butter mit 4 ganzen Eiern und 2 Eidottern und rührt es mit dem Obigen, etwas Salz und so viel lauwarmer Milch zusammen, daß es ein nicht zu weicher Teig wird, welcher beim Schlagen Blasen wirft und sich vom Löffel löst. Diesen Teig walzt man auf einem mit Mehl bestreuten Backbrett durch, rollt ihn fingerdick aus, sticht mit einem

Weinglase runde Kuchen heraus, belegt die Hälfte davon mit ganz dünnen in Streifen geschnittenen Speckscheiben, legt von der anderen Hälfte Teigdeckel darauf und läßt den Kuchen an einem warmen Orte aufgehen. Hierauf bestreicht man sie mit Eigelb und backt sie in einem nicht zu heißen Ofen gelbbraun." 1879

WICKELKUCHEN

Für etwa 20 Scheiben:
500 g Mehl, 30 g Hefe, 1/4 l lauwarme Milch, 100 g Butter, 1 Prise Salz
Füllung:
100 g Butter, 100 g gestiftelte Mandeln, 250 g Korinthen, 150 g Zucker, etwas Zimt
Für den Guß:
100 g Puderzucker, Zitronensaft

Mehl in eine Schüssel geben, in die Mitte eine Mulde drücken. Hefe mit der Hälfte der lauwarmen Milch verrühren, in die Mulde gießen. Die angerührte Hefe dick mit Mehl bestreuen. Den Vorteig 20 Minuten an einem warmen Platz gehen lassen. Dann die flüssige Butter, die restliche Milch und Salz zugeben. Alles zu einem glatten Teig verarbeiten und kräftig durchkneten. Den Teig an einem warmen Platz weitere 20 Minuten gehen lassen, bis er etwa die doppelte Menge ergibt. Teig auf einer bemehlten Arbeitsfläche etwa 5 mm dick ausrollen, die Teigplatte sollte 50 × 30 cm groß sein.
Für die Füllung Butter verflüssigen, auf die Teigplatte streichen. Mandeln, die gewaschenen und abgetropften Korinthen, Zucker und etwas Zimt über die Teigplatte streuen. Der Länge nach aufrollen und die offenen Seiten zusammendrücken. Die Rolle noch einmal 10 Minuten aufgehen lassen, dann oben einige Male quer mit dem Messerrücken eindrücken.
Die Rolle im Backofen bei 175-200 Grad ca. 45 Minuten backen, herausnehmen und abkühlen lassen. Für den Guß Puderzucker mit Zitronensaft verrühren und den Kuchen rundherum einstreichen.

BREMER KLABEN

1 kg Mehl, 1 TL Kardamom, 100 g Hefe, 1/4 l Milch, 125 g Zucker, 400 g Butter, 1 TL Salz, 1 Päckchen Vanillezucker, Schale und Saft von 1 unbehandelten Zitrone, 125 g gehackte Mandeln, 100 g gehacktes Orangeat, 50 g gehacktes Zitronat, 250 g Rosinen, 250 g Korinthen, 100 g Butter zum Backen und Bestreichen

Mehl mit Kardamom mischen, in eine Backschüssel füllen und in die Mitte eine Vertiefung drücken. Die etwas zerbröckelte Hefe mit lauwarmer Milch und Zucker hineingeben und mit etwas Mehl zu einem Vorteig verrühren. 20-30 Minuten an einem warmen Ort gehen

lassen. Die weiche Butter mit Salz, Vanillezucker, Zitronensaft und -schale zugeben und kräftig mit einem Rührlöffel schlagen, bis sich der Teig von der Schüssel löst. Dann die Mandeln, Orangeat und Zitronat und die kurz abgebrühten und gut abgetrockneten Rosinen und Korinthen untermischen. Den Teig nochmal abgedeckt 30-40 Minuten gehen lassen. Zu einer dicken Platte ausrollen, wie einen Christstollen zusammenklappen und noch vor dem zweiten Gehen in eine Kastenform füllen. Nochmal kurz gehen lassen und auf einem gefetteten Backblech oder in der gefetteten Form bei 200 Grad 60-70 Minuten im Backofen backen. Dabei mehrere Male mit Butter bestreichen.
Der Bremer Klaben ist ein Ostergebäck – auf eine große Kuchenschüssel legen und buntgefärbte Ostereier um den Kuchen garnieren.

BRAUNE UND WEISSE KUCHEN

Die dünnen, rechteckigen Kekse mit ihrem intensiven Gewürzaroma gehören noch heute unbedingt zum weihnachtlichen bunten Teller. Früher waren sie die Festtagsschleckerei schlechthin, und die Kinder mögen sich gestritten haben, welche der beiden Kuchensorten, braune oder weiße, die „schönere" sei. (Besonders in Hamburg ist es nach wie vor allgemeiner Sprachgebrauch, von gutem Essen zu sagen, daß es „schön" schmeckt!)

WEISSE KUCHEN

Für ungefähr 100 kleine Kekse:
5 Eier, 500 g Zucker, abgeriebene Schale von einer Zitrone, 80 g Succade, ½ TL Zimt, ½ TL Nelkenpulver, 15 g Pottasche, 600 g Mehl, Fett fürs Blech

Eier schaumigschlagen, dabei nach und nach Zucker zugeben. Zitronenschale, die feingehackte Succade, Gewürze und Pottasche zugeben, zum Schluß das Mehl unterrühren. Dann den

Teig gut kneten. Über Nacht abgedeckt im Kühlschrank ruhen lassen. Zwischen Pergamentpapier 2 mm dick ausrollen, in Vierecke schneiden und dicht nebeneinander auf ein gefettetes Backblech legen. Nach Belieben mit kleinen Succade-Stückchen garnieren. Bei 150 Grad im Backofen 25 Minuten backen. Noch warm vom Blech lösen und abgekühlt in fest verschließbaren Dosen aufbewahren.

BRAUNE KUCHEN

Für ungefähr 100 kleine Kekse:
500 g Sirup, 125 g Butter, 125 g Schmalz, ½ TL Kardamom, ½ TL Zimt, ½ TL Nelkenpulver, 125 g Mandeln, gemahlen, 50 g Succade, 4 EL Rosenwasser, 10 g Pottasche, 1 Päckchen Backpulver, 550 g Mehl, Fett fürs Blech

Sirup mit Butter und Schmalz erwärmen und gut vermischen. Abkühlen lassen, bis die Masse lauwarm ist. Gewürze, Mandeln und die feingehackte Succade, die in Rosenwasser eingerührte Pottasche und das mit Backpulver versiebte Mehl zugeben. Alles zu einem glatten Teig kneten und 3 bis 4 Tage zugedeckt bei Zimmertemperatur stehenlassen. Dann gut durchkühlen lassen und zwischen Klarsichtfolie 2 mm dick ausrollen. Die Teigplatte in Rechtecke schneiden, dicht nebeneinander auf ein gefettetes Backblech legen und bei 200 Grad 15 Minuten backen. Die Plätzchen noch warm vom Blech lösen und abgekühlt in fest verschließbaren Dosen aufbewahren.

ANISKUCHEN

150 g Zucker, 4 Eier, 120 g Mehl, 50 g Anis, Butter

„Es wird ¼ Pfund Zucker mit 4 Eiern, 12 Neuloth Mehl, 5 Neuloth gut ausgesuchtem Anis zu einem glatten Teig gerührt, von welchem man mit einem Löffel kleine Häufchen auf ein mit Butter bestrichenes Backblech setzt; diese formt man schnell zu kleinen runden Plättchen, läßt sie mehrere Stunden trocknen und backt sie im Ofen oder in der Röhre gelb."
1879

KORINTHEN-GEBACKENES

125 g Butter, 125 g Zucker, 375 g Mehl, 125 g Korinthen, Butter, Streuzucker

„Man knetet ¼ Pfund frische, ungewaschene Butter mit ¼ Pfund Zucker, ¾ Pfund Mehl und ¼ Pfund gut gereinigten Corinthen gut durch, rollt diesen Teig in der Dicke eines kleinen Fingers auseinander, steckt mit einer Obertasse runde Kuchen davon, legt diese auf eine mit Butter bestrichene Eisenplatte, bestreut sie mit Zucker und backt sie in einem Ofen bei mäßiger Hitze in 6-8 Minuten gar.“ 1879

HAMURGER HEISSWECKEN

Für 16 Wecken 40 g Hefe, ¼ l lauwarme Milch, 500 g Mehl, 250 g Butter, 125 g Korinthen, Fett fürs Blech, 1-2 Eigelb zum Bestreichen

Hefe zerbröckeln und 10 Minuten in der lauwarmen Milch quellen lassen. Mehl auf ein Backbrett geben, die flüssige Butter und die Hefemilch zugießen. Alle Zutaten mischen, gut durchkneten und an einem warmen Ort etwa 2 Stunden gehenlassen. Dann nochmals gut durchkneten und auf einer bemehlten Arbeitsfläche etwa 2 cm dick ausrollen. Mit einem Glas (Durchmesser etwa 6 cm) runde Plätzchen ausstechen. Die Plätzchen auf ein gefettetes Backblech legen und nochmals 30 Minuten gehenlassen. Dann mit dem verquirlten Eigelb bestreichen und im vorgeheizten Backofen bei 200 Grad 25 Minuten backen.
In Bremen heißen diese Wecken auch Hedwigs. Das hat nun aber nichts zu tun mit dem gleichlautenden weiblichen Vornamen. Es ist vielmehr die Verballhornung des plattdeutschen „Hede Wecken“, was wiederum nichts anderes als „Heiße Wecken“ heißt.

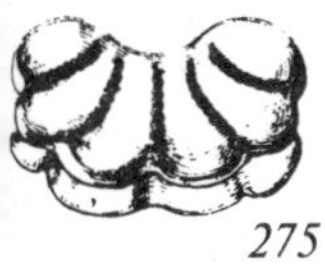

HEIDESAND

275 g Butter, 250 g Zucker, 1 Päckchen Vanillezucker, 1 EL Milch, 375 g Weizenmehl, 1 gestr. TL Backpulver, 1 Eigelb, etwas Streuzucker

Butter bräunen, abkühlen lassen, dann Zucker und Vanillezucker zufügen. Nach und nach das mit Backpulver vermischte Mehl hineinsieben, bis ein knetbarer Teig entstanden ist. Den Teig zu einer Rolle formen, mit verquirltem Eigelb einstreichen, in Zucker wälzen und mehrere Stunden kühlstellen. Von der Teigrolle etwa 5 mm dicke Scheiben abschneiden, auf ein gefettetes Backblech legen und in etwa 12 bis 15 Minuten goldgelb backen.

MAKRONEN

500 g Mandeln, 500 g Zucker, 2 EL Pomeranzenschale, 6 Eiweiß, Backoblaten

„Die feingestoßenen Mandeln, den Zucker und kleingeschnittene Pomeranzenschalen rührt man auf einem gelinden Kohlefeuer wohl durcheinander, thut das Weiß von Eiern zu Schaum geschlagen dazu und macht es auf Oblaten und bäckt sie.“ 1829

MARZIPAN VON MANDELN

750 g süße Mandeln, 125 g bittere Mandeln, 10 EL Rosenwasser, 2-3 Tropfen Rosenöl, 1 kg Puderzucker

„Man kann ihn von Mandeln, Pistazien, Haselnüssen und dergleichen machen und auf vielerlei Art. Süße Mandeln wirft man über Nacht in kaltes Wasser, bis die Schalen heruntergehen, stößt sie dann mit Rosenwasser ganz fein, mischt hierunter so viel gestoßenen Zucker als die Mandeln wiegen, setzt selbiges unter beständigem Rühren auf Kohlefeuer, damit es nicht anbrenne, bis der Teig nicht mehr anklebt, tut ihn alsdann auf einen mit Zucker und, wenn man dabei sparen will, Mehl meliert bestreuten Backtisch, daß es kalt wird. Nun rollt man ihn mit einem Rollholz wie einen andern Teig, macht davon solche Formen als man will, Herzen, Kleeblätter, Sterne oder nur rund; sie werden auf eisernen Blechen oder in der Tortenpfanne, auch auf Oblaten, bei mäßiger Hitze gebacken. Auf den, worauf ein Guß soll, legt man vom Teig einen kleinen Rand, welcher zierlich gekräuselt wird, herum. Wenn derselbe gar und kalt geworden ist, wird der Guß aufgestrichen mit eingelegten Früchten, buntem Streuzucker, Bildern, Sukkade oder verzuckerten Pomeranzen, dann läßt man es im Ofen wieder antrocknen. Auch kann man statt einem Pfund süßer ein Viertelpfund bitterer mit dazunehmen.“ 1890

LÜBECKER MARZIPANKARTOFFELN

1 kg abgezogene süße Mandeln, 25 g abgezogene bittere Mandeln, 500 g Puderzucker, 3 EL Rosenwasser, 1 Tasse Schokoladenpulver

Die Mandeln kurz in heißes Wasser legen, abziehen, abkühlen lassen und zweimal im Mörser so fein wie möglich zerreiben. Mit Zucker und Rosenwasser vermischen und in einem Topf auf kleinster Flamme unter ständigem Rühren so lange erhitzen, bis sich der Brei vom Topf löst. Die Masse in ein feuchtes Tuch einschlagen und drei Tage ruhen lassen. auf einem Backbrett 2 cm dick ausrollen. Von den Rollen Stücke abschneiden, diese zu Kugeln formen, in einen Durchschlag legen und mit Schokoladenpulver überstreuen, dabei ständig schütteln, bis die Kugeln gleichmäßig braun sind. Wie Pellkartoffeln sehen die Kugeln aus, wenn man sie an einer Stelle mit einem Messer leicht einkerbt.

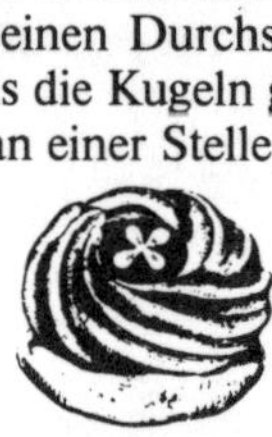

MANDELKRÄNZE

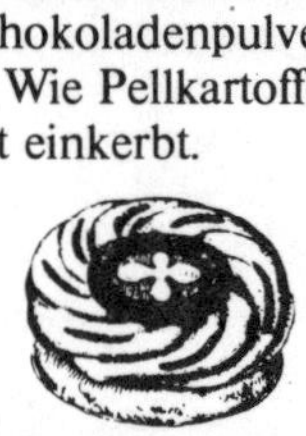

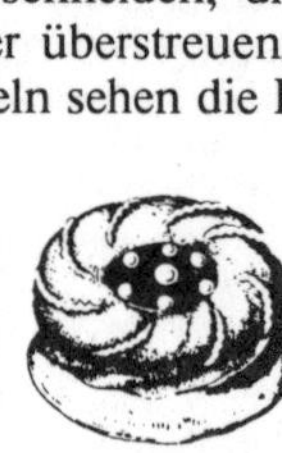

750 g süße Mandeln, 30 g bittere Mandeln, 700 g Zucker, 50 g Würfelzucker, 1 unbehandelte Zitrone, 10 g Zimt, 3-4 Eiweiß, Rosenwasser nach Bedarf, 2-3 Eigelb, Zimtzucker

„Von 1½ Pfund süßen und 3 Neuloth bitteren Mandeln zieht man die Haut ab, hackt sie recht fein, nimmt davon ungefähr 2 Eßlöffel voll zurück, reibt die Schale einer Citrone an 1½ Pfund Zucker ab, fügt 1 Neuloth gestoßenen Zimmet hinzu und rührt das Ganze mit Eiweiß und soviel Rosenwasser durch, daß es ein dicker Teig wird; diesen rollt man aus, formt hiervon Kränze, wovon der eine immer kleiner als der andere sein muß, damit sie, wenn sie aufeinander liegen, eine Pyramide bilden. Diese Kränze backt man auf einer Eisenplatte gar, nimmt sie dann aus dem Ofen, läßt sie ein wenig abkühlen, legt sie, nachdem man sie mit Eigelb bestrichen hat, aufeinander, den größten zu unterst und so fort bis zu dem kleinsten oben; dann bestreut man sie mit den zurückbehaltenen Mandeln, sowie mit Zucker und Zimmet und stellt sie an einen nicht zu heißen Ort, damit das zuletzt Aufgestreute gut antrockne.“ 1879

MOPPEN

Für ca. 60 Plätzchen:
50 g Butter, 750 g Mehl, 500 g Zucker, 2 g Nelkenpulver, Schale von 1 unbehandelten Zitrone, 4 Eier, 2 EL Milch, 7 g Pottasche, 30 g geschälte, halbierte Mandeln, Fett und Semmelbrösel fürs Blech

Zerlassene Butter mit Mehl, Zucker, Nelkenpulver, Zitronenschale und den Eiern in einer Schüssel mit dem Knethaken verkneten. Zum Schluß die mit Milch verrührte Pottasche zugeben. Den Teig fest und geschmeidig kneten, eventuell vor dem Formen 30 Minuten kühlstellen. Dann walnußgroße Kugeln formen, mit halbierten Mandeln verzieren. Zwei Backbleche einfetten und mit Semmelbröseln bestreuen. Die Moppen darauf verteilen und im vorgeheizten Backofen auf der obersten Schiene bei 225 Grad 15 Minuten backen.

Kein Bremer Freimarkt ohne Moppen! Die kleinen süßen Kügelchen ißt der Bremer konsequenterweise dann auch zu keiner anderen Jahreszeit als im Winter.

ORANGEN-GEBACKENES

1 süße unbehandelte Orange, 1 bittere unbehandelte Orange (oder Pomeranze), 250 g Würfelzucker zum Abreiben, 250 g Streuzucker, 6 Eier, 500 g Mehl, kandierte Orangenschale

„Eine bittere und eine süße Orange werden an 1 Pfund Zucker abgerieben, dann schneidet man die bittere Orange durch und drückt durch ein feines Haarsieb den Saft der einen

Hälfte zu dem abgeriebenen Zucker, zerstößt dann den übrigen Zucker, vermischt ihn mit 6 kleingeschlagenen Eiern, welches man zusammen recht gut durchschlägt, giebt dann den Orangenzucker nebst 1 Pfund Mehl dazu, rührt dieses recht gut durcheinander und setzt mit einem Löffel dann kleine Häufchen auf ein mit Wachs bestrichenes Eisenblech, welches man eine Stunde an einen warmen Ort stellt, wodurch es eine Glasur erhält (Anm.: Statt „Backwachs“ gefettetes Pergament verwenden), bestreut sie mit feingehackter candirter Orangenschale und backt sie dann bei einer mäßigen Hitze in einer guten Viertelstunde hellgelb.“
1879

RUMKUGELN

Keine anderen Pralinen wurden in Privathäusern so viel hergestellt wie diese „Rumkugeln.“

75 g Sultaninen, 5 EL Rum, 150 g geriebene Schokolade, 150 g Puderzucker, 75 g Pflanzenfett, 150 g Schokoladenstreusel

„Sultaninen gut in heißem Wasser waschen, abtropfen und mit Küchenkrepp gründlich abtrocknen. Auf einem Brett mit dem Wiegemesser fein zerhacken. Rum damit verrühren. Mindestens eine Stunde so stehenlassen. Schokolade mit Puderzucker vermischen.
Pflanzenfett auf schwacher Hitze schmelzen lassen, etwas abkühlen und dann mit dem Zucker-Schokoladen-Gemisch verrühren. Sobald die Masse weiter abkühlt und anfängt, fester zu werden, verknetet man die eingeweichten Sultaninen damit. Kurz ruhen kassen, dann aus der Masse Kugeln von 3 bis 4 cm Durchmesser rollen, in den Schokoladenstreuseln gründlich wälzen; die Streusel leicht andrücken. Im Kühlschrank vollends fest werden lassen.
In Schalen zu Kaffee oder Tee servieren.“ Horst Scharfenberg, Die deutsche Küche

SCHNEEBALLEN

1 l Milch, 500 g Mehl, 16 Eier, Kardamom, Butterschmalz zum Ausbacken

„Ein Quartier Milch, ein Pfund Mehl, sechzehn Eier und Kardamom werden genommen, die Milch kocht man erst auf. Dann wird das Mehl nach und nach hineingerührt, dieses wird nun auf dem Teller so lange getrocknet, bis es nicht mehr an dem Topf klebt. Alsdann wird es in eine tiefe Kumme getan, und die Eier werden immer zwei und zwei mit dem Weißen hineingeschlagen, und immer stark wieder geschlagen, bis die sechzehn Eier alle sind. Nun setzt man es löffelweis in kochende Backbutter, schüttelt aber die Kasserolle beständig, worin es gebacken wird, denn hierdurch gehen sie weit besser auf.“ 1853

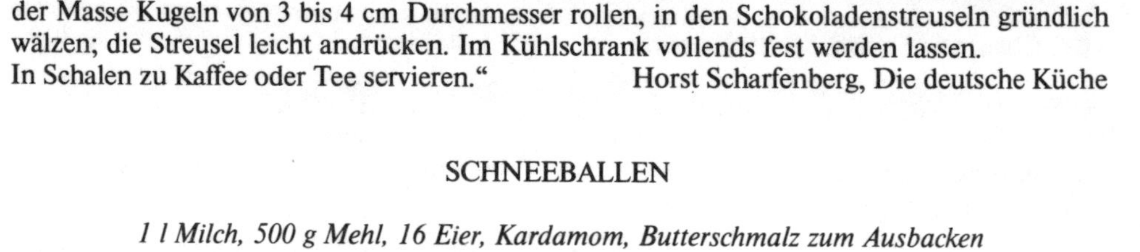

VANILLEPLÄTZCEN

250 g Butter, 250 g Zucker, 500 g Mehl, 3 Eier, 1 Msp. Salz, ½ Päckchen Backpulver, reichlich echter Vanillezucker, evtl. 1 TL Caneel

Aus Mehl, der vorgewärmten Butter, 3 Eigelb und den übrigen Zutaten einen Mürbeteig kneten, ausrollen und mit einem Glas runde Plätzchen ausstechen. Den steifgeschlagenen Schnee von einem Eiweiß auf die Plätzchen streichen, mit Zucker und Caneel bestreut bei schwacher Hitze hellgelb backen.

ZWIEBACK

500 g Butter, 4 Eier, Kardamom, 1-2 abgeriebene Zitronenschalen, 2 kg Mehl, 125 g Korinthen, 1½ l Milch, 80 g Hefe

„Ein Pfund zu Schaum geriebene Butter vermischt man mit 4 ganzen Eiern, gestoßenem Cardamom, geriebener Citronenschale, 4 Pfund Mehl, ¼ Pfund gut gewaschenen Corinthen, 1½ Liter Milch und 2 Löffel voll Gest, backt hiervon runde Kuchen, schneidet sie, wenn sie gar sind, in der Mitte durch und röstet sie auf beiden Seiten gelbbraun.“ 1879

MÖLLNISCHER ZWIEBACK

750 g Mehl, ½ l Milch, 125 g Butter, 20 g Hefe, Kardamom, Muskatblüte, 250 g Mehl, 250 g Butter, 250 g Zucker

„In eine Schüssel schüttet man 1½ Pfund Mehl, macht ein Loch darin, giebt ½ Liter lauwarme Milch, in welcher man ¼ Pfund Butter aufgelöst hat, etwas trockenen Gest, gestoßenen Cardamom und Muskatblüthe hinein, schlägt das Ganze zu einem Teig und läßt ihn an einem warmen Orte aufgehen; hierauf knetet man ihn mit ½ Pfund Mehl, ¼ Pfund frischer Butter und ¼ Pfund gestoßenem Zucker nochmals durch, nimmt von dem Teig jedesmal eine Handvoll, rollt ihn, drückt ihn ein wenig platt, drückt den Rand mit einem Messer ein wenig nieder, so daß eine kleine Erhöhung entsteht und legt diese Zwiebäcke etwas weit auseinander auf ein mit Mehl bestreutes Backblech; dann läßt man sie an einem warmen Orte nochmal aufgehen, bestreicht sie mit geschmolzener Butter und Zucker und backt sie bei mäßiger Hitze in einem Ofen gar.“ 1879

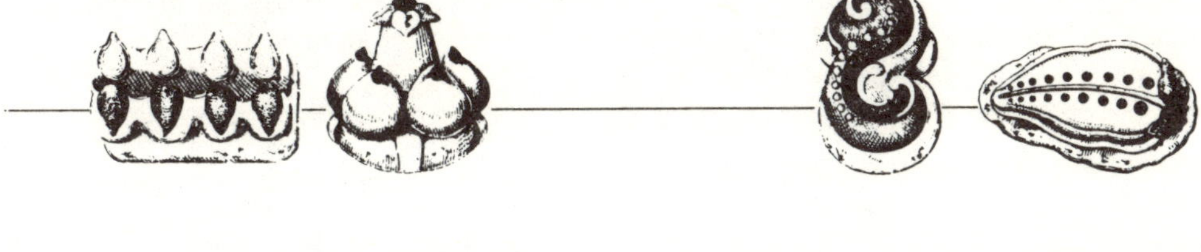

Torten

BACKPFLAUMENTORTE

250 g Mehl, 125 g Butter, 1 Eigelb, 1 Prise Salz, 1 EL Rum, 60 g Zucker, 750 g entsteinte Backpflaumen, ½ l Wasser, ½ l Milch, 200 g Zucker, 9 Eier, Saft und Schale 1 Zitrone, Schlagsahne

Aus Mehl, Butter, 1 Eigelb, Salz, Rum und 60 g Zucker einen lockeren Mürbeteig kneten. 30 Minuten kühlstellen. Backpflaumen in Wasser garkochen, sie dürfen nicht zerfallen. Abkühlen lassen. Eine gefettete Springform mit dem Mürbeteig füllen, bei mittlerer Hitze goldgelb backen. Backpflaumen aus dem Wasser nehmen und vierteln. Auf dem Teig verteilen. Milch aufkochen. Eier trennen, Eigelb mit Zucker verrühren und vorsichtig in die Milch geben. Dabei ständig umrühren. Milch kurz aufkochen lassen. Saft und Schale der Zitrone unterrühren und das steifgeschlagene Eiweiß darunterheben. Die Masse auf die Pflaumen füllen, glattstreichen. Bei 200 Grad im Backofen eine Stunde backen. Vor dem Servieren die Oberfläche mit Schlagsahne verzieren.

SÜSSER BLÄTTERTEIG

„Man rührt ¾ Pfund Butter zu Schaum, giebt dann nach und nach ¾ Pfund Mehl und einige Löffel voll Zucker dazu, knetet dies gut durcheinander und rollt den Teig einige Male aus. Man kann stattdessen 1 Pfund Mehl und 1 Ei dazu nehmen, wenn man ihn weniger fett haben will.“ 1908

MÜRBETEIG

„Zu 1 Pfund Mehl, wovon man etwas zum Unterstreuen zurückläßt, giebt man ½ Pfund Zucker, 1 Ei, ½ Glas Franzbranntwein und ¾ Pfund Butter, knetet es gut durcheinander und rollt den Teig einige Male aus.“ 1908

Anm.: statt Franzbranntwein Weinbrand oder Cognac.

WEINTEIG

„In einer Schüssel schlägt man 3 Eidotter klein und giebt ¼ Pfund gesiebten Zucker, 2 Löffel voll Franzbranntwein, 3 Löffel voll Weinessig und nach und nach so viel Mehl daran, daß hiervon ein Teig wird, der sich ausrollen läßt. Diesen wiegt man, thut halb so viel Butter dazu, wie er schwer ist, rührt ihn mit der Butter gut durch und gebraucht ihn zu Fruchttorten und dergleichen.“ 1908

KASTANIENTORTE

1 kg Kastanien (Maronen), 2 Eidotter, 250 g Butter, 15 g Bittermandeln (oder Aroma), etwas Zitronenschale, 4 Zucker-Zwieback, Zimt, Kardamom, Streuzucker, 40 g Butter

„Wenn 2 Pfund Kastanien ½ Stunde gekocht haben, befreit man sie von der Schale, stellt nach dem Erkalten den vierten Theil davon zurück und reibt das Uebrige fein. Nun vermischt man 2 kleingeschlagene Eidotter mit ½ Pfund zu Schaum geriebener Butter, rührt es mit der Hälfte der geriebenen Kastanien zusammen, vermischt die andere Hälfte mit 1½ Neuloth gestoßenen bitteren Mandeln, etwas geriebener Citronenschale, 4 feingestoßenen Zuckerzwieback, ein wenig Zimmet und etwas Cardamom und rührt nun beide Hälften zusammen gut durch. Dann schneidet man die übrigen Kastanien in Viertel, bestreut sie mit Zucker, bratet sie in Butter, rührt sie nach dem Erkalten zwischen die obige Masse, füllt diese in eine gut ausgestrichene Form und backt sie in einer Stunde gar.“ 1879

MANDELRAHMTORTE

150 g Mandeln, gerieben, ¼-½ l Milch, 4 Eidotter, 2 EL Rahm (Crème fraîche), 125 g Zucker, Butter, Mürbeteig, 6 EL Rahm, 1 abgeriebene Zitronenschale

„Man nimmt ein viertel Pfund ganz fein, wie Mehl, gestoßene Mandeln; solche streicht man mit süßer Milch durch ein Haartuch, daß es recht fein wird, und was nicht durch will, stößt man wieder, bis man es alles durchgerieben hat. Dieses wird nun halb eingekocht und stetig gerührt, und zuletzt vier Eydotter mit ein wenig Rahm kleingeschlagen, auch dazugerührt; wenn es dann dick ist, giebt man auch ohngefähr ein viertel Pfund Zucker dazu. Dann beschmiert man eine Schüssel mit Butter und gießt es darauf, daß es kalt wird, denn so kann man es in eine Torte verfertigen; nämlich: man streicht erstlich unten auf den Teig (Anm.: Mürbeteig) ein wenig dicken süßen Rahm und streuet geriebene Citronenschalen darüber, legt das fertig Gemachte entweder in Stücke geschnitten oder ganz darauf; dann überstreicht man es wieder mit ein wenig dicken Rahm und wieder mit geriebenen Citronenschalen überstreuet, dann sauber mit Striemeln (Anm.: Teigstreifen) überlegt und backt es." 1829

MARZIPANTORTE

550 g Mandeln, 15 g Bittermandeln oder Aroma, 550 g Zucker, 6 Eier, 120 g Butter, 120 g Mehl, 1 unbehandelte Zitrone, 50 g Succade, Zimt, Butter zum Bestreichen

„Es werden 1 Pfund süße Mandeln nebst 1½ Neuloth bitteren und 1 Pfund Zucker feingestoßen, mit 6 ganzen Eiern, 12 Neuloth zu Schaum gerührter Butter, 12 Neuloth Mehl, der abgeriebenen Schale einer Citrone, dem Saft derselben, etwas kleingeschnittener Succade und gestoßenem Zimmet vermischt und tüchtig durcheinandergerührt. Nun bestreicht man einen Bogen Papier mit Butter, legt ihn in eine Tortenpfanne, füllt die Masse darauf und backt sie in einer Stunde bei sehr gelindem Feuer gar." 1879

SCHWARZBROTTORTE

12 Eier, 250 g Zucker, 150 g geriebene Mandeln, 50 g geriebene Blockschokolade, 200 g geriebenes Schwarzbrot, Zitronenschale, Zimt, Nelkenpulver, Kardamom, Butter zum Bestreichen

„Man nehme 12 Eyer, von 6 das Weiße abgethan und denn die Eyer in einem Topf mit einer steifen Ruthe geschlagen, bis sie ganz dick werden, denn eine halb Pfund fein geriebenem Zucker dazugethan und wieder eine gute Weile geschlagen, und sodann 12 Loth kleingestoßene ungeschälte Mandeln und eine halbe Tafel geriebener Chocolade dazu und kleingerühret, das Weiße zu einem steifen Schaum gemacht, und auch dazu gethan, und denn zu allerletzt 18 Loth gerieben grob Rockenbrodt hineingerühret, man muß es mit dem Rockenbrodte ja nicht viel rühren, sonst werden die Eyer von der Säure des Brodts wieder dünn und die Torte zu fest, sondern wenn man das Brodt nur eben bey Händen voll hinein bestreuet und durchgerühret hat, sogleich in eine eingerichtete Form gethan und langsam gebacken; was man von Citronen und Gewürz darein thun will, solches stehet in Belieben.“ 1778

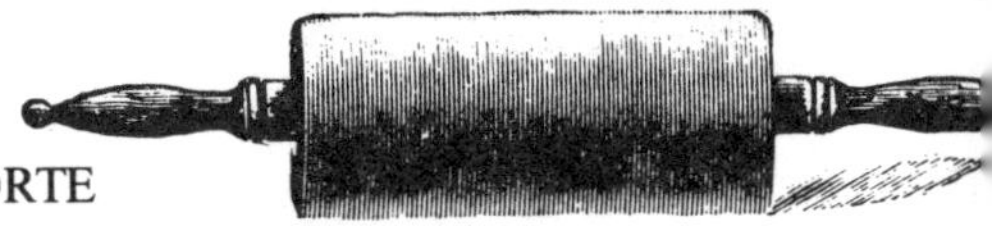

QUITTENTORTE

Für den Teig:
250 g Mehl, 200 g Butter, 2 EL Zucker, 1 Eigelb,
abgeriebene Schale einer halben Zitrone, 1 Prise Salz
Für den Belag:
750 g Quitten, 3/8 l Wasser, 30 g Zitronat, 250 g Zucker, abgeriebene Schale einer Zitrone,
Mehl zum Ausrollen, Margarine zum Einfetten
Für den Guß:
3 Eier, 2 Eigelb, 100 g Zucker, 100 g gemahlene Mandeln, abgeriebene Schale einer Zitrone,
250 ml Zitronensaft
Zum Bestreuen:
30 g Semmelbrösel, 1 TL Zimt, 1 EL Zucker, 50 g Butter

Für den Teig Mehl, Fett, Zucker, Eigelb, Zitronenschale und Salz zu einem glatten Teig kneten. Abgedeckt im Kühlschrank 15 Minuten ruhen lassen.
Quitten unter fließendem kalten Wasser gut abbürsten, schälen und vierteln. Dabei die Kerngehäuse ausschneiden. Quitten in Wasser 20 Minuten weichkochen. Herausnehmen, abtropfen lassen und den Saft auffangen. Früchte in kleine Würfel schneiden, Zitronat hacken. ¼ l vom Quitten-Kochwasser zusammen mit dem Zucker aufkochen. Quittenwürfel, Zitronat und abgeriebene Zitronenschale zugeben, in 15-20 Minuten zu einer geleeartigen Masse einkochen. Leicht abkühlen lassen. Teig auf einer bemehlten Arbeitsfläche zu einer runden Platte, 30 cm Durchmesser, ausrollen. Springform von 24 cm Durchmesser einfetten, den Teig hineinlegen.
Für den Guß Eier und Eigelb zusammen mit dem Zucker schaumigrühren. Mandeln, abgeriebene Zitronenschale, Zitronensaft und 4 EL von der abgekühlten Quittenmasse unter die Eicreme rühren. Restliche Quittenmasse auf den Teigboden füllen. Eicreme darübergeben. Im Backofen bei 230 Grad auf der unteren Schiene 60 Minuten backen.
Zum Bestreuen Semmelbrösel mit Zimt und Zucker mischen. Nach etwa 40 Minuten Backzeit auf den Kuchen streuen und kleine Butterflöckchen darüber verteilen. Fertig backen.

Süßspeisen

VERSCHLEIERTES BAUERNMÄDCHEN

250 g Schwarzbrot, 500 g Äpfel, säuerlich, 2 cl Rum, 100 g geriebene Mandeln oder Nüsse, 1 Tasse Himbeermarmelade, 200 g herbe Schokolade, ¼ l süße Sahne, 40 g Butter, Zucker

Schwarzbrot zerkrümeln und in etwas Butter in einer Pfanne rösten. Kühlstellen. Äpfel schälen und vierteln, mit wenig Wasser und Zucker aufkochen, durchrühren, das Mus mit Rum abschmecken und eventuell mit Zucker nachwürzen. Mandeln unter das Mus heben. Schokolade raffeln, mit sehr steifgeschlagener Sahne vermischen. In eine Glasschüssel oder in Portionsgläser abwechselnd Schwarzbrotkrümel, Mandel-Apfelmus, Himbeermarmelade, Schokoladensahne und obenauf noch einige Brotkrümel. Sehr kalt servieren, eventuell noch mit frisch geschlagener Sahne verzieren.

CHANTILLYCREME NACH HANSEATEN-ART

¼ l Schlagsahne, 125 g Staubzucker, 1 Päckchen Vanillezucker, 125 g geriebener Pumpernickel, 50 g gehackte Nüsse, 2 EL Johannisbeergelee, Spritzer Echte Kroatzbeere

Steifgeschlagene Sahne mit Staubzucker, Vanillezucker, Pumpernickel und gehackten Nüssen vermischen. Mit Johannisbeergelee überglänzen und Echte Kroatzbeere überträufeln.

KALTER SCHOKOLADENPUDDING

1 ½ l Milch, 200 g Zucker, 100 g gehackte Mandeln, 3 Bittermandeln oder
1 Tropfen Bittermandelaroma, 2 abgeriebene Zitronen, 1 Vanilleschote, längs aufgeschnitten,
1 Zimtstange, 150-200 g feinherbe Schokolade, gerieben, 150 g Reismehl
Für die Sauce:
½ Vanillestange, 100 g Zucker, 4-6 Bittermandeln, ¼ l Milch, ¼ l Sahne, 6 Stück Würfelzucker,
1 unbehandelte Zitrone, 4 Eidotter, 1 EL Stärkemehl

„Wenn man 1 Liter Milch mit 20 Neuloth Zucker, einigen süßen und einigen bitteren Mandeln, der Schale von 2 Citronen, Vanille und etwas ganzem Zimmet aufgekocht und danach durch ein Sieb gegossen hat, rührt man ½ l Milch mit 15 Neuloth Chocolade und 15 Neuloth Reismehl glatt, läßt es mit der durchgegossenen Milch unter beständigem Rühren 10 Minuten kochen und giebt die Masse nach dem Abkühlen in eine mit kaltem Wasser angefeuchtete steinerne Form. Ist der Pudding steif geworden, so stellt man die Form mit dem unteren Theil auf einige Augenblicke in warmes Wasser und stürzt den Pudding kopfüber auf die Anrichteschüssel. Eine hierzu passende Sauce bereitet man, indem man eine halbe Stange Vanille mit 12 Neuloth Zucker und 4-6 bitteren Mandeln zu feinem Pulver stößt, dieses mit ¼ Liter Milch, ¼ Liter Sahne und der auf Zucker abgeriebenen Schale einer Citrone aufkochen läßt, 4 Eidotter mit etwas Sahne und einem Löffel voll Stärkemehl glattrührt, sie mit der gekochten Milch vermischt und das Ganze über dem Feuer noch einige Minuten durchquirlt."

1879

ERDBEERSCHNEE-EIER

½ l Milch, 50 g Zucker, 2 Eiweiß, 1 Päckchen Vanillesaucenpulver, Rum, 2 Eigelb,
250 g Erdbeeren, 50 g Zucker, geraspelte Schokolade

Die Milch mit dem Zucker erhitzen. Das Eiweiß zu festem Schnee schlagen, den Zucker in zwei Portionen darunterschlagen. Aus dem gezuckerten Eischnee mit zwei Teelöffeln Klößchen abstechen und in die kochende Milch legen. Die Klößchen 4-5 Minuten im offenen Topf bei schwacher Hitze ziehen lassen. Mit einer Gabel umdrehen und halb zugedeckt noch 3 Minuten liegen lassen. Dann herausnehmen und im Kühlschrank gut durchkühlen lassen. Die zurückbleibende Milch auf 3/8 l ergänzen. Das Saucenpulver mit dem Eigelb und 2 EL kalter Milch verquirlen, in die kochende Milch gießen, einmal aufkochen lassen, mit Rum abschmecken, abkühlen lassen.

Die Erdbeeren putzen, halbieren, zuckern, abwechselnd mit den Schneeklößchen in eine Schale legen, die Creme darüberfüllen, mit geraspelter Schokolade verzieren.

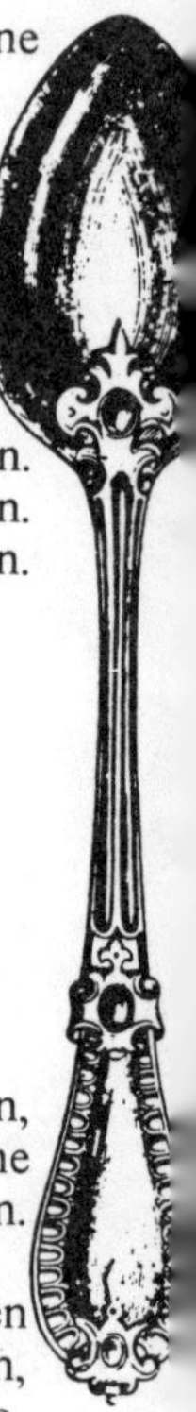

ERDBEERCREME

400 g frische Erdbeeren, 2 EL Zucker, 1 TL Gelatinepulver, ¼ l Schlagsahne

Erdbeeren mit Zucker bestreuen, abdecken und Saft ziehen lassen. Durch ein Sieb streichen. Mit etwas kochendem Wasser aufgelöstes Gelantinepulver und geschlagene Sahne unterziehen. Kaltstellen. Mit Waffeln und geschlagener Sahne aus dem Spritzbeutel garniert servieren.

JUBILÄUMSCREME

250 g Erdbeeren, 1 Tasse Rotwein, 4 cl Rum, 100 g Zucker, 1 unbehandelte Zitrone, 1 Tüte gemahlene rote Gelatine
Creme:
250 g Quark, ½ Tasse Milch, 80 g Zucker, 2 Päckchen Vanillezucker, ¼ l Schlagsahne, 50 g Borkenschokolade

Die geputzten, geviertelten Erdbeeren mit Rotwein, Rum und Zucker erhitzen. Umrühren, bis der Zucker sich gelöst hat. Abgeriebene Zitronenschale und die aufgelöste Gelantine zugeben. Fruchtmasse kaltstellen. Quark, Milch, Zucker und Vanillezucker sehr cremigrühren. Steifgeschlagene Sahne unterziehen.
Sahnequark in eine Glasschüssel füllen. Die gestockte Erdbeermasse auf den Quark gießen und spiralförmig unterziehen, nicht verrühren! Beide Massen sollen in sich getrennt bleiben, so daß die Creme rot-weiß-gestreift ist. Kaltstellen. Vor dem Servieren mit Borkenschokolade bestreuen.

KAFFEEPUDDING

⅛ Ltr. Kaffee-Extrakt, 6 Blatt weiße Gelatine, ⅛ Ltr. Wasser, ⅛ Pfd. Zucker, ½ Ltr. Schlagrahm

„Den Kaffee-Extrakt bereitet man von ¼ Pfd. feinstem Mokka. Dann werden 6 Blatt weiße Gelatine mit ⅛ Ltr. Wasser aufgekocht in 2-3 Min., durch ein Sieb an den Extrakt gegossen; tut dann nach Geschmack ⅛ Pfd. Zucker dazu, stellt das Ganze 10-20 Min. in Eiswasser und rührt es während der Zeit häufig um. Dann fügt man den festen Schnee von ½ Liter Schlagsahne dazu. Wenn alles gut verrührt ist, füllt man die Masse in eine mit Wasser ausgespülte, mit Zucker ausgestreute Puddingform. Man hält den Pudding 3 Stunden vor dem Gebrauch fertig.“

1910

ERRÖTENDE JUNGFRAU

½ l Buttermilch, 100 g Zucker, 4 EL Wasser, ½ Zitronenschale, 6 Blatt rote Gelatine, ¼ l Sahne, 1 Päckchen Vanillezucker, 4 EL Preiselbeerkompott

Buttermilch in eine Schüssel geben, abgeriebene Zitronenschale zufügen und mit dem Schneebesen kräftig schlagen. Zucker mit Wasser aufkochen. In der heißen Flüssigkeit die eingeweichte Gelatine auflösen und unter ständigem Schlagen zu der Buttermilch geben. Kurz bevor die Masse erstarrt, die mit Vanillezucker steifgeschlagene Sahne unterziehen. Preiselbeerkompott in die Mitte geben und spiralförmig einrühren, so daß sich ein Farbverlauf von Hellrosa am Schüsselrand zu Dunkelrot in der Mitte ergibt. Variante: statt Preiselbeerkompott Himbeermark verwenden.

HAMBURGER GÖTTERSPEISE

500 g Schwarzbrot, 250 g Zucker, 6 cl Rum, 200 g Blockschokolade, 1 Glas Johannisbeergelee, ¼ l Schlagsahne

Das Schwarzbrot – keines mit ganzen Getreidekörnern verwenden! – reiben oder fein zerbröseln, mit Zucker und Rum mischen und einige Zeit durchziehen lassen. Blockschokolade reiben. In eine Glasschüssel abwechselnd Schwarzbrotkrumen, Johannisbeergelee, steifgeschlagene Sahne und Blockschokolade schichten. Obenauf dick mit Schokolade bestreuen und mit Sahnetupfern garnieren.

BREMER GÖTTERSPEISE

1 l Milch, 4 EL Zucker, 1 Vanillestange, längs aufgeschnitten, 5 Eidotter, 1 kleines Glas eingemachte Früchte (Sauerkirschen, Erdbeeren oder Himbeeren) oder 1 kleine Packung tiefgefrorene Früchte, 125 g kleine Suppenmakronen, 5 cl Rum oder Kirschwasser

Milch mit Zucker und Vanilleschote erhitzen, aber nicht kochen. Eigelb unter ständigem Schlagen untermischen. Eine Glas- oder Kristallschale mit den Makronen auslegen und mit Rum oder Kirschwasser beträufeln. Die gut abgetropften Früchte darübergeben. Schale auf ein nasses Tuch stellen und die noch warme Creme darübergießen. Abkühlen lassen und in den Kühlschrank stellen.

DER ROTE GRÜTZE-WETTSTREIT IM ALTEN HAMBURG

Wenn die Johannisbeeren und Himbeeren reif wurden, kochte unsere Mutter rote Grütze. Dies tat sie immer selbst und würde es nie einem Mädchen überlassen haben. Sie verstand es aber auch besonders gut, und man lobte ihre Kochkunst überall. Es war immer ein großes Ereignis, wenn es hieß: „Kinder, heute wollen wir einschlachten", so nannte meine Mutter es immer scherzweise, weil sie den Saft durch Tücher mit den Händen ausdrückte und ihr der rote Saft dann wie Blut über die Finger lief.

Wir Geschwister behaupteten allen unseren Freunden und Freundinnen gegenüber, daß unsere Mutter die schönste rote Grütze kochen könnte. Das wurde auch von den meisten bestätigt. Zwei Freunde meiner Brüder nahmen aber die Partei ihrer Mutter, welche es nach ihrer Meinung noch besser verstände. Infolgedessen wurde ein Konkurrenz-Rote Grützeessen unter den Freunden meiner Brüder beschlossen, welches einmal im befreundeten Hause und einmal in dem unsern stattfinden sollte.

Beide Mütter strengten sich aufs äußerste an, ihr Bestes aufzubieten. Unbeteiligte Freunde wurden aufgefordert, das Schiedsrichteramt zu übernehmen. Das Ende vom Liede war, daß diese Freunde beide Sorten, obgleich verschieden, dennoch für so tadellos erklärten, daß sie unmöglich ein Urteil abgeben könnten, sie seien aber nicht abgeneigt, noch recht oft zu prüfen.

Die schlauen Brüder wollten noch häufig solche Konkurrenzessen herbeiführen, aber die Mütter merkten die Absicht und wenn sie auch nicht immer darob verstimmt wurden, so waren sie doch nicht allemal für solche Scherze zu haben.

Emilie Weber, Jugenderinnerungen 1836-1851

Rodegrütt! Rodegrütt!
Kik mal, wat lütt Hein hütt itt.
Allns rundum hett he vergeten.
Rodegrütt, dat is en Eten!
Rodegrütt!

Auch in Dänemark gilt sie als Nationalgericht; aus welcher Landschaft sie nun wirklich stammt, ist kaum noch festzustellen. Es ist auch unerheblich, denn Lebensformen und Eßgewohnheiten sind dauerhafter als Grenzpfähle. Die Rote Grütze ist seit vielen Jahrzehnten auch in anderen Küstenlandschaften der Ost- und Nordsee heimisch geworden, bis nach Ostpreußen hin. In den siebziger Jahren unseres Jahrhunderts hat sie sich die Menükarten der Nobel-Gastronomie ganz Deutschlands erobert. Grütze war jahrhundertelang eines der Hauptnahrungsmittel der bäuerlichen Bevölkerung. Sie wurde als Brei aus Getreideschrot gekocht. Als Flüssigkeit nahm man Wasser, Brühe, Milch oder Fruchtsaft. Verfeinert wurde die Grütze, die man ursprünglich aus einer Schüssel („Grapen") löffelte, durch Butter oder Vollmilch.

ROTE GRÜTZE

500 g entstielte rote Johannisbeeren, 250 g Himbeeren, 1½ l Wasser, ¼ Vanillestange, ca. 200 g Zucker (je nach Säuregehalt der Früchte und persönlichem Geschmack), 150 g Stärkemehl

Gewaschene Früchte in der angegebenen Wassermenge so lange kochen, bis sie ganz weich sind. Durch ein feines Sieb passieren. Die dabei gewonnene Flüssigkeit mit der Vanille und dem Zucker nochmals kräftig durchkochen; dabei gut rühren. Stärkemehl in 1 bis 2 Tassen kaltem Wasser anrühren und in den gesüßten Fruchtsaft einsprudeln. Nochmals aufkochen. In eine mit kaltem Wasser ausgespülte Form füllen und kaltstellen.

Anrichten: „Rode Grütt“ kam früher nur in der Schüssel auf den Tisch. Jeder bekam seine Portion in ein Schälchen oder einen tiefen Teller. Heute gießt man die heiße Rote Grütze gern gleich in Portionsschälchen.

Beilagen: Kalte Milch oder süße Sahne (ungeschlagen) oder kalte Vanillesauce. Stets erst im letzten Augenblick, unmittelbar vor dem Verzehr, über die Rote Grütze gießen.

Rezeptvariationen: Anstelle der Früchte oder eines Teils der Früchte kann man auch Fruchtsaft verwenden. Auch eingemachte oder tiefgefrorene Früchte sind möglich.

Es können auch zusätzliche Obstsorten verwendet werden. Sehr beliebt sind Kirschen, Sauerkirschen und schwarze Johannisbeeren. Viele Hausfrauen geben einen Teil der Früchte erst kurz vor Beendigung der Kochzeit zu, damit diese nicht zerkochen, sondern der Grütze einen gewissen „Biß“ geben.

Zur Bindung wird oft auch Sago verwendet; manche behaupten sogar, nur mit Sago sei die Grütze original.

Bitte beachten: Rote Grütze darf nie zu steif sein. Die richtige Konsistenz liegt zwischen Pudding und Brei.

ROTE GRÜTZE MIT SAGO

400 g Johannisbeeren, 200 g Himbeeren, 200 g Erdbeeren, 10 EL Sago, 200 g Zucker, 250 g Sauerkirschen, ¼ l Sahne

Die gewaschenen Beeren mit wenig Wasser kochen, bis sie zerfallen, durch ein feines Sieb passieren. Das Saft-Fruchtmark-Gemisch mit Wasser auf 1 l auffüllen. Eingeweichten und abgegossenen Sago mit dem Zucker unterrühren und die Grütze mehrere Male aufwallen lassen. Sauerkirschen entkernen, in eine Glasschüssel geben, die heiße Grütze darübergießen.

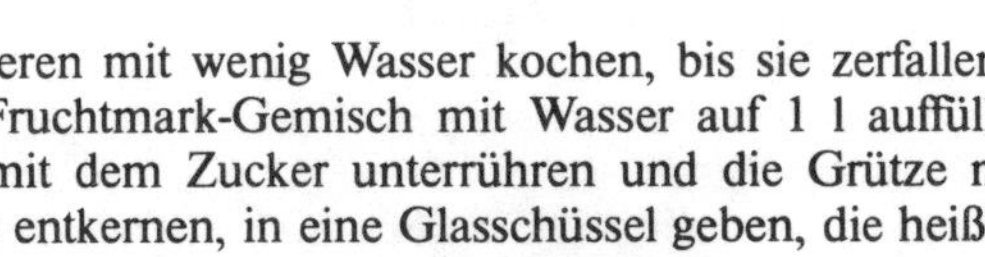

QUETSCHMADAM

500 g Birnen, 150 g Reis, ½ l Milch, 1 Zimtstange, 3 EL Zucker, etwas Zitronenschale, 1 Tasse Erdbeersaft, 1 TL Puddingpulver

Die geschälten, in Stücke geschnittenen Birnen in wenig Wasser dämpfen, mit Zucker und Zitronensaft abschmecken. Reis in Milch quellen und garen. Zucker, Zimt und Zitronenschale zufügen. Erdbeersaft (eventuell etwas verlängern) mit Puddingpulver binden. Birnen und Reis heiß oder kalt anrichten, Erdbeersaft gesondert dazu reichen.

RHABARBERGRÜTZE MIT ERDBEEREN

500 g Blutrhabarber, ½ l Wasser, 3-4 EL Zucker, ½ Zimtstange, ½ unbehandelte Zitrone, 1 Päckchen Vanillepuddingpulver, 2-3 Eier, ¼ l Sahne, 250 g Erdbeeren

Rhabarber waschen, in Stücke schneiden, mit Wasser, Zucker, Zimtstange und der halben Zitrone weichkochen. Zitrone und Zimt herausnehmen. Das in Wasser angerührte Puddingpulver mit dem Schneebesen untermischen, einmal aufkochen lassen. Eigelb unterziehen. Eiweiß zu Schnee schlagen, unter die etwas abgekühlte Grütze heben. Kühlstellen und mit Sahne und pürierten Erdbeeren servieren.

RUMPUDDING

2 Eigelb, 50 g Zucker, ⅛ l Milch, 5 Blatt weiße Gelatine, ⅓ l steifgeschlagene Sahne, 2-3 EL Rum

Eigelb mit Zucker sehr gut verrühren. Milch zum Kochen bringen und nach und nach unter ständigem Rühren zu den Eigelb geben. Diese Creme erhitzen, aber nicht kochen. Gelatine in kaltem Wasser einweichen, 2 EL kochendes Wasser zugeben, gut verrühren und zu der Creme geben. Creme in eine Schüssel füllen, abkühlen lassen und noch 15 Minuten in den Kühlschrank stellen, zwischendurch mehrere Male umrühren. Die geschlagene Sahne unterheben, mit Rum abschmecken. Creme in eine mit Wasser ausgespülte Puddingform füllen, abkühlen lassen, im Kühlschrank durchkühlen lassen und stürzen.

RUMBISCUITCREME

½ Packung Löffelbiscuits (12 Stück), 80 g Johannisbeergelee, 100 g Zucker, 6 Eigelb, ¼ l Schlagsahne, ¼ l Rum (Jamaica), Orangen-Spalten, Maraschino-Kirschen

Die Böden und Wandungen von Sektschalen werden mit Löffelbiscuits ausgelegt und diese reichlich mit Rum getränkt. Diese Masse wird mit dem Gelee bestrichen und darüber das mit dem restlichen Rum und dem Zucker verquirlte Eigelb gegossen, so daß die Biscuit-Geleemasse ganz bedeckt ist. 2-3 Stunden im Kühlschrank durchkühlen lassen und vor dem Servieren mit geschlagener Sahne, Orangenspalten und Maraschinokirschen garnieren.

TEECREME

4 Blatt Gelatine, 4 EL schwarzer Tee, 100 g Zucker, 3 Eigelb, 100 ml Milch, 250 g süße Sahne, ½ Vanilleschote, 1 Glas Rosinen in Rum

3 Blatt Gelatine einweichen. Tee mit ⅛ l heißem Wasser überbrühen, ziehen lassen, dann 50 ml Flüssigkeit davon abnehmen. Zucker und Eigelb schaumig schlagen. Milch, 50 g Sahne, Tee und Vanillemark aufkochen, vom Feuer nehmen, die Eigelbmischung zugeben und rühren, bis die Creme fast kocht. Dann sofort vom Feuer nehmen. Die eingeweichte Gelatine in die warme Creme mischen, kaltstellen. Sobald die Creme an den Seiten fest wird, die restliche geschlagene Sahne unterheben. Rosinen abtropfen lassen, entsteinen, die Hälfte vorsichtig unter die Masse heben. Creme in eine Schüssel füllen und kühlstellen. Die zweite Hälfte der Rosinen halbieren und nach etwa 20 Minuten auf die erkaltete Creme legen. Das letzte Blatt Gelatine einweichen, in erwärmtem Rum auflösen, über die Rosinen gießen und bis zum Servieren kaltstellen.

ZITRONENCREME

4 Blatt Gelatine, ½ Tasse Zucker, Saft von 1 unbehandelten Zitrone, Schale von 1 unbehandelten Orange, 1 Tasse Sahne, 3 Eiweiß, Makronen, kandierte Zitronen- und Orangenscheiben

Die in lauwarmem Wasser aufgeweichte Gelatine mit Zucker, Zitronensaft und Orangenschale mischen. Sahne und Eiweiß steifschlagen. Zuerst die Sahne, dann das Eiweiß unter die Zitronenmasse rühren. In eine Schüssel füllen und einige Stunden kühlstellen. Mit Schlagsahnetupfern, Makronen und kandierten Orangen- und Zitronenscheiben garnieren.
Genauso wird Orangen- oder Mandarinencreme hergestellt, nur daß man statt dessen den Saft einer ganzen Frucht und jeweils die abgeriebene Schale von ½ ungespritzten Zitrone nimmt.

Eisbereitung

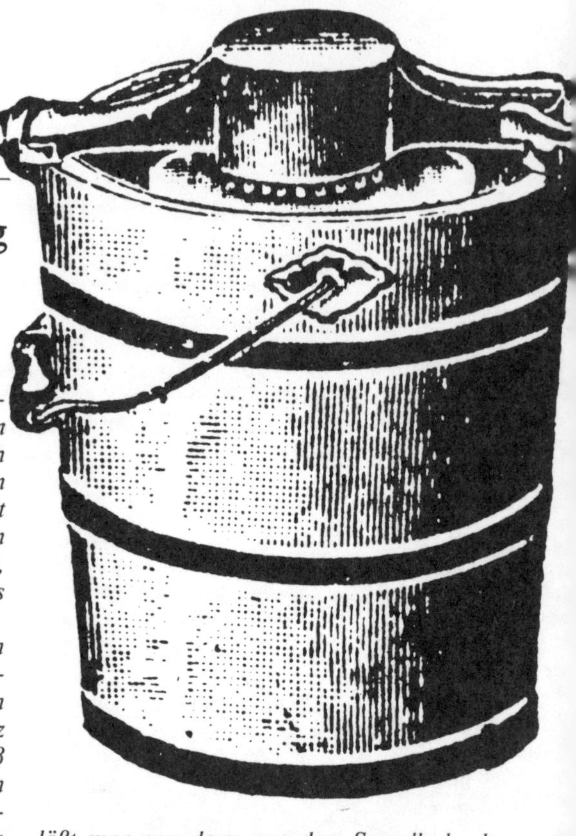

Um Gefrorenes zu bereiten, gebraucht man folgende Geräthschaften: Einen Eimer von festem Holze, an dessen Boden sich ein Spundloch befindet; außerdem eine Gefrierdose von gutem Zinn oder Blech, welche an jeder Seite mit einem Griff und mit einem festschließenden Deckel versehen ist und so grob sein muß, daß sie ungefähr 1½-3 Liter enthält; drittens einen dünnen Spaten mit langem Stiel.

Die zum Gefrieren bestimmte Masse füllt man nach dem Erkalten in die Gefrierdose, verschließt dieselbe mit dem Deckel, belegt den Boden mit großen Eisstücken, streut grobes Salz darüber und stellt die Büchse so darauf, daß sie ganz fest steht; dann füllt man den Raum rings um die Dose bis an den Deckel mit kleingeschlagenen und reichlich mit Salz vermengten Eisstücken, stampft dieselben so dicht wie möglich zusammen, füllt alle Lücken mit Salz aus und dreht die Büchse gleichmäßig und schnell nach beiden Seiten, bis man merkt, daß Gefrorenes sich innen angesetzt hat, worauf man die Büchse sogleich öffnet, mit dem Spaten das innen auf dem Boden und am Rande Festsitzende loslöst und mit dem noch Flüssigen tüchtig durchschlägt.

Auch muß man die größte Vorsicht darauf verwenden, daß kein Wasser zu dem Inhalt gelangen kann, da ein einziger Tropfen die ganze Mischung verderben würde; ebenso muß der Zucker, welcher zur Bereitung der Masse genommen wird, vorschriftsmäßig gereinigt und geläutert sein, so daß er beim Kochen Faden zieht. Das aus dem Eise sich bildende Wasser läßt man nur dann aus dem Spundloch abfließen, wenn es so hoch steigt, daß es über dem Rand des Deckels steht. Wenn die Masse zähe und so glatt wie Butter geworden ist und sich von der Büchse löst, so füllt man die rundherum entstandenen Lücken noch einmal mit Salz und kleingeschlagenem Eis aus, läßt so das Gefrorene bis zum Gebrauch stehen, nimmt dann die Dose heraus, wischt sie, bevor man sie öffnet, trocken ab, taucht sie schnell in heißes Wasser und stürzt das Gefrorene auf Glaschüsseln, welche man vorher auf Eis gestellt hat, oder man füllt das Gefrorene, sobald es fertig ist, in geeignete verschließbare Formen, umwickelt diese mit starkem Papier, füllt einen Eimer handhoch mit kleingeschlagenen und mit Salz vermischten Eisstücken, stellt die Form hinein und füllt nun den Eimer bis zum Rande

Gefrorenes und Halbgefrorenes

mit dem Eis an, so, daß die Form von allen Seiten hinreichend bedeckt ist; nach 2-3 Stunden nimmt man sie heraus, taucht sie schnell in heißes Wasser und stürzt das Gefrorene auf die dazu bestimmte Schüssel. Die Bereitung kann nur an einem sehr kühlen Orte geschehen.

Louise Richter/Sophie Ch. Hommer,
Illustrirtes Hamburger Kochbuch

Eismaschinen, wie Frau Richter und Frau Hommer sie beschreiben, gibt es auch heute wieder. Man kann also das Eis nach Art der Urgroßmütter zubereiten. Natürlich geht es im Zeitalter der Kühlschränke und der Tiefkühltruhen auch anders.

Die Anregungen der folgenden alten Rezepte sind aber auch für die heutige Zubereitungsweise interessant und brauchbar.

APFELSINENEIS

4 unbehandelte Apfelsinen bzw. Zitronen, 750 g Streuzucker, 250 g Würfelzucker, knapp ½ l Weißwein

„Man reibt die Schale von 4 Apfelsinen an 1 Pfund Zucker ab, kocht diesen mit ¼ Liter Wasser so lange, bis er Faden zieht, giebt nach dem Verkühlen den Saft der 4 Apfelsinen und ¾ Flaschen Weißwein hinzu und füllt dies in eine Büchse.“ 1879

APRIKOSENEIS

500 g Aprikosen (Steine aufschlagen, inneren Kern mit dazunehmen), 1 Zimtstange, 300 g Zucker, ¼ l Wasser, 1-2 Zitronen

„Gute Aprikosen schält man dünn, kocht sie nebst ihren von Schalen und Haut befreiten Kernen und etwas ganzem Zimmet in ganz wenig Wasser weich, streicht sie durch ein Haarsieb, kocht zu jedem Pfund von diesem Brei 1 Pfund Zucker mit 3/8 Liter Wasser auf, schäumt ihn ab und vermischt ihn nach dem Verkühlen mit dem Aprikosenmus, worauf man noch den Saft von 2 Citronen hinzupreßt und das Ganze in die Büchse füllt.“ 1879

PFIRSICHEIS

1 kg Pfirsiche, ½ Glas Weißwein, 750 g Zucker, 2 Zitronen

„Recht reife Pfirsiche werden geschält, von den Steinen befreit und durch ein Sieb gestrichen. Die Steine schlägt man auf, brüht die Haut von den Kernen ab, stößt diese mit ein wenig Wein zu Brei und giebt sie zu den Pfirsichen. Zu jedem Pfund von dem Pfirsich-Brei kocht man 1 Pfund Zucker mit 3/8 Liter Wasser auf, vermischt ihn nach dem Abschäumen und Erkalten mit den Früchten, fügt noch den Saft von 2 Citronen hinzu und läßt es gefrieren; sind die hierzu verwendeten Pfirsiche nicht sehr weich, so muß man sie, bevor man sie durch ein Sieb streicht, mit ganz wenig Wasser weichkochen.“ 1879

RUM-SORBET

500 g Zucker, 4 Zitronen, ¼ l Rum

„Ein Pfund Zucker, den man mit ¼ Liter Wasser geläutert hat, vermischt man nach dem Erkalten mit dem Safte von 4 Citronen und der abgeriebenen Schale 1 Citrone; füllt diese Masse in die Büchse und läßt sie fest gefrieren, worauf man sie mit ¼ Liter feinen Rum durcharbeitet, bis sie wieder ihre gehörige Festigkeit erreicht hat.“ 1879

STACHELBEEREIS

500 g Stachelbeeren, 1 Zimtstange, 3-4 Nelken, 375 g Zucker, 2 cl Weißwein

„Ein Pfund guter Stachelbeeren wird von den Stengeln gepflückt, mit wenig Wasser, ganzem Zimmet und einigen Nelken kurz eingekocht und durch ein feines Sieb gestrichen. Dann kocht man ¾ Pfund Zucker mit ganz wenig Wasser unter gehörigem Abschäumen zu dem nöthigen Grade, vermischt ihn nach dem Erkalten mit ein wenig Weißwein und den abgekühlten Stachelbeeren und füllt diese Masse in die Gefrierbüchse.“ 1879

ROSENEIS

250 g Rosenknospen (stark duftende, altertümliche Sorten verwenden – Centifolie), 250 g Zucker, ½ Vanilleschote, 1 l Sahne, 12 Eidotter

„Man pflückt von Rosenknospen, welche eben aufbrechen wollen, die Blätter, kocht 2 Untertassen voll von diesen mit ½ Pfund Zucker und einer halben Stange Vanille in 1 Liter Sahne auf und stellt dies zusammen zum Abkühlen zugedeckt zur Seite des Feuers; nach einer halben Stunde preßt man es durch ein feines Sieb, quirlt es mit 15 Eidottern glatt und läßt es über gelindem Feuer unter beständigem Rühren zu einer dicken Crême werden, worauf man es durch ein Haarsieb gießt und nach dem Erkalten bearbeitet." 1879

Anm.: Ebenso kann man mit Holunderblüten verfahren.

SCHOKOLADENEIS

200 g feinherbe Schokolade, 1 l Sahne, 250 g Zucker, ½ Vanillestange, 8 Eidotter

„Zwanzig Neuloth feingeriebene Vanillenchocolade kocht man mit ein wenig Wasser dick ein, kocht 1 Liter Sahne mit ½ Pfund Zucker und einem Stückchen Vanille auf, nimmt es vom Feuer, läßt es abkühlen, zieht es mit 10 Eidottern ab, setzt es wieder zu Feuer und rührt es so lange, bis es zu einer dicken Masse geworden ist, ohne es aber in's Kochen gerathen zu lassen, diese mischt man mit dem Chocoladenbrei gehörig durch und füllt das Ganze nach dem Verkühlen in die Gefrierdose." 1879

EISPUDDING
für 8 Personen

½ Pfund gewaschene Butter, ½ Pfund Zucker, ½ Pfund abgezogene, geriebene Mandeln, 6 Eidotter, 12 Biscuit-Schuhsohlen, ferner Sauce aus folgenden Zutaten: 5 Eidotter, 1 gehäufter Teelöffel Zucker, 2 Eßlöffel Arrak, ⅛ Liter Schlagrahm

„Nicht für Kranke und Kinder geeignet. ½ Pfund gewaschene Butter wird in ca. 5 Minuten schäumig gerührt, ½ Pfund Zucker, ½ Pfund abgezogene, geriebene Mandeln und nach und nach 6 Eidotter und ⅛ Liter Schlagrahm dazugegeben. Die Masse rührt man tüchtig 20 Minuten. In eine glatte Kumme oder Puddingform mit 12 Schuhsohlen ausgelegt, tut man die Buttercrememasse, streicht diese glatt, und stellt den Pudding 3 Stunden vor dem Gebrauch aufs Eis. Hierzu ist folgende Sauce zu geben: 5 Eidotter rührt man mt 1 gehäuften Teelöffel Zucker 10 Minuten und gießt unter raschem Rühren langsam 2 Eßlöffel Arrak oder Rum dazu und zuletzt, wenn dieses gut verrührt, den festen Schnee von ⅛ Liter Schlagrahm."
1910

ERDBEEREN MIT PFEFFER

750 g frische Erdbeeren, 1 Päckchen Vanille-Eis, ¼ l Sahne, 1 geh. EL Zucker, 1 geh. EL grüner Pfeffer, ⅛ l Rum

Erdbeeren waschen und abtropfen lassen. Je 2 Eiswürfel in 6 Gläser füllen und die Erdbeeren darauffüllen. Sahne mit Zucker steifschlagen und den gut abgetropften Pfeffer unterheben. Kurz vor dem Servieren den Rum unter die Sahne rühren und über die einzelnen Portionen geben.

GRAPEFRUIT SURPRISE

4 Grapefruits, 2 EL Ananas, 2 Bananen, 1 Orange, Maraschino, 4 Portionen Vanilleeis, 3 Eigelb, 100 g Zucker, 5 Eiweiß, 4 kandierte Kirschen

Grapefruits halbieren und aushöhlen. Das Fruchtfleisch mit gestückelten Ananas, Bananen und Orange vermischen und wieder in die Fruchtschalen füllen. Mit Maraschino beträufeln. Eigelb mit Zucker verrühren, geschlagenes Eiweiß unterziehen. Fest gefrorenes Vanilleeis auf die Früchte geben, mit dem Spritzbeutel das Eiweiß auf die Grapefruithälften garnieren, Grapefruits in eine feuerfeste Form auf gestoßenes Eis setzen und schnell im heißen Ofen überbacken. Mit kandierten Kirschen garniert sofort servieren.

VANILLEEIS MIT RUMTOPF

1 Packung Vanilleeis, ½ l Rumtopf, ⅛ l Sahne

Vanilleeis in Dessertschalen geben, mit Rumtopf überschütten. mit steifgeschlagener Sahne garnieren.
Der klassische Rumtopf ist das Produkt eines ganzen Sommers. Es gibt Leute, die behaupten, dies sei die einzig sinnvolle Art, Früchte für den Winter zu konservieren.
Man beginnt mit Erdbeeren, schichtet sie in einen großen Steinguttopf, bestreut sie mit Zucker und gießt hochprozentigen Rum an, bis die Früchte bedeckt sind. Dann folgen je nach Reifezeit süße und saure Kirschen (entsteint), Aprikosen, Pfirsiche, Pflaumen und feste Birnen. Eine Handvoll schwarze Johannisbeeren geben Würze. Sonst eignen sich Beerenfrüchte nicht gut, da sie zu leicht zermatschen. Man rechnet auf 500 g Früchte 250 g Zucker und ½ Flasche Rum (54%). Nachdem die letzten Sommerfrüchte zugegeben sind, bleibt der Rumtopf bis zum Winter verschlossen. Es lohnt sich, jedes Jahr einen Rumtopf anzusetzen. Meistens ist er leer, bevor der Winter vorüber ist. Übrigbleibende Flüssigkeit schmeckt vorzüglich mit Sekt aufgefüllt.

ANANAS MELBA

4 Scheiben frische Ananas, 2 cl Echte Kroatzbeere, 4 Portionen Vanille-Eis, 125 g Himbeeren, 4 EL Schlagsahne, 2 TL gehackte Pistazien

Ananas mit Echter Kroatzbeere beträufeln und auf Vanille-Eis anrichten. Himbeeren durch ein Sieb drücken und darübergeben. Mit Schlagsahne aus dem Spritzbeutel und Pistazien garnieren.

TEE-EIS

1 l Sahne, 100 g Mandeln, 250 g Zucker, 100 g Tee (aromatische Sorte), 6-8 Eidotter, ½ Vanilleschote

„Man kocht 1 Liter Sahne mit einigen zu Brei gestoßenen Mandeln und ½ Pfund Zucker auf, gießt es kochend über 10 Neuloth feinen Thee, vermischt es nach dem Erkalten mit 8 Eidottern und einem Stückchen zu Brei gestoßener Vanille, gießt die Masse durch ein Sieb und rührt sie über gelindem Feuer zu einer Crême, welche man nach dem Abkühlen in eine Gefrierdose füllt." 1879

ZITRONEN-ICE-CREAM-FRAPPE

2 gehäufte EL Zitroneneis, 1 cl Wodka, 4 cl Milch, Saft einer halben Zitrone, 1 TL Puderzucker, 1 Zitronenscheibe

Eis, Wodka, Milch, Zitronensaft und Puderzucker in einen Shaker oder in einen Mixer geben. Alles gut schütteln oder mixen. In einen Sektkelch oder eine Sektschale füllen und mit einer Zitronenscheibe garnieren. Mit einem Trinkhalm servieren.

Eingemachte Sachen und Gelees

Die Früchte, welche man zum Einmachen gebrauchen will, müssen frisch und reif sein; man trocknet sie gut ab und legt solche, welche beschädigt sind, zurück. Jedes Eingemachte wird an einem kühlen, trocknen Ort, wo es nicht friert, aufbewahrt und muß man hin und wieder nachsehen, ob bei dem Einmachen auch Fehler vorgegangen sind, da mitunter Gährungsstoff in den Gefäßen enthalten ist, welches gewöhnlich davon kommt, daß der Zucker nicht gehörig gekocht hat, wo dieses dann gleich beim Bemerken beseitigt werden muß. Man nimmt das Eingemachte aus dem Gefäß heraus, kocht es noch einmal auf, oder nimmt das Schadhafte davon, giebt das Gutgebliebene in frische, reine Gefäße, macht solche gut zu und sieht hin und wieder mal danach. Hat man den Zucker, worin man einmacht, nicht stark genug gekocht, so fängt das Eingemachte an zu gären und verliert an Ansehen und Geschmack. Die eingekochten Früchte füllt man in Glashafen oder steinerne Kruken, läßt sie darin erkalten, schneidet dann ein Wachspapier nach der Größe der Oeffnung des Gefäßes, zieht dieses durch den Rum, belegt damit das Eingemachte, schneidet dann von einer Blase ein zwei Finger breit größeres Stück, legt dieses darauf und bindet es, nachdem man auch noch Papier darauf gelegt, fest zu, damit keine Luft daran kommt. Den Zucker kocht und reinigt man in einen messingenen Kessel, weil in verzinntem Geschirr manches blaukocht und in kupfernen Gefäßen zu kochen der Gesundheit nachträglich ist.

Illustrirtes Hamburger Kochbuch

APFELGELEE MIT ROSEN

1 kg Klaräpfel oder andere Äpfel, die noch nicht ganz reif sind, Schale einer Zitrone, 600 g Zucker, ca. 250 g Blütenblätter einer stark duftenden Rosensorte, 1 Tropfen Rosenöl (Apotheke)

Äpfel waschen, Stiele und Blüten entfernen, ungeschält und mit dem Kerngehäuse in kleine Stücke schneiden. Apfelstücke in einen weiteren Topf geben, so viel Wasser angießen, daß sie knapp bedeckt sind. Die Zitronenschale, dünn abgeschält, bis zum Kochen miterhitzen, dann herausfischen. Die Äpfel so lange kochen, bis sie zerfallen sind. Erkalten lassen, dann in ein Safttuch oder ein nicht zu feinmaschiges Geschirrtuch geben und den Saft durchlaufen lassen, zum Schluß den Saftbeutel etwas auspressen. Den Saft abmessen und Zucker im Verhältnis 1:1 zugeben. Rosenöl zufügen. Saft mit Zucker erhitzen. Rosenblätter kurz in kochendes Wasser tauchen, dann in Eiswasser abschrecken. Auf einem Tuch abtropfen Lassen. Mit dem Saft erhitzen und mitkochen, bis sie nicht mehr obenschwimmen. Den Saft so lange weiterkochen, bis ein Tropfen, den man vom Saft abnimmt, auf einem Teller geliert. Den Schaum vom Saft immer wieder abschöpfen. Das Gelee heiß in Gläser füllen und sofort verschließen.

BICKBEERENGELEE

750 g Bickbeeren (Heidelbeeren), 375 g Streuzucker, 125 g Würfelzucker, 1 unbehandelte Zitrone, Pergamentpapier, Rum oder Cognac

„Die Bickbeeren werden gereinigt und eben aufgekocht, dann giebt man sie in eine Serviette und drückt den Saft rein aus; hat man nun 1 Pfund Saft, so nimmt man 1 Pfund Zucker, reibt die Schale einer Citrone daran ab, stößt den übrigen Zucker fein, und kocht diesen, wie bewußt; ist der Zucker gereinigt, so gießt man den Saft der Beeren dazu, schäumt es nun gehörig, bis es rein ist und läßt es dann zu Gallert kochen, giebt es in Gläser, belegt es mit einem runden in Wachs und Franzbranntwein getauchten Papier und bindet die Gläser dann mit einer Blase zu.“ 1879

BREMER WEINGELEE

2 Zitronen, 1/8 l Wasser, 1 TL Caneel, 1/4 TL Kardamom, 0,7 l Weißwein, 1/4 l Madeira, 1/4 l Malaga, 250 g Zucker, ca. 16 Blatt weiße Gelatine, 3 Eiweiß

Die Zitronen sehr fein abschälen und die Schalen mit etwas Wasser, Caneel und Kardamom aufkochen. Weißwein, Madeira und Malaga zusammen mit Zucker, dem Zitronensaft und dem Gewürzwasser erhitzen. Die Gelatine in etwas Wasser auflösen, zugeben, unter Rühren aufkochen lassen. Anschließend kaltstellen, bis die Masse dicklich wird. Den steifgeschlagenen Eischnee unterziehen und das Gelee in Gläsern oder Schalen steif werden lassen.

VEILCHENGELEE

3 Handvoll duftende Veilchen, 3 Eiweiß, ¼ l trockener Weißwein, ¼ l Wasser, 125 g Zucker, Saft und Schale von einer ungespritzten Zitrone, 6 Blatt weiße Gelatine

Zwei Drittel der Veilchen werden von den Stielen gezupft und in knapp ⅛ Liter kochendes Wasser eingelegt. Den Rest der Blüten frischhalten, er ist zur Garnierung bestimmt. Die ausgelaugten Blüten abtropfen lassen und noch einmal auspressen. Diese Essenz in einem Extraschälchen auffangen. Wenn das Veilchenwasser abgekühlt ist, wird es mit den 3 Eiweiß schaumig geschlagen und mit der Essenz parfümiert. In der Zwischenzeit den Wein mit derselben Menge Wasser, Zitronensaft, Zucker und der spiralförmig abgeschälten Zitronenschale aufkochen. Die eingeweichte Gelatine darin auflösen. Zitronenschale herausfischen. Wenn das Weingelee kurz vor dem Erstarren ist, den Veilchenschaum einrühren. Die Masse in kleine Formen füllen, erstarren lassen. Veilchengelee gestürzt, mit Veilchenblüten garniert, servieren.

KRONSBEEREN* MIT ROTWEIN

2 kg Kronsbeeren, 3/8 l Rotwein, ⅛ l Essig, 5 TL Caneel, 1 kg Zucker

Beeren auslesen und waschen. So lange in Rotwein, Essig, Caneel und Zucker kochen lassen, bis sie klar sind (ca. 15 Minuten). Alles durch ein Sieb gießen, den Saft allein noch etwas einkochen lassen, die Früchte wieder zugeben und unter häufigem Umrühren abkühlen lassen. In Steinkruken füllen und mit Cellophan zubinden.
Paßt gut zu gekochtem Fleisch und Wild.

KÜRBIS MIT INGWER

ca. 2 kg Kürbisfleisch, ½ l Weinessig, 4 l Wasser, 4 getrocknete Ingwerwurzeln, 250 g Zucker, 500 g Zucker

Das Kürbisfleisch in kleine Kugeln oder 1 cm große Würfel schneiden. Wasser mit Essig, Ingwerwurzeln und 250 g Zucker aufkochen, das Kürbisfleisch hineingeben und 20 Minuten kochen lassen, bis es glasig, aber nicht weich ist. Kürbisfleisch in Gläser füllen, den Saft mit

*Kronsbeeren = Preisselbeeren

dem restlichen Zucker dick einkochen und heiß mit den Ingwerwurzeln über die Kürbisse gießen. Abkühlen lassen und mit Cellophan zubinden.

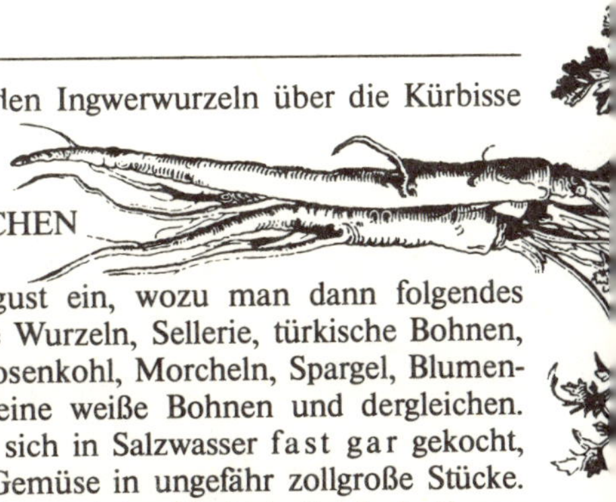

PICKELS EINZUMACHEN

„Am besten macht man die Pickels im Monat August ein, wozu man dann folgendes Gemüse nimmt: Junge Petersilienwurzeln, junge gelbe Wurzeln, Sellerie, türkische Bohnen, noch nicht aufgebrochene Champignons, Chalotten, Rosenkohl, Morcheln, Spargel, Blumenkohl in mehrere kleine Stücke gepflückt, Erbsen, kleine weiße Bohnen und dergleichen. Jedes dieser Gemüse wird gut gereinigt und jedes für sich in Salzwasser fast gar gekocht, der Blumenkohl nicht zu weich; man schneidet das Gemüse in ungefähr zollgroße Stücke. Dann nimmt man ganz kleine Gurken, läßt sie einen Tag und eine Nacht in Salzlaake liegen, worauf man sie herausnimmt und abtrocknet. Nun hat man nach Verhältniß der Gemüse einen Hafen oder Kruke, legt jede Sorte Gemüse schichtweise hinein, bestreut es hin und wieder mit Gewürz: als Nelken, Nelkenpfeffer, Pfeffer, spanischem Pfeffer, etwas Cayennepfeffer und einigen Lorbeerblättern, begießt es dann mit so viel Essig, welcher mit Salz gekocht und dann abgekühlt ist, daß das Gemüse davon bedeckt ist, bindet es gut mit einer Blase zu und stellt es an einen nicht feuchten Ort zum Gebrauch hin.“ 1879

QUITTEN IN WEIN

1 kg Quitten, ½ l Weißwein, etwas Wasser, Hammelfett zum Versiegeln

„Die Quitten werden ebenfalls der Länge nach in Viertel geschnitten, dann schält man sie und nimmt sie aus, kocht sie knapp mit Weißwein und Wasser fast weich und nimmt sie mit einer Kelle vorsichtig heraus, thut sie in Gläser, gießt die Brühe, worin die Quitten gekocht sind, darüber, so daß das Glas fast voll ist, schmilzt das Hammelfett, gießt dieses obenauf, bindet sie zu und stellt sie kühl.“ 1879

ZUCKERGURKEN

2 kg Gurken, 1½ kg Zucker, 2 Flaschen Weinessig, 10-12 Ingwerknollen, getrocknet

Gurken schälen, entkernen und in Scheiben schneiden. 24 Stunden in halb Essig, halb Wasser einlegen, dann kurz in dem Sud aufkochen. Anschließend den restlichen Essig mit Zucker und den Ingwerwurzeln aufkochen, die Gurkenstücke hineingeben und so lange kochen, bis sie klar, jedoch nicht zu weich sind. Die Gurkenscheiben in Gläser füllen, den Saft noch einmal aufkochen, darübergießen und nach dem Erkalten mit Cellophan zubinden. Alle süßsauren Früchte schmecken gut zu gekochtem Fleisch.

Kalte Küche

GEFÜLLTES BROT

1 Meterbrot, 1 große Tube Sardellen, 1/8 Pfd. frische Butter, 2 Eßlöffel feingehackte Petersilie, 1 Teelöffel Spinat, 2 ganze hartgekochte Eier, 3 große Trüffeln, Radies, 1/4 Pfd. gekochte Zunge*

„Man gibt das Brot zum Abendessen, zum Frühstück oder zum Tee. Man bestellt hierzu beim Bäcker ein Meterbrot. Es wird ausgehöhlt und das Brot beiseite gelegt. Sämtliche Krumen werden mit dem Inhalt einer großen Tube Sardellenbutter (Preis: 50 bis 80 Pfg.) gemischt. 1/8 Pfd. frische Butter, 2 Eßlöffel feingehackte Petersilie, 1 Teelöffel Spinat gibt man dazu und verknetet es zu einer gleichmäßigen grünen Farbe. Nun füllt man die Masse in das vorher beiseite gelegte, ausgehöhlte Brot abwechselnd mit 2 ganzen hartgekochten Eiern, 3 großen Trüffeln und Radies und 1/4 Pfd. gekochte Zunge. Diese ist in 3 dünne Streifen zu schneiden. Ist alles so vorbereitet, wird das Brot 4 Stunden vor dem Gebrauch in den Eisschrank oder in einen kalten Raum gestellt. Beim Gebrauch schneidet man das festgewordene Brot mit einem scharfen Messer in gleiche Scheiben und richtet diese auf einer runden Platte an.“

1910

* Meterbrot ist die hamburgische Bezeichnung für die bekannten Pariser Brote (Baguettes).

FRIESENTORTE

*1 frisches Kastenweißbrot, 100 g Butter, 250 g Krabbenfleisch, 1 Dose Ölsardinen (ohne Gräten)
1 Dose Thunfisch, 1 Dose Hering in Tomatensauce, 2 Eier, 3 Tomaten, 1 Glas Mayonnaise,
1 EL Currypulver, 1-2 Bd. Petersilie, 4 Tomaten*

Vom Weißbrot die harte Kruste dünn abschneiden. Das Brot waagerecht in vier gleichstarke Schichten teilen. Die Innenseiten werden dünn mit Butter bestrichen, damit das Brot nicht durchweicht. Dann wird jeweils der Inhalt einer Fischdose (etwas abtropfen lassen) auf einer Brotseite verteilt und das nächste Teil daraufgelegt. Dadurch entsteht wieder die ursprüngliche Brotform.
Die Mayonnaise mit dem Currypulver abschmecken und von außen rundherum auf das Brot streichen. Die Krabben ringsum in die Mayonnaise drücken, so daß das Brot von allen Seiten mit Krabbenfleisch bedeckt ist. Die Eier hartkochen und in Scheiben schneiden. Die Oberfläche der Friesentorte ziegelartig mit Eischeiben bedecken und mit gehackter Petersilie bestreuen. Die Torte auf einer Platte anrichten, mit Tomatenachteln umlegen und mit Petersiliensträußchen garnieren.
Möglichst bald essen, da sonst der Brotteig zu feucht wird.

AALPLATTE

2 große Aale aus einer Fischräucherei, 2 Zitronen, 1 Bd. Petersilie

Kopf und Schwanz eines Aals aufbewahren. Die Aale am Rücken mit einem scharfen Messer einschneiden, die Haut sorgfältig ablösen. Die Filets so weit vom Rücken lösen, daß man sie mit dem Fischmesser und mit der Gabel abheben kann. Die Mittelteile der 2 Aale mit Kopf und Schwanz des einen zu einem „Riesenaal" zusammensetzen. Auf einer Silberplatte mit Petersilie und Zitronenscheiben garnieren. In den Rücken Zitronenscheiben einklemmen. Kopf, Schwanz und Rücken des Fantasietieres mit Mayonnaise aus der feinsten Spritztülle garnieren. Das Garnieren sollte erst kurz vor Eröffnung des Buffets geschehen, da Mayonnaise sonst leicht anläuft.

RAUCHFLEISCHPLATTE

400 g Hamburger Rauchfleisch, 2 Tomaten, 1 Gewürzgurke, Salatblätter, Radieschen, 125 g Butter, Hamburger Schwarzbrot, 4 Rundstücke (Hamburger Brötchen)

Rauchfleisch auf einer Platte anrichten, zwischen die Scheiben Tomaten und die fächerförmig aufgeschnittene Gewürzgurke garnieren, mit Salatblättern und Radieschen dekorieren. Butter mit einem Buntmesser in Scheiben schneiden, auf einem Glasteller mit Salatblättchen garniert anrichten. Brot und Brötchen in einem Korb mit Papiermanschette anrichten.

EINFACHE SCHWEDENPLATTE
als Vorgericht für 8 Personen

4 Matjesheringe, ½ Glas schwarze Oliven, 6 hartgekochte Eier, 1 TL Senf, 2 EL Olivenöl, 125 g Räucherlachs, Butterkügelchen, 1 EL Sardellenpaste, 2 EL Butter, 1 EL feingehackte Petersilie, 15 Brotscheiben, 16 Radieschen, 1 EL Butter, 1 EL Rote-Bete-Saft, Remouladensauce

„Die Heringe werden gewaschen, die Haut abgezogen und das Fleisch von der Gräte getrennt. Nun werden die Filets aufgerollt, dann nebeneinander kranzartig auf eine runde Platte gelegt. Die Oliven schält man hart vom Stein, legt eine Messerspitze frische Butter in die Oliven und rollt sie wieder zusammen. Die Eier pellt man ab, schneidet sie dann der Länge nach einmal durch, verrührt die harten Eidotter mit 1 Teelöffel Senf und 2 Eßlöffel Oel, recht glatt streicht man diese Masse in das Eiweiß. Hierbei muß man das Messer öfter in heißes Wasser tauchen, damit das Eiweiß die weiße Farbe behält. Sind alle vorbereitet, dann schneidet man die Eier wieder in Viertel. Die geräucherten Lachsscheiben rollt man auf, schneidet diese in 5 cm lange Stücke, legt sie dann zu den Heringsrollen, und gibt auf die Heringsrollen kleine Butterkugeln. 1 Eßlöffel Sardellenbutter mischt man mit 2 Eßlöffel frischer Butter und 1 Eßlöffel feingehackter Petersilie. 15 kleine, runde ausgestochene Brotscheiben werden im Ofen hellgelb geröstet, und, nachdem sie erkaltet, mit Sardellenbutter bestrichen. Die Radieschen werden recht fein gerieben, am besten dient hierzu die Mandelmühle. Dann nimmt man 1 Eßlöffel frische Butter und verrührt sie tüchtig mit 1 Eßlöffel Rotebeetsaft und den geriebenen Radieschen. Nun formt man von dieser Radiesbutter recht kleine Butterkugeln. 3-5 von diesen sind in die Mitte recht hoch auf die Sardellenbrötchen zu legen. Die Eiviertel gibt man außerhalb der Heringsrollen auf die Platte. Zwischen die Eiviertel legt man die Sardellenbrötchen und verteilt die Oliven. In die Mitte der Schüssel füllt man Remouladensauce. Diese rührt man von 4 Eidottern und ¼ Ltr. Oel.“ 1910

Anm.: Prima zum Katerfrühstück.

EIER MIT WÜRZIGER FÜLLUNG

Partyportion:
20 hartgekochte Eier, 300 g Butter, 150 g Roquefort, 4 EL Sardellenpaste, 2 EL Mayonnaise, 3 TL Curry, 100 g Meerrettichquark
Zum Garnieren:
Oliven, deutscher Kaviar, kandierte Kirschen, Sardellenfilets

Die Eier halbieren, Dotter herausdrücken und durch ein Sieb streichen. Dottermasse mit der weichen Butter verrühren und in vier Teile teilen. Ein Teil mit zerdrücktem Roquefort mischen, in 10 Eiweißhälften füllen und mit Oliven garnieren. Ein Teil mit Sardellenpaste anrühren, mit Kaviar krönen. Ein Teil mit Mayonnaise und Curry mischen und mit kandierten Kirschen dekorieren. Ein Teil mit Meerrettichquark anmischen und mit Sardellenfilets belegen. Eihälften vor dem Servieren gut kühlen. Besonders hübsch sieht es aus, wenn man die Dottermischungen in die Eiweißhälften spritzt. Spritztüten vorher in den Kühlschrank legen, damit die Dottermasse fest wird.

Ein Möwenei im Monat Mai
schmeckt gut, doch besser zwei bis drei;
auch setze man die Möweneier
in kaltem Wasser auf das Feuer;
denn wirft man sie mit einem Male
in heißes Wasser, platzt die Schale.
Dann koche man sie eine runde
und vollgezählte Viertelstunde,
dann werden sie erst richtig hart.
und wenn man nicht die Butter spart –
so etwa auf ein Ei ein Lot –
und dazu frisches, grobes Brot
genießt, ein Schnäpslein hinterdrein,
dann schmecken sie ganz extrafein.

MÖWENEIER MIT WARMEN SCHINKENBRÖTCHEN

8 Möweneier, 2 Pakete frische Kresse, 4 Toasts mit Butter, 4 Schinkenbrötchen

Eier in kaltem Wasser gründlich abspülen, in lauwarmem Wasser ansetzen. 10 Minuten offen kochen und kalt abschrecken. Eine Schüssel mit Brunnenkresse auslegen, die rasch geschälten Eier daraufbetten und Toasts mit Butter oder Schinkenbrötchen dazu reichen. Genauso werden Kiebitzeier, die aus dem Ausland kommen, zubereitet.

KRABBENBERG

garniert mit Oliven, gefüllten Eiern und Tomaten

„2 kg Krabben werden von der Schale befreit, nur wenn nötig mit etwas Salz gemischt und mit dem Saft von 1-2 Zitronen, dann richtet man die Krabben erhaben auf einer runden Platte an, garniert rundherum gefüllte Eier und Tomaten. Außenherum auf den Rand der Platte legt man dreieckig geschnittene, geröstete Brotscheiben, die man mit Anchovis butter bestreicht; obenauf legt man kleine Kugeln grüner Kräuterbutter." 1910

GEFÜLLTE OLIVEN

„Große schwarze Oliven werden scharf vom Stein geschält, doch so, daß sie nicht zerfallen; nachfolgende Masse füllt man in die Oliven, dann drückt man die Frucht zusammen, damit sie ihre Form wieder erhält. 2 hartgekochte Eidotter verrührt man mit ebensoviel Butter, feingehackte Petersilie gibt man dazu. Diese Oliven gibt man auch als Beilage zu jedem großen Braten oder kaltem Fisch.“ 1910

PIKANTE EIER MIT FORELLEN - UND LACHSKAVIAR

10 hartgekochte Eier, 1 Glas Forellenkaviar, 1 Glas Ketakaviar, 50 g Mayonnaise, 50 g Butter, 1 EL Sardellenpaste, 1 EL Tomatenmark, Tabasco, Paprikapulver scharf, Salz

Die Eier halbieren, Dotter herauslösen und durch ein Sieb streichen. Die Hälfte der Dottermasse mit der weichen Butter und Sardellenpaste verrühren, in 20 Eiweißhälften spritzen und mit Forellenkaviar garnieren.
Die andere Hälfte der Dottermasse mit Mayonnaise, Tomatenmark und Tabasco (3-4 Spritzer) verrühren, mit Paprikapulver und Salz abschmecken, in die restlichen Eiweißhälften spritzen und mit Ketakaviar (rot) krönen.

DOUGLASSCHNITTCHEN

65 g Ochsenmark, etwas Salz, 8 Weißbrotscheiben, Butter zum Bestreichen, 8 frische Austern, 1 kleine Dose russischer oder persischer Kaviar, etwas Zitronensaft

Das Ochsenmark in 2 cm dicke Scheiben schneiden und 1 Stunde in sehr kaltes Wasser legen, das Wasser während dieser Zeit öfter erneuern. Markscheiben abtropfen lassen und in reichlich kochendem Wasser mit etwas Salz nicht länger als 10 Minuten leicht kochen. Aus den Weißbrotscheiben runde Scheiben ausstechen, entweder mit Butter bestrichen rösten oder auf beiden Seiten kurz in Butter anbraten. Auf jede Scheibe je eine Scheibe Ochsenmark, eine Auster (ohne Bart) legen und 1 TL Kaviar daraufhäufen. Kaviar und Austern mit etwas Zitronensaft beträufeln.

KRABBENHÄPPCHEN

125 g Krabbenfleisch, 2 Räucherforellenfilets, Salatblätter, ½ Tasse Mayonnaise, 2 EL Joghurt, 1 EL Kerbel oder Petersilie, 4 Weißbrotscheiben ohne Rinde, etwas Butter, 2 hartgekochte Eier, einige Radieschen

Die Mayonnaise mit Joghurt und dem feingehackten Kerbel oder der Petersilie vermischen, mit Pfeffer und Salz würzen. Die Weißbrotscheiben mit Butter bestreichen und rösten, je ein halbes Forellenfilet darauflegen, mit Mayonnaise bestreichen, Krabbenfleisch daraufgeben und mit Eischeiben und Radieschen garnieren.

HAMBURGER SANDWICH

8 Scheiben Weißbrot, 60 g Butter, 1/4 Salatgurke, 1 TL frische gehackte Kräuter, 150 g Hamburger Rauchfleisch

Weißbrot mit Butter bestreichen, mit frischen Gurkenscheiben belegen und die frischen Kräuter darüberstreuen. Hamburger Rauchfleisch darüberlegen und mit einer Scheibe Weißbrot bedecken. Die Schnitten gut zusammendrücken, Ränder abschneiden und in Dreiecke teilen. Mit Radieschenröschen oder Tomaten garnieren.

HAMBURGER SNACK

8 Scheiben Weißbrot, 8 Scheiben Pumpernickel, 100 g Butter, 4-6 Scheiben Chesterkäse, 200 g Hamburger Rauchfleisch, 250 g Weintrauben, Cocktailspieße

Brot, Pumpernickel, Käse und Rauchfleisch in 4 cm große Scheiben schneiden oder ausstechen. Brot und Pumpernickel mit Butter bestreichen, Weißbrot mit jeweils einer Käsescheibe und einer Scheibe Rauchfleisch belegen, mit einer Scheibe Pumpernickel bedecken. Weintrauben auf Cocktailspieße stecken, diese in die Hamburger Snacks stecken. Auf einer Platte mit Papiermanschette anrichten und garnieren.

CHESTERKÄSEBROTE MIT RADIESBUTTER

1/4 Pfd. Radies, 2 Teelöffel Rotebeetsaft, 1/4 Pfd. Butter, 1/4 Pfd. Chesterkäse, zwei Lagen Kresse, 1/2 Kochl. Butter

„Die Radieschen werden gerieben, mit der Butter und dem Rotebeetsaft verrührt; dann formt man kleine Kugeln, legt diese nebeneinander auf einen Teller und stellt den Teller 1 Std. vor dem Gebrauch aufs Eis. 12 Weißbrotscheiben werden rund ausgestochen, dann in 1/2 Kochlöffel Butter hellbraun gebraten, hiernach mit einem geriebenem Chesterkäse belegt, auf den Käse legt man ein Häufchen Kresse, in die Kresse hinein legt man 8 Radiesbutterkugeln.“

1910

SARDELLENSCHNITTCHEN MIT LACHS

20 Sardellen, 1/8 Pfd. Butter, 1 Eßl. Petersilie, 16 Brotschnittchen, 1/4 Pfd. Lachs

„Die gut gewässerten Sardellen werden von Haut und Gräte befreit, dann durch ein Sieb gestrichen, mit 1/8 Pfd. Butter und 1 Eßlöffel feingehackter Petersilie gemischt. Diese Butter wird auf 16 kleine geröstete Brotschnittchen gestrichen; in die Mitte, oben auf die Butter, legt man Röllchen von geräuchertem Lachs." 1910

KALTE PIKANTE BROTE

12 Weißbrotscheiben, 1 Eßlöffel Schinkenspeck, 1 Eßlöffel Butter, ½ Teelöffel Senf, 1-2 Teelöffel Essig, 1 Hering, Pfeffergurken, 2 hartgekochte Eidotter

„Die Weißbrotscheiben werden geröstet. 1 Eßlöffel feingehackter Schinkenspeck wird mit ebensoviel Butter 5-10 Minuten schaumig gerührt und gibt dazu ½ Teelöffel Senf, 2 harte feingehackte Eidotter, 1 bis 2 Teelöffel Essig, 1 Teelöffel Öl. Hiernach einen vorher gut gewässerten, von Haut und Gräte befreiten Hering. Nachdem die Masse auf die kaltgewordenen Bröte gestrichen ist, garniert man die Brötchen obenauf mit Streifen von Pfeffergurken und Zunge oder gekochten Schinken. Statt Fleisch kann man auch Lachsstreifen nehmen und Kapern dazwischen legen, oder Tomatenstreifen." 1910

HERINGSROLLEN IN MUSCHELN MIT REMOULADENSAUCE

3 Matjesheringe, 1 Pfd. Krabben, 3 Eidotter, eine Messerspitze Salz, ¼ Ltr. Oel, 1 Eßlöffel Essig, 1 Eßlöffel Kräuter

„Matjesheringe werden gewaschen, von der Haut befreit, dann trennt man die Filets vorsichtig von der Gräte, schneidet jedes Filet einmal durch, sodaß man von einem Hering 4 Stück bekommt, rollt diese einzeln auf, legt die Rolle in eine kleine Muschel und füllt darüber folgende Sauce. Man kann auch zur Verschönerung einige Krabben darumlegen. Die Sauce hierzu: 3 Eidotter rührt man mit einer Messerspitze Salz in einer Kumme 5 Min., daran gießt man tropfenweise unter Rühren ¼ Ltr. Oel, hiernach gibt man nach Geschmack 1 Eßlöffel Essig und 1 Eßlöffel feingehackte Kräuter zu. Die Kräuter stellt man zusammen aus reichlich Petersilie, etwas Kerbel, Estragon, wenig Schnittlauch. Die Muscheln zum Anrichten dürfen nicht zu klein sein." 1910

WESERLACHSRÖLLCHEN

6 hartgekochte Eigelb, etwas Mayonnaise, 2 TL Meerrettich, 1 Prise Zucker, 3 EL feingehackte Kräuter, einige Kapern, Pfeffer, Salz, 12 Scheiben mild geräucherter Lachs, Zitronenscheiben, Petersilie

Die Eigelb mit der Gabel zerdrücken und mit Mayonnaise und den übrigen Zutaten vermischen. Die Masse auf die Lachsscheiben streichen, diese zusammenrollen und mit Zitronenscheiben und Petersiliensträußchen garnieren.

SCHINKENRÖLLCHEN

200 g Schwarzbrot, 200 g Butter, 8 feine Scheiben Knochenschinken, 250 g gekochter Spargel, Petersilie

Das Schwarzbrot reiben. Butter schaumig rühren und beides miteinander vermischen. Schinkenscheiben mit der Schwarzbrot-Butter bestreichen, zusammenrollen und kühlstellen. Mit Spargel und Petersiliensträußchen garniert servieren.

OSTSEELACHS IN GELEE

1 kg frischer Lachs (Salm), ½ Bd. Suppengrün, 1 Zwiebel, 1 Lorbeerblatt, 1 Möhre, 1 Zitrone, 1 Hartgekochtes Ei, 12 Blatt Gelatine

Das feingeschnittene Suppengrün mit der grobgehackten Zwiebel und dem Lorbeerblatt in soviel Wasser, daß es gerade bedeckt ist, garkochen. Den Lachs in dicke Scheiben schneiden, salzen, vorsichtig in die Brühe legen und garziehen lassen, etwa 30 Minuten. Mit dem

Schaumlöffel herausnehmen und auf einer großen Platte so anordnen, daß zwischen den Scheiben ein Zwischenraum bleibt. Die einzelnen Scheiben in sehr feine Scheiben geschnittener Möhre, in dünne Scheiben geschnittene Zitrone und ebenfalls in Scheiben geschnittenes Ei belegen. Die Fischbrühe durch ein Sieb gießen, etwas erkalten lassen, mit der Gelatine verrühren und vorsichtig über die Lachsscheiben gießen. Lachs kaltstellen. Mit Petersilienbüscheln garnieren. Beilagen: Kleine runde Salzkartoffeln und Mayonnaise, die mit kleingeschnittenen Pfeffergürkchen und Joghurt vermischt wurde.

AAL IN ASPIK

1 nicht zu dünner Aal von etwa 500 g, etwas Zitronensaft, 500 g Fischabfälle (Köpfe und Flossen), 1 Glas Weißwein, einige Pfefferkörner, 1 Lorbeerblatt, 8 Wacholderbeeren, Pfeffer, Salz, 1 geschlagenes Eiweiß

Den ausgenommenen und enthäuteten Aal in Portionsstücke schneiden und mit Zitronensaft beträufeln. Fischabfälle in kaltem Wasser aufsetzen und eine halbe Stunde kochen lassen. Weißwein und Gewürze hinzufügen und weitere 10 Minuten kochen lassen. Dann durchseihen. Die Aalstücke hineinlegen und in der Brühe etwa 14 Minuten sanft köcheln lassen, herausnehmen, erkalten lassen und in einer Schüssel anrichten. Den Fischsud auf ¼ einkochen, mit Eiweiß klären, durch ein Tuch filtern und über die Aalstücke gießen. Zum Gelieren in den Kühlschrank stellen.
Genauso wird Lachs in Aspik zubereitet.

KREBSSCHAUM

2 Dosen Krebsfleisch, ½ Tasse Mayonnaise, 1 Bd. Schnittlauch, 1 EL Senf, Zitronensaft, Salz, ⅛ l süße Sahne, 5 Blatt weiße Gelatine, etwas Butter, ½ Salatgurke, 1 Avocado

Krebsfleisch zerpflücken. Mayonnaise glattrühren, mit 2 Eßlöffeln feingeschnittenem Schnittlauch, Senf, Zitronensaft und Salz abschmecken. Das Krebsfleisch untermischen. Sahne steifschlagen und vorsichtig unterheben. Gelatine in kaltem Wasser einweichen, gut ausdrücken, mit 2 Eßlöffeln Wasser im Kochtopf auf kleiner Flamme auflösen, dann erst etwas von der Krebsmasse mit der Gelatine mischen, anschließend alles gut verrühren.
Ein formschönes Gefäß mit Butter auspinseln und die Masse einfüllen, glattstreichen. 6 Stunden kaltstellen. Zum Servieren das Gefäß in heißes Wasser eintauchen und stürzen. Mit frischen Gurkenscheiben und Schnittlauch garnieren.
Als Raffinesse dazu das Fleisch der Avocado cremigrühren, mit Salz und Zitronensaft abschmecken und zum Krebsschaum reichen.

Deftige Eintöpfe

Nahrung verlangt das Leben,
sie spendet ihm
Kräfte des Wachstums.
Aus den Weiten der Welt
holet sie Bremen herbei.
Lasten von Fischen hat es zu Hauf,
die in reichlicher Fülle
seinen Nachbarn gewährt
freundlich manch baltischer Fluß.
Niemals mangelt es ihm
an Käse, aus Fettmilch gewonnen,
die im friesischen Land
strotzenden Eutern entströmt.
Holland bietet ihn auch,
berühmt durch rundliche Kühe.
Seinen Ebenen ist
Flora, die liebliche, hold.
Alles hat es zu Hauf,
womit sich die Menschen ernähren.

Vers zu einem Wandbild in
der Bremer Güldenkammer von 1602

Zahlreiche Bremer Gerichte sind ausgesprochene Eintöpfe. Die Grundlage ist meist Kohl oder Wurzeln, Rüben und Bohnen, denn bis vor ungefähr 150 Jahren gab es in und um Bremen keine anderen Gemüsesorten. Die wichtigste Voraussetzung für das gute Gelingen der Eintöpfe ist es, sie so lange wie möglich bei schwacher Hitze durchziehen zu lassen, damit sich das spezifische Aroma aus den verschiedenen Zutaten entfalten kann. Deshalb schadet es auch nichts, sondern verbessert eher den Geschmack, Reste des Gerichts wieder aufzuwärmen.

Das Bremer Nationalgericht ist: BRAUNKOHL MIT PINKEL

Es gibt zwei Sorten Kohl, einen grünen, krausblättrigen, und einen blauen, halbkrausen, der beim Kochen braun wird. Letzterer war früher weitverbreitet und gab dem Gericht seinen Namen. Da er aber – obwohl er besser schmeckt – im Anbau nicht so ergiebig ist, findet man ihn heutzutage nur noch in Privatgärten. Handelsüblich, auch als Tiefkühlprodukt und Konserve, ist der Grünkohl. Man „strippt" ihn, indem man die Blätter von den dicken Rippen ablöst, dann wird er gewaschen, mit kochendem Wasser überbrüht und grob gehackt. Erntezeit ist im Spätherbst und Winter. Am besten schmeckt Grün- und Braunkohl, wenn er schon Frost abbekommen hat. Deshalb sind Feinschmecker in diesem Fall gut beraten, auf zeitsparende – wenn auch teurere – Tiefkühlware zurückzugreifen. Auch die Gesundheitsbewußten kommen auf ihre Kosten: Braun- und Grünkohl stehen an zweiter Stelle hinter der Wurzel (Mohrrübe) als Vitamin A-Spender, und sie liefern auch reichlich Vitamin C sowie von allen Kohlarten am meisten Proteine und das wichtige Kalzium.

Nach altem Bremer Rezept nimmt man:

2 kg Braunkohl (ungestrippt), ½ l Wasser oder Fleischbrühe,
150 g Schweine-, Gänse- oder Entenschmalz, 2 EL Hafergrütze, 1 TL Salz,
5 TL feingehackte Zwiebel, 4 TL Zucker, 1 TL gestoßener Pfeffer

Dazu die traditionellen PINKELWÜRSTE, das sind spezielle Grützwürste, sowie alle möglichen anderen „Schweinereien", als da sind:

Bauchfleisch, frisch oder geräuchert, Schweinebacke, Mettwürstchen, Kasseler, Speck,
Schinkenschwarten und/oder dergleichen mehr

GRÜNKOHL KOMPLETT

500 g Kasseler, 300 g Schweinebacke, 300 g frischer Bauchspeck, 1 kg vorbereiteter Grünkohl,
100 g gewürfelter durchwachsener Speck, 50 g Schmalz, 2 gewürfelte Zwiebeln,
Pfeffer, Salz, 2-3 EL Hafergrütze, 4 Kochwürste

Kasseler, Schweinebacke und Bauchspeck waschen, in ca. 1 l Salzwasser etwa 30 Minuten kochen. Grünkohl gut waschen, in kochendes Wasser geben, aufkochen lassen, sofort abgießen und grob schneiden. Speck und Schmalz auslassen, Zwiebeln darin hell andünsten, Kohl zufügen und mitdünsten. Mit Pfeffer und Salz würzen, Hafergrütze unterrühren.
Kasseler, Schweinebacke und Bauchspeck mit der Brühe zum Grünkohl geben, Kochwürste darauflegen und abgedeckt 60-90 Minuten kochen lassen.
Grünkohl nochmal abschmecken. Fleisch in Portionsstücke schneiden und mit Grünkohl und Kartoffeln servieren.

ZUCKERKARTOFFELN

1 kg kleine runde „Grünkohl"-Kartoffeln, 1 EL Schmalz, 1-2 EL Zucker, ½ TL Salz

Die Kartoffeln mit Schale garkochen und noch heiß pellen. In einem Topf Schmalz zerlassen, die Kartoffeln zugeben. Topf abdecken und die Kartoffeln unter häufigem Rütteln schmoren. Deckel abnehmen, Zucker und Salz darüberstreuen und braten, bis die Kartoffeln hellbraun und glänzend sind. Dabei häufig schütteln.
Zuckerkartoffeln gehören unbedingt zu allen Gerichten mit Grünkohl.

BREMER PAHLBOHNENSUPPE

200 g weiße Bohnen, verlesen, 250 g Hammelfleisch, 3-4 EL Olivenöl, 1 Zwiebel, 250 g Tomaten, 3-4 EL Klare Fleischbrühe, 250-300 g grüne Bohnen, abgefädelt 250 g Kartoffeln, Thymian, Bohnenkraut, Pfeffer, Salz, Suppenwürze, feingehackte Petersilie

Die Bohnen waschen und einen Tag in etwa 1 l Wasser einweichen. Mit dem Einweichwasser aufkochen und weichkochen. Bohnen absieben, das Bohnenwasser auf 1 l Flüssigkeit auffüllen. Das Fleisch in Würfel schneiden, in Olivenöl anbraten. Zwiebel und die abgezogenen Tomaten in Würfel schneiden, mitschmoren lassen. Bohnenwasser zugießen, alles zum Kochen bringen. Klare Fleischbrühe unterrühren und 15 Minuten weiterkochen lassen. Die grünen Bohnen in kleine Stücke brechen. Die geschälten, gewaschenen Kartoffeln in Würfel schneiden und mit den Bohnen, Thymian und Bohnenkraut in die Suppe geben und weitere 20 Minuten kochen lassen. Die weißen Bohnen zum Schluß noch kurz mit erhitzen. Suppe abschmecken und mit Petersilie bestreut servieren.

PLUCKTE FINKEN

250 g weiße Bohnen, 4 Zwiebeln, 1 TL Butter, 375 g geräucherter durchwachsener Speck, 500 g Möhren, 500 g Kartoffeln, 500 g Äpfel (Boskop), 2-3 EL Obstessig, Pfeffer, Salz

Bohnen über Nacht in Wasser einweichen. Zwiebeln grob würfeln, in Butter glasig braten, Speck im Stück zugeben und 10 Minuten mit anbraten. Bohnen mit etwa ¾ l Einweichwasser zugeben und 30 Minuten kochen lassen. Möhren putzen und würfeln, Kartoffeln schälen, ebenfalls würfeln. Äpfel grob hacken. Speck aus den Bohnen nehmen, Möhren hineingeben. Nach 15 Minuten Kartoffeln und Äpfel zugeben und weichkochen. Mit Essig, Pfeffer und Salz pikant abschmecken. Dann den in Scheiben geschnittenen Speck wieder in den Eintopf geben und alles noch einmal gut erhitzen. In einer vorgewärmten Schüssel servieren.

BREMER SAUERKRAUTAUFLAUF

40 g Schweineschmalz, 100 g durchwachsener Räucherspeck, 2 große Zwiebeln, 1 kg Sauerkraut, 1 kg Äpfel, 3 Wacholderbeeren, ½ Lorbeerblatt, ⅛ l gekörnte Brühe, 3-4 enthäutete und entgrätete Bücklinge, 500 g Kartoffelpüree, 20 g Butter, 20 g Butter, 150 g Tilsiter Käse, 100 g geriebener Käse

Schmalz erhitzen, den in Würfel geschnittenen Speck auslassen. Die halbierten Zwiebeln, Sauerkraut und die geschälten, entkernten und in Spalten geschnittenen Äpfel zugeben. Alles gut vermischen. Wacholderbeeren und Lorbeerblatt zufügen. Die gekörnte Brühe untergießen und alles 10 Minuten bei mittlerer Hitze kochen lassen. Bücklinge in mundgerechte Stücke zerlegen.
Eine feuerfeste Form mit Butter ausstreichen. Dann lagenweise alle Zutaten einfüllen: Sauerkraut, den würfelig geschnittenen Tilsiter Käse, Bücklinge, Kartoffelpüree, Sauerkraut usw. Auf die letzte Schicht Kartoffelpüree den geriebenen Käse streuen, einige Butterflöckchen daraufsetzen und den Auflauf im Backofen bei 200 Grad ca. 25 Minuten überbacken.
Dazu schmeckt grüner Salat.

ERBSEN MIT SPECK

500 g große gelbe Erbsen, 1½ l Wasser, 4 Gewürzkörner, 1 große Zwiebel, 1 Knoblauchzehe, 1 Bouillonwürfel, 1 TL Majoran, 250 g geräuchertes Schweinefleisch, 250 g frisches Schweinefleisch, 500 g Kartoffeln, Pfeffer, Salz

Erbsen spülen, über Nacht einweichen und im Einweichwasser mit den Gewürzkörnern, der gehackten Zwiebel, der geriebenen Knoblauchzehe, dem Bouillonwürfel und Majoran aufsetzen, aufkochen lassen, das Schweinefleisch zugeben. Mehrere Male umrühren, damit die Erbsen nicht ansetzen. Die Brühe fast verkochen lassen. Fleisch herausnehmen und in Scheiben schneiden, warmstellen. Kartoffeln in der Brühe garkochen und mit Pfeffer und Salz abschmecken. Fleisch getrennt servieren.

Katharinenfleet in Hamburg 1842

Zu „den nordischen Sumpf- und Wassernestern" zählte für den Geheimen Rat Johann Wolfgang von Goethe die Freie und Hansestadt Hamburg. Der deutsche Dichterfürst hatte in Gesprächen mit Hamburgern, durch Bücher und Zeitschriften sich sein Bild der Stadt geschaffen. Goethe war niemals in seinem Leben nach Hamburg gekommen, das für ihn weitab in der Welt lag, „unter einem Himmelsstrich, wo die Alten kaum noch Lebendes vermutheten."

Gleichwohl ließ profaner Heißhunger Goethe das „Sumpf- und Wassernest" auch in einem ganz anderen Licht erscheinen. So sprach er von der Hansestadt als „dem Markte alles guten Eßbaren", wo es „ein Unmaß köstlichen geräucherten Rindfleisches, Rinds- und Schweinezungen, geräucherter Aale und anderer wunderbaren Fische, fremder Käse und ein solches Gedränge von Leckerbissen pp." geben sollte, daß er darnach unglaublich lüstern war und sich „ein Musterkästchen solcher soliden Reitze" erbat.

BOHNEN, BIRNEN UND SPECK

Das ist eines der Gerichte, denen Hamburg seinen Ruf als Stadt mit merkwürdiger Küche zu verdanken hat. Merkwürdig wäre das Gericht in der Tat, wollte man es mit süßen, saftigen Birnen zubereiten. Die kleinen, steinharten Augustbirnen jedoch, die in dieses Gericht gehören, empfindet man kaum als fruchtig. Und so schmeckt das Gericht viel „normaler", als es sich anhört. Selbst der gestrenge Baedeker hält es aber immerhin für notwendig, ein Wort der Einführung in diese Küche in seinen Hamburger Reiseführer einzurücken: *Der Hamburger bevorzugt, wie man weiß, überhaupt die Kochkunst vor den anderen schönen Künsten. Die volkstümliche Hamburger Küche hat eine Vorliebe für süß-saure Gerichte, Mischungen von Fisch und Fleisch oder von Geräuchertem mit Dörrobst, Speisen, die bei Fremden leicht einen gewissen Argwohn wecken, der jedoch rasch verfliegt.*

4 Scheiben durchwachsener Räucherspeck zu je 150 g, 600 g grüne Bohnen,
ganz wenig Bohnenkraut, Salz, Pfeffer aus der Mühle,
8 kleine, harte Kochbirnen, an denen der Stiel noch dran ist, 1-2 TL Stärkemehl

Diese ungewöhnliche Zusammenstellung schreckt viele Leute ab, wer sie jedoch einmal gekostet hat, ist mindestens davon überzeugt, daß sie nicht schlecht schmeckt. Ich meine sogar, daß dies nicht nur ein origineller, sondern auch besonders schmackhafter Eintopf ist. Und ich bin kein Norddeutscher!

Am besten benutzt man einen Schmortopf, den man nachher auch auf den Tisch stellen kann. Auf den Boden die Speckscheiben legen und mit den gewaschenen und gebrochenen Bohnen bedecken. Wasser bis knapp zur Höhe der Bohnen eingießen, würzen mit Salz und Pfeffer und wenig Bohnenkraut. Zugedeckt etwa 15 Minuten kochen. Dann die Birnen waschen, Blütenansatz entfernen, Stiele dranlassen und auf die Bohnen legen. Wieder zudecken und so lange auf kleiner Flamme kochen, bis die Birnen weich, aber noch nicht musig sind.

Das Wasser, welches ziemlich eingekocht sein dürfte, abgießen; in einem kleinen Stielpfännchen mit etwas kalt angerührtem Stärkemehl leicht binden und wieder zu Speck, Bohnen und Birnen gießen.

Damit es schöner aussieht, kann man die Speckscheiben herausfischen und obenauf zwischen die Birnen legen.

Dazu als Beilage Salzkartoffeln.

Hinweis: Oft werden auch die Kartoffeln mit in dem Eintopf gekocht. Ich finde jedoch, daß der Geschmack besser ist, wenn sie separat serviert werden.

Horst Scharfenberg

DICKMUSIK

500 g dicke Bohnen (enthülst), 250 g grüne Erbsen (ausgepalt), 250 g Wurzeln,
1 EL gehacktes Bohnenkraut, 1 EL gehackte Petersilie, 500 g Kartoffeln,
250 g Schinkenspeckwürfel, 2 Zwiebeln, 1 Lauchstange, Pfeffer, Salz, 50 g Butter,
1 Bd. Petersilie

Die Bohnen mit den frischen grünen Erbsen, den geputzten und würfelig geschnittenen Wurzeln, Bohnenkraut und gehackter Petersilie vermischen. Die Kartoffeln schälen, waschen und in grobe Würfel schneiden. Beides bereitstellen. Die Schinkenspeckwürfel in einem großen Topf mit etwas Butter anbraten, kleingeschnittene Zwiebeln und feingehacktes Lauch (nur den weißen Teil der Lauchstange verwenden) zugeben und alles glasigschwitzen. Nun abwechselnd Gemüse und Kartoffelwürfel daraufschichten. Zwei Kochlöffel heißes Wasser auffüllen, einmal aufkochen lassen, würzen. Dann den Eintopf abgedeckt auf kleiner Flamme etwa 40 Minuten dünsten. Eine Handvoll frisch gehackte Petersilie untermischen, mit Petersilie bestreut servieren.

HAMBURGER KARTOFFELEINTOPF MIT RAUCHFLEISCH

400 g Kartoffeln, 1 Bd. Suppengemüse, 1½ l Schinkenbrühe (vom Schinkenknochen), 100 g magerer Speck, 150 g Hamburger Rauchfleisch, 2 Zwiebeln, 1 Prise Salz, 1 Prise Pfeffer, 2 TL gehackte frische Kräuter

Kartoffeln schälen und würfeln, mit dem grobgehackten Suppengemüse in der Schinkenbrühe kochen. Durch ein Sieb streichen und mit wenig Salz würzen, da die Schinkenbrühe evtl. schon sehr salzig ist. Etwas pfeffern. Gewürfelten Speck halb ausbraten, feingehackte Zwiebeln zugeben, weiterrösten, das in Streifen geschnittene Rauchfleisch untermischen. Alles gleichmäßig braun rösten. Röstmasse in die Suppe geben und nochmal abschmecken, Kräuter zugeben.

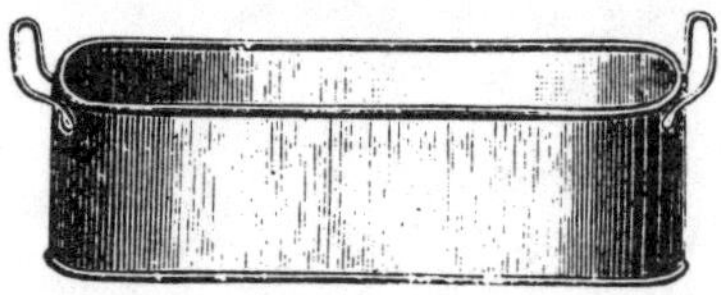

LABSKAUS

750 g gepökeltes Rindfleisch, 1 Zwiebel, 2 Lorbeerblätter, 2 Nelken, 1 kg Kartoffeln, 4 große Zwiebeln, 1-2 EL Schmalz, weißer Pfeffer aus der Mühle, Salz, eingelegte Rote Bete, 4 Salzgurken, 4 Matjesfilets oder Bismarckheringe oder Rollmöpse, 4 Spiegeleier

Das Originalrezept kann niemand nennen. Wir geben hier jedoch eines, das aus den Erzählungen vieler Segelschiffsleute zusammengetragen wurde.

Pökelfleisch zusammen mit der Zwiebel, den Lorbeerblättern und Nelken in reichlich Wasser etwa 1 Stunde kochen. Kartoffeln schälen, in Stücke schneiden und in ungesalzenem Wasser garkochen. Zwiebeln schälen, kleinschneiden und im Schmalz gut glasig werden lassen. Mit etwas Pökelbrühe ablöschen und noch eine Viertelstunde kochen, damit sie ganz weich werden. Pökelfleisch in Stücke schneiden und durch die Fleischmaschine (gröbste Scheibe) drehen. Kartoffeln zusammen mit dem durchgedrehten Fleisch und den Zwiebeln nebst ihrer Brühe zerstampfen, durcheinandermischen. Abschmecken mit reichlich Pfeffer und eventuell auch noch Salz (je nach Schärfe des Pökelfleisches). Schließlich noch so viel Pökelbrühe zugießen, daß ein dicker Brei entsteht, der von dem Pökelfleisch eine deutliche Rotfärbung bekommt.
Jede Portion mit Salzgurke, Heringsfilet und Roten Beten umlegen und mit einem Spiegelei krönen.
Über die Art der Heringszubereitung streiten sich die Gelehrten; an Bord gab es sicher Salzheringe, heute wird vielfach der feinere Geschmack des Bismarckherings oder Rollmops vorgezogen. Gewürzgurken sind ein billiger Ersatz, nur Salzgurken geben den wahren

Geschmack. Spiegeleier hat der Smut von einst allerhöchstens für den Kapitän daraufgegeben, jedoch schmecken sie auch den unteren Dienstgraden.

R. Voß, einstiger Chefkoch des „Schabbelhauses" zu Lübeck, verwendet folgende Zutaten, mit denen er bei seinen Gästen die besten Erfahrungen gemacht hat:
750 g Rindfleisch, 750 g Schweinefleisch, 750 g Zwiebeln, 750 g Kartoffeln

PLUMEN UN KLÜTEN
(Pflaumen und Klöße)

500 g durchwachsener Speck, 500 g Backpflaumen, 2 EL Zucker, 1 Schuß Essig, etwas Stärkemehl
Klüten:
125 g Mehl, ¼ l Milch, 25 g Butter, 2 Eier, etwas Salz, 1 Prise Muskat

Speck im Ganzen in wenig Wasser kurze Zeit kochen, die eingeweichten Backpflaumen zugeben, mit Zucker und Essig abschmecken und mit etwas Stärkemehl andicken.
Für die Klüten die Butter in Milch aufkochen, das Mehl zugeben und so lange mit einem Holzlöffel rühren, bis sich die Masse vom Topf löst. Dann von der Hitze nehmen und erkalten lassen. Eier und Gewürze unterrühren, mit einem Eßlöffel Klöße ausstechen, diese in siedendes Wasser tauchen und zu den Speckpflaumen reichen.

NIERENSUPPE

1 Rinderniere, 500 g hohe Rippe, 1 Wurzel, ½ Sellerieknolle, 1 Porreestange, 1 Petersilienwurzel, 250 g Zwiebeln, 100 g Butter, 70 g Mehl, Pfeffer, Salz, Maggi
Für die Fleischklößchen:
125 g Hackfleisch, 125 g Schweinemett, Pfeffer, Salz, geriebene Muskatnuß
Für die Schwemmklößchen:
⅛ l Wasser, 25 g Butter, 70 g Mehl, 1 Ei, Salz

Die Rinderniere mit Wasser bedeckt aufsetzen und 15 Minuten abkochen. Das Kochwasser wegschütten und die Niere mit frischem Wasser erneut aufkochen. Nach 15 Minuten auch dieses Kochwasser abgießen und die Niere in frischem Wasser garkochen. Anschließend die Niere in Würfel schneiden, das Fett dabei entfernen, die Brühe aufheben.
In einem zweiten Topf die hohe Rippe mit dem zerkleinerten Suppengemüse garen. Die gewürfelte Niere mit den kleingeschnittenen Zwiebeln in Butter anschmoren. Nach ca. 10 Minuten das Mehl einstreuen und alles noch weitere 5 Minuten schmoren. Dann mit Nieren- und Fleischbrühe auffüllen.

Das Fleisch von der hohen Rippe kleinschneiden und mitsamt dem Suppengemüse zu den Nieren geben. Die Suppe abschmecken.
Hackfleisch und Mett mischen, mit Pfeffer, Salz und Muskat würzen. Von diesem Fleischteig kleine Klöße abstechen und in der Suppe garziehen lassen.
Für die Schwemmklößchen das Wasser mit der Butter aufkochen. Unter Rühren das Mehl zugeben und die Masse auf kleiner Flamme weiterrühren, bis sie sich vom Topfboden löst. Topf vom Feuer nehmen, weiterrühren. Ei und eine Prise Salz zugeben und alles zu einem glatten Teig verarbeiten. Mit einem Teelöffel kleine Klöße abstechen und in Salzwasser garziehen lassen. Zur Suppe geben. Die Nierensuppe wird mit Rosinenreis serviert.

SNUTEN UN POTEN

4 Schweinsfüße, gepökelt, 750 g Schweinskopf, gepökelt, 1 kg Sauerkraut, 1 Zwiebel, 50 g durchwachsener Speck

Die gepökelten Teile (vorher bestellen) im kaltem Wasser bedeckt zum Kochen bringen, abgießen, abspülen, mit frischem Wasser wieder aufsetzen, nochmal aufkochen und bei schwacher Hitze 3 Stunden kochen, bis das Fleisch weich ist, aber noch Biß hat. Das Sauerkraut zugeben und weitere 30 Minuten kochen, bis das Fleisch ganz weich ist. Dazu Salzkartoffeln mit Erbsenpüree servieren. Das Erbsenpüree mit Zwiebelwürfeln und geröstetem Speck bestreuen.

So'n Pott vull Snuten un Poten,
dat is'n fein Gericht,
Arften un Bohnen,
wat beeters gifft dat nich!

Arften = Erbsen

SCHNÜSCH

500 g Wurzeln, 1 kg Erbsenschoten, 2 kg große Bohnen in Schoten, 500 g frische Brechbohnen, 750 g Kartoffeln, 4 dicke Scheiben Holsteiner Katenschinken, Milch nach Bedarf, reichlich Petersilie, Bohnenkraut, Salz

Gemüse putzen, Wurzeln in Scheiben schneiden, Erbsen und große Bohnen auspalen, Brechbohnen zerkleinern, Kartoffeln schälen und alles getrennt garkochen. Abgießen.
Das Gemüse in einer großen Suppenterrine mischen und die in Scheiben geschnittenen gekochten Kartoffeln zugeben, mit Salz abschmecken. Soviel heiße Milch darübergießen, daß das Gemüse bedeckt ist. Einen Eßlöffel Butter zugeben, reichlich Petersilie und etwas Bohnenkraut unterrühren. Pro Person dazu eine Scheibe saftigen Katenschinken getrennt servieren.

SURE SUPP UN KLÜTEN

75-100 g gemischtes Backobst, ¼ l Wasser, 1½ l Wasser, 250 g Rauchfleisch oder durchwachsener Speck, 250 g Weizenmehl, 1 gestr. TL Salz, ¼ l Wasser, 2-3 EL Olivenöl, 400-500 g Gemüse, z.B. Blumenkohl, Bohnen, Kohlrabi, Möhren, Wirsingkohl, Erbsen, Essig, Salz, Zucker, Streuwürze, feingehackte Petersilie

Backobst waschen und 12-24 Stunden in ¼ l Wasser einweichen. 1½ l Wasser zum Kochen bringen, Rauchfleisch oder Speck hineingeben und etwa eine Stunde kochen lassen. Weizenmehl mit Salz in eine Schüssel sieben. ¼ l Wasser mit Öl zum Kochen bringen, zu dem Mehl gießen und so lange rühren, bis der Teig Blasen wirft. Mit zwei nassen Teelöffeln kleine Klöße formen, in kochendes Salzwasser geben, aufkochen lassen und 10 Minuten garziehen lassen. Das kleingeschnittene Gemüse mit dem Backobst zu dem Fleisch geben, zum Kochen bringen und 20 Minuten ziehen lassen. Fleisch aus der Suppe nehmen, in Würfel schneiden, mit den Klößen wieder in die Suppe geben und alles gut durchwärmen. Suppe mit Essig, Salz, Zucker und Streuwürze abschmecken und mit Petersilie bestreut servieren.

GARTENKRÄUTER DER HANSEATISCHEN KÜCHE

Nicht nur in den Bauerngärten an der Nordseeküste und Holsteins, auch in den Gärten der Vororte werden seit langen Zeiten die Küchenkräuter gepflegt. Obwohl seit Jahrhunderten den Hanseaten alle Gewürze der Welt zur Verfügung stehen, haben sie doch auch immer ihre einheimischen Würzpflanzen gehegt und gepflegt.
Wir geben hier eine kurze Übersicht über die Anwendungen.

ANIS
Zum Backen von Anisplätzchen, zu Backobst, zu Geflügel.

BASILIKUM
Zu Geflügel, zu den meisten Gemüsen, zum Salat und zu Saucen.

BEIFUSS
Geflügel, insbesondere Gänse, von innen würzen. Auch zu Suppen und zu anderem fetten Fleisch.

BOHNENKRAUT
Gehört in die Aalsuppe, zu Bohnengemüse, kann aber auch zu anderen Gemüsen, zu gekochten Fischen, zu Salaten und zu deftigen Eintöpfen benutzt werden.

BORRETSCH
Kräutereierkuchen, Kartoffelsuppe, weiße Bohnen, Schwarzwurzeln, Hammelfleisch und Nierchen kann man damit hervorragend würzen. Man sagt dem Borretsch bei inneren Entzündungen eine schmerzlindernde und schweißtreibende Wirkung nach.

DILL
Dillspitzen zum Räucherlachs, aber auch zu gekochten Fischen, zu Aal und Forellen, zu Gurkensalat und zu fast allen Gemüsen und Suppen. Man sagt Dillblättern, die man wie Tee aufgießt, eine verdauungsfördernde Wirkung nach.

ESTRAGON
Ein gutes Gewürz für Salate und Saucen.

FENCHEL
Sauerkraut und Gurken werden gewürzt, aber auch Gurkensalat, grüner Salat, Fischsaucen, Marinaden und Fleischbrühen.

KERBEL
Für alle Eintopfgerichte, für Salate und Rohkostgemüse, zu Salzkartoffeln und zu gebratenem Fisch wie auch zu gebratenem Fleisch. Kerbel soll eine blutreinigende Wirkung haben.

KORIANDER
Man würzt damit Salate, Wild, Rind- und Schweinefleisch, Marinaden und Saucen.

KRESSE
Wird heute bevorzugt zu Salaten verwendet, ist aber auch gut für viele Suppen. Auch der Kresse wird eine blutreinigende Wirkung nachgesagt.

KÜMMEL
Zu Käsegebäck, allen Kohlgerichten, vorsichtig auch zu Pilzen, zu Quarkspeisen und Rohkost.

LIEBSTÖCKEL
Alle Salate, Suppen, Saucen. Man nennt Liebstöckel das Maggikraut. Saucen erhalten durch Liebstöckel den letzten Pfiff.

MAJORAN
Hervorragend als Würze zu Fleischgerichten, insbesondere auch zur Anrichtung von Saucen und Suppen.

MELISSE
Man nennt sie auch Zitronenmelisse, weil die Blätter stark nach Zitrone duften. Melisse darf nicht mitgekocht, sondern Suppen und Saucen erst nach dem Kochen beigemischt werden.

OREGANO
Auch Dost genannt. Eine geschmacksfördernde Beimischung zu Fleisch, Teiggerichten, also insbesondere auch zu Fleischgerichten im Blätterteigmantel und natürlich zu Saucen.

PETERSILIE
Petersilie sollte erst kurz vor dem Gebrauch feingehackt und erst nach dem Kochen zugegeben werden.

PFEFFERMINZE
Zu Salaten, Suppen und Fischgerichten verwenden.

PIMPINELLE
Für Salate, Saucen und Gemüse. Aber bitte nicht kochen!

PORTULAK
Wird in Norddeutschland gern zum grünen Salat, zu Tomatensaucen und Suppen verwendet. Man kann die Blätter auch ganz dem Salat beimischen oder sogar als Salat für sich verwenden.

ROSMARIN
Für Wild, Geflügel, Saucen und Suppen.

SALBEI
Ein Gewürzkraut für alle Fleischgerichte.

SCHNITTLAUCH
Zum Anmachen von Quark, zu Omelettes und anderen Eierspeisen, zu Kartoffelpüree und gekochtem Fisch.

THYMIAN
In richtiger Dosierung eines der wunderbarsten Gewürze. Für Geflügel und Wild, insbesondere aber zur Bereitung von Fleischsaucen.

WEINRAUTE
Eine wichtige Zugabe bei deftigen Suppen und fettem Fleisch.

WERMUT
Hier sollten nur frische Blättchen verwendet werden. Zu fettem Geflügel, Hammel- und Schweinefleisch, zu Saucen und Suppen.

YSOP
Ein Essiggewürz, für Salate, für Saucen und Fisch.

ERKLÄRUNGEN FÜR NICHTGELÄUFIGE WÖRTER

Arrowroot	Pfeilwurzel. Bindemittel für klare Suppen, Saucen, Gemüse, Cremes
Couleur	Zuckercouleur, gebrannter Zucker (ohne Süßgeschmack) zum Braunfärben von Saucen und Suppen
Coulis (von)	konzentrierter Saft oder Püree von Früchten und Tomaten, aber auch von Fleisch, Wild, Geflügel

Gest	Hefe, Hefeteig
gestobt (gestovt, gestoft)	plattdeutsch: zerkleinert, verrührt, gemust
Guappen	Quappen, Aalrutten, aalähnlicher Süßwasserfisch
Helianthus	Sonnenblume
Hericourt	feine grüne Bohnen
Kalekutischer Hahn	Truthahn, Puter
Klöven	Klöben, Stollen, Stuten, Klaben (ähnlich den Christstollen)
Koch (von)	Auflauf (von)
Meterbrot	Baguette
Milchner	männliche Fische (z.B. Heringe)
Pain	französisch: Brot Sulzbrot aus konzentrierter Brühe mit Eigelb und Butter aufgeschlagen, mit Fleisch- bzw. Fischpüree und Gelatine vermischt
Portulak	Burzelkraut. Die Blätter des Portulak dienen als Salat oder Gemüse
Prunelle	vor der Reife geerntete, entsteinte und gepreßte Trockenpflaume
Roccambolen	Schlangen- oder Graslauch. Ein früher sehr beliebter „feiner“ Ersatz für den „ordinären“ Knoblauch
Sandarten	Zander, einer der edelsten Süßwasserfische
Saucissen	kleine Würstchen aus Kalb- und Schweinefleisch. Einlage für Suppen und Ragouts
Schürzgebackenes	Schürzkuchen, spezielles Rezept
Schweser/Milcher	Bries, Kalbsmilch
Timbals	Becher- oder Füllpasteten

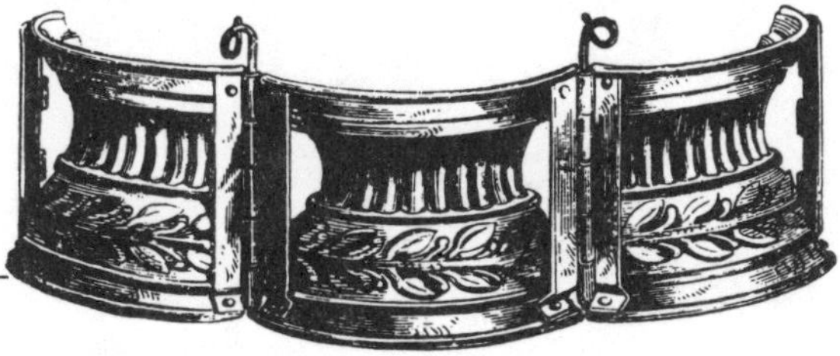

Von der Erziehung zum Essen

Es ist nicht genug, die Bereitung der Speisen auf Grundsätze zurückgeführt, die Anwendung dieser Grundsätze durch Beyspiele erläutert zu haben. Vielmehr wäre die gesammte Kochkunst nur eine unnütze Vorrichtung, wenn sie den Zweck nicht erfüllen würde, ein gesundes Lebensgefühl zu erhöhen und dauernd zu erhalten. Dieses jedoch kann nur durch ein verständiges Essen erreicht werden, welches zwar auf den ersten Blick eine bloße Naturgabe zu seyn scheint, doch in der That eine größere Kunst ist, und mehr Bildung voraussetzt, als man wohl denken möchte.

Man versetze sich nur einmal unter die Wilden entfernter Weltgegenden, oder an den Tisch eines Hausvaters, der seine Kinder, wie so oft geschieht, gleich den Bestien aufwachsen läßt: um kennen zu lernen, daß es dem Menschen nicht von Natur gegeben ist, reinlich, bescheiden und ruhig zu essen, wie es gesellige Mahlzeiten, ja wie es die Gesundheit des Essenden selbst erheischt.

Joseph König/Karl Freiherr von Rumohr,
Geist der Kochkunst

Teil III
Speisezettel
zu
festlichen
Anlässen

EMPFÄNGE

Sektfrühstück
Cocktailempfang
Brunch
Five o'clock tea
Dämmerschoppen an warmen und an kalten Tagen

FAMILIENFESTE IM ABLAUF DES JAHRES

Osterabendessen
Pfingstessen
Sommerfest
Weihnachtsfest
Silvesteressen

WEEKEND AN ELBE, WESER UND TRAVE

Landausflug ins Holsteinische
Bootstaufe an der Elbe, Weser oder Trave
Kaltes Buffet auf einem Alsterdampfer

WENN HANSEATEN GÄSTE AUS ÜBERSEE ODER VON SÜDLICH DER MAINLINIE ERWARTEN

Menüvorschläge

Alle Rezepte zu den in diesem Teil des Buches aufgeführten Speisezetteln und Menüplänen findet der Leser leicht anhand des Rezept-Registers am Schluß dieses Buches.

SEKTFRÜHSTÜCK

Das Sektfrühstück hat sich erst zu Beginn unseres Jahrhunderts in den Hansestädten langsam eingebürgert. Das große Frühstück, ähnlich dem berühmten englischen Breakfast, erfreute sich zwar immer schon starker Beliebtheit. Es galt aber nicht als festlicher Empfang wie unser hier geschildertes Sektfrühstück, es war gemütlicher und eher dem heute üblichen „Brunch" zu vergleichen.

Zum Sektfrühstück laden wir durch Karte oder Anruf ein. Man muß nicht genau wissen, wer alles kommt, aber man sollte doch die ungefähre Zahl der Gäste kennen, um das Buffet weder zu knapp noch zu verschwenderisch auszustatten. Es sollte nämlich, wenn die Gäste uns verlassen, immer noch etwas übrig sein.

Wir empfangen die Gäste in der Diele, Halle oder auch gleich in den Wohnräumen. Bei der Begrüßung werden *Schwedische Pastetchen* gereicht.

Dazu gibt es einen *Trockenen Sekt.*

In einer Glaskanne wird frisch ausgepreßter Orangensaft mit Eiswürfeln angeboten.

Das Buffet sollte auf einer langen Tafel errichtet werden.

Garnierter Krabbenberg
Hummerragout
Ostseelachs in Gelee
Roastbeef in Salzhülle, Kräuterremoulade
Hühnerfleischbälle
Gänseleber Finkenwerder Art
Meterbrot, kleine Rundstücke
Butter garniert
Verschiedene Käsesorten
Kaffee

und für die Nachzügler

Bremer Hühnersuppe

COCKTAILEMPFANG

Während der Sektempfang am Vormittag stattfindet, wird zum Cocktailempfang in den Nachmittagsstunden geladen. Der Cocktailempfang wurde in den Hansestädten erst in den 20er Jahren dieses Jahrhunderts heimisch. Wir haben in diesem Buch darauf verzichtet, Cocktailrezepte aufzuführen. Ist ein guter Mixer zur Hand, so sollte man eine kleine Bar aufbauen und den Gästen die Möglichkeit geben, ihren Cocktail nach Wunsch zu bestellen.

Zum Empfang und zur Einstimmung der Gäste (Autofahrer ausgenommen) wird ein

Zitroneneis mit Sekt

gereicht.

Zur allgemeinen Bedienung:

Angosturabowle
Quittenlikör

Für die Autofahrer:

Borstorfer Äpfeltrank
Bickbeerenlimonade

Dazu wird an Speisen gereicht:

Matjespastete
Käsecremepastete
Entenpastete
Cumberlandsauce
Käse-, Kümmel- und Paprikagebäck
Gesalzene Mandeln
Meterbrot

BRUNCH

Die Bezeichnung „Brunch" ist neueren Datums. Sie wurde nicht in England erfunden, sondern in Deutschland in den 50er-Jahren. Brunch ist etwas für Spätaufsteher, die an Sonn- und Feiertagen Frühstück und Mittagessen (Breakfast und Lunch) zu einer großen, schönen, langen Mahlzeit zusammenziehen. Man rechnet auch nicht mehr mit Bedienung. Bedienung gibt es nicht am Sonntag. Also wird gleich alles auf den Tisch gebracht, damit auch die, die in der Küche fleißig waren, am Tisch sitzenbleiben können.

Am schönsten gelingt der Brunch an einem großen runden Tisch. In der Mitte und auf den Teewagen zur Seite gibt es Wärmeplatten für die warmen Gerichte. Alles wird aufgetragen, auch Kaffee und Tee steht bereit. Dann setzt man sich zu Tische. Eine Tischordnung gibt es nicht. Jeder setzt sich wie es paßt. Man ist auch nicht verurteilt, vier Stunden an einer langen Tafel immer auf den gleichen Gesprächspartner zur Rechten oder zur Linken einzureden. Das Gespräch geht – ebenso wie die Speisen – rund um den Tisch, hinüber und herüber.

Auch in der Reihenfolge sind Gast und Gastgeber an keinen Menüplan gebunden. Wer die Süßspeise lieber zuerst ißt, dann den Käse und schließlich das Fleischgericht, der darf das tun.

Unser Vorschlag zu einem Brunch-Speisezettel:

Bremer Kükenragout auf der Wärmeplatte
Kasseler im Teig auf dem Holzbrett mit einem scharfen Messer
Rundstück warm auf der Wärmeplatte
Apfelfleisch auf der Wärmeplatte
Kräuterroastbeef auf dem Holzbrett
Cumberlandsauce, echte, nach altem Rezept
Hechtpastete auf der Wärmeplatte
Kaviar mit kleinen Pfannkuchen, die in einer Kupferpfanne bereitliegen
Hartgekochte Eier mit Senf und Pfeffer
Mandelkäse
Bunter Kartoffelsalat
Selleriesalat
Kaffee – Tee – Bier – Sekt – Fruchtsäfte

FIVE O'CLOCK TEA

In Hamburg nimmt man seit vielen Jahrzehnten den „Five o'clock tea" im Hotel „Vier Jahreszeiten" oder auch im „Alsterpavillon". Aber selbstverständlich kann man zum Five o'clock tea auch ins eigene Haus, in die eigene Wohnung laden. Er ist eine Begegnung zur Dämmerstunde. Das Gespräch sollte sich im Bereich der Mode, der Kindererziehung, der letzten Reise bewegen. Die heiße politische Diskussion gehört nicht zum Five o'clock tea. Höchstens über Aktienkurse darf gesprochen werden.

Man sollte vier verschiedene Teesorten bereithalten. Das Wasser sollte vorher gefiltert werden, um Kalk und Chlor zu entfernen. Der Tee wird frisch aufgegossen mit springend kochendem Wasser (das aber noch nicht länger als eine halbe Minute gekocht haben darf!). Zur Warmhaltung der einzelnen Teekannen dienen Stövchen.

Über die richtige Teebereitung sind Bücher geschrieben worden. Hanseatische Hausfrauen wissen, wie man es macht. Hier seien nur einige empfehlenswerte Sorten erwähnt, so eine Ceylon Assam-Mischung, eine ostfriesische Blattmischung mit Goldspitzen, ein Darjeeling Flowery Orange Pekoe, ein Prince of Wales (der gute englische Geschmack), eine China Oolong Mischung und – weil es etwas Besonderes ist – ein Kenya Golden FOP.

Zum Tee gehören Milch, Sahne, Zucker, weißer Kandis (Kluntjes), manche mögen auch Zitrone, obwohl der Teegeschmack durch Zitrone leicht verfälscht wird.

Es werden gereicht:

Butterkuchen mit Mandeln

Braune und weiße Kuchen

Ein *Old Scotch Malt Whisky* steht bereit. Er darf nur ohne Eiswürfel mit Quellwasser, also keinesfalls mit Mineral- oder Sodawasser, getrunken werden. Auch nicht „on the rocks"!

DÄMMERSCHOPPEN

an einem Sommerabend im kühlen Keller

Es stehen bereit:

Bischof

Weinbowle

Kalter Punsch

Geflügelsalat

Käseauflauf

DÄMMERSCHOPPEN

an einem kühlen Herbst- oder Winterabend

Es werden bereitet:

Teepunsch

Eiergrog

Grog von Arak

Dreifuß

Hoppelpoppel

Dazu werden gereicht:

Kartoffelkuchen

Heiße Schinkenbrötchen

Granatkroketten

Äpfel im Schlafrock

OSTERABENDESSEN

Das Osterabendessen schließt den Ostersonntag ab. Es soll ein festliches, leichtes Essen im Kreise der Familie sein.

Zum Essen wird schon zur Gänseleberpastete ein lieblicher und ein mehr trockener Wein vom Rhein oder aus dem Elsaß angeboten.

Unser Menüvorschlag:

Grapefruit mit Steinbutt gefüllt
Lübecker Weinsuppe
Gänseleberpastete nach Lübecker Art
Lammfleisch in Papilotten
Gestobte Kartoffeln
Artischocken

Hamburger Götterspeise

Käse, Butter, Schwarzbrot

Kaffee
Zigarren, Likör

PFINGSTESSEN

Pfingsten ist ein fröhliches Fest.
Unser Menüvorschlag:

Kükensalat
Vanillekaltschale
Fischpastete
Ochsenfilet garniert
Junge Kartoffeln
Braune Butter
Spargel mit Zitronensauce

Mandel-Nuß- Pudding

Käse, Butter, Crackers

Kaffee
Zitronentorte

Zum Ochsenfilet wird ein Lübscher Rotspon oder ein anderer guter Bordeaux-Wein rechtzeitig entkorkt und so aufgestellt, daß er sich der Zimmertemperatur anpaßt. Der Rotwein kann auch bereits am Abend vorher dekantiert und in Kristallkaraffen auf den Tisch gebracht werden.

SOMMERFEST

Es gibt sonnige Sommer, es gibt auch verregnete. Auf den Wettergott sollte man sich nicht verlassen in unseren schönen Hansestädten. Ein Sommerfest sollte also so eingerichtet sein, daß es auch in überdachten Räumen stattfinden und gelingen kann.

Ist am vorbezeichneten Tage das Wetter freundlich, so kann man ein Buffet im Garten

errichten, vielleicht dort durch einige Grills, auf denen Scampis oder Cevapcici zubereitet werden, ergänzen.

Unser Vorschlag für ein Sommerfest mit bewährten hanseatischen Gerichten ist für die Räume des Hauses ebenso geeignet wie für den Aufbau auf der Terrasse.

Gravad Lachs, hausgebeizt
mit Dill-Senfsauce

Roastbeefröllchen mit Kräuterfarce

Seezungenrouladen mit Kräuterlachs
und Dill gefüllt auf Champignons

Matjes in Specksauce

Quarkklöße

Meerrettichsauce

Pfefferminzsauce

Sauerampfersauce

Lübecker Salat

Kartoffelsalat

Gurkensalat

Rote Grütze

Makronenpudding

Partyrundstücke – Zwiebelbrot
Schwarzbrot – Meterbrot

Butter und Gänseschmalz

Ananasbowle

Ratsherrenpils

Fruchtsäfte

und zum Abschluß:

Erbsensuppe von frischen grünen Erbsen

WEIHNACHTSFEST
Speisezettel für den Heiligen Abend

Nach dem Warten der Kinder im dunklen Zimmer auf den Heiligen Abend, auf den Eintritt in das Zimmer mit dem geschmückten Tannenbaum, nach den guten Worten der Mutter oder des Vaters an diesem besonderen Abend des Jahres, ja, diesem wichtigsten Abend des Jahres, nach der Freude über die Geschenke, nach der begonnenen Plünderung der Naschteller sollte der Speisezettel am Heiligen Abend einfach nach guter Tradition aufgestellt werden.

Fliederbeersuppe mit Äpfeln und Grießklößchen

Karpfen in Biersauce

Kartoffelnester

Steckrüben süßsauer

Rumpudding

Dazu werden Bier oder ein trockener Wein und Fruchtsäfte gereicht.

SILVESTERESSEN

Der Ausklang des Jahres, der Silvesterabend, wird in fröhlicher Runde gefeiert. Familie und Gäste sind beisammen. Es gilt die Stunden bis Mitternacht bei heiterem Beisammensein sinnvoll auszufüllen. Ein gutes Essen zur Dinnerzeit kann den Abend einleiten.
Zum Einklang als Aperitif wird ein *Rum-Sorbet* gereicht.

Hechtfricassee mit Austern

Mockturtle
(falsche Schildkrötensuppe)

Kalbsfilet getrüffelt
Buttermilchkartoffeln
Sellerieböden mit Ochsenmark
Schwarzwurzeln frittiert

Quittenpudding

Kaffee
Marzipantorte

WEEKEND AN ELBE UND ALSTER

LANDAUSFLUG INS HOLSTEINISCHE

Es ist eine alte Tradition der Hamburger und Lübecker, auf's Land zu fahren und sich dort einen schönen Tag zu machen. Bei den Buddenbrooks ist Ähnliches bereits beschrieben. Auch im *Holsteinischen Tourist,* einem Buch aus dem Jahre 1833, findet man sehr brauchbare Hinweise.

In den Vororten und in den Dörfern, den Randgemeinden um Hamburg, Lübeck und Bremen, kann man bei den Bauern auch heute noch einen Pferdewagen mieten. Er wird mit Bänken und Decken ausgestattet und natürlich mit Maigrün geschmückt. Das Essen kann man in Wärme- und in Kühlbehältern mitnehmen. Dazu gehören Pappbecher, Pappteller, Plastikbestecke und selbstverständlich ein großer Müllsack. Wir wollen doch die Umwelt nicht verschmutzen.

Für den Proviant in den Behältern werden folgende Gerichte vorgeschlagen:

Heringssalat

Rindermaulsalat

Dominosalat

Mettwurstklöße

Saure Suppe auf Katenschinken, die zu Hause schon eine Nacht lang vorbereitet wurde

Schwarzbrot
Partyrundstücke

Butterkuchen mit Mandeln

Und an Getränken:

Bier vom Faß
Korn – Köm
Fruchtsäfte
Mineralwasser

BOOTSTAUFE
an der Elbe

Hanseatische Tradition beruht auf der Seefahrt. So ist es nicht verwunderlich, daß Hanseaten ihre Boote von der kleinen Jolle bis zur Hochseejacht über alles lieben. Die Bootstaufe ist ein wichtiger Akt und sollte immer entsprechend begossen werden.

STEUERMANNS FRÜHTRUNK

2 cl Wodka, 1 Glas Tomatensaft,
1 Becher Joghurt, 1 Knoblauchzehe, zerdrückt,
Spritzer Worcestersauce,
Spritzer Tabasco. Salz und Pfeffer

BLOODY MARY

1 Glas Tomatensaft, 2 cl Wodka,
1 EL Zitronensaft, Spritzer Worcestersauce,
Salz und Pfeffer

NOWGORODFAHRER

3 cl Wodka, 2 EL Zucker, 1 Eigelb

Eigelb mit Zucker mischen und zu Creme schlagen, dann den Wodka dazugießen.

MILCHGROG

2 cl Rum, 3/4 Tasse heiße Milch,
1-2 EL Zucker, Prise Muskatpulver

Rum in einen Becher geben, Zucker und heiße Milch dazugeben und Muskat darüberstreuen.

GEWÜRZTEE

2 EL schwarzer Tee, 2 Nelken,
Saft einer Zitrone, Saft einer Apfelsine,
1/4 Tasse Zucker, 1 Liter kochendes Wasser

Tee aufgießen, Nelken dazugeben und ziehen lassen. Teeblätter und Nelken heraussieben, Früchte und Zucker einrühren, nochmals kurz erhitzen und servieren.

Wer trinkt, muß auch essen. Es gibt einige hervorragende Seglerrezepte; wir bringen hier nur eine kleine Auswahl.
Alle diese Rezepte können in der kleinen Kombüse einer Segeljacht zubereitet, natürlich aber auch an Land vorbereitet werden.

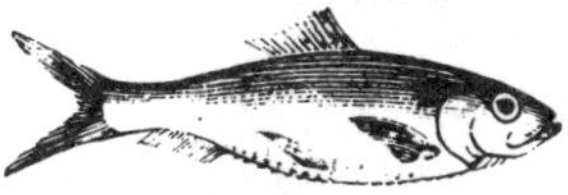

HERINGSTOAST

4 eingelegte Heringsfilets, kleingeschnitten,
2 Zwiebeln, in kleine Würfel geschnitten,
½ Gurke, in Scheiben geschnitten,
1 Apfel, gewürfelt, 2 EL Öl, 1 EL Essig,
½ Tasse Milch, 1 EL Mayonnaise,
Dill, Pfeffer und Salz

Apfel, Zwiebeln, Heringe und Gurke kleinschneiden und mischen. Ein Dressing aus Öl, Essig, Milch, Mayonnaise, Salz und Pfeffer rühren und über die Heringe gießen. Möglichst lange ziehen lassen, am besten über Nacht. Dill darüberstreuen und auf Toast servieren.

HERINGSFRIKADELLEN

4 Salzheringe, 2 mittelgroße Zwiebeln,
150 g Speck, 4 hartgekochte Eier, 2 Gurken

Die Salzheringe werden über Nacht gewässert. Dann gut reinigen, von allen Gräten befreien und in kleine Stücke hacken. Alle übrigen Zutaten ebenfalls sehr kleinschneiden oder hacken, mit den Heringen mischen und zu kleinen Frikadellen formen.

RUNDSTÜCK, WARM

½ Pfund Hackfleisch, 1 Zwiebel, in Scheiben,
½ Paprikaschote, kleingeschnitten,
½ Flasche Bier, 1 Tasse Parmesankäse,
2 EL Butter oder Margarine,
Spritzer Tabasco, Salz und Pfeffer

In einer Pfanne das Fleisch, Zwiebelstücke und die kleingeschnittene Paprika in Butter braten. Bier und Tabasco dazugeben und unter Umrühren den Käse hinzufügen. Sobald der Käse zu schmelzen beginnt, die Mischung auf Toastscheiben geben und servieren.

GEWÜRZBROT

1 Tasse Rum,
3 Finger breit Rum aus der Flasche,
4 Tassen Mehl, 2 TL Backpulver,
2 TL Zimt, 1 Tasse Honig, 1 MS Anis,
Prise Salz

Honig, Rum und etwas Wasser verrühren, dann mit dem Rest der Zutaten mischen und zu einem Teig kneten. In einer gefetteten Backform 45 Minuten backen.

KNOBLAUCHTOAST

8 Scheiben Brot, 3 EL Olivenöl,
5 kleingehackte Knoblauchzehen, 40 g Butter

Knoblauch mit Olivenöl mischen und über die Brotscheiben geben. In der gebutterten Pfanne kräftig rösten.

STEAKS „STÖRTEBEKER“

4 Steaks Haifischfleisch aus Schwanznähe,*
1 Ei, Paniermehl, 3 EL Butter,
Saft einer Zitrone,
1 Paprikaschote, in Streifen geschnitten,
4 EL Öl, Salbei

Ei und Zitronensaft schlagen und in eine Schüssel geben. Fischscheiben hineinlegen, wenden, Salbei darüberstreuen und 1 bis 2 Stunden ziehen lassen. Dann Butter in einer Pfanne erhitzen und die mit Paniermehl bestreuten Fischfilets 10 Minuten braten. Nur einmal wenden. Mit Streifen der Paprikaschote garnieren und servieren.

APFELOMELETT

6 Eier, 6 EL Apfelkorn,
2 Äpfel, in dünne Halbmonde geschnitten,
¼ Pfund Butter oder Margarine,
2 TL Mehl, 2 EL brauner Zucker,
½ Tasse Milch, Salz und Pfeffer

Butter in der Pfanne auslassen, Apfelstücke andünsten, Apfelkorn dazugeben. In einer Schüssel Mehl, Eier, Milch, Salz und Pfeffer mischen und durchschlagen. Die Mischung in eine Pfanne gießen und wie ein Omelett backen. Vor dem Servieren mit braunem Zucker bestreuen.

KORSAREN MOKKA

2 TL Espresso-Pulver, 1 EL Kakaopulver,
2 EL Zucker, 2 Tassen heiße Milch,
1 TL Vanillepulver, 1 MS Salz

Espressopulver, Kakaopulver, Zucker und Salz mischen, mit einer halben Tasse Wasser kurz aufkochen. Heiße Milch und eine Tasse Wasser dazugeben und nochmals kurz aufkochen lassen. Vanille einrühren und heiß servieren.

* von Heringshaien

Unser Vorschlag für einen Speisezettel:

Zungenpastete

Krebssalat

Kükensalat

Zwetschgensalat

Schweinefilet
wie Wild zubereitet

Klopse von Rindfleisch

Hamburger Rauchfleisch

Kalbsleberfrikadellen

Granatkroketten
(Krabbenkroketten)

Dillsauce

Zitronensauce

Morchelsauce

Errötende Jungfrau

Bremer Götterspeise

Käse

Partybrötchen
Schwarzbrot

Griebenschmalz
Holsteiner Butter

Bier – Köm – Sekt

KALTES BUFFET
AUF EINEM ALSTERDAMPFER

(der längst kein Dampfer mehr ist, sondern ein dieselgetriebenes Motorschiff), auf einem Weserschiff oder auf einem Ausflugsschiff, das die Trave und Wakenitz bis zum Ratzeburger See befährt.

Ein Club, ein Verein, eine fröhliche Gesellschaft – es sollten nicht weniger als zwanzig und nicht mehr als fünfzig Mitfahrer sein.

Der Dampfer wird gemietet. Ein alter Fahrensmann steuert ihn. Die Zutaten zum Buffet werden rechtzeitig an Bord gebracht und dort zur Selbstbedienung aufgebaut.

Dazu gehört ein Schifferklavier und eine kleine Gruppe, die es versteht, Shanties zu singen.

WENN HANSEATEN GÄSTE AUS ÜBERSEE ODER VON SÜDLICH DER MAINLINIE ERWARTEN

Menüvorschläge

Die aufwendigen Menüs, die unsere hanseatischen Vorväter ihren von weither angereisten Gästen bereiten ließen, wird heute niemand mehr von uns erwarten oder fordern.

Man setzt sich nicht mehr vier oder fünf Stunden zu Tisch, immer denselben Tischherrn, dieselbe Tischdame zur Seite. Wir erinnern uns an ein Diplomatenmenü hamburgischer Kaufmannsfamilien, das vierundzwanzig Gänge umfaßte.

Heute richten wir uns tunlichst nach der überall gültigen Menüordnung, haben uns aber bei der Auswahl der Rezepte an bewährt Hanseatisches gehalten.

1. MENÜ

Für Gäste, die schon mal in Hamburg, Lübeck oder Bremen waren, für Menschen also, die es schon ein wenig gelernt haben, die feine hanseatische Art zu genießen. Der Aperitiv stellt nämlich Anforderungen an die Standfestigkeit.

APERITIF
Friesische Bohnensuppe
aus dem Löffel zu schlürfen

VORSPEISE
Entenpastete

SUPPE
Rote Beetesuppe

ZWISCHENGERICHT
Hechtfrikassee mit Austern
Dazu wird ein gutes Exportbier aus einem hanseatischen Brauhaus gereicht.

HAUPTGERICHT
Heidschnuckenrücken, Wacholdersauce,
Kartoffelnester,
Grüne Spargelspitzen
Zwiebeln in Madeira
Dazu wird ein Lübecker Rotspon gereicht.

SÜSS-SPEISE
Plettenpudding nach Art der Buddenbrooks

Kaffee
Käse
Quittenlikör
Sekt

2. MENÜ

Der Speisezettel des zweiten Menüs bietet mehr Leichtigkeit und Eleganz.
Vor Tisch wird gereicht:

Brombeerlikör mit Sekt aufgefüllt,
dazu kleine Käsecreme-Pastetchen

VORGERICHT
Kalbfleischfarce

SUPPE
Echte Oxtailsuppe

ZWISCHENGERICHT
Hummer „Godefroy"
Dazu wird ein trockener Weißwein angeboten.
Rum-Sorbet

HAUPTGERICHT
Kalbsteak „Alsterpavillon"
Kartoffeln, gebraten mit Äpfeln
Blumenkohl überbacken
Waldpilze

SÜSS-SPEISE
Erdbeeren mit Pfeffer

Kaffee
Schlehengeist

3. MENÜ

Dieses Menü beginnt wieder etwas deftiger mit einem
eiskalten klaren Köm
(Man kann auch einen
Jubiläums-Aquavit nehmen)

Geräucherte Kieler Sprotten
werden zwischen Daumen und Zeigefinger
am Schwanze ergriffen, auf die eigene
Zunge gelegt und mit dem Köm
heruntergespült.
Dazu gibt es *Meterbrot und Gänseschmalz.*

VORGERICHT
Matjessalat

SUPPE
Mockturtlesuppe
(falsche Schildkrötensuppe)

ZWISCHENGERICHT
Bremer Kükenragout
Dazu wird eine leichter Rheinwein gereicht.

HAUPTGERICHT
Hasenrücken mit Backpflaumen
Kleine Kartoffelpuffer
Kronsbeeren roh gerührt
Sauerampfer „Hamburger Kökschen"
Waldpilze
Dazu wird ein Bordeaux
aus bremischen Kellern gereicht.

SÜSS-SPEISE
Hamburger Götterspeise

Kaffee
Likör
Käse – Obst

Große Küchenzettel für feine Tafeln.

Suppe. Mock-Turtle-Suppe.
1. Gang. Kalbsmilch-Ragout in Coquillenschalen, Hand-Pastetchen und Rare-bit mit geröstetem Brod.
2. Gang. Klopffleisch mit Orangen- und Trüffel-Sauce nebst vier feinen Gemüsen.
3. Gang. Dorsche oder Sandarten mit Austern-Saucė.
4. Gang. Rehrücken mit Morcheln-Sauce und gebratenen Kartoffeln.
5. Gang. Puter in Aspic.
6. Gang. Forellen mit Spanischer oder Citronen-Sauce.
7. Gang. Hühner-Pastete mit Krebs-Sauce.
8. Gang. Makrelen, kalt, mit Mayonaisen-Sauce.
9. Gang. Farcirte Fasanen mit Trüffel-Sauce.
10. Gang. Hummer-Salat.
11. Gang. Wildschweins-Kopf.
12. Gang. Aepfel im Schlafrock.
13. Gang. Krammetsvögel oder Schnepfen.
14. Gang. Vol aux vents mit Froschkeulen und Champignons.
15. Gang. Nudelberg mit Vanille-Crême.
16. Gang. Gefüllte Spanferkel mit Krabben-Sauce und Rothkohl.
17. Gang. Butter und Käse.
18. Gang. Rehkeule, Rebhühner oder Enten mit verschiedenen Gelées und Kompot von Apfelsinen, Birnen, Quitten, Mandeln, Weintrauben und Melonen, sowie von Eingemachtem.
19. Gang. Eistorte.
20. Gang. Vanillen-Brödchen mit Créme gefüllt.
21. Gang. Rheinwein-Gelée und gestürzter Crême von Schlag-Sahne.
22. Gang. Wiener Torte und Makronen.
23. Gang. Himbeer-Eis.

Dessert. Früchte. 1879

Register der Rezepte

Klöße-Suppeneinlagen

FLEISCH-GERICHTE, RAGOUTS, INNEREIEN, FLEISCHRESTEVERWERTUNG

Seite

GEFLÜGEL

Seite

WILD

Seite

FISCHE, KRUSTEN- UND SCHALENTIERE

Seite

Rezepte für Fischreste

GEMÜSEGERICHTE UND BEILAGEN

Seite

MEHL- UND EIERSPEISEN

PUDDINGS

AUFLÄUFE

KLÖSSE UND FRIKADELLEN

SAUCEN

SALATE

PASTETEN
mit und ohne Teighülle

KUCHEN UND TORTEN

SÜSS-SPEISEN

Seite

EIS

Seite

GELEES UND EINGEMACHTES

Seite

SALATE

PASTETEN
mit und ohne Teighülle

KUCHEN UND TORTEN

SÜSS-SPEISEN

Seite

EIS

Seite

GELEES UND EINGEMACHTES

Seite

KALTE KÜCHE

DEFTIGE EINTÖPFE

Quellenverzeichnis

Averdieck, Elise: Karl und Marie
dgl.: Roland und Elisabeth, Hamburg 1840
Behnke, Frau H.: Geprüft und bewährt – Ein Buch der Hamburger Küche, Hamburg 1910
Claudius, Matthias: Der Wandsbeker Bote
Chinesische Spion, Der – Pseudonym eines Hamburger Bürgers, der kritische Artikel über seine Wahlheimat schrieb, 1835
Dörner, Claus S.: Die feine hanseatische Art, Speisen zu bereiten und Gäste zu bewirten, Mary Hahn 1985
Dörner, Else: Kochrezepte, 3 Bde., 1908–1914
Dörner, Ilse Sibylle: Hanseatische Kochkünste – Die besten Familienrezepte aus Norddeutschland, Hamburg 1979
Doll-Hegedo, Hannelore: Das Kochbuch von Sylt, Amrum und Föhr, Münster 1981
Einige Hamburgische Hausfrauen: Hamburgisches Kochbuch – Anweisungen zum Kochen für angehende Köche, Köchinnen und Haushälterinnen, Hamburg u. Lüneburg 1830
„Essen und Trinken“: Unvergessene Küche – Die schönsten Rezepte aus den deutschen Landschaften, Redaktion Renate Peiler, Sonderausgabe „Essen und Trinken“ 1979
Goethe, Johann Wolfgang von: Goethes Werke, Stuttgart und Tübingen, 1828
Goos, Berend: Erinnerungen aus meiner Jugend, Hamburg 1896/97
Hasse, Dr. Max: Schrift „Essen und Trinken in alter Zeit“, Lübeck 1974
Kleßmann, Eckart: Das Hamburger Weihnachtsbuch, Hamburg 1982
Knigge, Adolf Freiherr von: Über den Umgang mit Menschen, Leipzig 1878
König, Joseph: Geist der Kochkunst. Überarbeitet und herausgegeben von C. F. von Rumohr, Stuttgart und Tübingen 1822
Leip, Hans: Die Hafenorgel, München 1981
Lenz, Siegfried: Leute von Hamburg, Hamburg 1975
Maronde, Curt: Rund um den Tee, Frankfurt 1975
Merian, Matthäus: Topographia Saxoniae inferioris 1642
Nehlsen, R.: Hamburgische Geschichte nach Quellen und Urkunden, Hamburg 1896
Paulsen, Gundel: Weihnachtsgeschichten aus Hamburg, Husum 1976
Peregrinus pedestris: Der holsteinische Tourist in der Umgebung von Hamburg, Hamburg 1833
Rambach, Johann Jacob, Arzt in Hamburg 1805
Rathmann, Herbert: Ich bin ein Reinbeker, Reinbek 1978
Richter, Louise und Hommer, Sophie Ch.: Illustrirtes Hamburger Kochbuch, Hamburg 1879
Röthel, Hans Konrad: Die Hansestädte, 1970
Rumohr, Karl Friedrich von: Geist der Kochkunst, Frankfurt 1978 (s. König, Geist der Kochkunst)
Scharfenberg, Horst: Die deutsche Küche, Bern und Stuttgart 1980
Steiner, Katharina: Kleine Bettlektüre für weltoffene Hanseaten, München und Bern 1982
Straub, Maria Elisabeth: Grönen Aal und Rode Grütt – Von Tafelfreuden und Trinksitten an der Waterkant, Lübeck 1971
Weber, Emilie: Jugenderinnerungen 1836–1851, Hamburg 1904
Zimmerling, Dieter: Die Hanse – Handelsmacht im Zeichen der Kogge, Düsseldorf und Wien 1976